法律方法文丛
Legal Method Library

中国法律方法论研究报告
Report of Chinese Research on Legal Methodology

陈金钊 焦宝乾
孙光宁 姜福东 侯学勇 著

北京大学出版社
PEKING UNIVERSITY PRESS

图书在版编目(CIP)数据

中国法律方法论研究报告/陈金钊,焦宝乾等著.—北京:北京大学出版社,2012.3
(法律方法文丛)
ISBN 978-7-301-20176-3

Ⅰ.①中… Ⅱ.①陈…②焦… Ⅲ.①法律-方法论-研究报告-中国 Ⅳ.①D920.0-03

中国版本图书馆 CIP 数据核字(2012)第 019622 号

书　　　名：中国法律方法论研究报告
著作责任者：陈金钊　焦宝乾　等著
责 任 编 辑：刘　雪
标 准 书 号：ISBN 978-7-301-20176-3/D·3053
出 版 发 行：北京大学出版社
地　　　址：北京市海淀区成府路 205 号　100871
网　　　址：http://www.pup.cn　电子邮箱：law@pup.pku.edu.cn
电　　　话：邮购部 62752015　发行部 62750672　编辑部 62752027
　　　　　　出版部 62754962
印　　刷　者：三河市博文印刷厂
经　　销　者：新华书店
　　　　　　965 毫米×1300 毫米　16 开本　21.5 印张　363 千字
　　　　　　2012 年 3 月第 1 版　2012 年 3 月第 1 次印刷
定　　　价：39.00 元

未经许可,不得以任何方式复制或抄袭本书之部分或全部内容。
版权所有,侵权必究
举报电话:010-62752024　电子邮箱:fd@pup.pku.edu.cn

教育部人文社会科学重点研究基地
"吉林大学理论法学研究中心"重大项目
"法律方法理论研究"阶段性成果
项目编号 10JJD820008

作者简介

陈金钊：1963年生，山东莘县人，山东大学教授，法学博士，博士生导师，主要研究方向为法律解释学，在《法学研究》、《中国法学》等杂志上发表文章一百余篇，在中国政法大学出版社等出版专著《法律方法论研究》、《司法方法与和谐社会的建构》、《法律解释学》、《法律方法论》、《法治与法律方法》等多部；系中国法理学研究会常务理事、中国儒学与法律文化研究会副会长、山东省法学会常务理事、法律方法论研究会会长；山东省人文社会科学重点研究基地"山东大学法律方法论研究中心"主任，山东大学威海分校副校长。

焦宝乾：1976年生，河南郑州人，法学博士、博士后，山东大学威海分校法学院教授，博士生导师。研究方向为法律方法论。主要研究成果为：独著《法律论证：思维与方法》、《法律论证导论》，合作专著《法律解释学》、《法律方法论》等多部，译作1部，参编教材4部。另在《法学研究》、《比较法研究》、《法商研究》、《法制与社会发展》等刊物上发表学术论文四十余篇。主持国家社科基金项目、教育部人文社科项目、司法部项目、山东省社科项目若干。

侯学勇：1977年生，山东冠县人，法学博士，山东政法学院副教授，法律方法研究所所长，研究方向：法理学、法学方法论。曾在《法制与社会发展》、《华东政法大学学报》、《法学论坛》、《东南学术》、《浙江社会科学》等刊物发表论文二十余篇，独立出版专著《法律论证的融贯性研究》。

姜福东：1972年生，山东即墨人，法学博士，青岛科技大学政法学院副教授，主要研究方向为法律方法论。近年来在《法商研究》、《法制与社会发展》、《环球法律评论》、《法制日报》等刊物上发表文章近三十篇。出版独著《法律解释的范式批判》，合著2部、参编教材1部，主持山东省软科学项目1项，参加国家社科基金项目等多项。

孙光宁：1981年生，山东枣庄人，法学博士，山东大学威海分校讲师，主要研究方向为法律方法论，已经在《青海社会科学》、《政法论丛》、《天府新论》、《理论视野》、《兰州学刊》、《长白学刊》等核心刊物发表论文三十余篇，曾参加山东省社科项目、教育部项目以及国家社科基金项目等，合著《法律方法论》、《法律解释学》和《法理学》等。

目录

导论　漫话自主性法学与法律方法论研究 /001
　　一、虚其心,纳天下之学术 /003
　　二、潜其心,观法治之兴衰 /006
　　三、平其心,论法律之价值 /008
　　四、定其心,应社会之变化 /009
　　五、尽其心,兴方法之学问 /010

第一章　法治实现之路
　　　　——中国法律方法论研究综述(2002—2005) /013
　　一、法律方法论与法学方法论 /015
　　二、法律解释之研究 /022
　　三、法律论证之研究 /026
　　四、利益衡量与价值衡量之研究 /030
　　五、漏洞补充之研究 /033
　　六、法律推理之研究 /035

第二章　法学中国化与法律方法论研究
　　　　——2005年度中国法律方法论研究报告 /037
　　一、研究资讯与研究特点 /039
　　二、法律方法论的基本理论 /041
　　三、法律论证理论研究的新进展 /045
　　四、非形式逻辑与法律推理观念的更新 /049

五、法律解释研究及其本体论转向 /051

六、部门法学中法律方法论意识的觉醒与研究进展 /053

七、人工智能与法律方法之研究 /057

八、简单评价与研究展望 /057

第三章　法治实践对法律方法的需求

　　——2006年度中国法律方法论研究报告 /063

一、研究资讯 /065

二、法律方法论的基本理论 /066

三、具体法律方法的研究 /072

四、部门法学对法律方法的研究 /082

五、法律史方面对法律方法的研究 /088

六、总结与展望 /091

第四章　法律方法论学科意识的觉醒

　　——2007年度中国法律方法论研究报告 /095

一、研究资讯 /098

二、法律方法应用的立场及其基础 /100

三、研究法律方法的方法 /104

四、"具体"法律方法的研究 /108

五、中国法律史视角下的法律方法论研究 /111

六、部门法学的法律方法研究 /113

结语 /120

第五章　回应实践能力的彰显

　　——2008年度中国法律方法论研究报告 /123

一、学术资讯 /125

二、历史与现实相融合的经验（判例）研究 /126

三、在法律思维中寻求智慧的方法 /131

四、恢复解释的本来面目、在和谐旗帜下衡量法意 /142

五、支撑法律方法"脊梁"的是逻辑 /144

六、部门法方法论 /148

结语 /158

第六章 研究的困惑与执着
——2009年度中国法律方法论研究报告 /161

一、学术资讯 /164

二、法律思维及法律渊源 /166

三、法律解释及利益衡量 /172

四、法律推理与法律论证 /175

五、语言、修辞、历史与法律方法论的研究 /180

六、部门法方法论研究 /184

结语 /201

第七章 法治迈向方法的时代
——2010年度中国法律方法论研究报告 /203

一、法学走向法律方法论的时代？/206

二、"能动司法"的是是非非 /209

三、法律渊源与法律适用 /212

四、传统法律方法研究 /217

五、法律修辞方法与法律语言 /221

六、司法实务中的法律方法研究 /223

七、法教义学与法律方法论教育 /226

八、中外法律方法论历史传统的回顾性研究 /229

九、部门法方法论研究 /231

结语 /244

第八章 中国法律方法论研究的理论反思 /245

第1节 中国法律方法论研究内容的变迁
——以三对概念的对比为线索 /247

第 2 节　法律是封闭的还是开放的？
　　　　——我国法律方法论研究理念上的反思 /262

第九章　《法律方法》十卷回顾与展望 /277

一、《法律方法》各卷的研究主题 /279

二、《法律方法》各卷的作者构成 /281

三、《法律方法》各卷的主要研究方法 /283

四、《法律方法》今后的发展展望 /287

结语 /289

第十章　"玛珈山法律方法论坛"百期回顾 /291

一、论坛发展的三个阶段回顾 /293

二、百期论坛所取得的成绩 /294

三、百期论坛所积淀的经验 /298

四、百期论坛存在的不足及展望 /300

附录　中国法律方法论研究：人物与作品等信息 /313

后记 /331

导 论

漫话自主性法学与法律方法论研究[*]

---

[*] 本文根据第100期玛伽山法律方法论坛上的讲话整理而成。本次论坛在荣成市人民法院王殿彬院长和李雪莲副院长的支持下召开,特此致谢。

随着中国经济的腾飞,中国人的民族自豪感和文化主体意识得到了强化。在世界范围内,现在关于政治、经济以及社会发展的"中国模式"的问题已经被世界各国的学者热议。① 虽然人们对其具体内容是什么并不十分清楚,但却开启了中国人思考文化与学术的独立发展的自觉意识,包括法学在内,人们都在考虑具有自主知识产权理论体系。这个理论体系不是要指导政治、经济和文化等方面的进步,而是要解释中国近百年来步履蹒跚的发展与进步。已经有法学家们在思考,在21世纪,是不是会进入一个"中国法的时代"呢?中国法时代需要价值的转换和方法的创新。我们进而要提出的问题是:立法视角的法学会不会向司法视角的研究转换呢?中国法学一直是一个由立法需求所主导的时代,从形式上也可以把这个时代叫做法律的移植时代或者西方法律向中国传输的时代。这个时代会不会随着中国经济的强盛而终结呢?自主性的中国法学会不会引领一个中国化的法律方法论的时代呢?法律方法论的兴盛是中国法治的开端,我们该怎样建构呢?这既是中国法律学人的胸怀,也是能否成功的立场。我们该怎么办?

一、虚其心,纳天下之学术

在一百多年的发展中,中国的法律从形式到内容已经逐步西化了。虽然我们在每一个阶段都能听到一些学者以不同方式表达的哀鸣,但很多固有的传统已逐步被抛弃,西化成了一百多年来思想和法律发展的主流倾向。这也许是我们虚心过度而导致的结果,也许是经常被动挨打而产生的不自信心理。我们确实需要虚心向西方学习,也包括向东方其他国家学习,但是,虚心不能与自卑等同,学习与照搬也是有区别的。虚心是必须的,但是应体现在学习基础上建构新的符合中国实际情况的理论体系,而不是体现在揣摩或研究西方人的原意上。西方的思想与理论是建构我国理论体系的素材。这也许是我们这个时代倡导创新的价值之所在。这种创新也许不倡导也多少会出现一些,因为在社会发展问题上完全的模仿是不可能的。但对社会的整体发展问题,我们不能跟着感觉走,必须首先进行理论的创新,

---

① 在《畅谈中国模式 激辩发展方向》标题下,北京大学中国经济研究中心姚洋认为,中国模式如果从经验的角度看包括四个要素:一是社会平等;二是贤能体制;三是制度有效性先于制度纯洁性;四是中性政府。载《社会科学报》2010年4月1日,第3版。

为决策者提供更多的理论参考，而不是指明唯一的道路或模式。这也就意味着，不仅研究者要虚心接受天下之学术，而且实践者也需吸纳各种学术观点。

有学者仍然认为，我们的制度和行为仍然是传统中国的继续，甚至现代制度的运行也难以逃脱传统的支配。我们现在的制度既不是西方理性的制度，也不是传统的制度，但是在制度的骨子里以及运行仍然是传统的模式，至少是有传统思维的重大影响。也有人认为，传统的形式最终被否定，基本已经成为趋势。然而，最近三十多年经济的迅速发展，似乎挽救了中国的威权传统。人们发现泰国、韩国、包括我国大陆以及台湾地区的经济腾飞基本上都是在威权模式下发展起来的，而一旦进入所谓西方的民主形式，经济都会出现停滞甚至倒退。完全按照西方模式搞民主，结果使已经腾飞的经济受到严重的挫折。但在发展中我们能看到的是：中国传统文化正在逐渐萎缩，西方文化从形式到内容（包括法律在内）逐步在中国蔓延，目前似乎还没有什么东西可以阻挡。尽管文化的演变是缓慢的，但到今天为止，我们基本上完成了（除政治领域以外的）主要法律的西化"目标"。我们已经接受了西方的一些法律原则与规则，其中经济领域中表现最甚，基本上完全是实行与西方一样的规则体系。西方人在早年试图通过武力没有解决的问题，终于在不使用武力的情况下，我们在某种自觉意识支配下主动地接受了。尽管我们在政治上始终保持着对西方法治的警惕，但实际上却在很多方面模仿西方的制度，尤其是美国的一些做法。

对于这种现象，有一种错误的观点认为，现在与清末相比没有质的区别。我认为这是相当不负责任的。很多人为了迎合西方而编造各种各样的悲惨中国，或者为了达到语不惊人死不休的目的而夸大其词。面对这种情况，我们应该思谋，西方思想挟持我们的时代什么时候才能结束？中国人的智慧哪里去了？社会发展需要知识分子说实话，以强化理论的批判功能。但社会的进步不需要未经论证的偏执。我们深深地感觉到，现代法治是西方人控制我们的文化的一个组成部分，我们基本上是被法治的，尽管我们不愿意承认。但由于我们没有自给自足的理论，因而只能跟西方人走。现在，离开西方传来的学术语言，我们基本上无法阐述学术成果。记得有哲学家说，人们所发现的就是其能够发现的，我们所发现的东西实际上是愿意发现的东西。我们认为西方的法治好，我们就会发现大量的法律规则可以适用于我们。但我们发现，法律乃至于法治，不光是西方的优秀，就像一句广告词里说的："不必东奔西走，本地就有好酒。"我们必须转身看一下自己的文化里面究竟有什么好东西。只要想发现,我们就一定能够发现。这就意味着,我们的研究不仅要重视吸收西方的文明,还要重视中国的传统,而且还要注意研究今天的文化——即那种新近形成的传统。民间、民族、传统的,很可能包含着未来中国法律需要的优秀品质。发现面向的转移,我觉得在一定意义上就是西方法律在中国传播的终结,会产生一个新的不同于法律移植时代的新时代。随着中国的强大,法律应该结束移植的时代,而应该进入自主的良性发展的时代。在这个时代,我们对西方法律已经有了一定的了解。但两千年的旧传统基本被我们的多数学者遗忘,我们所拥有的只是那些包括西方思想和传统在内的新传统。我们不是在追求像美国一样的霸权,但我们要求世界对我们平等对待。但在追求平等的过程中,我们应该虚心接受中外古今的学术思想,并在此基础上建构我们的理论体系。以便在自主理论的支持下,而不是在西方理论和价值观的挟持下谈论我们的诉求。

在理论与实践的关系上,我用一个带有更多修辞色彩的话来说,就叫做"如何定位理论与实践的双重面向"。因为,现在理论与实践的关系如果分解到具体(理论研究者和法律的实践者)的两类人身上,存在着很多的误解——最主要的是一种分裂式认识错位——即理论研究者认为自己就是理论的化身,理论是对实践的提升,理论要指导实践。这是一种理论优越论的倾向。实践者往往也以实践的把握者自居,认为理论都是脱离实践的,理论对实践没有任何意义,即所谓理论主要是解释实践。还有一部分人认为,理论研究与实践没有关系,理论就是理论,实践就是实践,实践与理论没有必然的联系。按照社会分工的观点,这种认识似乎没有什么问题,但是,这种由理论的分化研究以及长期的教育训练所造成的认识的分裂,使我们遗忘了一个最基本的东西:理论也是实践,实践也是理论。理论是在研究实践,是对实践的研究,理论还要影响实践;实践也是制度与理论的实践,离开理论与制度也就无所谓实践,离开实践也就无所谓理论。对于制度你可以说它不是理论,但我们不能忘记的是:完善的制度是理论的设计。所以对理论研究者来说,我们应该有更多的实践情结,而对法律人来说,应该有更多的理论情怀。理论研究者,该如何面向实践问题,过多地讲实践者该如何如何的话,就会有班门弄斧、指手画脚、指点江山的嫌疑。"言过其实是时尚的宠儿。法理学界的作者们也不例外。他们往往或者把法律发现过程的理性因素,尤其是逻辑推理的效力过分夸大。"① 我们应该避免这样极端的立场。实际上,理论对实践的作用没有理论家吹嘘得那么大,但也绝不是像有些不懂理论的人说得那么没有作用。

二、潜其心,观法治之兴衰

法学的研究应该以法治的实现为最终目标,尤其是对法律方法与技术的探讨始终不能忘记法治理想。围绕着法治,我们有太多的话题;离开法治,我们的法学研究者便没有职业与精神的家园。中国驶向法治,我们认为是一个必由之路,是中国人自己的选择,是对十年"文化大革命"的拨乱反正。但是,我们必须正视一个问题,在中国进行法治建设还没有进行充分的理论论证,最多只是在中西之间进行了非常简单的类比,是在充满感性和模糊认识的基础上就开始法治建设的。像我国近三十年的经济建设所取得的成绩是"没有设计"的奇迹一样,我们对法治的理想,只是在一种自然的比较中进行的选择,没有进行系统、充分的理论论证。到目前为止,法治在中国基本上还是一种口号(除了在部分领域得以实施以外)。已经上升到所谓战略位置的法治早已经被我们政治文化和习惯所吞噬。即使在法学界,由于受后现代思想的影响,否定法治的观点远比证成法治的理论系统。近些年的法治建设像经济建设一样,基本上是摸着石头过河,走一步看一步,走两步退一步。因而我们必须说,中国的法学家是不称职的,包括与法治关系密切的政治学,也没有对法治进行有逻辑的、系统的论证。甚至到现在我们都没有意识到:经济领域中的法治,实际上也是西方人为我们设计的"圈套",通行于世界的法治原则,原本也是他们的地方性规则,但由于几百年来形成的强势话语权,使得我们必须按照他们设计的规则与程序运转。这是一个以经济技术引领的、以强势群体利益最大化为目的的规则体系。中国等发展中国家只能跟着西方走,人民也只能"自愿"地接受更多的剥削。当然,即使我们看清楚了西方人的诡计,也没有办法从根本上改变。因为我们所使用的话语系统以及这个话语系统所支持的价值,离我们经济上的平等利益相差很大。我们现在不受剥削还不行,

---

① 〔德〕齐佩利乌斯:《法学方法论》,金振豹译,法律出版社2010年版,第十版前言第1页。

所以第三世界国家都在拼命地引进外资。在资本全球化的背景下，这构成了世界发展的大势。

在中国没有自主性文化和系统理论的时候，近期出现较大改观的可能性不大。我们的经济总量虽然搞上去了，但只体现在量的方面，人均财富的差距、幸福指数等方面还存在很多问题，尤其是我国的核心技术还十分落后。当然，以西方为标准的话，我们"落后"还不仅在技术领域，还有其他方面，如果思维不加以改变的话，我们永远也赶不上西方的进步，所以我们应该改变思路。尽管我们没有办法在经济领域不遵守西方人所设定的法治原则，但是，只要我们主张自主性发展，就必须对西方法治保持一定警觉。现在我们防备最严的是西方的政治体制与法治的原则，有关部门甚至会对这些领域的研究加以干涉，这是十分荒唐的。保持警惕是必须的，但拒绝研究则十分不明智，我们必须区分研究与宣传。我们对西方经济领域中的法治原则基本是照单全收的。这当然也不是我们自愿的，西方话语霸权迫使我们不得不为之。对政治领域的拒斥也许是有一些道理，但是对许多问题拒绝研究没有任何道理。这只能证明我们在政治文化以及所坚持理念等方面的不自信。

对比一下法治意识形态我们很快就会发现问题，西方国家支持法治的是一些保守派，坚持的是保守主义或自由主义，但在我国对法治呼喊最响的是激进主义的改革派。他们要彻底地实行法治，而忽略了法治只能是渐进的、改良的，而不能是革命的。只要我们的改革不断地进行就不可能有不变的法治。所以要建成法治就要研究中国人民的生活方式以及中国人民所希望的生活方式，否则的话我们就会永远处于不停的改革与转型期，法治则永远是一种希望。法治社会是稳定的社会，但不是不发生变化，只不过这种变化是渐变，而不是远离我们生活与要求的一次又一次的质变。就像许章润说的中国的法治应该紧扣中华民族的历史心弦，关注时代的文化命运，把历史与现实、中国与西方有机地结合起来。在这种情怀下，我们要找出中国自身的问题。大的方面的问题，如社会的性质似乎是政治家们的事情，但法学家不能在此把自己封闭起来，应该积极参与解释与研究；而小的方面有很多是法律问题，是法学家应该注意的，我们不能老是拿马伯里、埃默尔说事，我们还真是需要拿许霆、邓玉娇案说理。

三、平其心,论法律之价值

中国模式的崛起可以说是 21 世纪最重要的事件之一。尽管中国模式对发展中国家来说是发展的经验问题,但对西方尤其是美国则更多的是一种价值问题。因为中国模式是对西方价值的挑战和竞争。① 中国模式对中国人来说也许是唤醒了我们对中国文化的自信心。虽然中国模式还处在变化之中,目前也没有出现严肃的学术研究,但对"中国模式"的命题肯定会引来一系列的论证,这与人文社会科学的理论创新是联系在一起的,包括法学在内都应该进行与此问题相关的研究。这里面既包括比较的研究,也包括中国化问题的研究,内容应该十分丰富。对于西方的法律价值,我们进行了多年的引进、消化和吸收,但目前基本上还是没有与中国固有文化接轨,实际上也很难完全融合。但这并不意味着,在建构中国化的理论体系的时候应该排斥西方法律的价值。对正义、自由和平等的理解,甚至包括对秩序的理解都是不一样的。对法律价值的研究,我们有点太偏重于西方人的原意是什么,唯恐误读了西方人的思想。这从翻译学的角度看是正确的,但从哲学解释学的角度看则是不可能的。

我们应该注意到,法律方法论的研究不是纯技术的研究,对于法律价值与社会事实问题必须给予足够的关注。公平、正义与人权都是我们应该注意到的内容,但是我们不能空洞地谈论法律价值。我们发现,到目前为止我们还没有见到围绕着社会利益而展开的法学研究,更多的是围绕着法律和行业利益而进行的研究。我们必须注意的是我们不能把西方的法学理论或法律方法当成具有普适意义的原理,法律社会学的研究已经揭示,法律或法学都是一种地方性知识,西方法学中没有解决中国问题的法学与法律方法论,借用许章润的话说中国的法学家应该建立现代文明的法律智慧。在建构这样的智慧中,我们不能排除西方的文明,但这只是借鉴意义上的,我们不能把西方的法律文化直接当成中国人行为的指南,法律方法论的研究应该彰显中国问题与经验。就法治建设来说,我们不可能复制西方的模式,尽管有很多的东西是可以借鉴的,但如果完全以西方为蓝本,我们就搞不成中国的法治。中国文化的包容性决定了,法学中国化肯定不会是固步自封的,

---

① 郑永年:《中国模式经验与困局》,浙江人民出版社 2010 年版,第 2 页。

历史上我们对外来的文化有过不讲逻辑的吸收。直到今天我们还可以看到佛教、道教和儒学和平共处的庙宇。但是,思想和文化发展到今天,我们应该充分注意自身理论的逻辑建构,在中西文化交融的基础上,创新和发展对中国建设有解释力和影响力的、具有自主知识产权的社会科学理论。在理论创新过程中,西方的法律价值对我们不能有绝对的支配力,它与中国传统的文化与价值具有平等的重要性。

四、定其心,应社会之变化

中国社会的进步与发展需要一个"中国法的时代",而"中国法的时代"需要中国的理论来支撑。我们不可能完全靠借鉴来完成社会的转型。中国与西方法律的融合已经开始,中国人自己的智慧需要发挥出来。我们究竟该到哪里选择智慧呢?国学的复兴,意味着我们在设法寻找本土资源。生生不息的中国文化,也许是智慧之源。对这些东西如果我们不是有意识地把它遗忘,很可能从其中挖掘出无穷的智慧。因为现在很多世界性的法律大多数都是来自欧洲某地的习惯法,包括商业习惯、体育规则。中国法律的发展进入了"中国化"阶段,规范的产生不可能再仅仅是移植的,而应该有自创生的。当然,自创生也不可能凭空产生,必须有广泛的民间与民意基础,还必须吸纳古今中外文明与传统。随着中国国力的增强,人文社会科学的研究也会有很大的进展。法治的进步与法学的发展会引领我们进入一个新的中国法的时代。对此我们应该做好充分的准备。

学术的研究无边无涯。现在人们对法律方法论的基本定位是法哲学的重要组成部分。即所谓的四大理论板块:本体论、认识论、价值论和方法论。这当然是借用了哲学的分类。实际上在一些细节问题上这几个方面区分并不容易。社会在不断地发展,中国的转型社会实际上就是应该走向法治社会。所谓中国模式离不开法治。方法论不是以不变应万变,学术的目标不仅在于建立理论体系,更主要的在于服务社会。但每一个人服务社会都应该是有"本钱"的——你拿什么服务社会——这是我们首先应具备的。把心安在对法律方法论研究上,掌握基本的知识,探索基本的技能,寻求最佳的智慧,把自己塑造成一个对法治建设有用的人才。方法论是我们服务学术、服务社会的工具。对实务法律人来说——如何提升实践制度、理解制度和解释理论的能力,是非常重要的事情,但进入事务性工作以后,很多人已经没有了上大学时的激情,已经完全世俗化了,缺乏挑战理论与制度的勇气。这不仅是因为分工的不同,时间不够,更主要是因为遗忘了法律工作与其他的实践不一样,这是一个动脑而几乎不需要动手的工作。如何完善自我,提升自己的综合素质,除了认真实干以外,还需要自己不断地把经验理论化,适时地进行总结,吸取理论与实践的精华。我总觉得社会科学的研究,有很大程度上并不是影响别人,主要在于完善自我。中国的人文知识分子拥有太多的天下意识,从治家就能看到治国,恰恰忘记了自己。也许孔老夫子的一日三省吾身的修身观念还是值得提倡的。

五、尽其心,兴方法之学问

对法学理论的研究者来说,现在存在的最大问题是:如何提升法学、法律方法论回应实践的能力,以提升我国法治建设的水平。可以说,法律人对法律方法的熟练掌握是法治高质量实现的前提。从法律职业化的角度看,提升法律人的业务素质,需要从方法论抓起。通过法律方法的训练提升法律人的业务素质,首先要研究好法律方法论理论。而法律方法论理论的提高,要求研究者必须看清中国的法律方法论研究究竟存在什么问题。法律方法论的主旨是要解决规则向判决的转换,或者说是如何运用法律。而运用法律首先得理解法律,所以提升法律方法论回应实践能力,就转化成了提升法律人的理解力问题。法律方法论的研究把法律方法论说得很复杂,但实际上就是如何帮助法律人或者愿意成为法律人的人理解法律的问题。方法论并不是办案的具体方案。从哲学的角度看,理解法律的问题又是一个知识前见的问题。我们现在的法学教育主要就是向学生传输法律知识,以便今后在遇到需要理解法律的时候,有足够的知识储备。但由于对知识的过度关注,因而忽视操作能力的提升和法律智慧的开启。近百年来,中国的法学经历了从无到有、从少到多的发展,特别是在借鉴西方的基础上法学知识蔚为大观。可以说,现有的法律知识即使我们花费终身的精力,也未必能够都掌握。所以,人们非常重视专业基础的教育并不是错误,但也不是绝对没有问题。

现在以知识为主的研究与教育存在什么问题呢?或者现有法律知识在结构上对理解法律与法治还存在什么样的缺陷呢?是什么阻碍了我们正确理解法律呢?记得韩国有位叫金镇洪的人,他曾在大学里教授哲学概论,结果在第一节哲学课上,有同学发问:什么是真理?他按照课本上早已学过的概念说:真理是对客观事物的正确反映。学生说,这种真理不是我所提问的真理,这种真理和我有什么关系呢?请你给我讲一下,为之而生为之而死的真理吧。老师思谋了半天说:我不知道。由于太难过,这位教师第二天就到火车站去卖冰激凌了。我们的很多法学教授,仅讲一些概念十分准确,但对其实践价值和如何运用不做讲解,这能提升学生的实践能力吗?当然,我们的法官等法律实务人也可能存在问题,他们中的很多人从心底里是敌视理论的,至少是抗拒理论的。他们抱怨立法者没有给他们的工作准备好现成的法律,抱怨法学研究者没有为他们预备现成方案。教授们所讲的理论都不是他们所需要的理论。现实问题是需要从实践的调研中获得,这样的工作我们做得太少,思考也太少。所以当人们追问现实的法律问题应该是什么的时候,我们倍感茫然。

法学是一门实用性学科,我们应该深入开展对法律方法论的研究,搞清楚法律方法论的实践价值。我们发现,现在法学教育的法学知识体系中缺乏以逻辑、修辞为主要内容的方法论教育。在翻阅国外的资料时,我们看到美国法学界已经出现了对过度修辞的厌恶,比如,当了 27 年联邦法院法官的波斯纳说:我就是不能理解,律师滔滔不绝地说一些他们自己都不相信的东西。如果某人有罪,那哪来的那么多鬼话呢![1] 好像在美国论辩式的诉讼方式中,方法被过度使用了。然而,这只是美国的情况,我们在法治建设各个方面与美国有很大区别,不能拿美国的理论来套中国的现实。我国现有的法律以及知识比西方并不少多少,但我们的法治却与西方法治国家有很大的差距。原因是什么?我们的法官很少动用修辞手法,因为在我们的法庭中,真正的论辩很少,只是围绕着法律的理解和实施的认定展开有限的思维,权力的运用占据审判的主导地位。关于法律方法论的研究,我们认为需要在两个方面进行强化研究:一是建构法律方法论的基础理论,在五个方面建构法律方法学科群:(1) 作为方法论的法律哲学(提出、论证法治的命题);(2) 法律语言学(以解决法律的客观性);(3) 法律逻辑学(解决法制的合法性命题);(4) 法律修辞学(以解决司法的合理性问题);(5) 法律解释学(主要在于限制创造与任意解释)。二是法律方法体系的论证,将法律发现、法律解释、利益衡量、漏洞补充、法律论证、法律推理等作为法律分析

---

[1] 苏力:《经验地理解法官的思维和行为》,见〔美〕波斯纳:《法官如何思考》,苏力译,北京大学出版社 2009 年版,译序第 14 页。

的工具。关于法律方法论的研究贡献有三个方面:一是建构法律方法论基础理论体系;二是建构并完善法律方法论体的论证,为司法提供更多的理论智慧;三是建构有中国特色的法律修辞学,创建有中国特色法律修辞学体系,为中国贡献出一个新的学科。

第一章

法治实现之路
——中国法律方法论研究综述(2002—2005)

第一章　法治实现之路

要点提示　本章通过对近两年来法律方法研究的梳理,综述了法律方法论(法学方法论)的含义、主要内容及理论体系,指出了法律解释研究的进展及研究走向,理清了哲学解释学对法律解释的深刻影响。作者认为,法律论证是一种新兴的法律方法,它在一定程度上完善了法治理论的可能性,当然这种方法的应用也离不开价值衡量(利益衡量)、法律推理等传统法律方法的辅助。

近些年来,西方解释学在我国学界得到了广泛的研究与传播。这一思潮也影响到法律领域。自20世纪90年代以来,法律解释学之研究在法学界得以蓬勃兴起。我国的法学正在经历从宏大叙事到微观论证的研究转换。以立法为中心的研究视角正在逐渐被以司法为中心的研究取向所超越。返回"法的形而下",形成法理学的实践品格,成为我国法学研究的一种重要进路。而法律方法论之研究取向跟法治秩序之建构甚相契合。学者们日愈意识到,应该超越对法治价值及其必要性的呼唤,把对法治的研究进入到如何操作的阶段。而法治与法律方法,实有至为密切之关联。法治理想之实现,端赖方法之完善。所以,法律(学)方法论成为近年来学界研究和关注的重要论题。[①] 本章主要是对2002年以来的部分研究成果进行了综述。

一、法律方法论与法学方法论

随着学界关于法律解释和法律应用方法方面的研究的深入,关于法律方法(论)和法学方法(论)出现了理论争鸣。一方面,这反映出学界在接受和吸纳国外相关法学知识与资源时的不同理解;另一方面,在一个法治欠发达的国家谈论方法,在一个方法本就匮乏的国度建设法治,难免要面临诸多理论和实践上的困惑。在我国大陆,有关法学方法论方面的研究成果,比较

[①] 主要表现在全国许多法律院校开始在研究生层面开设法学方法论或法律方法论课程,许多校园网中设立了"法律方法论"网站。葛洪义教授主编了《法律思维与法律方法》,陈金钊、谢晖教授主编了《法律方法》(均已经出版3卷)。另外冠以法律方法论、法学方法论的专著出版也逐渐增多,如胡玉鸿:《法学方法论引论》,山东人民出版社2003年版;李可、罗洪洋:《法学方法论》,贵州人民出版社2003年版;陈金钊:《法治与法律方法》,山东人民出版社2002年版。另外,《中国法理学精粹》(2003年卷)也专门设了"法律方法论"栏目用以概括一年内的法理学研究的最新成果。在葛洪义教授推动下,已召开了三次全国性的以法律方法为主题的研讨会。

早的要推 1995 年梁慧星出版的《民法解释学》。然而法学方法论之研究也只是在近年来才获得较为直接、广泛的关注。尤其是随着台湾学者杨仁寿、德国法学家拉伦茨分别以《法学方法论》命名的论著在大陆的出版和传播，法律解释、漏洞补充、利益衡量等法律适用方法似乎才逐渐成了"法学方法论"的主要内涵。由此冲击了我们对该词的传统理解，进而也出现了一些理论上的误解和争论。诚如林来梵等所言："这种混乱，部分乃肇始于对这一概念的固有误解，即不少人想当然地将'法学方法论'视同于传统教科书中所言的法学研究的方法言说……由此，'法学方法论'就被想定为'法学的方法论'，进而偷换成'法学研究的方法'。""如从国际学术界的有关论说来看，法学方法论与法学研究的方法虽非风马牛不相及，然在其整体的理论框架以及言说的脉络中，法学研究的方法并未成为'法学方法论'主要关注的对象。"①

近年来，学界对上述有关概念用语及其用法已有一定的警觉和意识。郑永流教授说："国内多数人都因袭法学方法和法学方法论的提法，也有一些人用法律方法或法律思维。要紧之处不在于用什么提法，而在于各提法指向的实质立场究竟是什么，以及体现出何种法律观。"②学者们对法律方法及其相关概念的内涵、用法等从各种不同的角度进行了辨证和梳理。比较有代表性的是郑永流立足于德国法律文化背景所进行的辨析。③ 在对"法学方法论"之类的用语从语言上考证和疏义之后，郑永流根据拉伦茨的《法学方法论》对学界在相关概念上的混乱的根源进行了深刻的剖析。他认为法学方法是研究和预设法律的方法，指向的核心是何谓正确的法律，有关法学方法的学说是法学方法论。法律方法是应用法律的方法，不仅着力于实现既有正确的法律，还效命于正确地发现新法律，有关法律方法的学说是法律方法论。二者如果局限在领域上，则明晰可分，但由于后者还同时具有

---

① 林来梵、郑磊：《法律学方法论辩说》，载《法学》2004 年第 3 期。
② 郑永流：《法学方法抑或法律方法？》，载《法律思想网》。
③ 实际上，"法学方法论"之类的用语在我国的引入，很大程度上源于近年来学界有意识的转向对欧陆法律知识和资源的引介和传播。就此而言，在此方面的理论努力是很有价值的。

前者的主要功能,法律方法也可指法学方法,遂造成用名困难。① 为了凸显法律观当是一种应用法律观,郑永流主张中文应采用法律方法和法律方法论的表述为宜。也有学者主张与其用"法律方法",不如采用"法律技术"的概括更为恰当。② 而林来梵和郑磊立足于日本学者的相关研究,认为所谓"法学方法论",其实可转换为"法律学方法论"这一概念,进而主张采用"法律学方法论"的提法。③ 不过,他们也意识到采用"法律学方法论"之概念在我国法学研究的语境中所要面临的系列难题,尤其是在我们的法学概念体系中,迄今仍未完全确立法律学、法教义学这类的概念,因而移植这类概念就成为前提性的条件。

而此前梁慧星认为:"德国学者将法解释学归结为一种方法论,认为法学方法论是对法律解释适用的方法论,与法解释学为同义语。但在日本,法解释学的内容比较广泛。"④ 可以说,"在德国及我国台湾地区,称为法学方法论。但在日本,同样的内容仍在民法解释学名下进行讨论。"⑤ 相应地,台湾学者亦常用"法学方法"这一表述。王泽鉴以为:"台湾地区法学的进步有赖于法学方法的反省与创新。"⑥ 还有黄茂荣的大作《法学方法与现代民法》亦用到"法学方法"。不过,也有台湾学者在不同意义上使用"法学方法论"一语,如杨奕华在对比了其跟拉伦茨与杨仁寿的"法学方法论"概念上的不同后认为:"法学方法论系以一套先设的假定为准据,确定基本的研究立场,从事法学理论之建构,进而以之探讨、诠释、批判法之存在与衍化现象,法之科学技术及法之实践功能等之研究态度之学科也。"⑦ 这一看法其实是将法学方法论当做法学研究的方法。

总之,基于不同的法学研究传统和文化背景,人们对"法学方法论"及其

---

① 其实不仅法律方法和法学方法如此,即便是法学方法论亦存在用名上的困难,如刘水林之见:"提到法学方法论,必须涉及两种范式的方法论,即一般科学方法论在法学研究中应用而产生的理论法学方法论及法解释学方法论。"参见刘水林:《法学方法论研究》,载《法学研究》2001年第3期。在这篇文章中,刘水林所研讨的主要是理论法学的方法论问题,如规范分析和实证分析、个人主义方法论和整体主义方法论等。对"法学方法论"采用类似用法进行研究的,另如季涛:《法学方法论的更新与中国法学的发展》,载《浙江社会科学》2000年第5期。
② 胡玉鸿:《方法、技术与法学方法论》,载《法学论坛》2003年第1期。
③ 林来梵、郑磊:《法律学方法论辩说》,载《法学》2004年第3期。
④ 梁慧星:《民法解释学》,中国政法大学出版社1995年版,第190页。
⑤ 梁慧星:《裁判的方法》,法律出版社2003年版,第1—2页。
⑥ 王泽鉴:《民法总则》,中国政法大学出版社2001年版,第44页。
⑦ 杨奕华:《法学方法论研究范畴之商榷》,载《法制现代化之回顾与前瞻》,月旦出版文化有限公司1997年版。

相关学名采取了不同的称谓。不同的学者在此不免存在仁智之见。不过，从整体而言，在我国，以法律方法（论）来指称法律应用的方法，似乎更易于被人接受；而德语传统中的"法学方法论"一语则往往使人不易将其跟"法学研究的方法"相区分，故其具有一定的局限性。更何况即便在德语语境中，这一提法"隐瞒了这一学科的实践意义和其与历史、政治的交错联系"（德国学者 Ruthers 语）。所以，郑永流认为，假如可寻找到一个100%恰当的关于法律应用的方法的提法，那便需加括号，即法律（学）方法、法律（学）方法论。就此而言，"法律学方法论"这一概念最为准确。

另外，法律思维与法律方法的用法颇为密切、近似。如葛洪义主编的刊物即取名"法律方法与法律思维"。一般而言，法律思维指在长期的法律实践中形成的，通过专门的法律语言来进行分析、推理、解释、判断和论证等活动的一种主观过程。具有理性的思维，这是法官权威的内在要素之一。它是指法官思维判断力的理智与成熟。[①] 当然，法律思维应当被包括法官在内的所有法律人所具有。王泽鉴认为，经由学习法律，通常可以获得以下能力：（1）法律知识……（2）法律思维：依循法律逻辑，以价值取向的思考，合理的论证、解释适用法律。（3）解决争议……[②] 而法律方法一般是指站在维护法治的立场上，根据法律分析事实，解决纠纷的方法。刘治斌对"法律方法"的界定是：联结法律实务与法律理论的桥梁和纽带，是法律职业者在特定法律制度内适用及发现有关法律规则和原则，并据此解决具体纠纷或争议问题的方法之总和。[③] 可见，法律思维与法律方法还是有一定的区别的。不过，有时人们将这两个概念合在一起称为"法律思维方式（方法）"，指运用法律思维观察、分析和解决问题的一种思维定式与思维习惯。"法律思维方法通常借助法律适用的模型来说明。"[④] 就具体内容而言，法律方法其实可以包括法律思维方式，另外它还包括法律运用的各种技巧和一般的法律方法。[⑤] 总之，"法律思维"与"法律方法"在用法上的联系很密切。当然，这两个用词也有不同的意思所指，在使用中不应混淆。

---

① 孙笑侠：《法律人思维的规律》，载葛洪义主编：《法律方法与法律思维》（1），中国政法大学出版社2002年版。
② 王泽鉴：《法律思维与民法实例》，中国政法大学出版社2002年版，第1页。
③ 刘治斌：《司法过程中的法律方法问题》，载葛洪义主编：《法律方法与法律思维》（2），中国政法大学出版社2003年版。
④ 〔瑞士〕菲利普·马斯托拉蒂：《法律思维》，高家伟译，载郑永流主编：《法哲学与法社会学论丛》（6），中国政法大学出版社2003年版。
⑤ 陈金钊：《法律思维及其对法治的意义》，载《法商研究》2003年第6期。

第一章　法治实现之路

在探讨了有关名词称谓上的界分之后,还需对法律方法论的主要内容进行研讨。近年来,不少学者均意识到当代法律方法论跟传统法律方法论之间的分野和差异。[①] 一般而言,传统的法律方法论建立在主体与客体、主观与客观二分的世界观和认识论。由此把法律视为一个预设的、封闭的、自足的知识体系。从解释学上,这代表了一种认为作品的意义是固定的、唯一的客观主义的诠释态度。无论是近代自然法学还是实证主义法学都脱不出这种思维模式。"二者对法律发展或适用的过程的理解在方法上是一致的。二者均致力于客观的认识概念、实体本体论的法概念、概括的意识形态和封闭的法体系的理念。"[②] 传统法律方法主要体现为萨维尼所集成的法律解释理论。在新的哲学与新的社会思想背景下,当代法律方法论已经得到了很大的拓展。此时,法律一般被视为开放的、未终了的、有待具体化的规范系统。

当代法律方法的具体内容也得以极大的拓展:漏洞补充、利益(价值)衡量、解释学循环、前理解、法律续造、法律论证、论辩及修辞等新的理论与方法被相继提出。[③] 尤其是,当代哲学解释学对具体的法律方法有着深刻的影响。如有法学家将"解释学循环"运用到刑法解释性当中,也有将先见学说移入到法律发现中。[④] 还有学者基于哲学解释学对法律解释和法律适用相分离的传统观念进行了批判性反思。[⑤]

鉴于价值判断与法律方法如影随形,而事实与规范之间的不同关系会生成不同的法律应用方法。当代很有影响的一种理论认为,法律适用是"目光在事实与法律规范之间来回穿梭"(恩吉施语)。基于此,郑永流将法律判断形成分模式概括为推论模式(即事实与规范相适应,判断可直接通过推论得出)和等置模式(即由于事实与规范不对称,先要对事实与规范进行等

[①] 这方面的研究成果,可参见张钰光:《法律论证与法律解释方法——形式逻辑学批判》,载《法律思想网》;郑永流:《法学方法抑或法律方法?》,载《法律思想网》;林来梵、郑磊:《法律学方法论辩说》,载《法学》2004年第3期;焦宝乾:《西方法解释学:传统与现代的分野》,载《法商研究》2004年第2期。

[②] 郑永流:《法哲学是什么》,载郑永流主编:《法哲学与法社会学论丛》(1),中国政法大学出版社1997年版。

[③] 陈金钊:《司法过程中的法律方法论》,载《法制与社会发展》2002年第4期。

[④] 参见郑永流:《出释入造——法律诠释学及其与法律解释学的关系》,载《法学研究》2002年第3期。

[⑤] 朱庆育:《私法推理的典型思维:从司法三段论到意思表示解释理论》,载郑永流主编:《法哲学与法社会学论丛》(6),中国政法大学出版社2003年版。

置)。① 法律论证理论的兴起对当代法律方法论有着根本性的影响。② 法律适用的过程此时被区分为"发现的脉络"(context of discovery)与"确证的脉络"(context of justification)。前者关涉发现并作出判决的过程,后者涉及对判决及其评价标准的确证。当代法律解释理论摆脱了传统法律解释理论片面追求规范文本的客观确定含义,而更注重判决的合理性和可接受性。法律论证理论之所以在20世纪得以兴起并非偶然。法律论证即在各方主体的对话和论辩过程中,达致各方均可接受的裁判结果。

另一个值得探讨的问题是:对事实的发现、认定方法属于法学方法论吗?传统的司法三段论模式下,法律规范与法律事实呈现为二分格局,由此法律适用之操作过程比较清楚。此亦为三段论推理模式的突出优点之一。因此,传统的法律方法论一向区分"事实问题"(实际发生者为何的问题)与"法律问题"(实际发生者,依法秩序的标准应如何安排的问题)。然而,这一乍看之下没有问题的问题实际上却是"极有争议的问题"。当今不少学者对事实问题与法律问题截然二分的观念进行了批判,而认为二者其实是以不可分割的方式缠绕在一起的。③ 因此,在具体案件中,案件事实的形成及其法律判断,不仅以实际发生的事件为准,而且取决于可能适用的法条之构成要件及其所包含的价值判断。因为"作为陈述的案件事实并非自始'既存地'显现给判断者,毋宁必须一方面考量已知的事实,另一方面考虑个别事实在法律上的重要性,以此二者为基础,才能形成案件事实"④。所以,对事实的发现、认定方法同样具有很强的方法论意义,应当属于广义上的法律方法论所要研究的内容。在当今的法律方法论中,与此相关的如学者们对举证责任、证明责任等问题的研究。但从科学分工的角度看,法律方法论主要解决的是法律推理的大前提问题,而事实问题则主要解决推理的小前提。事实问题的"真伪"主要是由证据学来完成的。当然,法律方法论并不能忽略事实问题,尤其是法律与事实之间的互动关系以及逻辑关系。

关于法律方法论体系学界还没有进行认真的研究,但从散见在各种书

---

① 郑永流:《法律判断形成的模式》,载《法学研究》2004年第1期。
② 焦宝乾:《当代法律方法论的转型——从司法三段论到法律论证》,载《法制与社会发展》2004年第1期。
③ 参见〔德〕卡尔·拉伦茨:《法学方法论》,商务印书馆2003年版,第187页;陈景辉:《事实的法律意义》,载《中外法学》2003年第6期。
④ 〔德〕卡尔·拉伦茨:《法学方法论》,陈爱娥译,商务印书馆2003年版,第160页。

籍和文章的提法来看,有三种观点:一是以法律发现为龙头的方法体系,主张法律发现、法律解释、价值衡量、漏洞补充、法律论证、法律推理等构成法律方法论体系。这种理论奠定了以司法为中心的法律渊源理论,认为法律发现是指在司法过程中,法官针对个案发现法律必须与法源理论结合才具立法方法论意义。但法官发现的法律很可能有多种意义,这就需要运用两种或多种法律方法进行确认,以便选定最优的判案标准。二是以法律解释为核心概念的方法体系,这种观点认为,法律应用的过程实际上是对法律解释的过程,解释的目标不仅在于把不清楚的说清楚,而且还在于根据法律建构裁判。实际上,价值衡量、法律论证,乃至于漏洞补充,都是解释法律的形式,构成法解释方法体系的主要有:文义解释、目的解释、社会学解释、历史解释、体系解释、价值衡量等方法。三是以法律推理为核心概念的方法论体系。这种体系以形式推理和实质推理划分为基础,强调了形式推理的严格性以及实质推理的正义性,并且在实质推理中溶进了法律论证、价值衡量等方法。以法律推理为研究重点的许多学者都认为,司法过程实质上就是法律推理的过程。

  法律方法论之研究必须结合我国特定的制度与社会语境来进行,才具有真正的实践意义。在我们这个方法传统本就匮乏的国家研讨法律方法,自然要面临不少困难。如有学者指出我们"法学界容易流行的是公共知识分子的法政策学,而不是强化法律共同体的法律解释学,不仅法学家如此,而且法官也是如此"。然而从另一方面,只有"法律解释学的立场和方法是……法学家知识分子摆脱被某种政治力量操控从而获得自主性的唯一有效的方法。"[①] 从此意义上,法律方法论之研究对于我国法治秩序的构建,对于法律家共同体的形成具有极其重要的实践价值。不过,也有学者对目前法学理论界持有的法律方法必然具有正当属性的观点表示质疑,提出司法实践中法律方法的异化问题,并剖析其异化的基本形态及危害。[②] 当然,这一问题还需要进行深入的研究。

---

  ① 强世功:《宪法司法化的"误区"?》,载梁治平编:《法治在中国:制度话语与实践》,中国政法大学出版社 2002 年版。
  ② 韩德强:《论法律方法的异化及其成因》,载《河南省政法管理干部学院学报》2005 年第 2 期。

二、法律解释之研究

法律解释是传统的法律方法,也是各种法律方法中,研究较为深入、系统,成果也最为丰富的一种。近几年法律解释研究主要取得如下进展:

(一) 研究范围进一步扩大,研究对象进一步明确

这一点源自于法学研究由立法中心主义转向司法中心主义[1],以及由此而带来的法律解释学的转向。过去我们对法律解释的研究,从主体上看仅限于机关解释,其研究对象也主要围绕机关解释进行,即使是被称为司法解释的东西,也仅指最高人民法院和最高人民检察院的"统一解释",或称为"准立法"性解释,法官的审判解释一律被视为"法律适用"或"依法办案"。近两年来,对"统一解释"的研究仍在继续[2],但许多研究者的视点已转向司法过程。[3] 关于裁判规范、法律发现、审判解释的论文逐渐增多,许多硕士、博士论文以都以此为专题进行研究,还出现了关于审判解释的专著。[4] 有学者把这种现象称之为法学回归到解释学。因为法学形成独立的学科,从某种程度上看,就是从法律解释学开始的,而法律解释学原本就是以司法过程

---

[1] 关于法学研究由立法中心转向司法中心,国内许多学者在 20 世纪 90 年代中期就已经提出。对该观点的集中论述见陈金钊:《法学的特点与研究的转向》,载《求是学刊》2003 年第 2 期;陈金钊:《法律解释的转向》,载《文史哲》2003 年第 4 期;陈金钊:《法律解释学的转向与实用法学的第三条道路》(上、下),《法学评论》2002 年第 1—2 期。

[2] 关于机关解释包括传统法学所讲的立法解释、司法解释、行政解释等。这方面的论文数量很多,另外还有许多部门法学者对"两高"的司法解释进行解释,出版了许多书籍。如王利明教授主编的系列《民商法司法解释精要》;黄松有主编的《解读最高人民法院司法解释》;张玖利:《论我国司法解释权的归属》,载《山东社会科学》2002 年第 1 期;廖鸣卫:《中国内地和香港特别行政区的法律解释体制》,载《河北法学》2002 年第 3 期;陈霞明:《越权解释刍议》,载《当代法学》2002 年第 8 期;陈春龙:《中国法律解释的地位与功能》,载《中国法学》2003 年第 1 期;周旺生:《中国现行法律制度研究》,载《现代法学》2003 年第 2 期;丁卯:《法律解释体系问题研究》,载《法学》2003 年第 1 期;蒋集跃、杨永华:《司法解释的缺陷及补救》,载《法学》2003 年第 10 期;贾济东:《论刑事立法解释与司法解释的协调》,载《国家检察官学院学报》2004 年第 4 期。

[3] 以司法过程(审判过程)为对象的法律解释的论文,近两年有迅速增长的趋势。许多学者都积极投身到对该问题的研究中。除文中已列论文外,还有王钧:《论刑法适用中法律解释的确定性》,载陈金钊、谢晖主编:《法律方法》(3),山东人民出版社 2004 年版;桑本谦、纪建文:《司法过程中法律解释的思维过程探析》,载《法学论坛》2002 年第 3 期;王锋、张纬:《事实与规范之间——对法官解释的研究》,载陈金钊、谢晖主编:《法律方法》(2),山东人民出版社 2003 年版。

[4] 刘青峰:《审判解释引论》,法律出版社 2004 年版。

中所出现的问题为研究重点的。另外值得指出的是,近两年来关于法律解释的一般性理论的探讨似乎有升温的趋势,涌现出大量的关于法律解释基本问题的论文。

(二)研究方法及视角呈多元化趋势,研究结论也出现多样化

按传统法学的观点,法律解释学属于规范法学,根据法律进行解释是其主要特征,这既是法学教义学属性的要求,也是法律解释独断性的体现。但是由于近百年来法学的实用性越来越得到彰显,因而作为方法论的法律解释似乎有"升格"的趋势。法律解释似乎要溢出方法论进入本体论的范畴。① 这种情况的出现,源于多种方法对法律解释理论的渗透。(1) 20世纪60年代出现的解释哲学,几乎波及人文社会科学的各个领域,法学也不例外,后现代法学的哲学基础就可以说是哲学解释学。对法律解释问题的研究当然也不能幸免。在梁治平主编的《法律解释问题》论文集中,多数学者都带有解释哲学的倾向。近些年来,对伽达默尔《真理与方法》中的法律思想的研究也有了部分论文,但更多是在论著中渗透着哲学解释学的思想。② 哲学解释学的引入,拓宽了对法律解释问题研究的视野,使许多学者认识到,法律解释问题不仅是个方法论的问题,从理解存在于法律人生的各个层面来看,法律解释还是本体论问题。但也有学者提醒,法律解释虽然是法律人生的本体问题,但理解本身也是方法问题。哲学解释学只不过是强化了理解方法对法律解释问题的研究。③ (2)法律社会学对法律解释学的介入,打破了法律解释学纯粹属于规范科学属性,使人们对法律解释的研究也打上了科学的印记。学者们认识到,纯粹的根据法律进行解释,虽然符合形式逻辑的严密性,但往往不能随着社会关系的发展而与时俱进。按照法律社会学的观点,人们对法律的解释,不应完全拘泥于文字,法律是社会关

---

① 参见齐延平:《法律解释:法律生命化与法官职业化过程》,载《山东社会科学》2003年第1期;陈金钊:《法律的特性与法律解释——法律解释的一种本体论探索》,载《广西师范大学学报》2003年第2期;焦宝乾:《本体论意义上的法律解释理论》,载《山东大学学报》2004年第1期;焦宝乾:《文本论:一种法律文本解释方法的学说考察》,陈金钊、谢晖主编:《法律方法》(1),山东人民出版社2002年版。

② 参见陈金钊:《哲学解释学与法律解释学——〈真理与方法〉对法学的启示》,载《现代法学》2001年第5期;王晓、董必秀:《判决理由:哲学解释学在法律解释中的最终落脚点》,载《浙江学刊》2003年第5期;钱大军、张成元:《法律解释的必为性和可行性》,载《当代法学》2002年第7期。

③ 参见谢晖、陈金钊:《法律:诠释与应用》,上海译文出版社2002年版。

系中的法律，法律的意义也不应脱离社会。① 所以，法律社会学的研究方法与结论也应对法律解释的发展作出贡献，我们不应把法封闭在文义之中。许多作者在其研究法律解释问题时也有意识地加上了语境论。② 日本法律解释学的发展就在于他们有机地结合了法律社会学的方法与结论从而增大了法律解释的说服力。③（3）价值法学在近十年来得到长足的发展。但人们对法律价值的认识不能仅停留在理论层面，价值应该有进入法律的途径。按说立法者在创立法律时，已经注意到了人类的最基本价值，但由于价值本身的复杂性，再加上价值并不能抽象的存在，所以使得法律价值也在具体案件中变幻无常。因此，我们不能空洞地谈论价值，必须把其融入到法律解释的过程，只有这样才能使正义等贯穿到司法实践中去。对任何法律解释的结论我们都应该运用价值进行衡量，以保证法律解释的公正等属性。法律解释像一个包融百川的大河，它应该汇入科学的、正义的和合法的基本要求。④

值得注意的是，在引入西方法学理论时，我们固然要注意对其方法的运用而非单纯的介绍，更重要的是，对方法的运用还须提升到方法论的高度去进行反思和考虑。尤其是，当代西方的法律方法论背后有着哲学解释学、修辞学、论题学、语义学、符号学和沟通理论等诸多理论与方法的支持。其中，随着哲学解释学的出现及其在法学领域的应用，人们一般在两种意义上使用法律解释这一概念，即方法论意义上的法律解释和本体论意义上的法律解释。所以，在研究法律方法论时，中国学者无论如何无法避免在法律领域对哲学解释学的思考。

正因为如此，有学者指出，"解释学理论和语言哲学在大规模的进入到传统的法律解释中时，实际上忽略和混淆了这两种在不同的知识谱系和不同的话语空间发展起来的法律解释理论。"⑤ 不过，应该看到，近年来学界对此已经有某种"方法论"上的警觉。较早的如梁慧星就曾经区分了法解释学

---

① 关于用法律社会学的方法对法律解释问题的研究，见苏力：《道路走向城市》，法律出版社2004年版，第3、4章。还有学者从更为客观的角度用社会学法学的方法研究宽泛意义上的法律解释，如尹伊君：《社会变迁的法律解释》，商务印书馆2003年版。
② 参见吴丙新：《法律漏洞的语境分析》，载《山东大学学报》2003年第3期。
③ 参见陈金钊：《再论法律解释学》，载《法学论坛》2004年第3期；《法律解释的基本问题》，载《政法论坛》2004年第4期。
④ 关于价值衡量方法，详见本文第四部分论述。
⑤ 强世功、赵晓力：《双重结构化下的法律解释》，载梁治平编：《法律解释问题》，法律出版社1998年版。

和法律解释方法论。① 梁治平进一步从理论上区分法解释学(legal hermeneutics)为解释学法学(hermeneutical jurisprudence)和法律解释的方法论(legal method)。② 谢晖也对解释学法学和法律解释学进行过较为全面的区分③,后来还有郑永流的区分④。这种区分的重要价值在于,便于凸显出哲学诠释学兴起以后对传统法律解释知识体系所造成的深刻影响和冲击。⑤

从根本意义上讲,当代法律方法论的转型最终乃奠基于法的本体论层面上的观念变革,即"诠释学的法律本体论"(hermeneutische rechts-ontologie)成为当代法概念论上的重要发展走向。⑥ 另外诠释学的"本体论转向"后引发的关于"方法"的论争尤值关注。《法律的意义追问》一书通过研讨这一论争,认为在诠释法律过程中,方法不能缺席,"缺少了诠释方法的诠释学法学,犹如缺乏导航器的船只"。并且在后文即分别探讨了"认识视野/本体视野/实践视野中诠释法律之方法"的问题。⑦ 该书明确指出:随着诠释学的转向,法哲学研究事实上可分为两途:"其一,是试图建立一套'科学的'诠释方法以解释和说明法律现象的法哲学努力;其二,是通过反思和批判科学方法,而借用哲学诠释学的立场来解释和说明法律现象的法哲学努力。"(见该书第 10 页) 因此,科学与诠释,同为法哲学研究的两种理路。

在此应该强调诠释学入径在当下我国法学研究中的重要意义。长期以来,我国法学仅有"方法"研究而没有基于一定哲学基础的系统的"方法论"的研究。而且,我国法学研究中一直存在一个认识论的缺位的严重问题,对人文价值的关怀极度匮乏。挑战和反思西方科学方法论和认识论的哲学诠释学入径恰为积弱的我国法学理论创新和发展提供了重大契机。立足于诠释学的法哲学"为我们提供了一种开放的法意识形态和法解释观。它为内含着建构科学理论和重铸人文价值的双重生命的中国法学开辟了思想的入径。"⑧

---

① 梁慧星:《民法解释学》,中国政法大学出版社 1995 年版,第 89—91 页。
② 梁治平:《解释学法学与法律解释的方法论》,载梁治平编:《法律解释问题》,法律出版社 1998 年版。
③ 谢晖:《解释学法学与法律解释学》,载谢晖:《法的思辨与实证》,法律出版社 2001 年版。
④ 郑永流:《出释入造——法律诠释学及其与法律解释学的关系》,载《法学研究》2002 年第 3 期。
⑤ 〔德〕阿图尔·考夫曼、温弗里德·哈斯默尔主编:《当代法哲学和法律理论导论》,郑永流译,法律出版社 2002 年版,第 9 章:"哲学诠释学和法律诠释学"。
⑥ 焦宝乾:《法概念:诠释转向和本体回归》,载《求是学刊》2004 年第 2 期。
⑦ 谢晖:《法律的意义追问》,商务印书馆 2003 年版,第 550—562 页。
⑧ 齐延平:《法学的入径和法律意义的创生》,载《中国法学》2001 年第 5 期。

（三）重视法律解释本身的方法研究，把法律解释的研究引向具体和深入

1999年张志铭教授出版了《法律解释操作分析》，这在一定程度上掀起了人们对法律解释方法研究的热潮。随之，关于具体法律解释方法研究的论文逐年增加。当然，司法实践更是需要人们研究具体的法律解释方法。最高人民法院主办的《法律适用》杂志开辟了"法律解释方法"专栏，已发表了许多具体研究法律解释方法的论文。其他杂志上也登载了许多研究具体法律解释方法的论文。① 许多学者认为，为维护法治，法律解释应首先使用文义解释方法，这既是法律解释的开端，也是法律解释的主要方法，而目的解释、价值衡量、社会学解释、利益衡量等方法应是法律解释的辅助方法。到目前为止，我们认为关于法律解释方法的难题仍旧有两个：第一，是各种法律解释方法的位阶问题难以确认。虽然我们已经认识到文义解释方法是维护法治的最基本方法，但是，文义解释有自身的一些天然的缺陷，如果过度迷信文义解释，可能会出现法律的僵化，所以司法过程需要文义方法外的其他方法。但问题在于对文义解释外的其他方法顺序如何排列，中外法学家并没有拿出具体意见，并且，从司法过程来看，也很难拿出具体意见。第二，是各种法律解释方法的应用条件，学者们并没有给予清晰的说明。这既可能形成理论上的不完善，也可能在司法实践中产生更大的任意。这两个问题应是法律解释进一步研究的问题，否则就会出现"法律方法论"的异化。这是我们研究法律方法论所必须警惕的事实。

三、法律论证之研究

法律论证是近四十来年在欧美学界兴起并且获得重要发展、取得重要地位的研究领域。20世纪60年代，以逻辑、语言分析为基础的论证理论较早在道德分析哲学中作为实践商谈论被广泛探讨。到了20世纪70年代，

---

① 参见魏玮：《外部辅助材料在法律解释中的应用》，载《法律适用》2002年第3期；魏玮：《英国法律解释三大规则之应用》，载《法律适用》2002年第2期；蒋惠岭：《历史解释法在司法裁判中的作用》，载《法律适用》2002年第11期；蒋惠岭：《实用解释法与动态解释法之应用》，载《法律适用》2002年第12期；陈金钊：《作为方法的目的解释》，载《学习与探索》2003年第5期；陈金钊：《目的解释方法及其意义》，载《法律科学》2004年第5期。

不仅法律理论家,而且论证理论家和哲学家对法律论证的兴趣日愈高涨。在多种学科如一般论证理论、法律理论、法理学和法哲学的共同观照下,法律论证方面的研究展现出多种多样的论题、方法和原则。近些年来,法律论证理论已经在西方学界取得统治地位,并且法律论证的各种问题居于国际法理学和法哲学讨论的热点。法律论证一词有不同说法,诺伊曼(Neumann)认为当今日本、德国法学界使用"法律论证"这个用语时,其含义尚不确定,但可以归为三大类:逻辑证明的理论、理性言说的理论和类观点——修辞学的构想。① 另外,诺伊曼(Neumann)所指的德国"一般论证理论"一语相当于英国和美国的"非形式逻辑"(informal logic)或者"实践推理"(practical reasoning),以及法国和比利时的"新修辞学"(nouvelle rhetorique)。② 从这种名称上的差异可以看出法律论证理论乃至一般论证理论在各国学者的研究中所展现出的多样性,而这种多样性又是基于法律论证理论的复杂多元的思想背景。其中对法律判决进行理性证立的问题,已经成为处于不断演进中的法律论证理论的核心主题。可以说,法律论证理论乃是在分析哲学和解释学整体上不断趋于融合的社会思想背景下所产生的法律方法论研究新领域。

相比之下,在这个国外发展兴盛数十年的研究领域,国内有分量的相关研究并不多见。国内学者的研究中也只见到少数一些以"法律论证"为标题或关键词的论述③,但这些一般并非法律方法论意义上的"法律论证"。国内对法律论证理论的比较早的研究,如刘星对芬兰法学家阿尔诺的"法律确证"(legal justification)理论的介绍④,还有后来他的《法律解释中的大众话语与精英话语》⑤一文其实也带有强烈的法律论证理论的问题意识:"笔者以为,解释的具体方案是次要的,重要的是对解释确证即正当性的基本理由的追寻和理解……"舒国滢也是国内较早地介绍法律论证理论的学者,他对实践理性与法律论证理论的兴起及其在欧洲尤其是德国的发展概况做了初

---

① 张钰光:《"法律论证"构造与程序之研究》,载 http://datas.ncl.edu.tw(最后访问日期:2010-9-1)。
② Eric Hilgendorf, *On some problems of the theory of legal argumentation*, in Zenon Bankowski et al (eds.), *Informatics and the foundations of legal reasoning*, Kluwer Academic Publishers, 1995, p.159.
③ 张驰、韩强:《公立学校产权制度改革的法律论证》,载《华东政法学院学报》2003年第4期;张影:《刍议专家法律论证意见》,行政与法2004年第1期。
④ 刘星:《阿尔诺的"法律确证"理论》,载《外国法译评》1993年第3期。
⑤ 参见梁治平编:《法律解释问题》,法律出版社1998年版。

步介绍。① 季卫东则将基于实践理性的法律议论(即法律论证)学说作为当代法律解释学的一种发展方向,并且立足于日本学者的相关研究,对图尔敏、阿列克西、哈贝马斯等人的论证理论做了初步的介绍和研讨。尤其是,他将以程序和议论为双轨的法律解释学的规范化、体系化、制度化,作为其所主张的中国实用法学生成与发展的第三条道路。② 解兴权在研究法律推理时也初步探讨了有关法律论证的问题。③ 近年来,有学者对法律论证的概念进行了一些初步研究。④ 不过,总体而言,自20世纪90年代以来,国内法学界对法律论证理论的研究较为薄弱。不过,越来越多的学者开始意识到这一论题的重要研究价值。另外,值得注意的是,国内也有一些学者,如武宏志、刘春杰、马永侠等一直致力于对一般论证理论的介绍和研究。⑤

会议方面,近年来国内法学界和逻辑学界均曾召开过法律论证方面的学术研讨会。2001年5月1日至3日在山东大学威海分校召开了全国"法律解释与法律论证"学术研讨会。2004年8月26日至29日在新疆召开了第三届全国"法律方法与法律思维"专题学术研讨会。2004年9月17日至18日,第一届全国非形式逻辑与法律逻辑学术研讨会在中山大学召开,来自全国各地的40多位专家学者参加了这次研讨会。会议还邀请了加拿大著名学者道格拉斯·N.沃尔顿(Douglas N. Walton)到会并且发表了演讲。上述会议均对法律论证进行了一定的研讨。

---

① 舒国滢:《战后德国法哲学的发展路向》,载《比较法研究》1995年第4期。
② 季卫东对国外法律论证理论的介绍,参见《法律解释的真谛——探索实用法学的第三条道路》,载季卫东:《法治秩序的建构》,中国政法大学出版社1998年版;季卫东:《"应然"与"实然"的制度性结合》,载〔英〕麦考密克、〔奥〕魏因贝尔:《制度法论》,周叶谦译,中国政法大学出版社1994年版。
③ 解兴权:《通向正义之路——法律推理的方法论研究》,中国政法大学出版社2000年版,第252页以下。
④ 刘治斌:《法律论证释义》,载《甘肃教育学院学报》2003年第3期;黄竹胜:《法律论证:概念架构与语义分析》,载《广西师大学报》2003年第2期;葛洪义:《试论法律论证的概念、意义与方法》,载《浙江社会科学》2004年第2期。
⑤ 这方面的研究成果比较多,其中论文可参见"中国期刊全文数据库"的相关检索,在此不再一一列举;专著可参见刘春杰:《论证逻辑研究》,青海人民出版社2000年版;武宏志,马永侠:《谬误研究》,陕西人民出版社1997年版。

第一章 法治实现之路

近年来,随着法律论证理论方面译著在国内的出版①,不少学者开始关注对这方面的研究。相关成果开始见诸一些期刊的专号、专题研究或者互联网上。② 鉴于国内对法律论证理论之研究的既有状况,当下的研究很大程度上主要在于对国外理论的引介。不过,也有少数学者运用论证(论辩)理论去研究具体的部门法上的问题,如朱庆育博士关于私法推理理论的研究③,以为私法推理并非依照大前提来寻找小前提,而是在对兼为法律事实与法律规范的意思表示作出解释的同时,根据各方充分论辩结果来作出相应的裁判,进而依据逻辑演绎推理得出裁判结论。

应该指出的是,在中国的学术语境中进行法律论证理论的研究要面临一些困难。首先,法律论证理论主要源于西方注重逻辑分析与语言分析的分析哲学传统,而这跟我们的思维方式与思维传统有较为明显的出入。比如,不少国内的读者在阅读阿列克西的经典之作《法律论证理论》一书时恐怕会感到较为吃力。一个主要原因是,阿列克西在书中运用到大量的逻辑符号来表现其所主张的一般实践论证规则和法律论证规则。其次,这也跟我们的法理学研究水平有关。在法的本体论上,传统的观点一直视法律为统治者的意志。这种观点其实预设了一种自上而下的单向法律运行模式,即法律是由国家制定的,用以治理民众的强制性规范。这种法律概念跟现代法治观念难以协调。④ 法律强制论的观念显然跟那种双向运行模式的论证理论格格不入。不过,值得注意的是,近年来,学者们已经开始从另一种角度反思和建构法的概念。如有学者提出法律的可诉性应当成为现代法治

---

① 参见〔德〕罗伯特·阿列克西:《法律论证理论》,舒国滢译,中国法制出版社2002年版;〔德〕阿图尔·考夫曼、温弗里德·哈斯默尔主编:《当代法哲学和法律理论导论》,郑永流译,法律出版社2002年版,第14章;国内在一般论辩理论和商谈理论方面的译著出版的相对比较早,参见〔荷〕弗朗斯·凡·爱默伦、罗布·荷罗顿道斯特的《论辩、交际、谬误》,施旭译,北京大学出版社1991年版;〔德〕哈贝马斯:《交往行动理论》(上),洪佩郁、蔺青译,重庆出版社1994年版;〔荷〕弗朗斯·凡·爱默伦:《批评性论辩——论辩的语用辩证法》,张树学译,北京大学出版社2002年版。

② 《河南省政法管理干部学院学报》2004年第4期推出"法律论证问题研究"专题;《浙江大学法律评论》第6期(2003卷,中国社科出版社2004年版)推出"法律与论证专号";葛洪义:《试论法论证的概念、意义与方法》,载《浙江社会科学》2004年第2期;葛洪义:《试论法律论证的源流与旨趣》,载《法律科学》2004年第5期。陈金钊、谢晖主编《法律方法》(第3卷,山东人民出版社2004年版)推出"法律论证专题"。

③ 朱庆育:《意思表示解释理论——哲学解释学——修辞学视域中的私法推理理论》,中国政法大学2002年博士论文。

④ 刘星:《中国"法"概念与现代法治观念的关系》,载刘星:《语境中的法学与法律》,法律出版社2001年版。

国家法律的基本特征之一①,这不仅带来传统法律观念上的深层变革,而且有助于建立一个双向良性运行的法治系统;还有学者主张法律是一种理性对话。② 另外,根据季卫东的研究,中国古代法律传统并不欠缺法律议论与合意的要素。③ 其实可以说,法律天然地具有论证(论辩)的性格。而"法学的理性在于它的论证之理性"。④ 法律论证理论的引入和研究有助于提升我国法理学的研究水平与学术品味,从而建立一种与国外法理学沟通和交流的渠道。

跟大陆学者相比,台湾学者在法律论证方面的研究似乎更为显著。⑤ 他们对佩雷尔曼、阿列克西等人的理论已经有了较为深入的研究。他们除了直接立足于欧美的研究以外,还受到日本学者(如平井宜雄等)相关研究的重要影响。而日本学者的法律论证研究一直较为发达。

四、利益衡量与价值衡量之研究

利益衡量论乃是当今法律解释学的一种重要发展走向。季卫东将其表述为:"是在承认主观价值判断和保持演绎思维的结构同时,通过对于各种价值判断的先后、轻重、优劣进行科学的理由论证和交换计算来实现法律决定的客观性、妥当性的尝试。"⑥ 利益衡量之法律方法发轫于20世纪初的欧洲自由法运动(尤其是利益法学派)。后来,在欧洲自由法学和美国现实主义法学的影响下,日本学者加藤一朗和星野英一分别提出了各自的利益衡量论,与利益衡量的方法近似的是"经济分析"方法(以美国的经济分析

---

① 王晨光:《法律的可诉性:现代法治国家中法律的特征之一》,载《法学》1998年第8期。
② 张千帆:《法律是一种理性对话——兼论司法判例制度的合理性》,载《北大法律评论》第5卷第1辑。
③ 季卫东:《法律解释的真谛》,载《法治秩序的建构》,中国政法大学出版社1998年版。
④ 〔德〕阿图尔·考夫曼、温弗里德·哈斯默尔主编:《当代法哲学和法律理论导论》,郑永流译,法律出版社2002年版,第462页。
⑤ 台湾学者的相关研究,参见廖义铭:《佩雷尔曼之新修辞学》,唐山出版社1997年版;颜厥安:《法、理性与论证——Rohert Alexy 的法论证理论》,载颜厥安:《法与实践理性》,允晨文化实业股份有限公司1998年版;颜厥安、王照宇:《由国际学术趋势探讨台湾法理学之研究发展》,载《台大法学论丛》第32卷第4期;颜厥安:《论证、客观性与融贯性》,载《法律思想网》;颜厥安:《规则、理性与法治》,载《台大法学论丛》第31卷第2期;张钰光:《法律论证构造与程序之研究》,辅仁大学法律学研究所2001年博士论文。
⑥ 季卫东:《法治秩序的建构》,中国政法大学出版社1998年版,第98页。

第一章 法治实现之路

法学为主要代表),二者在运用上均以效率为指归。利益衡量处于法律方法当中的最高境界。整个司法裁判可被视为一个利益考量和价值权衡的过程。这对法官提出了很高的要求,另一方面这也加大了裁判结果的不可预测性。因此,利益衡量也是必须严格谨慎使用的一种方法。在国外,这种方法是否完全妥当还存在争议,并且其本身也处于不断完善和发展之中,但这种方法在处理一些比较复杂疑难的个案中还是无可避免的。

学者们对于利益衡量一词的使用并不尽一致,如日本的星野英一使用的词汇是"利益考量",其所追求的是比利益衡量范围更大的价值判断。学界一般将其称为广义的利益衡量论或者利益考量论。① 跟利益衡量比较接近的另一个概念是"价值衡量",从当下国内学者的论述可以看出,不同的人对这一对概念在用法上并不尽一致。有的学者认为这两个概念比较近似,所以对二者不做区分,认为利益衡量就是价值衡量,在表述中相应采取了诸如"利益(价值)衡量"这种方式;而有的认为这是两个不同的概念,如何海波在他的论文中谈到:"之所以称为'价值衡量',是由于本文够不上严谨精细的经济分析,而更多基于生活经验的论辩;它也将超越具体案件当事人的'利益',而权衡普遍的社会'价值'。"② 李秀群认为利益衡量与价值衡量实质上是两个不同的概念,价值衡量是从超验哲学层面来认识问题,利益衡量则是在经验实证层面上来分析评价问题。③

自20世纪90年代以来,国内学者对法律上的利益衡量方法已经进行了一定的介绍与探索。比较早的把利益衡量的方法引入我国的是梁慧星教授④,而苏力则比较早地运用这种方法研究实际中的权利冲突问题。事实上,利益衡量的方法确实大量运用在处理权利冲突问题的场合。有学者以为,权利体系中存在着一定的权利位阶。为此各种权利的类型不可能均得到"平等"的保护,但权利的位阶秩序并没有整体的确定性,不可能形成像"化学元素表"那样先在的图谱,因为权利位阶的确立本身往往涉及复杂的价值判断,为此,权利冲突的解决不能以此作为一种普适的依据,而需就个案进行具体的价值衡量。⑤ 国内学者关于利益衡量方法的实践运用方面的

---

① 李军:《利益衡量论》,载《山东大学学报》2003年第4期。
② 何海波:《举证责任分配:一个价值衡量的方法》,载《中外法学》2003年第2期。
③ 李秀群:《司法过程中的利益衡量》,载陈金钊、谢晖主编:《法律方法》(2),山东人民出版社2003年版。
④ 梁慧星:《电视节目预告表的法律保护与利益衡量》,载《法学研究》1995年第2期。
⑤ 林来梵、张卓明:《论权利冲突中的权利位阶》,载《浙江大学学报》2003年第6期。

研究,在近些年来出现了一些研究成果。学者们普遍地将这一方法运用于诸如舆论监督与名誉权的冲突与平衡、言论自由、环境侵权救济中的利益衡量、新闻记者的拒证特权、人身损害赔偿、债权让与制度等活动之中。这一方法在诉讼法上也有适用的空间,如有学者认为"诉的利益的判断过程实际上就是一个利益衡量的过程"。① 另有学者主张以重大违法作为排除非法证据的实质性标准,并引入利益衡量确定是否构成重大违法。② 另外,还有学者研讨了利益衡量方法在司法审查中的运用。③

除了在具体方法运用方面的研究之外,利益衡量在学理上的研究亦值得关注。如有学者研究了利益衡量存在的必然性、概念、正当性及其范围等法理问题。④ 利益衡量是一种主观性较强的裁判方法,但人们往往又追寻其相对的客观标准。如何确定利益衡量的标准,对于利益衡量论作为一种独立的方法论十分关键。有学者认为"社会需求"即为其中的标准之一,他通过对"公众舆论"、"社会价值观念"、"社会效果"三个基本范畴的分析,将"社会需求"的内容与尺度进行具体化,并试图通过这种理论性的分析,研究诉讼过程的实际动态运作。⑤ 有学者研讨了日本学者关于确定利益衡量的标准以及能否得到妥当性的结论等难题⑥,认为日本学者加藤一郎提出的利益衡量理论容易导致恣意的缺陷。有学者构建了利益的四个层次结构:当事人的具体利益、群体利益、制度利益和社会公共利益,主张在实践中应当区分不同的类型进行仔细地剖析和论证,从而增强衡量结果的妥当性与科学性。⑦ 另有学者从经济分析的视角,认为法官通过对双方当事人之间的利益进行博弈分析,可以直观地显示法官利益衡量的方法与步骤,同时也体现出司法中进行利益衡量的必要性。⑧ 还有学者探讨了法律推理中利益衡量产生的司法实践条件和理论背景,分析了它的概念及运行过程,阐述了研究法律推理中的利益衡量问题所具有的重要理论和实践意义。⑨

---

① 常怡、黄娟:《司法裁判供给中的利益衡量:一种诉的利益观》,载《中国法学》2003年第4期。
② 李浩:《民事诉讼非法证据排除规则探析》,载《法学评论》2002年第6期。
③ 甘文:《行政与法律的一般原理》,中国法制出版社2002年版,第5章。
④ 胡玉鸿:《关于"利益衡量"的几个法理问题》,载《现代法学》2001年第4期。
⑤ 胡玉鸿:《利益衡量与"社会需求"——诉讼过程的动态分析之一》,载《法商研究》2001年第3期。
⑥ 李军:《利益衡量论》,载《山东大学学报》2003年第4期。
⑦ 梁上上:《利益的层次结构与利益衡量的展开》,载《法学研究》2002年第1期。
⑧ 李秀群:《司法中的利益衡量》,载《山东公安高等专科学校学报》2004年第1期。
⑨ 沈仲衡:《论法律推理中的利益衡量》,载《求是学刊》2003年第6期。

关于利益衡量论的发展前景,有学者着眼于民法解释理论的变化,认为知识经济时代是现代社会的延续,但也给民法带来了一些值得探讨的新课题,这表现在民法解释方法则又从利益衡量论向关联性理论发展。① 这固然因为利益衡量论本身存在的内在局限性,还因为其作为一种个别化的处理方式,已经无法满足当代民法的发展。尤其是法律解释与价值判断在过去被认为是个人进行的工作,而现在被认为是通过主张、讨论进行的共同作业。其实,这也就是当代法律论证理论这种新兴的法律方法论对利益衡量论的挑战。

五、漏洞补充之研究

关于漏洞补充的研究,近年来我国大陆引入了德国、日本以及台湾地区相关学者的一些论著。尤其是对于法律漏洞的学理研究,国内既有的研究基本上不超出上述学者的论述框架。因此,下文将主要结合我国的特定的语境进行评述。

制定法存在着漏洞,这早已被现代法学所确认。但制定法存在漏洞是否意味着法律存在漏洞,这是值得深思的问题。从法律方法的角度看,法律并不存在漏洞,因为制定法的漏洞可以运用多种方法予以弥补,所以,漏洞补充方法实际上指的是对制定法漏洞(或空白)的填充。从既有的文献可以看出,近年来我国学者明显加强了关于法律漏洞问题之研究。随着我国建立市场经济法律体系的立法工作的完善,原有的出于人为、技术因素等原因所造成的立法滞后、质量低劣、漏洞百出等现象随着法学研究的发展和立法水平的提高而得到根本改观。② 当然,我国目前法律体系中依然存在一些漏洞,而这也正使得法律方法论有了用武之地。

具体说来,学者们的研究表明,在我国的法律中诸如刑法、合同法、行政

---

① 易继明:《知识经济时代民法的变迁》,载《法学》2001年第8期。
② 比如,甚至在20世纪90年代中期,崔建远曾经论述到,我国民法的法律漏洞呈如下特性:一是法律漏洞大面积存在,许多法律制度整体性欠缺,或者一项法律制度中的许多重要成分欠缺;二是不明知漏洞较多。所以,我国民法的法律漏洞的补充,究竟适用何种方式,需视具体情况而定。参见崔建远:《我国民法的漏洞及其补充》,载《吉林大学学报》1995年第1期。又如"当前,面对纷繁复杂的经济生活和社会生活,立法滞后,法律漏洞大量存在,此乃不争之事实。"参见刘正峰:《论我国法官对法律漏洞的补充与完善》,载《法学》1996年第8期。

诉讼法、公司法、保险法和土地法等部门法领域中存在一定的漏洞。① 关于漏洞的补充方法，近年来出版的拉伦茨、黄茂荣、王泽鉴和梁慧星等学者的学理论著当中已经多有论述，在此不拟赘述。对于漏洞补充方法的具体运用，我国学者比较多关注到法律原则如诚实信用原则、情势变更原则、竞争法上的原则在漏洞补充中的作用。② 还有学者论及国际惯例对漏洞补充的功能和意义。③ 在刑法领域，根据罪刑法定原则，法官对法律漏洞的补充职能似乎要受到限制。不过，随着罪刑法定由绝对向相对的演变，为刑法解释的诞生提供了契机。在相对罪刑法定原则下法官行使自由裁量权最主要的表现就是对法律进行科学的解释。作为自由裁量权重要内容之一的漏洞的填充被认为既突破了绝对罪刑法定严格规则的刻板、僵化和机械，又自觉地遵从立法本意和法律规范的实质适用范围，与相对罪刑法定的价值意蕴不谋而合。④

上述漏洞补充的实际运用很大程度上尚属西方理论在我国法律中的延伸，我国法治处于转型的特定阶段，近年来不少学者主张我国宪法应当具有司法适用性，因为这不仅是宪法的必然要求，而且对于弥补漏洞、解决法律冲突、实现法治国家、树立宪法至上权威、保障公民基本权利的实现至关重要。可见，宪法适用对于漏洞补充的意义受到了当下我国学者的关注。除了这种近来讨论热烈的宪法司法化的主张，还有学者主张宪法私法化。宪法私法化则以民事权益的保护为宗旨，以通过民事诉讼实现民事权利的生成为内容。在中国现有宪法框架下，以宪法基本权利条款来解释、修正或者创造民法，是在民事纠纷中弥补法律漏洞的更好方法。⑤ 人们期望使宪法具有最高的法律效力这一空泛之谈、这一政治意义上的口号通过可操作的法律方法推进我国的法治进程。可以说，这也是我们的法律方法论学理研究能否转化为制度实践，真正与司法实际接轨的重要的现实突破口。从这种意义上，法律方法论研究必须结合我国特定的制度与社会语境来进行，才会

---

① 参见刘艳红：《论非法定目的犯的构成要件构造及其适用》，载《法律科学》2002年第5期。
② 朱世海：《诚实信用原则与知识产权保护》，载《当代法学》2003年第5期；罗思荣：《论竞争法基本原则》，载《浙江学刊》2002年第4期。
③ 单文华：《中国有关国际惯例的立法评析——兼论国际惯例的适用》，载《中国法学》1997年第3期。
④ 陈正云等：《论罪刑法定原则对刑法解释的制约》，载《政法论坛》2001年第4期。关于刑法漏洞及其补充，参见梁根林：《受贿罪法网的漏洞及其补救——兼论刑法的适用解释》，载《中国法学》2001年第6期。
⑤ 王福华：《民事诉讼视野中的宪法规范》，载《法学论坛》2002年第5期。

产生其实践意义。

六、法律推理之研究

在法律方法论体系中,法律推理方法占据着重要位置。可以说,法律推理以外的其他法律方法,都是为使法律推理更加准确的活动。无论是法律发现、法律解释、法律论证、价值衡量等都是在探寻法律推理的大前提以及大小前提之间的逻辑关系。而法律推理则是方法论层面保障法治实现的最重要手段。

在严格法制时代,法律推理是法治实现的直接方法。但在进入20世纪以后,以三段论为代表的法律推理受到了法社会学、现实主义法学、批判法学以及后现代法学的批评。其主要根据是法律规则不可能包罗万象,现成的法律中并没有解决问题的现成答案,共性的法律不是百宝箱,法官不可能轻易拿出标准答案。法律人面对复杂的案件,实在难以建立逻辑推论关系。因此许多学者在否定了三段论的推理功能后,提出了用实质推理对形式推理的补充与修正功能。我国法学界在法律推理问题的研究上,也基本上受这种思潮的影响。在许多论著中,既讲形式法律推理,也讲实质推理,并试图把二者结合起来。但现在的问题是西方社会已经走过了严格法制时代,法律的形式性已在那里得到全面而深刻的锤炼,而我国现代意义上的法治才刚刚起步,我们需要法律的严格性(或形式性),我们要准备为法治的实现付出一些代价。所以,我们认为,如果法律条款不与正义、公平等法律价值发生严重冲突,就得维护法律的严肃性和权威性。如果发生的是一些很小的冲突,我们仍然不能放弃法律推理的基本形式,仍必须以形式法律推理来完成裁判。这就是说,法官判案,如果法律规定和事实情形基本吻合,即可进行形式推理;如果法官面对疑难案件,出现法律规定与案件事实不相吻合,或在个案中法律与价值冲突,或出现法律空白,那么,法官就应该运用各种法律方法,如法律发现、法律论证、利益衡量或者法律解释,来为案件确定一个既符合法律精神和价值,又符合社会现实情况的判案标准。法官可根据这种较为广义上的法律进行推理。正是由于有了这种标准,法官的率性和任意才能被克服。可以说在西方进入后现代的情况下,我们还必须恪守现实法治,现代性法治也许是我们不能逾越的一个阶段。法律推理在我国法治建设中有着极为重要的作用。

近两年,我国法学界和逻辑学界发表了大量法律推理的论著,关于法律推理的研究进入了一个新的阶段。从宏观的角度看,其研究成果有如下特点:第一,法律推理研究的专业化倾向明显。前些年关于法律推理的研究,多由逻辑学界的学者进行,往往把立法与司法过程所涉及的推理问题都视为法律推理,比较注重对推理形式的研究。但近些年来,多数学者认为,法律推理就是指法律适用中的推理,是法官裁决案件时的方法论工具,其功能就是为了论证判决结论的正当性与合理性。① 第二,辩证推理引入法律推理的范畴,使法律推理的内容更加丰富,但也使得法律推理方法与其他法律方法的内容交叉重叠更为明显。这个问题实际上涉及三段论以外的推理形式是不是属于法律推理的问题。赵玉增在其硕士论文中,仔细论证了法律推理的形式性特征,认为辩证推理不是推理,而只是建构三段论推理大前提的活动。② 但学界大多数学者仍在论证辩证推理的"合法性"。③ 当然还有一些学者对法律推理与其他法律方法作了适度区分,他们把与辩证推理大体相同内容的东西称之为"利益衡量"、"价值衡量"等。④ 我们认为,关于法律推理的研究,需要适度区分法律推理与建构法律推理大小前提的活动。像法律论证、价值衡量、漏洞补充、法律解释在很大程度上都是建构法律推理大前提的活动,属于有相对独立性的法律方法。

---

① 金承光:《关于法律推理研究的历史考察》,载《南都学刊》2003 年第 5 期;张静:《法律推理的逻辑分析》,载《探索》2003 年第 3 期;郝建设:《法律推理——法官裁决的基本思维方式》,载《辽宁大学学报》2002 年第 2 期;张传新:《论法律推理的定义及特征》,载《雁北师范学院学报》2003 年第 4 期。

② 赵玉增:《法律推理的概念》,山东大学法学院 2004 年硕士论文。

③ 邱爱民:《论司法裁判中的辩证推理》,载《经济与社会发展》2004 年第 1 期;谢旭:《法律推理中的辩证推理与实践推理刍议》,载《菏泽师专学报》2004 年第 1 期。

④ 马海涛:《论法律推理与司法公正》,载《辽宁行政学院学报》2004 年第 1 期;郝建设:《法律推理与司法公正》,载《社会科学辑刊》2004 年第 1 期;沈仲衡:《论法律推理中的利益衡量》,载《求是学刊》2003 年第 6 期;张继成:《法律推理模式的理性建构》,载《法商研究》2002 年第 2 期。

第二章

法学中国化与法律方法论研究
——2005年度中国法律方法论研究报告

第二章　法学中国化与法律方法论研究

要点提示　2005 年,我国法律方法论在既有研究的基础上,展现出新的发展脉络与研究走向。通过对法律方法论的基础理论、法律论证理论研究、非形式逻辑对法律推理研究的影响、法律解释本体与方法的关系、部门法学中法律方法论意识的觉醒与研究、人工智能对法律方法论的影响等问题的综述,概括了法律方法论的最新进展。从总体上看,我国法律方法论研究尚存在若干局限性,总结和改进这些不足有助于推进这方面的研究。

学科研究综述的意义在于,立足于国内外理论发展的最前沿,系统梳理相关专题在一定时空的发展脉络,在一种纵向与横向对比分析的基础上,体现出该学科的发展轨迹。这是对学科发展十分重要的一种研究方式。应当指出的是,由于 2005 年在法律方法论方面发表的成果数量较多,故本综述只能从宏观上进行把握,涉及其中重要的、有代表性的信息。从研究方法上,将突出与 2004 年研究综述在具体议题上的对比与协调,以此凸显出法律方法论在最近一个时期内的知识积累和理论发展。鉴于学科研究自身具有连续性等固有特征,我们很难从时间上截取某个泾渭分明的时间段,以框定我们的研究范围。2005 年的法律方法论学科专题研究综述所收集和涉及的文献,从时间上大体介于 2004 年后半年至 2005 年 10 月这个时间范围内。当然文中也有少数文献信息在此范围以外。

一、研究资讯与研究特点

国内法律方法论之研究,主要见于以下资料信息类型:
（1）出版物、译著方面。近年来国内"德国法学教科书译丛"、"西方法哲学文库"、"美国法律文库"、"世界法学译丛"、"世界法学名著译丛"、"博观译丛"等丛书当中,包括了一些国外法学家和法官(如麦考密克、德沃金、卡多佐、霍姆斯、拉伦茨、恩吉施、霍恩等)在法律方法论方面的论著。专著方面,近年来除了"中青年法学文库"、"司法文丛"等丛书外,人民法院出版社新近推出了"法律方法与应用法学文库",还有其他一些单行的法律解释、法律论证、法律逻辑与法律推理等法律方法论方面的论著出版。此外还有以书代刊的形式推出的法律方法论方面的专门出版物,目前已经有两种,即《法律方法》(陈金钊、谢晖主编,正在筹备第 5 卷)和《法律方法与法律思维》(葛洪义主编,已推出3辑)。

(2)期刊论文。期刊论文构成本综述的主要文献依据。上述时间段内国内主要期刊上发表了二百余篇法律方法论方面的论文。期刊论文主要是通过"中国期刊全文数据库"查找。

(3)会议信息。近年来国内法学界和逻辑学界均召开过关于法律解释、法律论证、法律思维、法律逻辑等方面的学术研讨会。如2004年8月26日到29日在新疆召开的第三届全国"法律方法与法律思维"专题学术研讨会,讨论的问题涉及法律职业、法律思维、法律推理、法律论证、法律解释等。2004年9月17日至18日,第一届全国"非形式逻辑与法律逻辑"学术研讨会在中山大学召开,来自全国的四十多位专家学者参加了这次研讨会。会议还邀请了加拿大著名学者道格拉斯·N.沃尔顿(Douglas N. Walton)到会并发表演讲。由中国逻辑学会法律逻辑专业委员会主办的第十三届全国法律逻辑学术讨论会于2005年7月17日到20日在山西五台山召开。2005年中国逻辑学会形式逻辑专业委员会学术研讨会于2005年7月27日至31日在呼和浩特市内蒙古师范大学隆重召开,来自全国各高等学院、科研机构的六十多名专家学者参加了这次大会,大会就当代高校逻辑学教学改革、非形式逻辑、批判性思维、能力型逻辑考试等有关问题进行了讨论。

(4)网络资源和有关学术信息。关于2005年资料收集的范围还有些来自于网络。尽管网络上的论文,未必具有出版物或者期刊论文那样的可信度,但也是不应忽略的资料来源。而且,还有些相关信息通过网络能够快速及时地进行传递,如法律方法网、"法律思想网"等网站可以检索到不少法律方法论方面的文章。另外,在网上还可以检索到近年来各个高校法律方法论方面的学位论文。

通过对上述资料的阅读,以下几种现象值得注意。

首先,关于法院与法官裁判等司法实务方面的研究成果日益增多。国内的一些具有审判经验的法官(如孔祥俊、蒋惠岭、董晧、刘青峰、冯文生、吴庆宝等)推出了他们在法律方法论方面的专著、论文。近来,还有不少成果集中于对"最高法院"方面的研究。[①] 另外,国内围绕裁判实务进行研究的

[①] 左卫民等著:《最高法院研究》,法律出版社2004年版;左卫民:《政法传统与司法理性——以最高法院信访制度为中心的研究》,载《四川大学学报》2005年第1期;侯猛:《经济体制变迁中的最高人民法院(1949—1978年)》,载《政法论坛》2005年第2期;强世功:《宪法的精神——〈美国联邦最高法院200年经典判例选读〉前言》,载《法学时评网》。

以书代刊的定期出版物如《判解研究》、《审判研究》、《中国司法审判论坛》等不断推出。孔祥俊以他法官身份的亲身体验认为"使我前所未有和真真切切地感受到法律方法的极端重要性"。①

其次,随着大陆与台湾学者在法学研究方面的交往越来越频繁,台湾学者法学作品在大陆出版的数量日益增加。② 大陆的不少著述同时也在台湾出版。近年来,一些台湾法学家的作品(包括专著、论文)被介绍到大陆法学界,如颜厥安、杨仁寿、王泽鉴、黄茂荣、林立、张钰光、黄建辉以及他们所翻译的以德语法学家如考夫曼、拉伦茨等为代表的法律方法论作品。在法律方法论方面,台湾的这些学者已经有比较深入的研究。跟大陆相比,台湾学者在法律方法论方面的研究也有自己的特色。例如,不少学者同时在部门法领域有比较深的造诣,其研究也带有较为明显的法教义学研究倾向。他们除了直接立足于欧美相关领域的研究以外,还受到日本学者的重要影响。

最后,关于法律方法论的研究已成为法学研究的热点问题。这主要表现为,不仅法理学者,而且许多部门法学者也表现出对法律方法论的热情。甚至一些哲学与逻辑学者也开始探讨法律推理与法律论证问题。法学与其他学科的交叉渗透使得法律方法论问题研究逐渐深入,法律方法论在法学教育当中的地位也日益重要。法学教材中的法律方法论章节日益增多。③ 相应的是,近年来法律方法论方面的国内硕、博士论文的数量明显增加,越来越多的研究生选择法律方法论方面的题目来作学位论文。

二、法律方法论的基本理论

法律方法论代表着一种运用多种学科知识、方法和研究进路来寻求解

---

① 孔祥俊:《法律解释方法与判解研究》,人民法院出版社2004年版,第16页。无独有偶,冯文生法官也说:"法官们没有任何时候像现在这样迫切地感到法律方法和司法技术的贫困,而醉心于对它们的探寻中。"参见冯文生:《推理与诠释——民事司法技术范式研究》,法律出版社2005年版,自序第4页。

② 许章润:《多向度的现代汉语文明的法律智慧——台湾的法学研究对于祖国大陆同行的影响》,载许章润:《法学家的智慧——关于法律的知识品格与人文类型》,清华大学出版社2004年版,第46—74页。鉴于台湾学者的研究同为正在形成中的"汉语法律文明"的组成部分,并且台湾学者在此方面的研究亦颇值得我们予以关注,所以在本文的综述中,也将兼及台湾学者的一些观点。

③ 参见张文显主编:《法理学》(第2版),高等教育出版社2003年版;陈金钊主编:《法理学》,北京大学出版社2002年版;葛洪义主编:《法理学》,中国人民大学出版社2003年版;谢晖、陈金钊:《法理学》,高等教育出版社2005年版。

决法律实践问题的探索和努力。关于"法律方法(论)"之用语,各国及各地区的使用习惯并不一致。英美法系通常采用"法律方法"(legal method 或 method of the law)。德国和我国台湾地区法学家习惯于用"法学方法论",而日本学者则往往用"法律学方法论"的提法。对此国内学界用法也并不一致。如"法律方法与应用法学文库"为了突出研究视角的实用性,使用了"法律方法"一词。林来梵主张用"法律学方法论"的概念。不过,近年来国内越来越多的学者倾向于使用"法律方法(论)"这个用语。

国外有关法律方法论的一般研究,对国内的相关研究颇具借鉴意义。但国内这方面的成果还较为欠缺。除了一些译著的出版以外,还有少数国内学者的研究,如有学者以学人拉伦茨、哈贝马斯、福柯及其著作为例,对同处欧陆的德、法两国在法学方法论研究中的不同风格进行了对比。①

是否存在某种为法律人所独有的法律方法?若有,其存在依据又是什么?这关系到法律方法自身的性质。有学者对有关观点考察后认为,从发生学角度看,法律方法作为一个知识类型的出现,与对法律的客观性、确定性的认识是分不开的②,跟坚持法律的确定性,维护法治信仰的立场相一致,多数人还是认为它是法学家独有的。不过,另一种观点认为,司法裁判与其说是追求法律真理,追求对法律的正确理解和适用,不如说是法官根据特定场域的权力话语所作的策略选择和使选择的权力话语合法化的法律技术。③

如何运用法律方法,克服事实与规范之间的矛盾与紧张,从而把事实与规范有机地联结在一起,这可以说构成法律方法论所要研究的基本理论问题。从某种意义上,正是事实与规范的互动,形成了不同的法律方法。④ 基于近代以来哲学上的是与应当、事实与价值的知识传统,在描述法律适用模式中,很多学者认为:法官只须严格以法律要件涵摄案件事实。然而在当今

---

① 徐爽:《思想的歧途:法学方法论中德、法风格及历史主义倾向》,载《比较法研究》2005年第3期。

② 葛洪义:《法律方法的性质与作用——兼论法律的结构及其客观性》,载《月旦民商法研究·法学方法论》,清华大学出版社2004年版,第61页。法律方法论跟法的本体论问题其实具有比较密切的关联,如恩吉施所论:"'制定法与法'的问题日益成为法律方法论的关键问题。"参见〔德〕卡尔·恩吉施:《法律思维导论》,郑永流译,法律出版社2004年版,第241页。

③ 唐烈英:《司法过程的逻辑与法律技术》,载《社会科学研究》2005年第3期。其实类似的观点,国内学界几年前即曾出现过,参见强世功、赵晓力:《双重结构化下的法律解释》,载梁治平编:《法律解释问题》,法律出版社1998年版。

④ 这一点非常重要,后文在法律解释、法律论证等部分还会论及。

的法律方法论视域中,三段论的大前提和小前提往往并不表现为既定的因素,而是需要人们去认真探索、发现的。在司法中,法官的目光将在事实与法律秩序的相关部分之间来回穿梭,这构成了法律适用的普遍特征。有学者以为,法律方法是把成文法向个案判决转换的方法。从法律事实出发认识法律方法,实际上是把一般方法的阐释与个案独特性的理解结合起来,方法与事实之间是互动的。阐释法律事实的方法主要包括:法律事实的识别、认定、证据规则的运用、事实的发现与判断、法律事实的涵摄、对事实的法律思维方法以及在事实的特定语境中对法律作出的解释、论证、价值衡量、漏洞补充等方法。① 在国内的研究中,尽管这看似国外相关观点的重复,可是这对于破除我国法学教材中传统的法律适用模式甚有助益。与此相关的是,国内长期以来方法论训练的缺乏及学术研究能力的有限,造成证据法学依附于法学的其他门类,从而丧失自身独立存在的价值。对此有学者主张,为使证据法学成为一门独立的法学,必须加强研究者的方法论训练。② 从法律方法的内涵来看,逻辑与经验构成法律生活的两个基本方面。有学者考察了经验方法在司法中的地位、作用及其局限性。③

关于法律方法论在法学学科中的地位,我国台湾学者颜厥安等以为,法学方法论确实占有重要地位,因为无论就理论或是实用的观点,都有其根据。④ 而在大陆,关于法律方法论的体系问题还没有展开研究,法律方法论还没有其明确的学科地位。近几年来,山东大学、中国政法大学等院校的法理学专业博士招生方向已有了法律方法论。我们认为,法律方法论应有其学科地位,并且应作为大学本科教学的核心课程。

关于法律方法论的知识属性问题,有学者寻求回归到"内在观点之法学"而不是专业法学以外的思想者的法学("法学外的法学")。这一"内在观点之法学"运用一套法律家创制的法律语言来完成法律实务之问题解答,以追求实践—技术的知识之旨趣。实践性构成了法学的学问性格。与此相关的是,有学者对国内长期以来盛行的将法学知识视为"科学知识"的观点进行了批判。从而彰显出法学原本具有的实践品格,将法学知识视为法律

---

① 杨建军:《法律事实与法律方法》,载《山东大学学报》2005年第5期。
② 易延友:《证据法学是一门法学吗——以研究对象为中心的省察》,载《政法论坛》2005年第3期。
③ 刘治斌:《经验方法在司法中的地位、作用及其局限性》,载《山东大学学报》2005年第5期。
④ 颜厥安、王照宇:《由国际学术趋势探讨台湾法理学之研究发展》,载《台大法学论丛》第32卷第4期。

实践的组成部分。①

关于法律方法论的作用问题,有学者研究了法律方法的叙事功能②,认为法律最重要的属性就是说理。以往的教科书过于强调法律与国家强制的联系。其实,法律的正当性是依靠话语的力量建构起来的,因此说理性就成为法律的重要属性。正是通过说理活动(尤其是法律职业群体内部的说服活动),法律方法才具有了发现和整合法律的功能。也有学者对目前法学理论界持有的法律方法必然具有正当属性的观点表示质疑,从而原创性地提出在具体的司法实践中法律方法的异化问题,并剖析其异化的基本形态及成因。同时,从社会信息经济学的视角论证法律方法的异化现象与司法资源交易行为的辩证关系,指出二者的相互依存、相互转化、相互促进必然会导致司法资源的市场化配置和运作,形成司法方法的制度性腐败。③

鉴于法律方法与法律思维之间的密切关系④,在考察法律方法论方面的基本理论问题时也对法律思维的有关问题予以探讨。就国外学界而言,现今法律方法论的研究中出现了一些新型法律思维观念,如类型思维、批判性思维、论题思维等,凡此均值得国内学界予以关注。如舒国滢认为,法律体系本身不可能如概念法学所想象的那样是一个公理体系,法学有自己的"范式",这些范式是法律共同体经过多年的法律实践积淀而成并通过职业教育传授的基本法律理论、法律信念、法律方法以及规范标准等等。实践性构成了法学的学问性格,法学是论题取向的,而不是公理取向的。

另有学者对中国古代法律思维的特点进行概括:即为一种实质性思维,一种平民式的追求实质目标而轻视形式过程的思维。具体表现为传统法官在法律与情理关系上往往倾向于情理;在法律目的与法律字义面前倾向于目的;在思维方面"民意"重于"法理",把民意作为衡量判决公正与否的重

---

① 舒国滢:《寻访法学的问题立场——兼谈"论题学法学"的思考方式》,载《法学研究》2005年第3期;刘星:《法学"科学主义"的困境——法学知识如何成为法律实践的组成部分》,载《法学研究》2004年第3期。
② 葛洪义:《法律的方法性质与作用——兼论法律的结构及其客观性》,载《月旦民商法研究·法学方法论》,清华大学出版社2004年版,第69—73页。
③ 参见韩德强:《论法律方法的异化及其成因——兼析司法过程中司法资源的市场化配置》,载《河南政法管理干部学院学报》2005年第2期。当然,这一问题也跟人们对法律方法的理解有关。跟提出法律方法异化问题相关的是,韩德强认为,法律方法是在司法实践基础上所作的理论总结,而不是单纯地依据法学理论进行的逻辑归纳。
④ 林来梵认为法律方法其实就是法律思维的方法,二者之间具有相互对应的关系,"法律思维是法律方法的内容,法律方法又是法律思维的外在表现"。参见葛洪义主编:《法理学》,中国人民大学出版社2003年版,第263页。

要标准;思维时注重实体,轻视程序。这种思维存在诸多弊端。尽管中国传统法官的思维方式与后自由主义西方法官的逻辑思维有某种契合,法律形式主义本身也存在一些问题,但对于当代中国而言,我们更需要一种法的形式理性。该学者同时以为,职业主义要求法官思维像法律家那样思维,但是按照民主主义的要求,法官应该像民众那样思维,判决应当符合民意。在中国,传统法官采用平民化、大众式的思维方式,力求判决能够体现民众的意愿。这种传统一直延续到现代中国。① 季卫东在对自古以来的中国式的司法机制的考察后以为,这样的制度设计意味着司法是一种在多层多样的规范中进行选择、组合以及调整的过程,并且不断展示丰富多彩的可选择性方案。在中国,法官守法与法官造法之间的矛盾以毫不掩饰的坦率性呈现出来,显然在这里存在着很不一样的司法文化、很不一样的思维方式。②

法律方法论已经融入到法官职业当中。有学者以为,近代以来,法官裁判的方法论已成为法官职业自治乃至于整个法治的基本前提之一。这种方法论不能以单一特质来描述,它是逻辑、经验、技艺、哲学和艺术五大要素的复合体,这些特质的整合与统一可以造就出理想的法官,塑造法官职业的辉煌。③ 因此,有法官认为,"正确的思维方法既要有丰富的理论知识作为基础支撑,也要具备较为丰富的实践经验作为可上升为方法论的实践铺垫,二者缺一不可。"④ 必须经过长期复杂的实践历练,真正做到理论与实践相结合,才能形成切实可行的法律方法论。

三、法律论证理论研究的新进展

可以说,法律论证理论体现了当代法律方法论所取得的最重要的研究成果。不过在国内的法律方法论中,法律论证的研究只是在最近几年才引起人们的重视。相应地,这方面也出现了一些研究成果。译作方面,2005年推出了几本重要的作品:如麦考密克的《法律推理与法律理论》(姜峰译,

---

① 孙笑侠:《中国传统法官的实质性思维》,载《浙江大学学报》2005 年第 4 期;孙笑侠、熊静波:《判决与民意——兼比较考察中美法官如何对待民意》,载《政法论坛》2005 年第 4 期。
② 季卫东:《中国司法的思维方式及其文化特征》,载 http://www.law-thinker.com/jiangtang_1.asp(最后访问日期:2011-9-2)。
③ 秦策:《法官职业的方法论特质》,载《法学论坛》2005 年第 2 期。
④ 吴庆宝:《裁判的理念与方法》,人民法院出版社 2004 年版,第 66 页。

法律出版社2005年版)、荷兰法学家伊芙琳·T.菲特丽丝的《法律论证原理——司法裁决之证立理论概览》(张其山、焦宝乾、夏贞鹏译,商务印书馆2005年版),同时还出现了这方面的研究专著。① 另外则是法律论证理论的系列期刊论文。② 值得注意的是,2004年10月,国际法哲学与社会哲学协会执委会代表团访问了长春、北京,协会主席亚历山大·佩策尼克(Aleksander Peczenik)还曾专门对法律论证理论,阐述了当前欧美法学家关注的问题所在和所作出的理论贡献。

  法律方法论如何转向论证理论,有学者对此进行了探讨。传统的法律方法在解决司法的正确性或恰当性方面越来越暴露出其缺陷。如利益法学作为方法论上一支颇具争议的流派,它在将法学方法的视野开启至实体价值领域的同时,却没能解决利益权衡与价值判断的合理性和客观性问题。究其根本,是利益法学方法所采的"现象学还原"手法,未能解决概念界定、基准选择和法学思维的定位问题,它实质上只是"法权感"的一种高级形态,而不是一种自足的法学方法。③ 但我们也看到,正是利益法学方法完成了法学方法论的现代转向。近些年兴起的法律论证理论通过论证(论辩)来确立判案标准,一定程度上解决了达致法律的确定性的理性途径。从理论上看,它可以使法官走出根据法律感判决的困境。④ 这种理论转换是通过法的发现与证立之二分,法律论证的范围和目标等基本理论要素基本上就确定下来。这一区分即构成法律论证的重要理论基础。⑤

  国内法律论证研究自始即面临概念术语翻译上的争议,如舒国滢在《法律论证理论》中译本的译法:Argumentation大多数情况下译为"论证",极个别地方译作"论辩";Argument大体上译作"论述",有时译作"论证"、"论点"或"论据。"⑥ 童世骏所译哈贝马斯的《在事实与规范之间》一书将 Argu-

---

 ① 戚渊等著:《法律论证与法学方法》,山东人民出版社2005年版;另有段匡对日本法学家平井宜雄论证理论的介绍,参见段匡:《日本的民法解释学》,复旦大学出版社2005年版。
 ② 《山东警察学院学报》2005年第1、2期连续刊载了主题为"法治与法律论证"的笔谈。
 ③ 陈林林:《方法论上之盲目飞行——利益法学方法之评析》,载《浙江社会科学》2004年第5期。
 ④ 陈金钊:《从法律感到法律论证——法律方法的转向》,载《山东警察学院学报》2005年第1期;陈金钊:《法律论证的理论探寻》,载《东岳论丛》2005年第1期。
 ⑤ 受到科学哲学上相关研究的启示,发现与证立之二分逐渐被法学家引入到法学领域,并成为克服各种非理性主义的重要根据。法的发现与证立之二分同时存在解释学上的依据。参见焦宝乾,《法的发现与证立》载《法学研究》2005年第5期。
 ⑥ 〔德〕罗伯特·阿列克西:《法律论证理论——作为法律证立理论的理性论辩理论》,舒国滢译,中国法制出版社2002年版,第470页。

mentation 译作"论辩"。武宏志认为①,在逻辑学领域内,Argument 译为"论证",即由前提与结论构成的命题集。熊明辉对目前主流观点把"法律论证"看作由英文单词 legal argumentation 翻译而来,而把 legal argument 通常译作"法律证据"或者"法律争论"的译法提出质疑,他主张应当把 legal argumentation 和 legal argument 分别译为"法律论辩"和"法律论证"。②

事实与规范来回穿梭这一法律适用的基本特征,同样对法律论证具有重要的理论意义:它凸显出法律决定过程是一种双向、动态而非单向、静态运行的特征。这种法律适用观念跟哲学诠释学对基于事实与规范二分的封闭体系观念的批判相一致。法律论证理论同样主张:在敞开的体系中论证,实践性的法律论辩只有在开放性的体系中才能得以开展。③ 西方法学中,二战后的论题学打破了那种封闭体系观念。有学者对此做了研究,认为如果法学家放弃建立纯而又纯的法律公理体系之梦,而将法律体系看作是一个"开放的体系",那么将论题学的"片段性的省察"与公理学的演绎推理方法结合起来完成法律的体系建构和体系解释,也不是完全不可能的。④ 实际上,论题学的研究已经构成法律论证理论的一种重要进路。西方法学中,跟论题学相近的还有修辞学这一进路。古希腊思想家关于修辞论辩的研究传统为当代法律论证理论提供了重要的思想基础与研究进路。20 世纪西方修辞学研究复兴过程中对传统的形式逻辑进行了批判,并且拓展出法律论证理论这一法律方法论研究新领域。当然,这一研究进路对于法律论证也有一定的局限性。⑤ 此外,近年来荷兰论证理论家拓展出来的"语用论辩"(pragma-dialectical)进路也值得关注。第十三届全国法律逻辑学术讨论会于 2005 年 7 月 17 日召开,熊明辉作了题为"法律论证的语用论辩分析"的主题发言。

上述各种进路均甚强调主体间的论辩,法律论证由此构成现今法律方法论上的重要理论转换。法律论证理论正是通过主体间性思维取代主体性

---

① 武宏志:《关于批评性论辩文献翻译的若干问题——与张树学先生商讨》,载《佳木斯大学社会科学学报》2004 年第 1 期。
② 熊明辉:《法律论证及其评价》,载梁庆寅主编:《法律逻辑研究》,法律出版社 2005 年版,第 169 页。
③ 焦宝乾:《事实与规范的二分及法律论证》,载《法商研究》2005 年第 4 期。
④ 舒国滢:《寻访法学的问题立场——兼谈"论题学法学"的思考方式》,载《法学研究》2005 年第 3 期。
⑤ 焦宝乾:《西方修辞学知识传统及其对法律论证的意义》,载《山东警察学院学报》2005 年第 2 期。

思维,进一步发展了法律解释学。① 这种理论转换对国内学者在诉讼制度、立法听证等方面的研究产生了一些影响。如有人主张,应当以对话、沟通为内容重构我国民事诉讼构造,对主体之间的权限作合理的分配,建立以当事人主导的并形成对法院具有约束力的构造关系。克服我国民事诉讼上的传统职权探知主义缺陷并完善我国民事诉讼中的辩论主义,必须建立起辩论主义的理论体系,改变法官职业群体的传统思维,并对现有的有关辩论主义的制度进行修改、补充和重构。② 关于立法听证,有人认为,我国地方人大立法与西方议会立法不同,基本上是抽象行为的立法,其立法听证的核心和灵魂在于论辩性。③ 强调论辩的法律论证理论甚至对国内人们的权利观念也是一种革新。有学者以为,以叙事的进路来推进权利的实现富有积极意义,这可以部分地消解对权利客观性的迷思,进而克服因此导致的异化现象。④

关于法律论证的知识属性,论证理论主要源于分析学,这一点一般为大多数学者所接受。鉴于解释学与分析哲学在哲学上大体分属两种不同的思维传统,因此,解释学与论证理论之关系便值得探讨。法律论证理论固然来源于分析学的传统,但如果没有解释学知识的支持,它也是不可能的。可以说,没有解释的论证是空洞的,没有论证的解释是盲目的,二者均致力于型构具有实践理性品格的法学知识。⑤ 关于法律解释的研究旨在挖掘法律各种可能的意义,而法律论证则是在各种可能的意义中找出法律最好的意义。⑥

关于论证的评价标准,国内逻辑学研究者制定了给一般论证提供适切评估规范的标准,如有效性、相干性等。⑦ 而法律论证是寻求法治合法性的一种理论追求,它承载着一项重要的使命,即寻求达致司法公正、实现社会正义之方法。通过运用论证方法,实现个案裁判之公正,彰显法治之目标。

---

① 夏贞鹏:《法律解释的悖论与法律论证——一个终结还是开始》,载《山东警察学院学报》2005年第2期。
② 唐力:《对话与沟通:民事诉讼构造之法理分析》,载《法学研究》2005年第1期;翁晓斌:《职权探知主义转向辩论主义的思考》,载《法学研究》2005年第4期。
③ 俞荣根、江材讯:《试论立法听证的论辩性——以重庆市立法听证为例》,载《法制与社会发展》2005年第5期。
④ 金星:《迈向叙事的权利观——以一部电影为例对权利之客观性的反思》,载《法制与社会发展》2005年第2期。
⑤ 焦宝乾:《分析学还是解释学——法律论证之知识属性辨析》,载《法制与社会发展》2005年第3期。
⑥ 陈金钊:《推理与解释:寓于其中的法律思维》,载《政法论丛》2005年第6期。
⑦ 武宏志:《非形式逻辑或论证逻辑:有效性》,载《湖南科技大学学报》2004年第3期;武宏志:《论多元的相干性》,载《延安大学学报》2005年第1期。

实践中,由于论证理路之不同,如何把握论证正当性标准便产生了不同观点。颇具代表性的有逻辑有效性、可接受性、融贯性。不过,任何一种标准都不能单独作为法律论证的正当性标准,应当把它们综合运用到法律论证当中去。① 简单地说,逻辑有效是构建法律论证的最低要求,内容合理是评价法律论证的主要标准。② 在法律论证方面,最近也出现了学者从具体的个案出发,来研讨法律论证理论:对司法中的法律论证追求"充分说理"的观念进行了批评性反省。③ 他认为,司法中的法律论证,不应追求"充分",而应保持细节明确的法律规定(包括法律原则)以及一般形式逻辑推理的简洁运用。司法的根本任务和努力方向,首先是实现其社会分工和权力配置的准确定位——权威裁判,而非"充分说理"。

目前我国法院的判决书主要存在说理不充分、缺乏针对性、缺乏逻辑性、欠缺程序性说理等问题。法官在判决书中不说理的原因大致有:法官素质不高,没有能力说理;法官枉法裁判,不敢进行说理;缺乏督促措施,法官不愿下工夫说理等。因此,在中国现有的司法语境中,判决说理具有急需正当化、制度化的内在需求:一是,判决说理是法官权力公开化的必然,同时也是一种法官自保的策略性选择;二是,判决说理是司法职能现代化的内在需求,力求通过判决说理达到当事人从内心"服判"的司法追求。法官应当重视法律方法的学习与运用,围绕事实的认定和法律的适用进行说理。④

四、非形式逻辑与法律推理观念的更新

近年来国内有关法律推理的研究中,对司法三段论的批判比较流行。⑤

---

① 李秀群:《法律论证的正当性标准》,载《山东警察学院学报》2005 年第 1 期。
② 缪四平:《法律推理与法律论证》,载梁庆寅主编:《法律逻辑研究》,法律出版社 2005 年版,第 78 页;梁庆寅、张南宁:《法律论证的有效性条件》,载葛洪义主编:法律方法与法律思维(3),中国政法大学出版社 2005 年版。
③ 刘星:《司法中的法律论证资源辨析:在"充分"上追问——基于一份终审裁定书》,载《法制与社会发展》2005 年第 1 期。
④ 王仲云:《判决书说理问题研究》,载《山东社会科学》2005 年第 8 期;万毅、林喜芬:《从"无理"的判决到判决书"说理"——判决书说理制度的正当性分析》,载《法学论坛》2004 年第 5 期。
⑤ 林来梵、林伟:《在法律思维中超越三段论》,载梁庆寅主编:《法律逻辑研究》,法律出版社 2005 年版,第 52—65 页;朱庆育:《意思表示解释理论——精神科学视域中的私法推理理论》,中国政法大学出版社 2004 年版,第 1 章:司法三段论结构检讨;冯文生:《推理与诠释——民事司法技术范式研究》,法律出版社 2005 年版,第 59 页以下。

论者往往是从推理的前提、结论、推理的过程等角度提出批判。国内论者一般以"目光在事实与规范之间的来回穿梭"这种近年来盛行的观点替代传统的三段论理论模式。

同样值得关注的是,近年来非形式逻辑的研究对法律推理观念的突破。众所周知,法律推理是法律逻辑学研究的重要问题。传统上,形式逻辑在很大程度上支配了人们关于法律推理的研究。但是随着20世纪六七十年代非形式逻辑研究的兴起,人们对于法律推理的认识也发生了重要变化。非形式逻辑乃是大学逻辑课程回应现实生活需求而产生的论辩或论证的逻辑。非形式逻辑合法性的理论辩护在佩雷尔曼、图尔敏和汉布林等哲学家的论著中找到了理论先知。① 与形式逻辑相对比的非形式逻辑,可免于形式逻辑的缺陷。如果说传统的形式逻辑研究主要是基于语义的研究,即对真假命题关系的研究,那么非形式逻辑之研究主要是基于语用的研究,即从语境和语言运用视角的研究。非形式逻辑并不依赖于形式演绎逻辑的一般分析工具,即逻辑形式的概念;也不完全依赖于形式演绎逻辑的评价标准,即演绎有效性。非形式逻辑所评价的是论证的有效程度。近年来,国内也有学者开始从非形式逻辑的角度看法律推理,如有学者从概念上把法律推理区分为法理层面和逻辑层面,分析了法律逻辑学家困惑的根源所在,认为"实质法律推理"概念的提出并没有给形式法律推理之不足提供一个逻辑上的补缺,进而提出了非单调推理是法律推理逻辑基础的思想。该学者以为,只要引入非形式逻辑理论,就能比较令人满意地解决目前法律逻辑学家的困惑以及法学家们的质疑。② 另外,加拿大论证理论家沃尔顿在访华期间还展示了非形式逻辑的方法如何应用于法律论证,尤其是应用于审判中的证据案例。③

相应地,国内学界对法律推理的看法也发生了某种转变。传统上所理解的法律推理的涵义有三种:第一,法律推理是形式逻辑推理在法律中的应用;第二,法律推理就是法律规范推理;第三,法律推理是法律适用的推理。

---

① 李延梅、武宏志:《非形式逻辑的合法性》,载《求索》2004年第7期。
② 熊明辉:《从非形式逻辑角度看法律推理》,载《法律思想网》。
③ 〔加〕道格拉斯·N. 沃尔顿(Douglas N. Walton):《非形式逻辑方法与法律论证》,载梁庆寅主编:《法律逻辑研究》,法律出版社2005年版,第147页。关于非形式逻辑在法律中的运用,还可参见〔美〕鲁格罗·亚狄瑟:《法律的逻辑——由法官写给法律人的逻辑导引》,唐欣伟译,商周出版社2005年版。

有学者对传统定义进行检讨后认为①,法律推理主要有以下特点:第一,法律推理的思维功能是论辩推理;第二,法律推理的总体思维模式属于"演绎论证模式";第三,法律推理的逻辑结构是形式逻辑推理与论辩推理的综合运用;第四,法律推理的推理功能表现为一种实践推理。另有学者也认为,法律推理是一种实践推理活动,受实践理性的约束与指导。② 法律中的可辩驳(defeasibility)推理是法律方法研究中的一个新课题。有学者对此做了研究。可辩驳推理作为一种独立的推理模式而在各个领域发生影响主要有以下三种理论的支持:其一,哲学的"语用学转向";其二,人工智能研究的深入;其三,单一性法律推理向非单一性法律推理的转向。法律中的可辩驳推理可以分为三个维度:推定的可辩驳性、过程的可辩驳性和理论的可辩驳性。可辩驳推理对法律方法、法律论证与民主法治等重大的法律理论问题都产生了深远的影响。③

另外,还有学者探讨了法律推理中的经济分析方法。认为法律经济分析是一种"没有(既有)法律"的法学,所以其法律方法论也就不会是要解释既有法律,而是设立一个社会目的——经济效率之后,在不同的法领域中追求此目标。该学者以为,仅就经济分析法至少的确还是"指导法官如何达到判决的方法"这一个角度下,勉强称为一种"法律方法",但它显然已非传统上欲操作既有法律的"法律方法"。④

五、法律解释研究及其本体论转向

上文提到的"事实与规范来回穿梭"这一法律适用的基本特征,从法律解释上同样具有重要的理论意义。在司法实践进程中,对事实的认定无疑是审判是否显现真实性或真理性的重要环节。从某种意义而言,事实的认

---

① 贾秀琴:《试析法律推理的含义和特征》,载《广州大学学报》2004年第2期。
② 李桂林:《法律推理的实践理性原则》,载《法学评论》2005年第4期。作者同时认为,法理学经历了从理论理性向实践理性的转向,作为实践理性的法律也具有客观性,其客观性基础在于实践商谈。参见李桂林:《作为实践理性的法律》,载《现代法学》2004年第6期。
③ 邱昭继:《法律中的可辩驳推理》,载《法律科学》2005年第4期。还有学者在探讨疑难案件的界定标准时论及法律的可论辩——证成性。参见季涛:《论疑难案件的界定标准》,载《浙江社会科学》2004年第3期。
④ 林立:《论经济学理念在法律推理中之局限性——以波斯纳的经济分析方法为例》,载《浙江社会科学》2004年第5期。

定就是事实的法律追问,意即从法律上对事实的构成层面的一种意义追问。在此,需要首先明确的一点是,主体在面对事实之际也需要从法律上理解、解释事实。① 在事实与规范的关系中,法律的意义世界才会得以真正彰显。在语言的语义学、语形学和语用学三重功能中,语用学则更可能呈现语言的功效。法律解释依语用为中介在规范与经验之间进行目光流转,不仅需要语义学和语形学的逻辑保障,更需要语用学的意义和有效性保障。②

有学者通过个案判决的分析昭示出,法官的主观思维方法是法律和司法方法的决定因素。法官与法律文本之间的关系并非简单的客观主义适用论,而是主客观相统一,遵循法律解释理论。而法官与司法参与者的关系则是遵循合理性原则和理性交涉的法律议论关系。法官的司法解释过程体现出了多维因素的互动与合作而非仅限于法律文本的简单适用。③ 这跟现今法律解释学的原理是一致的,不过,当中也体现出中国古典法律文化的一些影响。可以说,研究法律解释,不仅需要我们引入国外的前沿理论,立足于中国的法律传统与社会语境、深入发掘我国法律传统中的学术资源,也十分重要。毕竟,中国古典法律解释为当代中国法学提供了宝贵的法律和法学资源,并为现代法文化的中国化奠定了基础。近年来谢晖教授关于法律解释的研究④,即是从文化视角认识和发掘西法背景下的中国古典法律解释的意义。

2004年的学术报告曾经提到,近年来在法律解释方面,中国学者在法律解释的研究中表现出许多哲学解释学方面的思考。受到哲学解释学影响的法律解释理论,其研究正处于由方法论的法律解释向本体论法律解释的过渡,这使得法律解释本身就成为法律的核心内容。有人对这种转向在美国的发生进行了研究。认为美国法哲学发生于20世纪80年代的阐释学转向,是在传统法律解释理论难以应对司法审查实践中出现的一系列宪法审

---

① 王晓:《事实的法律追问——一种现象学意义上的阐释》,载《浙江学刊》2004年第6期。
② 王晓:《在规范与经验之间——法律解释语言的语用学指向研究》,载《浙江学刊》2005年第5期。在此意义上,我们同样需要深入发掘分析哲学、语言哲学、修辞学等对法律解释的重要影响与意义。
③ 李霞、李川:《司法解释的多维互动》,载《山东大学学报》2005年第1期。
④ 谢晖:《古典中国法律解释的哲学智慧》,载《法律科学》2004年第6期;谢晖:《西法背景下中国古典法律解释的意义——文化视角的说明》,载《现代法学》2004年第5期;谢晖:《中国古典法律解释的形上智慧——说明立法的合法性》,载《法制与社会发展》2005年第4期;谢晖:《中国古典法律解释中的目的智慧——追求法律的实用性》,载《法学论坛》2005年第4期;谢晖:《中国古典法律解释的方法智慧——关注解释的合法性》,载《政法论坛》2005年第4期;谢晖:《中国古典法律解释的哲学向度》,中国政法大学出版社2005年版。

判案件的挑战和伽达默尔哲学阐释学的影响下发生的,并对法哲学产生了巨大影响。①

然而,在法律解释学的本体论转向的问题上,近来学者们的研究出现了一些新的不同看法。如有学者对本体论的法律解释理论提出质疑,认为建立在哲学解释学基础上的法律解释理论的成立,必须具备经过法律效力检验的能力。但是,现有的解决方案——无论是考夫曼的先验性方案还是德沃金的经验性,均不足以完成这个任务。因此,本体论的法律解释理论仍然难以成立。② 尤其是在中国语境中,法律解释的本体论转向,并未出现这种契机。当代中国的法治建设毋宁是更需要法律方法的支撑。当我们对法律"方法"还没有深入研究的时候,就贸然转向"本体",很可能会迷失方向。

冯文生法官通过对民事司法过程中推理和解释两种理解的基本技术的分析,试图揭示出民事司法技术从推理范式向诠释范式的历史演变及其意义。他认为,源于西方科学主义范式之下的司法推理范式具有自身难以打开的"死结",必将为诠释范式所取代。依冯文生博士之见③,司法推理和法律解释是两种理解技术。他把近代司法技术范式归结为以司法三段论为主干的推理范式,而把本体论解释学对法律解释方法产生的冲击称之为诠释学范式。他的区分不在于明晰法律推理与法律解释,而在于指明由推理到诠释构成了法律方法研究的范式转换。关于推理向诠释的研究范式转型的这种论断,难以令人苟同。固然,自20世纪哲学解释学兴起及其在法律领域引致了某种转向,出现了学者所谓的本体论上的法律解释理论或者"法律诠释学"。但这并不妨碍"推理"在现今法律方法论中作为一种范式的意义。实际上无论是国内还是国外法律方法论中,"推理"依然是个很重要的理论范式,这是个很明显的事实。如果仅仅将"推理"理解为传统的三段论,并因此否弃真正意义上的"推理"范式在法律方法论中的意义,显然是不足取的。

六、部门法学中法律方法论意识的觉醒与研究进展

法律方法论的一般理论和原理必须结合部门法自身的具体情况展开研

---

① 李桂林:《美国法哲学的阐释学转向》,载《法商研究》2004年第6期。
② 陈景辉:《法律解释的效力:一个难题的追问》,载《浙江社会科学》2004年第5期。
③ 参见冯文生:《推理与诠释——民事司法技术范式研究》,法律出版社2005年版。

究,才会拓展更为宽阔的空间。以法官裁判为研究中心的法律方法论,不是表现为一些抽象的理论教条,而是需要跟部门法的具体规范分析相结合。长期以来,国内部门法学界由于研究方法和水平的局限性,往往被人批判为所谓"注释法学"或"法条主义"。随着我国法学研究整体水平的不断提高,尤其是近年来法律方法论研究的影响,国内部门法学研究当中,出现了方法论意识上的明显的觉醒。兹分述如下:

在刑法领域,目前学界对方法论问题表现出很大的兴趣。北京大学法学院于2004年底在深圳主办了"刑法方法论高级论坛"。2005年学界在刑法解释方面发表了大量的成果。① 罪刑法定原则下的刑法适用,在很大程度上依赖于对法律的正确解释以及在此基础上的逻辑推理。为此,陈兴良主张在刑法理论上应当加强法教义学方法的研究。具体而言,刑法教义学方法中涉及的重大问题包括刑法解释方法论、犯罪构成方法论、案件事实认定方法论以及刑法论证方法论等。② 还有一些学者对刑法方法进行了研究。③ "事实与规范之间来回穿梭"的法律适用原理,在刑法学研究中也得到体现。如张明楷认为,在刑法解释、适用的程序中,"判断者的目光应不断地往返于大小前提之间,使刑法规范与生活事实交互作用,从而发现法律、作出判决。""刑法的解释就是在心中充满正义的前提下,目光不断地往返于刑法规范与生活事实的过程。"④ 尤其是,由于受罪刑法定原则的约束,刑法学研究中的"具体分析"就显得更为重要。因此,有人主张刑法学界有必要从刑法学的视角审视法律方法论,在法律方法论和刑法学之间"往返顾盼"。⑤ 故罪刑法定原则对法律方法论在刑法学中的运用进行了怎样的限定?学者对此进行了研究。另外,上文法律论证之研究在刑法学部门中亦有体现。⑥

宪法学领域,一些杂志如《浙江学刊》(2005年第2期)、《山东社会科学》(2005年第6、7期)等均推出了有关宪法学方法论或者宪法解释方面的

---

① 白建军:《刑法分则与刑法解释的基本理论》,载《中国法学》2005年第4期;何荣功:《论刑法扩张解释的根据、类型及适用》,载《中国刑事法杂志》2004年第4期;蒋熙辉:《刑法解释限度论》,载《法学研究》2005年第4期。
② 陈兴良:《刑法教义学方法论》,载《法学研究》2005年第2期。
③ 王世洲:《刑法方法理论的基本问题研究》,载《法学研究》2005年第5期;曾粤兴:《论刑法学方法对刑事立法与司法的意义》,载《中国刑事法杂志》2005年第4期。
④ 张明楷:《刑法分则的解释原理》,中国人民大学出版社2004年版,序说,Ⅶ、Ⅸ。
⑤ 郝方昉:《在法律方法论与刑法学之间的"往返顾盼"——读张明楷教授〈刑法分则的解释原理〉》,载 http://www.law-thinker.com/show.asp?id=2913(最后访问日期:2011-5-6)。
⑥ 梁庆寅、张南宁:《论刑事辩护中的法律论证》,载《学术研究》2005年第2期。

第二章　法学中国化与法律方法论研究

系列专题论文。2004年秋,由中国宪法学研究会、浙江大学法学院、中国人民大学宪政与行政法治研究中心联合举办的"中国宪法学的方法与基本范畴"学术圆桌会议在浙江大学召开。会议有两个具有关联性的中心主题:一为中国宪法学的基本范畴;二为作为第一个主题讨论基础的宪法学的方法。这是共和国成立以来第一次专门集中讨论这对主题的学术会议。① 在解说性的传统方法仍占据主导地位的我国宪法学界,方法多元化的现象也已次第呈现,有学者对正在形成中的"规范宪法学"(Theory of Normative Constitution)做了描述:它以宪法解释学为核心的方法定位,但又涵盖更多的方法论上的视角和手段;它以三种的姿态力图"围绕规范形成思想",但又不断躬身自问"围绕"什么样的"规范"这一超"法教义学"的终极问题。② 简言之,宪法学的方法论须与政治学等学科相分离,还原其法学品性。这当中关键的一环是宪法解释学。国内的宪法解释学虽然有了一定的研究,但尚未成为一种学术主流。走向宪法文本自身的解释,乃是关乎宪法学研究方法转型的大问题,也是确立宪法解释学的核心与关键问题。关于宪法解释学,学者主张,中国宪法学研究要摆脱价值性与事实性、有效性与实效性以及规范性与解释性的分离与脱节之弊,就必须从规范分析宪法返回到解释宪法之路上来,走向解释性的宪法学,这是中国宪法学发展之必然趋势。类似的主张是,中国宪法解释学须实现宪法解释的规范转向,由政治统治的正当性证明转化为发现宪法规范的命题陈述。③ 近来宪法学研究中另一个值得关注的热点是,学者们对"公共利益"的规范分析和研究。④

民法学方面,段匡将此前的日本民法解释学的研究以专著形式出版。⑤ 法律论证在民法学中得到了应用研究。如有少数学者在研究意思表示解释

---

① 《中国宪法学的方法与基本范畴——2004年11月浙大圆桌会议全场记录稿》,载 http://www.chinalegaltheory.com/homepage/Article_Print.asp? ArticleID=1169(最后访问日期:2011-5-6)。

② 林来梵、郑磊:《所谓"围绕规范"——续谈方法论意义上的规范宪法学》,载《浙江学刊》2005年第4期;郑贤君:《宪法学为何需要方法论的自觉?——兼议宪法学方法论是什么》,载《浙江学刊》2005年第2期。

③ 范进学:《从规范分析宪法学到宪法解释学——中国宪法学研究范式转型之宪政意义》,载《河南政法管理干部学院学报》2005年第2期;范进学:《宪政与方法:走向宪法文本自身的解释——宪法学之研究方法转型》,载《浙江学刊》2005年第2期;郑贤君:《确立"法"上之力:宪法解释学的中国使命》,载《山东社会科学》2005年第6期。

④ 郑贤君:《公共利益的界定是一个宪法分权问题——从 Eminent Domain 的主权属性谈起》,载《法学论坛》2005年第1期;范进学:《定义"公共利益"的方法论及概念诠释》,载《法学论坛》2005年第1期;韩大元:《宪法文本中"公共利益"的规范分析》,载《法学论坛》2005年第1期;胡锦光、王锴:《我国宪法中"公共利益"的界定》,载《中国法学》2005年第1期。

⑤ 段匡:《日本的民法解释学》,复旦大学出版社2005年版。

的问题时运用到佩雷尔曼的新修辞学这种论证(论辩)理论。① 另外,如上文冯文生意图基于他所提出的从推理范式向诠释范式的历史演变,对民事司法及其"技术"进行一次较为彻底的透视和构造,"来展现从近代民法向现代民法转换过程中民法与生活互动的现代实践图景和知识形态"。为此他主张,在诠释范式之下,必须重新对民事实体制定法、法官以及民事诉讼程序进行定位,从而按照诠释范式的要求重新构造民事司法技术。②

关于法学研究趋向,我们认为国内法学研究存在一个从立法中心向司法中心转向的问题。不过在我国台湾,情形似乎不然。叶俊荣指出,在民主化的脚步迈开之后,法律的形式取得更多代议民主的正当性,国家社会对法律系统的需求也从单纯法律解释的司法论扩张到型塑法律内容的立法论证。这样的演变也造成法学研究的转向。在早期阶段,台湾法学研究的重点在于法释义学。但近来台湾法学界已摆脱以既有法规作为权威前提的消极心态,进一步拓展至立法论的范畴,亦即如何设计出妥适的法规范。③ 另外,国外法哲学界的研究也出现了"立法法理学"(legisprudence)。尽管如此,我们依然认为,至少就国内情形而言,立法中心向司法中心的转向乃是不可避免。但在以司法为中心研究方法论的同时,我们并不应忽视立法研究与法律方法论的协调。比如在当前民法典制定过程中,我们即应充分重视法典与法律方法论的关系问题。这一点,大陆学者似乎还没有足够的意识,倒是台湾学者苏永钦看到了这一点。④

另外,在行政法方面,值得注意的是学者对行政法解释的系列研究。⑤ 国际法学方面,如《求是学刊》(2005 年第 2、3 期)登出了"涉外民事关系的法律适用法"之立法研究专题。另外相关的研究还有关于 WTO 规则的法律

---

① 朱庆育:《意思表示解释理论——精神科学视域中的私法推理理论》,中国政法大学出版社 2004 年版。民法学上对法律论证的研究,另见王轶:《民法价值判断问题的实体性论证规则——以中国民法学的学术实践为背景》,载《中国社会科学》2004 年第 6 期。
② 冯文生:《推理与诠释——民事司法技术范式研究》,法律出版社 2005 年版,第 15、19 页。
③ 叶俊荣:《法律学学科成就评估报告》,载《清华法学》(第 4 辑),清华大学出版社 2004 年版,第 152—153 页。
④ 苏永钦:《民事立法者的角色—从公私法的接轨工程谈起》,载 http://www.chinalegaltheory.com/homepage/Article_Show.asp? ArticleID =1285(最后访问日期:2011-5-6)。
⑤ 参见黄竹胜关于此方面的系列论文,黄竹胜:《论行政法解释两种形态的差异、成因与效力》,载《法学论坛》2005 年第 2 期;《论行政法治主义与行政法解释》,载《内蒙古社会科学》2005 年第 2 期;《论行政法解释发生的条件与效力》,载《理论与改革》2005 年第 2 期;《行政法解释的主体制度初探》,载《广西师范大学学报》2005 年第 2 期。

解释和条约解释的研究。①

七、人工智能与法律方法之研究

随着当今高科技的发展和应用,人工智能技术跟法律方法的研究结合了起来。"人工智能与法律"(artificial intelligence and law)已然成为当今欧美学界一种专门的研究领域。这种研究即集中于人工智能跟法律方法的交叉应用上。如2001年5月召开的第8届国际人工智能与法律大会研讨的议题之一是"用于电脑技术中的法律推理与法律论证之研究"。可以说,人工智能与法律方法已经成为当今国外法律方法研究当中的新领域。不过,国内对此方面的研究一直较为欠缺。近年来有学者研究了可辩驳推理与人工智能的关系:法律中的可辩驳推理受到了日愈深入的人工智能研究的促动和影响。②

实践中,由最高人民法院司法行政装备管理局、人民法院出版社和北大法制信息中心联合研制开发的《中国审判法律应用支持系统》,目前正在全国法院广泛推广配备。2003年11月4日,最高人民法院以法办发(2003)323号文要求在全国法院推广配备本系统。该系统的推广使用,可以节省法官时间,便于学习研究,提高审判工作效率和质量,对实现全国法院法律数据及司法资源共享,进一步提高法院信息化程度,具有极其重要的作用。

八、简单评价与研究展望

总体上,国内法律方法论研究还存在如下一些局限性:

(1)近些年来,西方解释学在我国学界得到了广泛的研究与传播。自20世纪90年代以来,法律解释学之研究在法学界亦得以蓬勃兴起。以此为契机,国内法学界的法律方法论研究逐渐展开。其实,这本身就是个值得反思的学术个案。不过,国内还未见对此进行系统考察研究的作品。现在的问题可能在于,国内法律解释研究的繁荣,可能带有某种泡沫的成分。学者

---

① 彭岳:《条约的解释——以DSB上诉机构的裁决为例》,载《南京大学法律评论》2004年秋季号。
② 於兴中:《人工智能、话语理论与可辩驳推理》,载葛洪义主编:《法律方法与法律思维》(3),中国政法大学出版社2005年版;邱昭继:《法律中的可辩驳推理》,载《法律科学》2005年第4期。

们更多的精力都用于译介西方的著述,从而缺少对中国问题的关怀。像整个法学一样,西方法学的中国化是一个过程,但中国法学的主体性何时能够获致应是我们认真思考的问题。

(2) 法律方法论中的新型术语名词问题。法律方法论研究在近年来兴起后,国内原本比较陌生甚至没有的一些术语名词开始出现并被大量使用,如法律论证、法教义学、法律续造、非形式逻辑、可辩驳性、融贯性、可接受性、证立、论辩等等。不过与此同时,学界存在比较严重的译名不统一的问题。不仅大陆与台湾学者的译名不一致,而且不同学科的学者对相关术语的翻译也不一致。甚至存在不少错译误译之处。凡此,均为我们阅读、理解和研究相关理论和著作带来了种种误解和不便。从解释学的角度看,即使译名统一,也难以使语词都统一含义。但从对读者负责的角度看,大体一致的译名可能为学习与研究提供方便。

(3) 基于复杂多元的文化背景,当今国际上的法律方法论在各国学者的研究中展现出多样性。二战后,学者们将解释学、修辞学、论题学、语义学、语言哲学、分析哲学、符号学和沟通理论等理论与方法引入到法学领域,因而极大丰富了法律方法论方面的研究。当代法律方法论背后赖以维系的哲学解释学、修辞学、论题学、语义学、非形式逻辑、符号学和沟通理论等诸多理论与方法资源,在国内的研究中尚未被全面发掘。

(4) 实务界对法律方法的期待与关注,铸成了法律方法论研究的社会需求。法律方法旨在培养和训练法律人的职业技能和法律思维。作为培养法律技能和训练法律思维的法律方法,在实践中具有十分重要的意义。我国司法裁判的实践已经萌生了对法律方法的强烈需求。虽然近年来我国法学界不少学者越来越意识到法律方法论研究的重要性,而且对法律方法的研究也有较大的进展,但这跟实践的需求还有很大的差距。尤其是,既有的法律方法论研究往往难以从实践操作层面上予以把握,无法接通跟司法实务界的沟通,这跟法律方法论作为实用法学的理论定位难以协调。① 不过这

---

① 孔祥俊:《法律解释方法与判解研究》,人民法院出版社2004年版,出版前言,第3页。2005年3月2日至3日,国家法官学院与德国技术合作公司(CJZ)就"中德法官培训合作项目"举行了工作会谈,基本上确定了双方在中国法官培训领域进行合作的可行性框架。在这之前,国家法官学院与德国技术合作公司已经联合为全国高级法官举办了七期以"法律适用方法"为主题的培训班。法官们普遍认为这种"法律适用方法"对审判实践具有重要的借鉴意义。参见《中德法官培训合作》,载《比较法研究》2005年第2期。另外,中国人民大学法学院与美国印第安纳大学法学院联合举办的"中国模拟控辩培训项目"以及《中国庭审控辩技巧培训教程》([美]赫伯特·布曼著,丁相顺、金云峰译,中国方正出版社2005年版)在这方面做了有益的尝试。

第二章 法学中国化与法律方法论研究

方面的忧虑并不需要理论屈从实践,理论研究有其独立的学术价值,并非所有的理论都必须和实践结合。理论研究本身也是一种思维方面的实践,各种理论对打开我们的思路发挥着重要作用。

(5) 尽管学界已经日益发现法律方法论研究的重要性,但是国内真正从事此方面研究的学者人数并不算多。只有少数高校法学院开始致力于这方面的研究。更没有形成在此方面围绕共同话题进行对话论辩的情形。这说明国内在法律方法论研究上还远未成熟。研究资料的缺乏也是制约法律方法论研究全面深入展开的一个重要因素。语言上的障碍,如对欧陆法学语言上的不通,也影响了对法律方法论的深入研究。

就我国法学研究的整体状况而言,法律思维与法律方法之研究依然还是一个比较薄弱的环节。如关于法律方法论体系,学界还没有进行系统深入的研究,还未形成具有共识性的看法。另外,就法律论证这个国外发展兴盛数十年的研究领域,国内法学界对此方面的研究依然较为薄弱。人工智能与法律方法方面的研究亦比较少见,且研究水平跟国外还有比较大的差距。总体而言,当下的研究很大程度上主要停留于对国外理论的引介。立足于中国法律传统与既有国情的研究还较为少见。从整体看,国内法律思维与法律方法的研究刚刚起步,依然任重道远。

从今后法律方法论的研究来看,也许我们需要注意以下方面:

(1) 法律方法论研究需要跟别的学科相互沟通。国内法律方法论之既有研究应当在吸取哲学解释学知识资源以外,需要加强跟上述修辞学、论题学、非形式逻辑、符号学、语言哲学和沟通理论等诸多知识领域的交流沟通。实际上,近年来已经出现了如法律跟语言学的交叉研究。[①] 第三届"法律方法与法律思维"研讨会上已经出现了一些国内从事逻辑学和哲学研究学者的参与。另外还有司法实务界的介入,也可能带来更多的来自实践方面的问题,从而使我们的研究更加接近实践。希望逐渐形成多学科、多种类职业身份的研究人员跨入此方面的研究。

(2) 法律方法论研究在大陆跟台湾法学研究中有不同的境遇,其在整个法学中的地位、作用以及未来走向似乎不尽一致。而这也预示着以后大陆与台湾法学互动中有很强的互补性与合作潜力。跟大陆相比,台湾法学

[①] 廖美珍:《法庭问答及其互动研究》,法律出版社 2003 年版;廖美珍:《法庭语言技巧》,法律出版社 2005 年版;吴伟平:《语言与法律——司法领域的语言学研究》,上海外语教育出版社 2002 年版。

积淀下来的法教义学传统较为浓厚。以至于不少部门法学者欠缺法理学和法哲学的研究意识。这就要求法律家和知识界相互破除彼此之间的隔膜。故苏永钦以为:台湾法学发展到今天,也许我们必须说,它已经从一种单纯的法律适用技艺升华为一种广义的社会科学,法学工作者必须以更开阔的视野去关注其他社会科学的议题和成果,其他社会科学恐怕也要去除对于法学"只是法条、判决的整理、记诵"的刻板印象。①

相比之下,大陆的法学自始即摆脱了台湾法学研究的上述缺陷,但是却陷入到另一种极端情形。大陆的规范法学与法律方法论研究一直是需要补课的。因此,在强调上述跟别的学科交叉与沟通的同时,还应重申认真对待规则,起码法理学应致力于法律自身学问的建构。

(3) 法律方法论研究的国际学术交流问题。我们还需要大力译介国外相关研究成果,尤其是对欧陆国家法学家的研究。至少从当下的法学研究来看,无视西方法学既有的成果显然是不现实的。如何对待西方法学理论,则是我们在法学研究中需要认真对待的一个问题。其实,近年来的法律方法论研究中,不少学者在引介国外有关学术成果的同时,已经有意识地将法律方法应用到我国司法实践中,并以此为契机来探讨我国法治秩序的建构问题。另外,近年来学界对于古代法学传统、民国法学的研究也逐渐增温。

(4) 法律方法论研究必须结合我国特定的制度与社会语境来进行,才具有真正的实践意义。在我们这个方法传统本就匮乏的国家研讨法律方法,自然不免要面临诸多困难。但是中国语境下的法律方法论研究依然应当予以强调。邓正来教授在《中国法学向何处去》中,对中国法学26年来的批判,把那个被遮蔽的、被无视的、被忽略的关于中国人究竟应当生活在何种性质的社会秩序之中的重大问题揭示出来,使它彻底地展现在中国人的面前。可以说,法学的目的是致力于人的生活,更具体地说,是要致力于中国人的实际生活,因为只有贴近生活的法理学才具有长久的生命力。

与上述对中国问题深切关注的立场相关的另外一个重要问题是,即对于西方法学理论的态度和方法:为了实现西方法学理论的实质性的"中国进入",进而推动中国法学研究的发展,我国究竟应当首先细致解释西方法学理论、不断引入西方法学理论,还是应当首先在中国法学内部积极拓展新的思路、发展新的思考?在刘星看来,中国法学思考本身的积极展开,是首要

---

① 苏永钦:《法律作为一种学问》,载 http://www.chinalegaltheory.com/detail.asp? r = 6&id = 2998(最后访问日期:2011-5-6)。

的。尤其是,中国的法律实践首先应当是中国法学所关注的问题。① 跟西方法学理论的"直接接入"相比,更为重要的是,中国法学理论本身如何可以激活、争论以及中国法律实践本身所引发的实际问题,其所产生的对西方法学理论的某种需求如何可以增加。当在中国法律实践中发觉了真正的问题,并由此展开中国式的法学探讨,西方法学理论才有可能成为一种法学资源"真正进入"中国,为中国阅读者所理解。

---

① 刘星:《西方法学理论的"中国表达"——从1980年代以后的"西方评介"看》,载《政法论坛》2005年第1期。

第三章

法治实践对法律方法的需求
——2006年度中国法律方法论研究报告

第三章　法治实践对法律方法的需求

要点提示　在 2005 年,法学界对法律方法进行了更深入的研究。法律方法论已经成为法学研究的热点问题。已经觉醒的方法论意识,不仅引发了人们的理论兴趣,而且对司法实践也起着重要的推动作用。大量专著、论文的涌现,使我们看到法律方法理论更趋体系化,而具体的法律方法,如法律解释、法律推理、法律论证等的研究更加深入,类型(化)、拟制、类推、法律原则、法律渊源等方面的研究也取得一些新进展。此外,学界在部门法学以及法律史方面均对法律方法做了一定的探索。从总体上,我国法律方法论研究尚存在若干局限性,总结和改进这些不足有助于推进这方面的研究。

一、研究资讯

关于法律方法论专题研究在 2006 年取得了丰硕的研究成果。在译作方面,欧美法学家有关法律方法历史、法律推理、法律论辩等一批作品相继出版。在专著方面,国内学者在法律解释、法律推理、法律论证方面也推出了一些成果。如在法律解释这个常见的法律方法研究领域,2006 年学界推出了几本专著:陈金钊等:《法律解释学》(中国政法大学出版社);叶惟:《法律适用中的解释问题研究》(中国社会科学出版社);尹洪阳:《法律解释疏论——基于司法实践的视域》(人民法院出版社)。在国内宪法学、刑法学、民法学等部门法学方面,2006 年也出版了不少法律方法方面的研究力作。另外应该关注的是,实务部门的法律家立足于司法实践,推出了一些研究成果。这方面的丛书除了人民法院出版社的"法律方法与应用法学文库",各地法院和法官也越来越关注法律方法或裁判方法的研究,推出了一些法律方法作品,如"湖北法官论丛"、"法官审判技能培训丛书"、"西安市中级人民法院审判实务与理论研究丛书"。[1] 以书代刊的专业书刊继续出版:如《法律方法与法律思维》(第 3 辑)、《法律方法》(第 5 卷)、《法哲学与法社会学论丛》(第 8 期)(第 9 期)。

---

[1] 杨凯:《裁判的艺术——法官职业的境界与追求》,法律出版社 2005 年版;吴家友主编:《法官论司法理念》(湖北法官丛第四辑),法律出版社 2005 年版;康宝奇主编:《裁判方法论》(西安市中级人民法院审判实务与理论研究丛书之四),人民法院出版社 2006 年版。

会议方面:2006年6月,全国法学方法论论坛第一届学术讨论会——"实践理性与法学方法"——在中国政法大学举办。2006年8月,由中南财经政法大学法学院主办的"中南法学理论暑期学术论坛"在河南鲁山召开。会上一些学者就法律论证、法律推理方面的问题进行了探讨。2006年7月,由中国逻辑学会法律逻辑专业委员会主办,浙江警官职业学院承办的第十四届全国法律逻辑学术讨论会在杭州召开。2005年10月,陕西省西安市中级人民法院举办了"裁判的方法"研讨会。梁慧星教授等二十多位法学专家与一百多名法官从审判实证和法学理性分析的角度,研究了裁判方法的概念、价值及其指导审判实践的重要意义,特别是围绕刑事、民事、行政审判和执行工作交流了法官对裁判方法的认知和思索。2006年9月,第九届国际法律与语言学术研讨会暨中国第二届法律与语言学术研讨会在北京召开。来自24个国家的一百二十多位法律及语言方面的专家学者以"法律、语言与语言的多样性"为主题,就语言多样性背景下的语言立法与语言政策、多语言社会中出现的语言与法律问题等进行了深入的交流与探讨。

此外,法律方法方面的一些学术讲座亦值得注意,如2006年10月27日,香港中文大学法学院教授邬枫(Lutz-Christian Wolff)在清华大学做了题为"德国法学方法论及其在中国当代法律中的意义"的学术报告。2006年9月13日,日本士馆大学法学部关哲夫教授在吉林大学法学院做了题为"类推解释与刑法解释的界限"的学术讲座。2006年9月14日,王泽鉴教授在中国人民大学明德法学楼徐建国际报告厅,做了"民法学研习方法与大型论文写作方法"的讲座。

二、法律方法论的基本理论

(一) 法律方法论的概念、对象与立场

学界关于法律方法的内涵的探讨不如2005年激烈。林来梵认为,方法实际上与某种谋略、甚至与政治谋略有着一定的关联性;支持特定方法的政治力量之间的博弈,对方法的选择是有重要意义的。这是因为,当我们确定

第三章　法治实践对法律方法的需求

选择某种宪法研究方法的时候,实际上跟我们的价值立场是有关的。① 但对法律方法的外延,2006 年学界的讨论多了些。

（1）经验方法是法律方法的重要方面。在适用法律的推理活动中,经验方法与人们惯常所熟悉的形式逻辑的推理之间有着较大的区别,具有范围的广泛性与数量的无限性、结论的或然性和性质的一般性与客观性等特征。经验方法的运用贯穿于司法的全过程,在事实认知和适用法律中被广为运用,对于有效及时地解决纠纷大有裨益。但经验方法的易出错、易受裁判者擅断和主观情感影响等局限应予以克服。② 有学者意图澄清学界关于霍姆斯"法律的生命"名言的误解,认为霍姆斯并不完全否弃逻辑的作用。他所想说明的不是逻辑因素在司法过程中的"有或无",而是"能与不能",即逻辑的作用及其限度。而霍姆斯的经验的概念转化为实践的方法要得益于两种司法方法的运用:一是历史的方法,二是政策的方法。③ 与经验方法相关,有学者对民间规范之于法律渊源、价值(利益)衡量、判例和判例法形成方式、法律论证的可能贡献做了研究。④

（2）模型分析的方法是法律方法的重要内容。法律方法效命于法律判断的形成,法律判断的形成是一个将大小前提进行等置的过程。在这个过程中,视事实与规范之间的不同关系,要运用各种方法去建构大小前提,即使事实一般化、使规范具体化。⑤ 有学者研究了两大法系法律的实施系统,按照调整对象—法律载体—法律适用方法—核心出发点这样的主线,大陆法系表现为:权利类型—抽象规范—法典(既定条文)—请求权基础—个人意思;英美法系表现为:具体对象—裁判规则—法官(正义直觉)—关系类推—整体关系。⑥ 长期以来,我国法学界对作为分析工具的法律关系疏于研究,法律关系的方法论功能在理论上没有得到充分的展示。这个研究进路尚有赖法学界与法律逻辑学界的共同努力。⑦

---

① 林来梵:《宪法学的方法与谋略》,载 http://article1.chinalawinfo.com/article/user/article_display.asp? ArticleID = 31960(最后访问日期:2011-5-6)。
② 刘治斌:《经验方法在司法中的地位、作用及其局限性》,载《山东大学学报》2005 年第 5 期。法官个人因素对法律运行的影响,可参见王启庭:《法官个人因素对法律运行不确定性的影响》,载《现代法学》2006 年第 4 期。
③ 秦策:《霍姆斯法官"经验"概念的方法论解读》,载《法律适用》2006 年第 11 期。
④ 谢晖:《初论民间规范对法律方法的可能贡献》,载《现代法学》2006 年第 5 期。
⑤ 郑永流:《法律判断大小前提的建构及其方法》,载《法学研究》2006 年第 4 期。
⑥ 冉昊:《两大法系法律实施系统比较》,载《中国社会科学》2006 年第 1 期。
⑦ 陈金钊、侯学勇:《法律关系及其逻辑模型的建构》,载《重庆工学院学报》2006 年第 10 期。

关于法律方法论研究的对象和范围,法学界尚无比较清楚的认识和界定。如有学者以为,法学方法论的对象和范围包括法的渊源、案件事实的认定、法律解释、法律漏洞的填补、法的体系等。有学者将法律技术分为"文本分析技术"、"事实发现技术"及"法律适用技术"三个层面。关于法律方法的内容,有法官在裁判方法的研究中,论及案件事实认定的方法、法律适用的方法、调解的方法和裁判文书的制作方法。① 事实与规范的关系问题构成法律方法论的哲学思想基础,有学者探讨了事实与规范的关系以及与之相关的价值判断问题。②

法律方法的意义是 2006 年学者关注的一个重要话题。有学者指出了"法学方法论在中国的缺失"的情况。中国作为一个法律移植国家这一事实,在很大程度上决定了我国法学与西方法学的历史和逻辑关联,因而我国法学方法论的建立与发展必须面对传统的阻力和现实的困难。现阶段中国是否能够建立起自己的法学方法论,已经成为制约中国法学发展乃至法制发展的因素。其原因是,作为科学的法学文化传统缺失,法学的工具性优于科学性;社会政治制度状况直接制约;滞后于社会发展,尤其是社会经济的发展,强化了法学的功利主义色彩和工具主义色彩。③ 有学者呼吁注重方法研究在当下的重要意义,认为中国法学现今的问题是:对什么是法学之"学",尤其什么是法学的性质和立场并没有统一而明确的认识;知识生产无序化;法学不能为实践提供智力支持。针对上述问题,我们的对策是:一是让法学的知识兴趣从政策定向转向司法定向;二是使法学视角返归实在法;三是法学向方法的回归。法学方法论的研究,从一个侧面为我们的法学建构提供一种镜鉴,一种特殊的精神气质和建立法学知识标准的进路。④ 有学者将法律方法论在中国的现状描述为:十年起步、初见轮廓、内容单薄、体系混乱、外热内冷、流于清谈。不过同时也欣慰的看到,越来越多的法律实务人员有了方法的自觉,这将拉动法律方法论缓缓前行。在这一过程中,部门

---

① 王夏昊:《现代法学方法论的研究对象和范围》,载《现代法学》2006 年第 5 期;胡玉鸿:《法律技术的内涵及其范围》,载《现代法学》2006 年第 5 期;孙海龙、高伟:《裁判方法论要》,载康宝奇主编:《裁判方法论》,人民法院出版社 2006 年版。

② 童世骏:《"事实"与"规范"的关系:一个哲学问题的政治——法律含义》,载《求是学刊》2006 年第 5 期;林来梵、翟国强:《有关社会科学方法论的反思》,载《浙江社会科学》2006 年第 5 期。

③ 米健:《法学方法论在中国的缺失》,载米健主编:《中德法学学术论文集》(第 2 辑),中国政法大学出版社 2006 年版。当然,其中原因是否是这样还值得推敲。

④ 舒国滢:《并非有一种值得期待的宣言——我们时代的法学为什么需要重视方法》,载《现代法学》2006 年第 5 期。

法学者将首先感受到他们的期待,而纯法理学者言方法,终究不过是为他人作嫁衣,还未必能缝好。① 还有学者立足于法学学科基点的设定,研究了"法律人的"人学模式。②

(二) 法律思维与法律语言

法律思维属于法律技术的上位概念,它与法律方法、法律技术之间的界限很难区分。2006 年关于法律思维研究的进展有三点:(1) 注意到了日常思维与法律思维存在区别。日常思维与法律思维的界限并不是恒定的。在法治社会中,二者是相互影响并不断变化的。但这种变换主要是通过提升日常生活的法律性来实现的。③ (2) 开始关注更为具体的法律思维研究。有学者描述了我国法官职业思维的现状:行政化的思维传统、"求真"的思维习惯、随时随地的情感思维、法官自身的个性蒙蔽了公正的双眼。因此,有人主张引进西方现代司法理念,并对中国古代司法理念的合理内核予以继承,以此形成我国当代的司法理念。有法官通过对高法颁布的《关于民事诉讼证据的若干规定》的分析,认为从中可以看出中国法官的办案思维方式正在现代化司法理念的折射下发生着转变,并分析了现代法官思维在现实司法实务中所面对的困惑和冲突。有人提出完善法官思维的方式:严格法官标准,提高法官素质;营造法律思维方式的外部环境;改变法官内部行政化管理模式;建立以法官为中心的工作机制;改革现行法院信访、审判监督工作制度。④ (3) 对类型(化)思维开始研究。"类型化"作为一种具有重要实践价值的思考方式,开始引起学界的初步关注。类型思维的要点在于,寻求事实与规范的相互对应。类型思维不是对传统的概念思维的附属性补充,而具有自身独立的意义。概念思维是封闭的,概念的认识只能是明确的、非此即彼的,是一种分离式的思维;类型思维则具有层级性、开放性、意义性、

---

① 郑永流:《义理大道,与人怎说?——法律方法问答录》,载《政法论坛》2006 年第 5 期。
② 胡玉鸿:《"法律人"建构论纲》,载《中国法学》2006 年第 5 期。
③ 陈金钊:《法律思维的逻辑基础》,载《北京行政学院学报》2005 年第 4 期;陈金钊、范春莹:《日常生活的法律性——法律思维与日常思维的关系》,载《求是学刊》2006 年第 4 期。因此,有学者指出,法律思维既要保持其独立的模式,又在一定程度上与大众意识相关联。王晓:《法律思维取向和法律教育定位研究》,载 http://www.jus.cn/include/shownews.asp?newsid=842(最后访问日期:2011-5-6)。
④ 林山泉:《现代化司法理念折射下的法官思维》,载褚红军主编:《司法前沿》,人民法院出版社 2006 年版;赵建聪:《论法官思维方式的养成与完善》,载褚红军主编:《司法前沿》,人民法院出版社 2006 年版。

直观性、整体性等特点。① 台湾学者对拉伦茨的主张"类型不能以涵摄的方式被适用"提出批判性的检讨。② 另有学者以为,类型化的思考是一种同时容纳了归纳与演绎两种流程的双向度思考,是一种"中等抽象程度"的思考,是一种开放性的思考,是一种关系化的、结构化的思考。类型化思维所具有的上述特征,使得我们对刑法中的诸多难题获得了更具说服力的认识和理解。③ 如类型性即为刑事立法的发展方向之一:刑法分则性条文对各种犯罪应当作类型性的描述,同时注重传统犯罪的类型化;对构成要件的描述应采用例示法,并符合法条的目的。④ 类型(化)的研究同样见于其他部门法学中。如类型化方法引入宪法学研究有助于克服价值偏见及认识上的绝对化,对宪法学研究得以更大的发展具有重要意义。在民法上,类型化思维是民法解释的基本思考方式,是民法漏洞补充的理论基础。类型化思维适用于民事立法和司法,其中司法不仅以立法的类型规范为依据,更须以规范对应于个案寻找出的详尽法规则为依据。⑤ 具体而言,领域内部分学者对民法上的虚像、非典型合同、法定抵押权制度、市场支配地位等做了类型化分析研究。在行政法领域,以类型化为目标重塑我国现行行政诉讼制度已经成为必然的选择。在刑法上,人们以类型化的方法研究了犯罪既遂标准、信息犯罪等。

研究法律方法,法律语言也是个不容忽略的问题。法学与语言学有着密切的联系。法的条文只有在语言的应用中才有意义,才是活的;法的机构只有人用语言进行法的活动才是活的,才有意义。实施权力、公正和正义,非公正和非正义的机制是语言互动的细节。因此,要治法,须先治语言。⑥ 有学者考察了法律语言的特点:风格上的庄重性、确切性、平易简约性;语汇上的单义性、特指性、社会性;功能上的交流、转化、表达理性、价值贮藏的作用;语义上的确定性及不确定性,不确定性主要表现为法律语言的包容性、模糊性、动态流变性。⑦ 关于法律语言的模糊性、立法用语、裁判文书、法庭

---

① 李秀群:《司法裁判中的类型思维》,载《法律适用》2006年第7期。
② 王鹏翔:《论涵摄的逻辑结构——兼评 Larenz 的类型理论》,载《(台湾)成大法学》2005年第9期。
③ 杜宇:《再论刑法上之"类型化"思维》,载《法制与社会发展》2005年第6期。
④ 张明楷:《刑事立法的发展方向》,载《中国法学》2006年第4期。
⑤ 刘士国:《类型化与民法解释》,载《法学研究》2006年第6期。
⑥ 廖美珍:《论法学的语言转向》,载《社会科学战线》2006年第2期;类似的观点参见周少华:《法律中的语言游戏与权利分配》,载《法制与社会发展》2006年第5期。
⑦ 杨建军:《法律语言的特点》,载《西北大学学报》2005年第5期。

互动话语等方面运用的法律语言问题,出现了不少研究成果。而这对法律方法研究是很有意义的。

(三) 法律发现、法教义学与法律渊源

法律发现的过程与法源理论结合起来就具有法律方法意义。有学者认为,司法过程中的法律发现有两层含义:其一,指法官从现行法体系中找出那些能够适用于当下案件的法规范或解释性命题的活动;其二,是指在没有明确法规范或解释性命题可以适用的情况下进行漏洞填补或自由造法的一系列活动。法律发现方法主要有法律识别、法律解释和漏洞填补几种。① 有法官发掘了北京市海淀区人民法院宋鱼水法官的法律方法论在法律发现理论中的意义。宋鱼水的法律方法论是源于中国几千年历史文明积淀下的传统文化。中国古代哲学思想"天人合一"的观念,造就了宋鱼水审判方法的整体性与和谐性精神。还有人对我国行政诉讼法律发现的实践做了考察。②

研究法律发现,就不能不研究法教义学对法律发现立场的影响。在西方,尤其是在欧陆法学语境中,法教义学有着悠久的历史传统。不仅如此,法教义学还有着独特的内涵与意义,并为法学知识论奠定了重要基础。在当今思想背景下,人们对法教义学的理解已经发生了一些深刻的变化,尤其是在法律论证理论这一新的法律方法论的视域中,法教义学作为传统独断解释学的那种知识品格与印象日趋淡化,从而更具有开放性与实践性。③ 法教义学的立场对法律发现方法是一种声援。法教义学同时构成部门法学的知识品格。如有学者论及"芦部宪法学"之法教义学的学问品格。④

法律渊源与法律形式的结合使我们看到法官发现法律的场所,而与法律发现的结合使我们看到其方法论意义。从司法的角度看,法律渊源实际上就是法官法源。⑤ 另有学者分析了法律位阶制度得以存立的三个前提预设:法律秩序是内部和谐的整体;规范性文件的合法有效;"基础规范"的存在,以此来揭示隐含在法律位阶制度背后的深层原理。⑥ 在法律发现的过程

---

① 刘治斌:《司法过程中的法律发现及其方法论析》,载《法律科学》2006年第1期。
② 孙海龙等:《法律发现理论的发展进路——兼论宋鱼水"辨法析理、胜败皆服"审判方法》,载《法律适用》2006年第10期;宋炉安:《法律发现的实证分析——以我国行政诉讼为重点》,载《行政法学研究》2005年第4期。
③ 焦宝乾:《法教义学的观念及其演变》,载《法商研究》2006年第4期。
④ 林来梵:《论"芦部宪法学"》,载《浙江社会科学》2006年第1期。
⑤ 陈金钊:《法律渊源:司法视角的定位》,载《甘肃政法学院学报》2005年第6期。
⑥ 胡玉鸿:《试论法律位阶制度的前提预设》,载《浙江学刊》2006年第2期。

中,"上位法优于下位法"是一个基本的法律适用规则,但在上位法允许下位法对其做出变通规定,或者下位法的实施性规定没有抵触上位法时,则会出现"上位法优于下位法"适用规则的例外,司法机关应优先适用下位法。而"特别法优于一般法"规则不仅适用于同位法之间而且也适用于不同位阶的法律规范之间,但其适用条件则有不同的要求。① 冲突法与实体法并存于民法典中,是未来我国冲突法的基本存在形式。在这种情形下,如何在同一民法典中协调两种不同性质法律的关系,有学者对此做了探讨。有人探讨了司法解释、立法解释与行政解释之间的位阶关系。有学者探讨了不同法律部门的规则交叉适用的情形②,或者不同法律部门的规则出现冲突时如何适用。③ 特别法优于一般法是法律发现的原则之一。

三、具体法律方法的研究

(一)法律解释方法

本体论转型后的解释学在法律领域的影响,依然是 2006 年学界在法律解释理论研究关注的问题。有学者认为,解释学经历了从方法转向本体的发展理路。解释学的重心转换影响着法律解释理论的发展走向,使法律解释在方法与本体之间出现张力。视域融合是本体论解释学的一个重要观念,有人以为,在我国目前的语境下,视域融合的法哲学却可能使法律的王国支离破碎并削弱人们对法律的信仰,或许我们需要的是现代性而非后现代性的法律。沟通理论在法律解释中同样具有一定意义。哈贝马斯沟通行动理论中理想沟通情境,具体到个案法律解释,要求建立能够使当事人和法官对法律的含义进行商谈的情境。有人讨论了与此相关的四个具体制度:

---

① 汪全胜:《"上位法优于下位法"规则适用刍议》,载《行政法学研究》2005 年第 4 期;汪全胜:《"特别法"与"一般法"之关系及适用问题探讨》,载《法律科学》2006 年第 6 期。
② 胡玉鸿:《论私法原则在行政法上的适用》,载《法学》2005 年第 12 期;林鸿潮:《论民事责任在国家赔偿中的适用——扩大国家赔偿范围的一种可能途径》,载《南都学刊》2006 年第 1 期;王瑞君:《论刑法的私法化倾向》,载《山东警察学院学报》2006 年第 3 期。
③ 李国慧等著:《法官的逻辑与经验——行政诉讼十大问题研究》,人民法院出版社 2006 年版,第 4 章:面对冲突的法官;于改之、吴玉萍:《刑、民冲突时的法律适用》,载《法律适用》2005 年第 10 期;李兰英:《契约精神与民刑冲突的法律适用——兼评〈保险法〉第 54 条与〈刑法〉第 198 条规定之冲突》,载《政法论坛》2006 年第 6 期。

第三章 法治实践对法律方法的需求

审判制度、刑事辩护制度、专家证人制度和判决附理由制度。本体论法律解释学原本属于法学的基本问题,不属于法律方法论的范畴。但是,由于在探讨该问题的时候都是在与法律解释方法的争论中展开的,因而我们也把其纳入方法论部分进行综述。与此相关的还有法律解释的特征问题。有法官将法律解释的基本规定性归纳为注疏性、判断性、超然性、创造性、造法性、价值衡量性、静态性与动态性以及法律答案的唯一性与非唯一性。裁判中的法律解释哲学是由这些基本特性框定的。① 另外法律解释的合法性与妥当性、创造性及其限制等特性也引起人们的关注和研究。② 可惜的是,关于法律解释的独断性特征人们研究太少,而这正是司法领域中的法制所不可缺少的因素。

法律概念的解释也是法律方法所要研究的一个重要问题。有人对此做了专门研究。③ 还有人对法律概念(如"公共利益"概念)的具体适用做了研究。④ 令人欣喜的是,2005年人们对具体的法律解释方法进行了更为细致的深入研究,如在历史解释方法、文义解释方法、原意解释方法、系统解释方法等方面都有有深度的文章发表。这表明关于法律解释的研究已日益关注实际运用。

(二)法律逻辑、法律推理与法律论证

法律逻辑学最近几年比较注意和法律方法论研究的结合。在这方面的研究成果和观点有:(1)中国古代的法律逻辑文化与思想。台湾大学林端教授于2003年出版的《韦伯论中国传统法律:韦伯比较社会学的批判》一书全面系统地批判了韦伯关于中国法律传统的论断。他认为,若要深刻理解中国法律传统,关键在于把握体现于其中的"多值逻辑"。有人以中国古代一部法官判词集《明公书判清明集》为分析对象,指出中国古代法官的判词中并非像以往人们想象的那样缺乏逻辑,而是有着自己独特的一套逻辑。

---

① 孔祥俊:《司法理念与裁判方法》,法律出版社2006年版,第18章。
② 吴丙新:《司法的真相——在法律解释的合法性与妥当性之间》,载《法制与社会发展》2006年第2期;魏胜强:《法律解释中创造性及其限制》,载《理论探索》2005年第6期。
③ 吴丙新:《论法律概念——一个司法中心主义的立场》,载《甘肃政法学院学报》2006年第2期;吴丙新:《法律概念的生成》,载《河南省政法管理干部学院学报》2006年第1期;许中缘:《论民法典中法律概念的构建》,载《当代法学》2006年第6期;李旭东:《图像论下的法律概念》,载《学习与探索》2005年第6期。
④ 关保英等:《论公共利益的法律限定》,载《学术研究》2006年第4期;杨峰:《财产征收中"公共利益"如何确定》,载《法学》2005年第10期。

在当代中国社会转型时期,深刻理解中国传统法律文化的内在机理是建构现代化的中国法学理论,推进中国法制现代化建设的重要理论前提。2006年推出研究中国逻辑思想的一些作品,如孙中原的《中国逻辑研究》(商务印书馆2006年版);郭桥的《逻辑与文化——中国近代时期西方逻辑传播研究》(人民出版社2006年版);晋荣东的《逻辑何为——当代中国逻辑的现代性反思》(上海古籍出版社2005年版)等。有人认为,在中国传统法律文化中,法律规范所体现出的交往范型是一种血缘交往范型,其理论建构具体展现为"伦—理—礼—刑"的逻辑思维路径。血缘人伦与礼法规范的相互作用决定着礼法的价值取向是血缘性的等级秩序与人伦和谐。①"类"、"故"、"理"这三个范畴,是先秦科学方法论的高度概括和浓缩。墨家最先提出"类"、"故"、"理"三个范畴并以之作为推类的逻辑法则。中国古代的科学证明论,其逻辑方法就是墨家提出的"效"式推理。② 但在墨家法律逻辑重构中存在一些疑难之处,疑难的核心在于,《墨子》一书中关于墨家法令缔结程序的记载含有背离墨家理论系统之处,此即"湿故"概念。③ (2)法律逻辑的现实意义及其发展走向。《重庆工学院学报》2006年第7期推出了"法律逻辑与公民理性"笔谈。主持人认为:在法律规范领域里,价值追问与逻辑分析纠缠在一起,倘若缺乏相对独立的逻辑方法论研究,则在这种纠缠中产生价值迷失和逻辑误导是极可能的。可以得出这么一个假定,在同样的价值认同情况下,有法律逻辑方法和没有法律逻辑方法,可能会使公民对一个法律现象或者案件得出态度不同的结论,或者得出质量不一样的结论。当前社会存在的不少法律争论和态度对立,有时候不是因为价值取向的原因引起的,而是因为没有理性地运用逻辑造成的,例如,李惠娟事件其根源在于她所受之法律逻辑理论教育太少,以致一个好的判决被人抓了把柄。笔谈论文《法律逻辑与批判性思维》谈到了借助非形式逻辑框架,把法律逻辑与批判性思维有机地结合在一起。《以论证逻辑为基础架构的法律逻辑》谈到与批判性思维和合理性密切相关的是论证逻辑,而不是作为蕴涵理论的形式逻辑。《法律逻辑研究的3个纬度》主张要以普通逻辑学理论、非形式逻辑理论、现代逻辑(主要是以近几十年来发展起来的广义模态逻辑为理

---

① 许斌龙:《中国血缘法逻辑及其普遍意义》,载《西南民族大学学报》2005年第8期。
② 刘明明:《先秦科学方法论与推类研究》,载《毕节学院学报》2006年第1期。对推类的研究,还可参见陈锐:《法律推理论》,山东人民出版社2006年版,第227页以下。
③ 周兴生:《〈墨子·经说上〉中"湿故"的考释——墨家法律逻辑的重构》,载《唐都学刊》2005年第5期;曾昭式:《墨家逻辑学研究何以可能》,载《哲学动态》2005年第8期。

第三章 法治实践对法律方法的需求

论基础的道义逻辑)为基础进行研究。《认知理性与价值理性》界定了法律逻辑学之事实论证研究的理论特征,期望将方法论学者的深刻性贯注到诉讼法学和证据法学研究中去。《司法独立与逻辑方法论的自治性》谈到司法独立的核心是审判独立,其内涵包括"逻辑方法论的自治性"。

司法三段论依然是法律推理研究的传统题目。(1)针对拉伦茨确定法律效果三段论在逻辑上的缺陷,台湾学者王鹏翔尝试运用现代逻辑来分析涵摄的逻辑结构。法学三段论只能代表法律适用的简单形式,当法规范的构成要件与具体案例事实存在裂缝时,法学三段论即面临局限,此时必须透过涵摄将构成要件与具体的案件事实联结起来。若要精确地表达涵摄的逻辑结构,必须将法学三段论扩展为涵摄的演绎模式,而演绎模式中前提的正确性或真实性则属于外部证立的对象。涵摄的演绎模式除了要求具体的法律效果必须从论证的前提透过逻辑推导而出之外,尚必须满足一致性的要求、可普遍化的要求以及说理完备性的要求等说理规则,这些说理规则表达了对法律论证最低限度的理性要求。① (2)大陆法系以演绎式三段论法律推理作为基本的法律适用方法具有坚实的历史、文化以及制度基础。但这种推理并不能为实现司法公正、实现法治社会提供实质性帮助。因此,加强司法程序制度建设,使当事人、社会通过适当的途径参与司法裁判活动以控制法官的裁量权、通过司法程序在诉讼过程中对司法裁判进行正当化论证就成为我国当前司法改革的重要课题。法律推理也并非是严格的三段论推理,法律的发现与案件的格式化处理始终是在理性与感性的交融中发生。女性的思维即使是感性的,也与法律推理并不对立。它可以弥补理性的不足,在价值判断与利益衡量中作出女性的选择。② (3)实质推理、辨证推理。实质推理最显著的特点是引入了辨证思维的方式,以法律价值判断作为分析判定的前提和基础,注重从推理的内容和形式的统一的角度来研究法律推理,注重用辨证思维的方式来正确处理法律适用中的矛盾冲突。但也有人认为,辨证推理不应作为法律推理的一部分,过度扩大法律推理的内涵对

---

① 王鹏翔:《论涵摄的逻辑结构——兼评 Larenz 的类型理论》,载《(台湾)成大法学》2005 年第 9 期。
② 刘克毅等:《试论演绎式三段论法律推理及其制度基础——兼及大陆法系司法制度及其运作机制》,载《甘肃政法学院学报》2006 年第 2 期;周安平:《法律职业中的性别问题研究》,载《贵州师范大学学报》2006 年第 1 期。

探讨法律推理在法律过程中的作用没有好处。① (4) 法律推理的实践性问题。如果局限于法律逻辑学,将很难真正理解实践中的法律推理。法律推理不只是从大小前提导出结论的逻辑方法,也是人类法律思维不断理性化而发展起来的审判制度。法律推理是一个综合运用法律理由和正当理由的法庭决策过程。法律解释作为该过程的一个环节,是以正当理由阐释法律理由而获得法律推理大前提的手段。因此,对法律推理的探究不仅需要逻辑学的视角,也需要社会学、伦理学等其他视角。② 另外,陈锐对法律推理合理性的检测标准进行了研究。在《法律推理论》(山东人民出版社2006年版)一书中,他对法律推理的客观性、一致性、有效性等检测标准做了研究。(5) 类比推理。有学者还对类比法律推理进行了研究。他们认为,在英美法系,类比法律推理是依普通法审判时采用的基本法律推理方法。但如今类比推理在大陆法系、英美法系以及中华法系的法律适用中都非常重要。人们对这种推理形式做了一些研究。③

法律论证代表了法律方法论的最新进展。法律论证为法律方法论的研究提供了许多新方法和新知识,如语用哲学、修辞学、批判性思维、论辩理论、对话伦理学等方法的引入④,这对法律论证的研究非常重要。第8期《法哲学与法社会学论丛》设主题研讨"法律方法论与法律论证理论",该刊第9期还刊载了罗伯特·阿列克西、诺伊曼、佩雷尔曼等人法律论证方面的一些论文。焦宝乾的博士论文《法律论证导论》也在这期间出版。

关于法律论证的主要论题和观点有:(1) 法的合理性与法律论证。对法律进行道德论证会遇到"明希豪森困境"和"休谟问题"的干扰,语言学规

---

① 向建华:《法律逻辑应注重对实质推理的研究——由一个案例引起的思考》,载《重庆工学院学报》2005年第9期;张芝梅:《法律中逻辑推理的作用》,载《华东政法学院学报》2006年第3期。
② 张保生:《法律推理中的法律理由和正当理由》,载《法学研究》2006年第6期。
③ 刘克毅:《试论类比法律推理及其制度基础——以普通法的运作机制为例》,载《法商研究》2005年第6期;陈锐:《法律适用中的类比推理》,载《毕节学院学报》2006年第1期;韩登池:《论类比推理及其司法应用》,载《安阳师范学院学报》2006年第1期;吴学斌:《类比法律推理的性质与难题》,载《深圳大学学报》2006年第4期。
④ 郭贵春、贺天平主编:《现代西方语用哲学研究》,科学出版社2006年版;温科学:《20世纪西方修辞学理论研究》,中国社会科学出版社2006年版;陈治国:《西方修辞学的古典传统及其当代复兴》,载洪汉鼎、傅永军主编:《中国诠释学》(第3辑),山东人民出版社2006年版;〔英〕昆廷·斯金纳:《霍布斯哲学思想中的理性和修辞》,王加丰、郑崧译,华东师范大学出版社2005年版;谷振诣、刘壮虎:《批判性思维教程》,北京大学出版社2006年版;武宏志,刘春杰主编:《批判性思维:以论证逻辑为工具》,陕西人民出版社2005年版;韩红:《交往的合理化与现代性的重建——哈贝马斯交往行动理论的深层解读》,人民出版社2005年版;〔德〕尤尔根·哈贝马斯:《对话伦理学与真理的问题》,沈清楷译,中国人民大学出版社2006年版。

第三章 法治实践对法律方法的需求

则为法律论证提供了一种新的可能,虽然语言学论证中也会有诸如概念含义过于复杂等困难,但是,作为一种不同于传统法律论证理论,其所提供的解释视角和评判标准则是很有价值的。① 哈贝马斯交往合理性理论基础上提出的法律商谈论,即通过一个合理的民主程序即沟通程序的建构,建立起平等自由的对话空间,通过平等的交往对话,实现法的事实性与有效性的统一。法律的合理化要旨在于将体现对话商谈精神的合法性法律要求进行具体社会实践式的兑现。② 当然,由于历史因素、文化因素、个体因素和法律自身的因素等的存在,法律论证只能实现相对的合理性而不能实现绝对的合理性。(2)法律论证思维。证明是一种形式逻辑的思维方式,论证是一种非形式逻辑的思维方式。在法律论证理论领域,证明思维和论证思维有其存在的必要性。法律论证领域以论证为主要思维方式。③ (3)法律论证的评估判准。融贯性构成法律论证的一个重要评估标准。法律论证中的融贯论具有两个基本特性,即逻辑一致性以及信念之间的相互支持关系。法律论证中的融贯论在于回答因融贯本身所存在的责难而涉及越来越广泛的领域,它不仅仅是一种方法选择,也是一种法律理论。其统一以法律、道德、政治为核心而形成融贯的体系。④ 与论证分析和评价紧密相关的是"符号三维度",即语形维度、语义维度和语用维度。但是长期以来,基于语形和语义的论证评价模型成为经典逻辑发展方向,相应的,论证评价的语用维度似乎被人们忽略了,论证往往被看作是无目的性、静态性、零主体性(至多是一种独白式的)和缺乏背景敏感性的。而日常生活中的论证却具有目的性、动态性、主体性、背景敏感性等特征。换句话说,论证有一个语用维度,且离开这个维度所进行的论证评价显然是不充分的。北美的非形式逻辑、荷兰的语用论辩术以及法国的激进论辩主义均从语用维度出发试图给出相应的论证评价模型。⑤ (4)修辞论证方法。修辞在法官论证中的作用十分重要。在具体论证中,法官往往充分利用唤起情感的修辞技巧,并且在判决书中,修辞对论证具有构成性意义。⑥ 有人考察中国古代判词的修辞蕴涵:说服与劝

---

① 李强:《法律的道德论证》,载《法律科学》2006年第5期。
② 韩德明:《法律因何合法、怎样合理》,载《法制与社会发展》2006年第2期;王明文:《程序主义法律范式:哈贝马斯解决法律合法性问题的一个尝试》,载《法制与社会发展》2005年第6期。
③ 侯学勇:《法律论证中的证明思维与论证思维》,载《法制与社会发展》2006年第6期。
④ 蔡琳:《法律论证中的融贯论》,载《法制与社会发展》2006年第2期。
⑤ 熊明辉:《语用论辩术——一种批判性思维视角》,载《湖南科技大学学报》2006年第1期。
⑥ 蔡琳:《修辞论证的方法——以两份判决书为例》,载《政法论坛》2006年第5期。

导。中国古代判词虽然非理性、非逻辑化倾向比较严重,也没有对法言法语使用的严格要求,却用情感的、道德的修辞直接诉诸人们的心灵,达到说服的目的。(5)法律论证的逻辑基础。图尔敏为挑战几何学论证模式的普遍性而提出的论证法学模式,已成为普遍化的论证模式。新兴的非形式逻辑或论证逻辑不仅可尝试作为法律逻辑的一个新的基本框架,而且它和法律逻辑一起,对培养学生的批判性思维的最终目标完全契合。① 有人主张应以非单调逻辑作为逻辑基础,重新修订传统法律论证理论,探讨刑事法律三段论的逻辑基础问题。② 此外,学界对非形式逻辑的对象、特征、发展趋势等也做了一些探讨。(6)论辩技巧。法律论证主要是通过以三段论为代表的形式逻辑来完成的,但由于法官在对法律推理大前提的选择过程中会融入价值评价的因素,这需要法官通过对话等方法使论证结果获得更高的可接受性。对话或论辩是法律论证研究的一个比较实际的方面。国外一些论辩作品被引介进来。③ 法庭论辩具有很强的对抗性,是在法律和事实的基础上关涉应变能力、修辞技巧、心理素质、逻辑思辨的较量。④ 还有人发掘了我国古代的论辩思想及其运用。(7)法律论证的具体运用。在司法中,法律论证的具体实践运用可谓比比皆是。尤其是,在当今高科技对诸多传统观念造成冲击和影响,为法律论证提供了更大的用武之地,如安乐死、基因技术等对生命伦理的冲击,即需要从法律乃至道德上予以论证。⑤ 作为一种具体的法律论证方式,专家论证(意见书)也引起人们的关注与研究。关于听证制度,现行体制虽然强调公众参与、专家论证,但由于在体制结构上并没有落实公众参与的"实质性权利",所以导致了公众角色的虚幻和参与的乏力。一个公共决策过程必须考虑对各种知识的合理运用,这意味着,需要在公共决策

---

① 武宏志:《法律逻辑和论证逻辑的互动》,载《法商研究》2006年第5期。
② 熊明辉:《刑事法律论证的逻辑基础探析》,载《山东大学学报》2006年第3期。
③ 〔荷兰〕弗兰斯·凡·爱默伦、弗兰斯卡·斯·汉克曼斯:《论辩巧智——有理说得清的技术》,熊明辉、赵艺译,新世界出版社2006年版;〔英〕安迪·布恩:《法律论辩之道》,姜翼凤、于丽英译,法律出版社2006年版;〔美〕赫伯特·布曼:《中国庭审控辩技巧培训教程》,丁相顺、金云峰译,中国方正出版社2005年版;〔美〕史蒂文·鲁贝特:《现代诉辩策略与技巧》,王进喜译,中国人民公安大学出版社2005年版。
④ 张文录:《论法庭论辩的理论基础与素质》,载《河北法学》2006年第7期;万小丽:《律师 论辩 逻辑——律师逻辑论辩的四要素》,载《东北农业大学学报》2006年第1期。
⑤ 颜厥安:《生命伦理与规范论证》,载颜厥安:《鼠肝与虫臂的管制——法理学与生命伦理探究》,北京大学出版社2006年版。

过程中强化参与者之间的协商和讨论,寻求共识的不是专断的权力行使。①

(三) 价值衡量和利益衡量方法

由于我国没有自然法的观念,因而价值衡量和利益衡量的方法在我国有着特别重要的意义。这几年我国学者已开始重视这种方法的研究。像其他学科一样,对这一问题的研究也是从介绍西方学者的观点开始。德国的利益法学派所主张的作为补充法律漏洞方法的利益衡量和日本民法者所提出利益衡量论有着很大的不同,属于不同的知识,但在我国却被不加区分地使用着。② 有人对价值衡量被简化为利益衡量并在许多法学论著中取得了支配地位的倾向进行了批判,并指出价值衡量与利益衡量的严格界限。

利益衡量作为当前法院判决疑难案件的常用方法,存在被滥用的可能性。利益衡量的滥用可分为"因缺少对利益结构的整体衡量而导致的滥用"和"因超越利益衡量的边界而导致的滥用",为避免后一种情形,解决问题的基本理念是,利益衡量只能在法律的疆界内发挥其应有的作用,并且应在妥当的法律制度中进行利益衡量。③ 利益衡量方法在我国裁判中深受法官的青睐,有法官以为,和国外的理论与实践背景不同,利益衡量论对我国审判实践的借鉴价值在于,可以解决我国司法审判中由于法律规定过于原则、缺乏可操作性以及法律漏洞较多带来的困难等。④ 有法官阐明了利益衡量在裁判文书中的意义及必要性,提出如何更有效地表达其中所渗透着的利益衡量的方法和应注意的问题。

在各部门法学当中,也有利益衡量方法的不少研究成果。如有学者立足于知识产权法的基本原理,通过分析知识产权法对知识产权人利益和公共利益协调,透视其背后的利益平衡机理,研究知识产权法中知识产权人利益和公共利益的内涵,以及两者平衡的表现、机制、规范形式、实现方式等。⑤ 此外,综合相关方面的研究,在诸如行政诉讼原告资格认定、行政执法自由

---

① 王锡锌:《公共决策中的大众、专家与政府——中国价格决策听证制度为个案的研究视角》,载《中外法学》2006 年第 4 期。
② 张利春:《关于利益衡量的两种知识——兼行比较德国、日本的民法解释学》,载《法制与社会发展》2006 年第 5 期。
③ 梁上上:《利益衡量的界碑》,载《政法论坛》2006 年第 5 期。
④ 刘金波、李杰:《论审判中利益衡量的实践价值与理论重构》,载曹建明主编:《民商审判论坛》(第一卷),人民法院出版社 2006 年版;王晶雯:《司法裁判:在价值博弈中寻求协调与平衡》,载《山东审判》2006 年第 1 期。
⑤ 冯晓青:《知识产权法利益平衡论》,中国政法大学出版社 2006 年版。

裁量、竞业禁止、税法、民事举证责任分配、高校学生权利保护、生态安全及环境侵权救济等范围广泛的领域,利益衡量方法均有其用武之地。

(四) 法律拟制及类推方法

法律拟制与法律类推是法律方法研究的传统问题,也具有重要的理论与现实意义。美国法学家富勒的《法律的虚构》代表了他在法律思维和法律方法方面的重要贡献,虚构(fiction)是沟通概念与现实的桥梁,也是法律思维的必要维度。我国法学界在此方面还缺乏系统的研究,但经常有人关注这一问题,特别是在司法实务界,如《中华人民共和国刑法》第267条第2款规定了携带凶器抢夺转化为抢劫罪的条款。该条款的性质为法律拟制条款,只要行为人携带凶器抢夺,即可认定为抢劫罪,不必行为人向受害人显示或暗示携带凶器。有人以刑法规范为视角去审视法律拟制与法律类推,两者均具有法律漏洞的填补功能。法律拟制与法律类推均欠缺实质的正当性。

类推一直是刑法学上争议很大的问题。1997年《刑法》虽然在立法上废除了类推制度、将罪刑法定原则予以立法化,但并未遏制住在我国刑法司法解释实践中类推解释较为普遍地存在的现象。类推制度借类推解释还魂的现象,使罪刑法定原则在刑法司法解释领域的贯彻面临困境。① 现在大家都能认同相对的罪刑法定原则,而对绝对的罪刑法定持否定态度。有学者对刑法上"类推禁止"提出质疑。何处是"可允许的解释"之结束,何处是"应禁止的类推"之开始,这个具体界限的厘定,不仅构成了区分类推与解释的一个根本标识,而且构成了"禁止类推"之所以可能的技术性基础。如果没有切实可行的区分技术,所谓的"类推禁止"就只能是纸上谈兵。因而"类推禁止"的问题只能转化为:在承认类推无法绝然禁止的基础上,在类推的内部范围中,如何根据合理且实用的标准,划分出"可允许的类推"与"禁止的类推"之问题。② 有人尝试在诠释学前提下对类推作了全新理解,认为其关键在于寻求一种意义同一性,主张类推与解释没有本质区别,并引出了类型学的思考模式。最后对罪行法定的内涵进行了重新界定。

---

① 陈志军:《刑法司法解释应坚持反对类推解释原则》,载《中国人民公安大学学报》2006年第2期。
② 杜宇:《刑法上之"类推禁止"如何可能?——一个方法论上的悬疑》,载《中外法学》2006年第4期。

（五）作为方法的法律原则

从司法的角度看，法律原则的适用也是法律方法的问题。2006年，法学界开始对此问题进行了探讨。法律原则在当今的法律制度中已是颇为常见，有人认为，以法律规则为主导的体系是封闭的体系，以法律原则为主导的体系是开放的体系。从封闭体系向开放体系的倾斜，是法学在当代发生的一个重大转变。当然，在此过程中，封闭体系也有其功用。更多人关注法律原则在司法裁判中的运用问题，基于法律原则的裁判需依次解决以下三个问题：(1)在裁判之际，如何"识别"与个案相关的法律原则；(2)如何处理原则与规则的适用关系，或者说在何种情况下，允许裁判者依据法律原则得出判决；(3)如何解决原则之间的冲突问题，亦即能否借由"原则权衡"获取法律上的"唯一正解"。现有的裁判理论对这三个问题作了不同回应，但欠缺可靠的操作程序或指示。① 由于原则与强自由裁量的天然关联，基于原则的裁判具有非常强的任意性。目前限制原则裁判的两个主要条件即穷尽规则和个案裁量，均存在严重的理论困难，这就要求必须寻找全新的限制条件。这些新的条件主要包括：普遍性条件、比例原则以及不得违反法律体系性要求。② 有人认为，法律原则的司法适用大凡有四种情形：第一，原则与规则一致情形下，原则作为规则的基础和指引；第二，规则缺位的情形下，适用原则以作漏洞补充；第三，原则与规则相冲突的情形下，适用原则创制规则的例外；第四，原则之间相互冲突情形下的特别复杂的适用。由此进而探讨了法律原则之司法适用的逻辑结构。③

法律原则的适用仅在实体法、法律适用技术的范围内毕竟很受局限。因而有人认为，重构司法程序制度，使当事人、社会能够以恰当的方式参与到具体的裁判过程以制约法官的裁量权，或许是解决此难题的可能途径。④ 对法律原则的研究还体现在一些部门法原则的具体适用方面。如有人通过类型化的方法和价值补充的方法，对公序良俗原则进行具体化。⑤ 另外，人

---

① 陈林林：《基于法律原则的裁判》，载《法学研究》2006年第3期。
② 陈景辉：《原则、自由裁量与依法裁判》，载《法学研究》2006年第5期。
③ 林来梵、张卓明：《论法律原则的司法适用——从规范性法学方法论角度的一个分析》，载《中国法学》2006年第2期。
④ 刘克毅：《法律原则适用与程序制度保障——以民事法为中心的分析》，载《现代法学》2006年第1期。
⑤ 于飞：《公序良俗原则研究——以基本原则的具体化为中心》，北京大学出版社2006年版。

们还研究了如诚实信用原则、比例原则、正当程序原则、不正当竞争法一般条款、国际商事仲裁中一般法律原则等的具体适用。

四、部门法学对法律方法的研究

（一）宪法解释方法

在宪法学、行政法学领域，人们对法律方法的探索逐渐展开。相关方面的专著、文集不断推出。如在宪法解释学方面，徐振东在《宪法解释的哲学》（法律出版社2006年版）中对宪法解释学的法哲学内涵以及哲学解释学对宪法解释学的影响、后现代语境下法学方法论的转向以及对宪法解释的影响、建构宪法解释合法性规范的几种法律理论、宪法解释的主客观说、宪法解释方法论等问题做了研究。韩大元在他主编的《现代宪法解释基本理论》（中国民主法制出版社2006年版）中认为，在研究和思考中国宪法解释学体系时，我们首先需要分析中国宪法文化背景下解释学产生与发展的过程，需要分析宪法解释学作为一门独立的知识体系和研究方法，在中国形成的基础、形式与具体功能发挥的途径，所提出宪法解释学的体系包括：宪法解释理论、宪法解释制度与宪法解释程序。朱新力在《司法审查的基准——探索行政诉讼的裁判技术》（法律出版社2005年版）中对行政法的法源、行政法律解释、行政审判规范等方法论方面的问题做了研究。此外更具实践价值的是从实务运作的角度，对我国近年来的宪法学、行政法学领域有代表性的生动个案所进行的研究。

全国人大常委会的宪法解释权在实践中长期处于搁置状态。因此，我国宪法解释制度的合理构建引起学界的一些探讨。由司法机关行使宪法解释权要比立法机关更具有优势，同时也是世界宪政实践的趋势。有人认为，政治法律化的中心内涵是以宪法和法律规范政治生活、保障公民权利，宪法解释是实现政治法律化的主要途径之一。司法释宪受制于形式化的司法程序与规则，在弥合规范与现实之间的冲突、消除事实与价值之间的紧张、调和主观与客观之间的矛盾、兼顾民主与自由之间的统一方面起着重要作用。① 针对我国宪法解释程序中存在的一些问题,有人提出应尽快制定《宪法解释程序法》,并且扩大宪法解释案的提案主体,建立宪法专家参与制度,明确规定宪法解释案的表决原则以及书面表达形式。②

在宪法解释的方法论问题上,当下不少人强调宪法学研究需要以宪法文本为中心。宪法学是在法体系内的、规范导向的、直接或间接为宪法解释服务的研究,是法律系统的"自我观察"。而政治学以及其他学科对宪法的研究是法律系统之外的"异观察",其问题视角和基本任务与核心意义上的宪法学(宪法解释学)是不同的。这决定了宪法学应该以宪法文本为中心,坚持以"规范性"为基本特征的法学品格,非此无以建立宪法学的理论体系和方法体系。③ 有人主张,在我国,需加强形式主义的、法学的宪法学理论研究,克服不以实定宪法概念而以现实需要为出发点的社会学思维定式,成就宪法学的法学性格,增进宪法规范的权威。④ 另外,还有人研究了宪法比较解释、宪法解释的衡量模式;有人对美国宪法解释、宪法解释的客观性问题进行了研究。在宪法解释的具体运用上,有人研究了宪法文本中的"公共利益"、"人权条款"等。还有一些研究围绕《物权法(草案)》的合宪性展开了讨论,引起了很大的社会反响。

(二)民法解释方法

我国以往的民法学研究,往往过分侧重制度性研究。这一研究模式有其存在的必要性,同时也存在一定的缺陷。未来的制度性研究应当是采用了体系化思考方法的制度性研究,应当是面向其他学科的研究方法和研究成果开放的制度性研究,而非单纯采用法律的逻辑分析方法的制度性研究。⑤ 也有学者从民事裁判实践的角度,认为裁判方法的实践形态呈现为多种:不仅有先发现事实,后寻找法律,还有先寻找法律,后发现事实以及发现

---

① 郑贤君:《宪法解释是政治法律化的基本途径——兼议司法释宪的形式化特征》,载《法学杂志》2006年第1期。
② 唐杏湘:《试议我国宪法解释程序》,载《广东行政学院学报》2006年第1期;唐杏湘:《对我国宪法解释程序中几个问题的探讨》,载《重庆邮电学院学报》2006年第2期;唐杏湘:《论我国〈宪法解释程序法〉的建立》,载《湖北警官学院学报》2006年第1期。
③ 张翔:《宪法学为什么要以宪法文本为中心》,载《浙江学刊》2006年第3期。
④ 郑贤君:《如何对待宪法文本——法律实证主义与社会实证主义宪法学之争》,载《浙江学刊》2006年第3期。
⑤ 王轶:《对中国民法学学术路向的初步思考——过分侧重制度性研究的缺陷及其克服》,载《法制与社会发展》2006年第1期。

事实和寻找法律交错进行这三种形态。其中最为常用的方法,是先寻找法律,后发现事实,其次是寻找法律和发现事实交错进行,而先发现事实,后寻找法律的方法,反倒最为少见。① 一些学者对民法解释的理论做了探讨。② 更有实践价值的是,人们对民法解释实务中的一些具体概念,如消费者、著作权法中的"发行"、新型侵权行为"网络传播行为"、占有等的研究。

关于WTO法的效力及适用,2006年推出了一些专著,如房东:《WTO〈服务贸易总协定〉法律约束力研究》(北京大学出版社2006年版);王毅:《WTO国民待遇的法律规则及其在中国的适用》(中国社会科学出版社2005年版)。非WTO法在WTO争端解决程序中具有广泛的效力。非WTO法不仅可以使专家组中止管辖权,甚至在更多的情况下使专家组拒绝管辖,而且非WTO法能有效地证明某些违反WTO规则的做法具有正当性。此外,在WTO争端解决中,专家组和上诉机构对WTO规则所作的法律解释均只对个案具有法律约束力,而不具有普遍约束力。专家组和上诉机构的法律解释均不构成判例法意义上的先例,但是大多数情况下,专家组和上诉机构的法律解释,尤其是上诉机构的法律解释被后案作为先例遵循。

在WTO法的解释方面,张东平出版了《WTO司法解释论》(厦门大学出版社2005年版)。他认为应当重视和加强对WTO争端解决中的条约解释的研究,应当随时把握争端解决中对WTO规则解释的新动向,应特别注意关注和研究WTO争端解决中的条约解释是否超过了必要的限度。还有学者在综合学界有关对WTO中司法能动主义的指责的基础上,界定了WTO中司法能动主义的含义,分析了WTO中司法能动的正当性及其限度,并得出结论认为WTO中的司法能动主义不可取。最后作者提出了在WTO现行体制下防治司法能动主义的途径。③

WTO法与其他国际法规则的冲突不属于国际私法的研究对象,而是国际法中的新的必须面对和研究的问题。用国际法的条约解释规则可以解决某些冲突,但是更多的则是要通过国际立法和国际层面才能解决的法律问题。WTO法律规则要求成员方的司法审查应当区分行政行为的法律问题和事实问题,这对我国的行政诉讼制度提出了挑战。为适应加入WTO的要

---

① 段厚省:《民法请求权论》,人民法院出版社2006年版,第4章:请求权方法;段厚省:《论民事案件裁判方法——在事实和法律之间探寻》,载《法律适用》2006年第5期。
② 刘凯湘:《论民法解释之依据与解释方法之运用》,载《山东警察学院学报》2006年第2期;屈茂辉:《民法解释的民法性探析》,载《中国矿业大学学报》2006年第1期。
③ 程红星:《WTO司法哲学的能动主义之维》,北京大学出版社2006年版。

求,我国需要改革将法律问题和事实问题混为一谈的传统做法。

(三) 刑法方法

刑法方法论可谓是我国近年来随着刑法学研究不断深入而拓展出的一个新领域,它提升了刑法学研究的学术水平与知识层次。从关注刑法具体问题到关注刑法方法,可以说是我国刑法学研究不断成熟的标志之一。何谓刑法方法?学界尚存争议。狭义的刑法方法是指刑法适用方法,包括刑法解释方法、事实认定方法和刑法推理方法,广义上的刑法方法除刑法适用方法以外,还包括刑法学研究方法。在2006年,刑法学在法律方法方面取得了比较丰硕的研究成果。仅以"刑法(学)方法"为名的专著、文集即有梁根林主编:《刑法方法论》(北京大学出版社);陈兴良主编:《刑法方法论研究》(清华大学出版社);曾粤兴:《刑法学方法的一般理论》(人民出版社)。陈志军的《刑法司法解释研究》(中国人民公安大学出版社)则全面研究了刑法司法解释的各种问题。张明楷的《诈骗罪与金融诈骗罪研究》(清华大学出版社)运用了当今法律方法研究的新成果,对诈骗罪的基本问题与金融诈骗罪的疑难问题展开深入的研究。胡之芳的《刑事裁判根据研究》(中国法制出版社)一书研究了刑事裁判根据的涵义、构成、确认刑事裁判根据的一般理论问题及确认刑事裁判根据的方法和规则等。刑法方法论探讨的主要问题有:

1. *刑法方法论存在着本体论和工具论之分*

前者以超法规的刑法理论或制度为对象,构建的是作为哲学的刑法学;后者则以解释具体的刑法规范为目的,建构的是作为解释的刑法学。适应刑法学科自身特性并根据刑法正义性的要求,未来中国刑法学发展的趋势应当是实现从刑法本体方法论向刑法工具方法论的范式转型,未来刑法方法论的发达则是构建一套精密的刑法解释方法和技巧,走向解释的刑法学。[①] 作为刑法学本体部分的刑法解释学不应限于对刑法规则的语言分析和逻辑注释,它还应存在价值要素,是包含价值判断的刑法阐释,它不仅仅是刑法注释这个单一的层次,还是包含多个层次的知识体系。[②] 另有人以最高法院示范性案例中的全部"死刑"案例为样本进行法律解释学的实证研

---

① 刘艳红:《走向实质解释的刑法学》,载《中国法学》2006年第5期。
② 方泉:《略论刑法学研究中的"事"与"器"》,载《中外法学》2006年第2期。

究,发现了犯罪中是否构成死罪、死罪中是否适用死刑、死刑中是否立即执行的一些重要不同。进而主张,与其笼统地将确定性或不确定性的应然本质属性强行粘贴到法律解释身上,不如着手于一个个具体重大法律解释问题的实证研究。①

2. 刑法方法论与罪刑法定原则

刑法方法论的研究主要集中在刑法解释方法上,而刑法解释首先遇到的就是与罪刑法定原则的关系问题。按其本意,罪刑法定原则是反对解释的,尽管它对司法实践具有重要意义。这还不仅包括最高司法机关颁布的司法解释的作用,实际上刑法解释在法官审案中也发挥着重要作用。但在刑法解释过程中也存在许多缺陷和不足,特别是存在与罪刑法定原则相偏离的倾向。因此,合理界定二者的关系有利于立法的完善和司法的公正。②只有发展出一套娴熟的司法解释技术,才能为罪刑法定司法化提供手段保障。有学者认为在刑法解释中,应持以客观解释观为主的折衷解释观。因此解释者不能拘泥于历史上的立法原意(这种原意通常也难以寻觅),而应当根据法律文本的客观含义和个案的具体情况寻觅最适合于个案的解释。

3. 刑法表达技术与解释技术

刑法表达技术关系到刑事司法统一、刑法安定性、罪刑法定的实现及司法成本问题。刑法表达需协调好明确性与概括性、本土化术语与外来化术语、专业术语与大众术语、逻辑严谨与修辞艺术之间的关系。③ 与此相关,有人对刑法解释的常识化予以反思。条文解释的常识化和学理研究的经验化,是我国刑法学发展过程中出现的一个显著特点。但运用常识化方法解决法律适用问题,必须面对的问题是如何协调该方法中内在的矛盾关系,即常识与专业之间的关系、科学解释与效力解释之间的关系。在我国目前的刑法解释中,需要走出将生活常识等同于专业知识、以感性经验替代科学理论的误区。④ 学者们还研究了各种具体的刑法解释方法,如文义解释、当然解释、目的解释、体系解释、法益解释、伦理解释、扩张解释等。其中,文义解

---

① 白建军:《死刑适用实证研究》,载《中国社会科学》2006年第5期。
② 尹彦品等:《试论我国刑法的罪刑法定原则与司法解释》,载《黑龙江政法管理干部学院学报》2005年第6期;王巧全:《罪刑法定、法律解释与机械执法》,载《江苏警官学院学报》2006年第1期。
③ 王瑞君:《论刑法的表达技术》,载《山东大学学报》2006年第3期。
④ 王钧:《刑法解释的常识化》,载《法学研究》2006年第6期。

第三章 法治实践对法律方法的需求

释方法被广泛运用,如对《刑法》第 15 条第 2 款"法律有规定"、侵占罪中"代为保管的他人财物"、"徇私"、"应当知道"、婚内强奸、抢劫犯罪中的"户"、"入户"、"当场"等概念进行了研究。另有人对不同解释方法的运用规则进行了探讨。

4. 刑法解释权问题

刑法司法解释权配置体制的混乱现状,已经成为当今中国推进刑事法治建设健康发展所亟须解决的问题。有人通过对中国刑法司法解释权配置体制的演进过程的考察,发现中国刑法司法解释权的配置格局一直存在立法格局和实际格局两张皮。立法格局"束之高阁",实际格局"群雄逐鹿",这是我国刑法司法解释体制自始至终的痼疾。而且,省级司法机关制定的刑法司法解释性文件在我国客观地存在,由于定罪量刑数额(量)标准等的差异导致了刑法司法解释的省际冲突。① 我国目前的刑法司法解释存在立法化倾向,给刑事司法实践平添了许多难题,而学界针对此提出的加强法官解释的种种主张,又因条件的限制而难以付诸实践。面对此种悖论与困境,有人提出了一种别样的个案解释方案,即办案法官在处理刑事案件适用刑法遇到疑难而向解释机关提出解释请求时,由解释机关就该案所涉及的疑难刑法规定做出个别性解释。②

近年来,全国人大常委会比较多地对刑法进行立法解释。刑法立法解释权的产生和发展,导致这一权力同立法权和司法(解释)权产生了冲突,使得刑法解释权力体制产生了新变化。现实中,刑法立法解释权同司法权之间产生了混淆,进而因为这一权力的混淆,类推性立法解释的溯及既往造成了对被告人权利的侵犯。我国目前对《刑法》进行解释的机关很多,除有权解释主体外,一些无权解释刑法的机关、部门和个人也纷纷参加到刑法的解释中。如行政机关经常性地以联合解释者、独立制作者、潜在影响者的身份,在整个刑事司法解释过程中发挥重要作用,上述影响在特定的解释体制下具有不同的权力内涵和逻辑,但都对最高人民法院的司法解释权及其解释结论的公正性形成了冲击。可以说,作为权力活动的刑法解释,在其实际运作过程中,从一开始就体现着权力的影响。无论是在解释对象的选择还是解释形式的限定上,都充满着权力体制下的色彩感染,都或多或少地带有

---

① 陈志军:《刑法司法解释省际冲突研究》,载《人民检察》2005 年第 21 期。
② 夏勇:《改善我国刑法司法解释的新途径》,载《法学》2006 年第 9 期。

相应的权力特征。① 实践中,越权解释已经成为我国刑事法制建设中的明显障碍。因而加强学理解释研究、确立合理解释方法、完善审查监督机制是防治越权解释的重要措施。

五、法律史方面对法律方法的研究

近来法学界流行着两种对于中国传统的批评:其一,指责中国传统司法者不遵循法律和先例,仅仅就事论事,凭天理人情做成判决;其二,声称中国传统文化里几乎没有法学可言。二者都可能与事实不符。有学者对这种误解的根源予以剖析,并认为中国传统法制自成一系,与世界另几个重要法系并立,各有所长。如要加以检讨,应该先对它作一番整体的、深入的研究,切不可轻易地将中国目前的问题一概归咎于传统,更不该盲目地仿效他人。② 实际上,近年来,国内学界已经开始有意识地整理、发掘和反思传统法律文明,尤其是司法文明中的合理要素。如《清华法治论衡》第7、8辑(清华大学出版社2006年版)推出了"中华法文明的当代省思"专辑;俞荣根、龙大轩、吕志兴编著的《中国传统法学述论》(北京大学出版社2005年版);范忠信等编校的《中国文化与中国法系——陈顾远法律史论集》(中国政法大学出版社2006年版);徐忠明著的《案例、故事与明清时期的司法文化》(法律出版社2006年版)等。在《传统司法行为及其合理性》(中国传媒大学出版社2006年版)一书中,武建敏从真善美三个维度来理解和把握传统司法行为的合理性。还有人对宋代司法传统、海瑞断案等予以发掘研究。

(一)依法裁判与衡平司法

古代的司法是通过司法官在循法与悖法的矛盾冲突中实现其社会价值的,这不能不说是中国传统司法审判的一种特质。一方面,司法官按照法律的要求具引律令格式;另一方面,司法判决更不能与儒家礼教伦理价值目标

---

① 林维:《刑法立法解释权与立法权和司法权的纠葛》,载《现代法学》2006年第5期;林维:《刑法解释中的行政解释因素研究》,载《中国法学》2006年第5期;林维:《刑法解释程序和形式的权力解析》,载陈兴良主编:《刑事法评论》(第17卷),中国政法大学出版社2006年版,第106页。
② 张伟仁:《中国传统的司法和法学》,载《现代法学》2006年第5期。

和"法不外乎人情"的大众法律意识相悖。① 是否"依法判决"乃明清时期诉讼实践中的一个关键问题。就民事诉讼而言,情理无疑是判决的主要依据,但法律仍不可忽视;从刑事判决来看,法律构成了判决的基础,然情理的作用也不容忽略。② 有学者将"衡平"概念作为探索和研究中国传统司法文化内在逻辑与意义结构的重要工具。对于衡平司法的历史研究,不仅可以更好地了解传统司法的运作及其功能,而且又有着十分丰富的现实意义。③ 我国法官对纠纷解决有着一种独特的认知模式,即把纠纷解决、维护社会秩序和谐视为司法的第一要务,甚至为此违背法律、依伦理道德进行个案衡平。宋代的司法官力求在法律许可的范围内,使自己的判决更加合情合理,有时甚至以情曲法,把不合礼视为比不合法更严重的犯罪。有人认为,这种伦理衡平的传统背离了现代法治社会的发展方向。在我国当前的法治建设中,应当借鉴西方国家法律衡平司法的传统,实现从伦理衡平到法律衡平的跨越。④

(二)中国传统刑事司法的特征

有学者认为,中国传统法律中的"绝对法定刑"的特征不能作为理解中国传统与现代刑法根本区别之处。真正使现代刑事司法区别于中国传统刑事司法的不在于扩大解释还是严格解释,而在于是否需要论证某种先定的义务存在;真正表现出中国传统刑事司法的根本特征的,不在于是否做出了某种"类推",而是"例无治罪明文"是指案件出现的某个情节需要予以考量并在刑罚上加减,"援引比附"是看其他法律条文或成案中这个情节是如何影响最终"罪名"的,并进而论证此案中此情节对"罪名"的加减影响。⑤

(三)法律渊源方面的研究

有学者以司法裁判为切入点,探讨中国古代司法中国家制定法的适用

---

① 顾元:《循法与悖法的矛盾与妥协:酌于情法之平——关于中国传统司法审判特质的探析》,载张中秋主编:《2006法律史学科发展国际学术研讨会文集》,中国政法大学出版社2006年版。
② 徐忠明:《明清刑事诉讼"依法判决"之辨正》,载《法商研究》2005年第4期。
③ 顾元:《衡平司法与中国传统法律秩序——兼与英国衡平法相比较》,中国政法大学出版社2006年版。
④ 陈锋:《从伦理衡平到法律衡平——我国衡平司法传统的意义、困境与出路》,载《法学》2005年第8期。
⑤ 王瑞峰:《清代司法中的"引断"》,载陈兴良主编:《刑事法评论》(第17卷),中国政法大学出版社2006年版。

方式,描述其发展和转型的历史脉络,分析其特色和成因,具有一定现实意义。① 有人对中国古代判例进行了学术史的考察,认为我国判例研究与传统律学都带有强烈的经验色彩。中国古代未能在判例形成与适用的程序、判例适用的技术方法、判例效果的系统评价等领域,进行抽象、归纳、概括,上升到理论高度,并发展为系统的判例学说。判例在中国传统法中也发挥了一定的功能。② 有人考察了唐代买卖契约,认为它基本是依照法律令进行的程序和活动,是在法律指导下形成的秩序。在此方面,古代契约活动的依据,主要为国家法,而非所谓民间法。③

(四) 比较法律方法论

实践中,体现西方文化的司法往往无法成为有效的纠纷解决方式。在对当前的司法建构过程中,研究司法中的文化冲突对实现司法本土化有重要意义。中外历史上,形成了带有不同文化色彩的裁判方法和经验知识,因此,从比较法与文化对比的视角对法律方法予以研究,将更具实践价值。有人即对比了《庄子》中裁判方法与拉伦茨裁判方法的一些问题。④ 另外,还有学者研究了古代法律语言的问题。如《龙筋凤髓判》一书就是唐代编例最具代表性的范本,其法律语言的运用,达到了相当高超的水平,成为记述唐朝法律语言的范本,影响了宋元明清各代法律语言的使用。⑤ 何勤华修订版的《中国法学史·第三卷》(法律出版社 2006 年版)一书介绍了中国近代法学的成长、发展状况。民国时期的大理院的诉讼程序、裁判档案等,也得到了一些发掘研究。⑥

---

① 王志强:《制定法在中国古代司法判决中的适用》,载《法学研究》2006 年第 5 期。
② 汪世荣:《中国古代的判例研究:一个学术史的考察》,载《中国法学》2006 年第 1 期;汪世荣:《判例在中国传统法中的功能》,载《法学研究》2006 年第 1 期。
③ 霍存福:《再论中国古代契约与国家法的关系——以唐代田宅、奴婢买卖契约为中心》,载《法制与社会发展》2006 年第 6 期。
④ 周兴生:《关于〈庄子·天道〉中裁判方法与拉伦茨裁判方法本质诸问题》,载《比较法研究》2005 年第 6 期。
⑤ 郭成伟:《唐律与〈龙筋凤髓判〉体现的中国传统法律语言特色》,载《法学家》2006 年第 5 期。
⑥ 黄源盛:《近代刑事诉讼的生成与展开——大理院关于刑事诉讼程序判决笺释(1912—1914)》,载《清华法学》(第 8 辑"法典化研究"专辑),清华大学出版社 2006 年版;黄静嘉:《中国法制史论述丛稿》,清华大学出版社 2006 年版,第 13 章:民初大理院及平政院之裁判档案的整理与研究;胡家:《南北分裂时期之广州大理院(1919—1925)》,载《中外法学》2006 年第 3 期。

六、总结与展望

从 2006 年研究来看,中国法学界的法律方法论意识进一步觉醒。学界开始举办法律方法论为题的定期学术研讨会;不仅法学界,而且司法实务界,特别是法官的法律方法意识在逐渐提升,越来越多的法官意识到法律方法对裁判实践的重要意义。从学科的角度看,法律方法论研究的大致范围逐渐明朗,并且研究的理论深度也在不断加深。当然,既有的研究依然存在诸多不足之处。如理论之腿长,应用之腿短;更多的是从理论上引介国外法学家的著述,缺乏创新,更欠缺法律方法实际应用层面的研究。本来,实践性与应用性是法律方法论的特点,但我们的法学恰恰在这方面出现了欠缺。国外相关研究成果的引介在研究初期是必要的。也应看到,当下的法律方法研究依然受到诸多因素的制约,尤其是在制度与观念层面上存在一些障碍。法律方法的存在需要一定的制度环境为前提。西方现代司法制度是在近千年的漫长的历史时期内逐步发展演化形成的,制度和环境之间经过了长期的互动和磨合,二者已经完全融为一体。在发展中国家,建立现代司法制度的过程将是更为复杂和曲折。[①] 中国司法实践中反映出一些制度和体制设计本身的问题,这为法律方法的存在及其运作设置了不少障碍,这也同时反映出一种深层的社会文化、传统、习惯和观念方面的影响。

也许我们需要以一种现实主义的态度和经验实证方法研究解决中国问题、建立中国法学、为中国的法治进程提供合理可行的政策和方案。[②] 近年来,法学研究的本土化意识与主体性意识日愈明显,法学中国化成为人们探讨的一个重要话题。法学的中国化强调中国法学对西方法学的审视,注重对本国国史民情的客观评价,促使中国法学的内生发展,形成具有本国自身特点的研究方法和视角。法学中国化的提法本身,就是对经历了一百多年的法学建设的反思过程,并在此基础上寻求中国法学的真正品格。[③] 法学中

---

① 范愉:《从司法实践的视角看经济全球化与我国法制建设》,载朱景文主编:《中国法理学论坛》,中国人民大学出版社 2006 年版。
② 范愉:《新法律现实主义的勃兴与当代中国法学的反思》,载《中国法学》2006 年第 2 期。
③ 何勤华等:《关于法学中国化的追问与思考》,载《政法论丛》2006 年第 2 期;陈金钊:《法学中国的夙愿》,载《现代法学》2006 年第 6 期;陈金钊:《对"法学中国化"的理解》,载《山东社会科学》2006 年第 4 期。

国化不仅必要,而且可能。有学者以民国时期的"法学权威"为个案概念,通过知识社会学分析,对一直以来有关近现代中国法学的特征不过是"西学东渐"的主导观点做出了有效批驳。近现代"中西法学"包含"相互竞争"的批判关系,西方法学不纯粹是"进入"的、"领导"的。① 有人认为,西方经典研究方法不能证明任何文明(含逻辑)的合理性,也不能证明它是不合理的。因此,没有一种文明(含逻辑)在合理性方面是超越的,它们均不能简单地被拒绝或接受。这就是所谓的文明平等原则。②

从今后法律方法论的研究来看,也许我们需要注意以下几点:

首先,本着法学中国化之理念,深入发掘历史传统中的相关思想资源与经验积奠,并立足于当下法律制度及其运作实践,将中国法律方法的研究深深植根于深厚的历史与现实基础上。在借鉴国外法律方法研究既有成果的同时,充分意识到法律方法研究在中国语境中的特殊性。在此过程中,保持研究的连续性至为重要。从整体上看,目前我国法理学课题研究的连续性是比较欠缺的,一些重要的研究机构没有形成比较连贯的研究特色。③ 这种连续性表现在,一是研究者自身应当保持一定的连续性;二是研究机构也应当具有一定的连续性,而且还要形成研究的团队。这可能就是所谓流派化意识。

其次,法学家与法律家应当从彼此隔膜到相互配合。由于各方面的原因,长期以来,法学教授与法官"各唱各的调"。现有法官的作品是以贴近审判实践的方式,以法官熟悉的司法语言进行归纳和总结。而学者关于法律方法的研究中,尤其是在引介和研讨国外法律方法作品中,则运用的是学理化的学术语言,二者之间如何对接,是个需要以后进一步深入探讨的实际问题。最近有学者呼吁法学家与法律家之间要加强沟通,将学者们的理性思维变为法官的办案经验。④ 当然,值得注意的是,近年来这一局面也在改善。如 2005 年 9 月在西安举办的"裁判的方法"研讨会,即为学者和法官的交流

---

① 刘星:《民国时期的"法学权威"——一个知识社会学的微观分析》,载《比较法研究》2006年第 1 期;刘星:《民国时期法学的"全球意义"——以三种法理知识生产为中心》,载《法学》2006 年第 1 期;刘星:《近代法律概念理论的语境分析——以奥斯丁和丘汉平为比较视点》,载《法制与社会发展》2006 年第 1 期。

② 鞠实儿:《逻辑学的问题与未来》,载《中国社会科学》2006 年第 6 期。

③ 杨春福等:《法学资源的分配与流动——以十年来会议主题与课题项目为样本的考察》,载《法制与社会发展》2006 年第 6 期。

④ 吕忠梅:《法律的实践理性与法官培训模式》,载《法官职业化建设指导与研究》(2005 年第 2 辑,总第 6 辑),人民法院出版社 2006 年版。

互动搭建了平台,增进了法官与学者相互学习、资源共享和知识互补。

　　最后,在法学教育环节上,注重与法律方法的结合。法律方法论研究与法学教育、司法考试等也有很密切的联系。法律方法是怎样训练出来的?这并不仅仅通过法学教育即可完成,但是目前以讲授为主的法学教学方式依然应予改革,增加训练法律方法的教学方式,如英美的案例分析课或诊所式教学。

第四章

法律方法论学科意识的觉醒
——2007年度中国法律方法论研究报告

第四章 法律方法论学科意识的觉醒

要点提示 法律方法论已经成为法学研究的热点问题。2007年法学界对法律方法论进行了更深入的研究,法律方法论的学科意识明显增强。无论是法理学、部门法学还是法律史学领域对此都做了一定的研究。尤其是,跨法律部门的法律方法研究也构成2007年一大特色。总体上看,我国法律方法论研究从研究的范围、层次和深度均有所推进。但我国法律方法论研究尚存在若干局限性,其发展依然面临一些重要的理论与实践难题,总结并克服这些不足与难题有助于推进这方面的研究。

对法律方法论的研究来说,2007年是重要的一年。许多大学的法学院已经开设或准备开设法律方法论课程。这说明关于法律方法论的学科意识有所增强。虽然目前法律方法论还算不上法学的三级学科,但从各方面所涌现出来的热情来看,关于法律方法论已经成为法学研究的热点问题。无论是法理学、部门法学还是法律史学对此都表现出浓厚的兴趣。民法学方法、刑法学方法、环境法学方法、司法方法等称谓已被较为广泛地接受。许多出版社正在组织法律方法论教材的编写。学者们认识到,法治建设离不开法律方法;法学教育更是与法律方法的训练息息相关。但我们的研究发现,关于法律方法论的研究并不能给予过高的评价。尽管法律方法论的研究取得了丰硕的成果,但基本上现在还停留在介绍性研究阶段;对基本问题的研究,还不够深入,对进入司法方法论的路径还没有找到。我们意识到的主要问题有:(1)法律方法论体系尚不完善,甚至可以说对此问题还没展开真正的研究。可以说,关于法律方法已经理论化了,但远没有系统化,研究者大都是在凭着纯朴的感觉在进行各自所认同的"法律方法"研究。(2)由于多数学者的研究立场不明确,使得关于法律方法论的研究缺乏对立与争鸣。比如,在司法克制主义与能动主义之间,人们不停在转换立场。法律方法论的研究者要么有太雄厚的政治哲学的基础而缺乏法学基础,要么是有太多法律基础而不了解政治哲学。(3)对司法实践的经验性理论没有进行反思,而只是一味进行知识增长性研究。这就使得关于法律方法论的研究成果与服务司法实践的趋向之间产生很大的距离。这其中最明显的是,法学教授与法官之间所讲的法律思维的裂痕有增大的趋势。(4)介绍性的研究开阔了我们的眼界,但匮乏的问题意识使得我们作品总是在独白,好像世界仅仅是理论家的世界。研究法律方法不纯粹是理论的昌盛,更主要的是它对实践回应能力的发挥。(5)本来法律方法论是在规则与无规则之间寻求规则实现的技艺,反映的是规则治理下的具体智慧与技艺,然而,我们都在寻求那种超越具体的一般性原理、原则与规则。这就使得法律方法论更像一种立法理论,而不再是司法实践的科学。所以我们认为,我们应该进行研究立场的转换,坚持司法者的立场,把法律方法当成司法方法来进行研究。① 也许这些问题是一个学科发展中的必经阶段。现阶段我们要做的工作还是以已经觉醒的方法论意识为契机,在理论完善及其回应实践的能力方面下工夫。

一、研究资讯

在译作方面,欧美法学家涉及法律方法(法学研究方法)的一批经典作品相继出版。② 在专著方面,国内学者推出了不少法律方法研究专著,如"法学方法论丛书"(舒国滢主编:《法学方法论问题研究》、纪诚:《最高人民法院司法解释:一个初步的考察》,中国政法大学出版社 2007 年版)、"法律人丛书"(陈金钊主编:《法律方法论》,中国政法大学出版社 2007 年版)、"形而下法理丛书"(陈林林:《裁判的进路与方法——司法论证理论导论》,中国政法大学出版社 2007 年版)、"台湾法学研究精要丛书"(吴庚:《政治理论与法学方法》,中国人民大学出版社 2007 年版)、"法理文库"(刘治斌:《法律方法论》、杨建军:《法律事实的解释》,山东人民出版社 2007 年版)。值得注意的是,一些法律方法专著修订后重新出版,如"法学家书坊"推出黄茂荣的《法学方法与现代民法》(法律出版社 2007 年第 5 版)、董皞的《司法解释论》(中国政法大学出版社 2007 年修订版)。另外,跟法律方法密切相关的法律职业方面的研究,也推出几本著作。③ 另外,法律史以及部门法学

---

① 尽管我们始终认为司法方法实质上就是法律方法,或者说必须是法律方法。详细论述,见陈金钊:《对法律解释的诠释》,载《法学家茶座》第 17 卷,山东人民出版社 2007 年版。
② 比如〔美〕杰罗姆·弗兰克:《初审法院》,赵承寿译,中国政法大学出版社 2007 年版;〔奥〕尤根·埃利希:《法律社会学基本原理》,叶名怡等译,九州出版社 2007 年版;〔美〕安德雷·马默主编:《法律与解释》,张卓明等译,法律出版社 2006 年版;〔美〕霍姆斯:《法律的生命在于经验》,明辉译,清华大学出版社 2007 年版;〔美〕鲁格罗·亚狄瑟:《法律的逻辑——由法官写给法律人的逻辑导引》,唐欣伟译,法律出版社 2007 年版等。
③ 陈绪刚:《法律职业与法治》,清华大学出版社 2007 年版;李学尧:《法律职业主义》,中国政法大学出版社 2007 年版;陈长文、罗智强:《法律人,你为什么不争气?——法律伦理与理想的重建》,法律出版社 2007 年版;刘思达:《失落的城邦:当代中国法律职业变迁》,北京大学出版社 2008 年版。

第四章 法律方法论学科意识的觉醒

方面,2007年也出版了不少法律方法方面的研究力作。

法律方法论方面的以书代刊继续出版:2007年《法律方法》出版了第6卷、《法哲学与法社会学论丛》出了第10、11辑、《法律方法与法律思维》出了第4辑。某些法史学和部门法方面的集刊也登载了不少法律方法研究成果,如李贵连主编的《近代法研究》(第1辑,北京大学出版社2007年版)、张民安主编的《民商法学家》(第3卷,中山大学出版社2007年版)。还有大陆与台湾法学家共同创办的一份新杂志,即《中国法律评论》(第1卷,法律出版社2007年版),企图共同营造属于具有跨越台湾海峡之完整性的法学学术。其中,《法律方法》在2007年入选为CSSCI来源集刊,显现出图书情报部门对法律方法研究的关注。

另外应该关注的是,实务部门的法律家立足于司法实践,推出了一些研究成果。这方面的丛书包括"民事审判疑难案例与法理研究丛书"、"中国应用法学文丛"、"案例分析与判案技巧丛书"、"法院改革与发展"系列丛书、"成都法院当代法官系列文丛"、"近代司法判决丛编"等。孔祥俊法官推出了三卷本《法律方法论》(人民法院出版社2006年版)。

随着近年来法律方法研究的深入开展也波及教学方面。这方面的学位论文日渐增多,质量不断提高。① 同时,也推出了本科层次的法律方法教材,如"全国高等法律职业教育系列教材"(胡玉鸿主编的《法律原理与技术》,中国政法大学出版社2007年版)。当然,随着我国法律方法研究的不断成熟,这方面的教材也会更加完善。

学术会议方面有:2007年8月26—28日,山东大学威海分校法学院、法哲学与法律方法研究基地主办的"司法方法与和谐社会建设"学术研讨会在威海召开。2007年12月22—23日,由华南理工大学法学院主办的主题为"多重视角下的转型社会与法律方法"第二届全国"法学方法论论坛"在广州召开。2007年山东省法律方法论研究基地举办的"玛珈山法律方法论坛"进行到了第25期。

---

① 如熊明辉:《诉讼论证的逻辑分析》,中山大学2007年博士论文;王夏昊:《法律规则与法律原则的抵触之解决》,中国政法大学2007年博士论文。

二、法律方法应用的立场及其基础

毋庸置疑的是,法律方法论的研究最能彰显法学的实用品格,因而学者把研究的焦点对准司法,探寻法官的思维和技艺。2007年,学者们开始关注司法者的立场或者说司法意识形态问题。这对我国法治事业的健康发展是相当有益的。

(一)法官的意识形态:司法能动还是司法克制

转型时期我国的司法意识形态问题较为复杂,不少学者对此做了探讨。① 特别值得关注的是司法能动与司法克制(即创造与服从)问题。这是国外法律界争论的一个热点问题。司法能动主义是一种开放性司法哲学,一般主张要打破成规、法外能动和制衡。相反,司法克制主义则是一种相对保守的、稳健的立场。美国法院,尤其是联邦最高法院在宪法诉讼过程中采取司法能动主义或司法节制的立场实现了权力的动态制衡,使宪法诉讼成为权力制衡的一种有效和有力的手段。② 司法能动主义之所以盛行于美国,有其特定政治法律文化背景。长期的严格法治的熏陶出现了法治机械方法论,从而出现了许多法治的弊端。在历史的某一时期,这种弊端可能不利于社会的稳定与和谐,因而需要辅之以能动主义的司法以缓解法治的严格。我国情形则大为不同,司法能动主义须慎行。因为我国没有严格法治的思维,相反破坏法治不遵守法律的现象大量存在,因而我们现阶段应保持对司法能动主义的适度警惕。但也有人由此认为,我们应该发展合乎国情的中式司法衡平艺术,倡导能动司法。③ 但在我国司法实践与理论观念中,存在一些对司法能动与克制的误解。司法能动主义的做法在我国裁判实务中比较常见。如由最高人民法院发布大量抽象性司法解释的方式来指引法官在个案审理中的法律适用,这种司法能动性的行使方式在理论界和实务界引

---

① 方乐:《超越"东西方"法律文化的司法——法制现代性中的中国司法》,载《政法论坛》2007年第3期;方乐:《转型中国的司法策略》,载《法制与社会发展》2007年第2期;蒋剑鸣:《转型社会的司法方法调整——关于司法和合主义的展开:柔性、本位、平行》,载《社会科学》2007年第4期;龙宗智:《转型时期的法治与司法政策》,载《法商研究》2007年第2期。
② 秦前红:《美国宪法诉讼制度的权力制衡功能》,载《河北法学》2007年第8期。
③ 侯淑雯:《司法衡平艺术与司法能动主义》,载《法学研究》2007年第1期。

发了一定的争议。① 但是,法治的要义在于,要求人们对法律规范的固有意义保持克制,要求尊重法律的权威。法治恰恰是因为有了适度严格才显示其魅力,如果到处能见到灵活那就不可能有法治。能动主义是一种克服司法机械的思路。能动主义只能在克服法律过于死板,或协调法律与社会正义的严重冲突时才显现其功用。因此,我们要认真地对待规则,不要在解释中对明确的规则添加额外的含义,要充分发挥规则在和谐社会建设中的调整功能。② 为使司法克制主义的意识形态能贯彻下去,陈金钊在 2006 年提出了法治反对解释的观点,并在 2007 年进行了更多的论证。这一观点也招致了一些批评。范进学在 2007 年的"司法方法与和谐社会建设"会议上明确提出法治反对解释是个假命题,法治反对的是过度解释。

(二)法律思维研究的形式性与主体性

传统上对法律思维的研究,一般比较重视法律思维的形式性,将其理解为根据法律的思考。掌握形式性法律思维构成了法律职业的独特性,有人认为,这种说法是不成立的。恰恰相反,实际上是法律职业使那些以适用法律为业的法律家,具有不同于普通人的思考问题的方式,是职业决定了法律思维的独特性而不是相反。③ 有人认为,法律思维作为一种职业性思维,具有以法律语言为思维语言、以"崇尚法律"为思维定式、以"恪守公正"为价值取向、以理性主义为指导的经验思维、群体性思维等特有属性。④ 法律思维与法学教育具有密切的联系。有人认为,法律思维的培养可通过围绕案例讲述原理的过程来贯穿,借助案例分析课、模拟法庭训练、法律诊所式课程等诸多方式来实现,也只有这种"源头性"的能力培养,才能真正促进法律教育实效性的实现与进化。我国法律教育中,存在应该纠正的一些问题,如习惯解构法律而不是建构法律,习惯批判而不是理解和服从现行法律等。⑤

---

① 张榕:《司法能动性何以实现?——以最高人民法院司法解释为分析基础》,载《法律科学》2007 年第 5 期。
② 陈金钊:《反对解释的场景及主体》,载《北方法学》2007 年第 1 期;陈金钊:《和谐社会建设:法制及司法理念》,载《法学论坛》2007 年第 3 期;陈金钊:《警惕司法能动主义》,载《判解研究》(2007 年第 1 辑·总第 33 辑),人民法院出版社 2007 年版;王国龙:《论和谐社会建构中司法的克制主义立场》,载《法学论坛》2007 年第 3 期。
③ 刘治斌:《法律思维:一种职业主义的视角》,载《法律科学》2007 年第 5 期。
④ 石旭斋:《法律思维是法律人应有的基本品格》,载《政法论坛》2007 年第 4 期。
⑤ 钭晓东:《法律教育的实效性研究——论学生法律思维的积淀与养成》,载《社会科学战线》2007 年第 2 期;王丽:《法律人的思维方式与法律教育》,载《法学杂志》2007 年第 2 期。

2007年对法律思维的研究也出现了一些新的气象,如不少人开始从思维形式的转向对思维主体的研究。出现了一些诸如律师的思维、法官的思维这样问题的研究。① 这种研究是法律解释学的重要内容,但在我们过去的研究中并不多见。从研究内容上看,这种研究似乎偏重对经验的描述,突出了主体的感受与体验,虽然缺乏系统性但却是对司法过程的真诚总结。对这种经验的再思考是法律方法论研究的重要内容。

(三) 法律渊源研究的回位

法律渊源本来是司法的问题,但在中国却是一个被误解的概念。其误解的原因主要是我们研究立场的错位——即主要是把这个方法论应用的基本理论与实践问题当成是法律的形式,而没有注意到这种形式是为司法服务的研究志趣。这是西方法学被误传的典型,即原本的司法理论被当成了法理学一般理论问题。这种情况在2007年的研究中并没有彻底的改变,变化的只是部分学者的立场。②

1. 习惯与习惯法的研究

习惯与习惯法严格说来有很大区别,习惯是那些人们心知肚明一直在实施的规则,这种规则至今在商业领域、城市社区和农村存在,只是其范围和作用的程度与古代社会有了很大不同。许多习惯今天已经成了法律的组成部分。但我们也应看到,即便是在成文法高度发达的今天,习俗仍是支撑法律有效运作的重要因素。在2007年,习惯法或民间法这种法律渊源受到很多关注。③ 有人认为,我国的民事立法应该借鉴国外重视对民事习惯的宝贵经验,确立民事习惯在民法中的补充渊源地位,广泛开展调查,化解制定法与习惯的冲突,软化立法以增强法律的社会适应性。④ 民间规则或习惯法

---

① 马军:《法官的思维与技能》,法律出版社2007年版;于世平:《走过法官的岁月》,中国法制出版社2007年版;李荣:《刑法使用中的法官解释》,知识产权出版社2007年版。
② 任莹瑛、李秀群:《法律渊源的方法论意义》,载陈金钊、谢晖主编:《法律方法》(6),山东人民出版社2007年版,第75—96页。
③ 这方面的专著如李德英:《国家法令与民间习惯——成都平原租佃制度新探》,中国社会科学出版社2006年版;苏亦工:《中法西用——中国传统法律及习惯在香港》,社会科学文献出版社2007年版。
④ 颜运秋等:《认真对待民事习惯》,载《甘肃政法学院学报》2007年第1期。

在司法过程中的实现问题成为不少作品研究的主题。① 从时间上,清末民初和后来陕甘宁边区的习惯调查也成为人们研究的一个重要问题。② 习惯法是指那些经国家或者司法途径认可的规则。实际上这已经是法律的组成部分。从空间上,我国西部地区的生态习惯法是其存在的主要区域,因而对这些地区习惯法的关心自然成了重点。出于生存关照,生态在西部民族地区表现为一种"生活的样态",民众将生命、精神与自然生态相统一,并与民族宗教精神高度契合,使得生态习惯法具有普适性与效力保障,这构成了生态习惯法对西部社会法治做出贡献的理由。③ 也有人研究了西部藏族地区的一些习惯法规。④ 此外,我国社会生活中一些具体类型的习惯,也引起人们的关注和研究。

2. 对判例(法)的研究

法律方法是需要经验的渗透才能够被真正地理解,因而对判例的研究是法律方法论的重要组成部分。我们知道,民法法系的判例与普通法法系的判例还有巨大差异。由于我国与英美法系国家在法律哲学基础以及判例适用技术等方面的差异,判例法仍然不能成为我国的正式法律渊源。⑤ 不过有人认为,在人类司法实践的微观领域中,无论判例是否法律渊源,司法判例机制的本体意义是同一的。所谓司法判例机制,是指司法中关于判例生发、传导、作用等一系列要素的组合及其运行过程中的性质和相互关系。⑥ 也有人认为,判例法能弥补成文法之缺陷这一功用为我国引进判例法在理论上提供了可能性;司法解释自身的不足为我国引进判例法提供了现实上的可能性。但就我国现实来讲,阻碍它实行的因素也很多,与之配套的改革和社会心理的调整是必需的。因此判例法虽能实行,但不能"急行",只能

---

① 王洪平等:《民事习惯的动态法典化——民事习惯之司法导入机制研究》,载《法制与社会发展》2007年第1期;姜福东:《法官如何对待民间规范》,载《甘肃政法学院学报》2007年第4期;李秀群:《民间规则作为司法裁判的渊源》,载《山东大学学报》2007年第1期。
② 张生:《清末民事习惯调查与〈大清民律草案〉的编纂》,载《法学研究》2007年第1期;张松:《民初商事裁判中习惯的导入机制初探》,载《政法论坛》2007年第6期;汪世荣:《陕甘宁边区高等法院对民事习惯的调查、甄别与适用》,载《法学研究》2007年第3期。
③ 王佐龙:《生态习惯法对西部社会法治的可能贡献》,载《甘肃政法学院学报》2007年第2期。
④ 苏永生:《渗透与整合——以藏族"赔命价"习惯法为视角》,载《法学研究》2007年第6期;索南才让:《试谈藏族成文习惯法规的历史渊源与藏传佛教戒律之间的内在关系》,载《宗教学研究》2007年第2期。
⑤ 王志国等:《英美判例法与我国判例适用之比较》,载《阴山学刊》2007年第4期。
⑥ 邓修明:《司法判例机制的理性思考》,载《法律适用》2007年第11期。

"缓行",即只能以审慎的态度稳健地、循序渐进地、在不断地调试中推行。① 还有人主张,由最高人民法院公布的"典型案件"对下级人民法院审理类似案件有参考、指导等事实上的效力。为了适应"典型案件"指导制度的实施,应当适当扩大"典型案件"的核准权限,废除案件请示制度和合并"典型案件"形成方式。②

3. 情理的法源地位

这也许是一个世界范围内的问题,只是在各个国家其实现的程度有所不同而已。在中国因为有太多的人情因素以至于法治受到不应有的伤害。但情感并非只能是任性的和不公正的,并非不能作为法律价值的终极来源。在法律推理中,情理可以弥补现代法律的价值亏空。③ "情判"是中国传统诉讼中极具特色的一项重要制度,其实质在于维护"礼",它在传统司法中是一种常态,司法官依情而判往往能受到普遍的赞誉。④ 我们认为情感因素恰恰是现代法治要遏制的因素。但这只是从整体上来看,个案中的情感因素需要具体的论证来解决。

三、研究法律方法的方法

(一) 形式主义与反形式主义

法学方法论研究中的形式主义一直是重要的研究方法。但过度的形式主义研究可能使法律偏离其目的。在2007年的研究中,有人研究了法律方法中的形式主义与反形式主义,认为法律形式主义已经成了法律理论中一个确定无疑的贬义词,形式主义实际上是法律方法中的元方法。过度的反法律形式主义会使自身陷入非法律形式主义的悖论,并使法学面临丧失自身自治性的危机。⑤ 形式主义法律方法研究中,萨维尼具有很重要的地位。有人研究了萨维尼的体系化方法。⑥ 反形式主义方法体现在批判法学中。

---

① 李拥军:《判例法在中国的"可行"与"缓行"》,载《政治与法律》2006年第6期。
② 章剑生:《作为行政法上非正式法源的"典型案件"》,载《浙江大学学报》2007年第3期。
③ 郭忠:《法理和情理》,载《法律科学》2007年第2期。
④ 刘军平:《中国传统诉讼中的"情判"现象及其分析》,载《求索》2007年第7期。
⑤ 柯岚:《法律方法中的形式主义与反形式主义》,载《法律科学》2007年第2期。
⑥ 杨代雄:《萨维尼法学方法论中的体系化方法》,载《法制与社会发展》2006年第6期。

第四章　法律方法论学科意识的觉醒

2007年出版了批判法学家昂格尔的《法律分析应当为何?》(李诚予译,中国政法大学出版社2007年版)。在昂格尔看来,当代主流的法律方法无法实现通过司法裁判推进社会变革的目标,进而他提出了一种批判性的法律方法。据此,法律方法不仅应当体现为情境导向的类比推理,而且还要包含超出司法裁判之外的当做制度想象工具的"法律方法"。但是有人认为,我们却不能因此而完全否定法律规则的客观性。昂格尔虽然较为成功地完成了对自由主义法律传统的批判,但是却没有真正地超越它。① 在中国,对形式主义法学的研究还是不够深入,还有必要进一步研究。反形式主义得要等待形式主义法学大体上有了真正地影响。我国的许多大腕学者批评形式主义法学实际上是无的放矢。我国在很大程度上没有形式主义法学的代表性人物。我们现在的研究只能批评西方的学者,因而显得缺乏问题意识。

(二) 形式逻辑与非形式逻辑

近三十年的西方法学正在进行着研究的转向。逻辑推演的作用一直受到置疑,法律推理的非形式逻辑倾向越来越强烈。主张一般与个别相结合的理论,打破了个别必须屈从于一般的思维模式;实质推理、新修辞学、论题学的研究方法也逐渐流传到我国。近年来的法律方法论研究报告曾指出,随着非形式逻辑的兴起,法律推理与法律论证的研究出现了一些新的发展趋向。但传统的逻辑,尤其是形式逻辑对法律方法的意义依然不容忽略。形式逻辑依然是衡量法律方法的一个必要标准。2007年出现了不少这方面的研究成果。从法律方法论的角度看,逻辑规则在解释法律、论证法律的时候有固定法律意义的功能。所以,法律学人必须认真地对待逻辑尤其是形式逻辑。这对法律思维方式的形成、法治建设、法学教育等有着重要的意义。② 在我国裁判实务中,逻辑标准与政策标准一直存在。有人对此做了考察。③

2007年学界对司法三段论或演绎推论问题做了比较多的研究。有人

---

① 对昂格尔理论的介绍和批判,参见孙笑侠等:《一种政治化的法律方法》,载《环球法律评论》2007年第4期;张翠梅:《法律分析应该成为什么样子》,载《法律科学》2007年第4期。
② 陈金钊:《逻辑固法:对法律逻辑作用的感悟》,载《重庆工学院学报》2007年第7期。
③ 孔祥俊:《论裁判的逻辑标准与政策标准——以知识产权法律适用问题为例》,载《法律适用》2007年第9期。逻辑标准是按照法律的明文规定,常规的法律解释或者公认的法理,按照前后相继的严格法律推理过程,决定特定案件的裁判结果。而政策标准乃是基于特殊的政策考量或为实现特殊的政策目标,变通法律适用的常规逻辑步骤,寻求特殊的法律适用效果。

指出对它的指责,很大程度上是因为人们对它负载了一些和它并无必然联系的东西。① 司法三段论的演绎推理尽管存在一定的局限性,但在法律推理中具有其独特的作用,是重要的法律推理方式。② 在法律论证中,形式方法仍然具有无可替代的作用。法律论证的逻辑有效性对于实际的论证活动依然是个比较重要的评价标准。足见三段论推理在法律论证理论中具有重要意义。在事实与规范相互对应的法律适用观念下,三段论推理继续在法律论证,尤其是在内部证立当中发挥作用。③ 除了演绎推理,还有人对归纳推理做了研究。④

随着国际上逻辑学界的逻辑观的变化,非形式逻辑成为目前最具活力、适用范围非常广泛的一个领域。仅仅依靠传统逻辑(形式逻辑或演绎逻辑),已不能为法律论证的合理性提供逻辑辩护了。需要在非单调逻辑基础上引入非形式逻辑的"相干性—充足性—可接受性"标准,从非形式逻辑角度为法律论证的合理性提供逻辑辩护,从而也为法律理性的逻辑合理性提供了辩护。⑤ 当然,非形式逻辑也会面临一定的理论困境。⑥ 尽管如此,非形式逻辑的理论与方法对当今法律方法论依然具有很重要的意义,主导着法律方法论的发展走向。法律论证主要是一种非形式的法律方法。法律理性很大程度上是通过法律论证来实现。有人主张中国的法律逻辑应定位为法律论证的逻辑。⑦ 法律论证这一法律方法,在 2007 年国内学界研究取得很大进展。陈林林的《裁判的进路与方法——司法论证理论导论》提出了司法论证的一般构造,并将实践和理论上的裁判进路和方法,类型化为合法化论证、合理化论证和正当化论证三种基本模式。通过对裁判进路和方法的

---

① 张其山:《司法三段论之重构》、张玉萍:《司法三段论的历史》,载陈金钊、谢晖主编:《法律方法》(6),山东人民出版社 2007 年版,第 484—502、503—527 页。张青波:《告别司法三段论?》,载 http://www.law-thinker.com/show.asp? id = 3497(最后访问日期:2011-5-6)。
② 陈林林:《司法裁判中的演绎推理》,载《浙江大学学报》2007 年第 1 期;孙晔:《司法三段论刍议》,载《山东审判》2007 年第 3 期;杨建军:《三段论法律推理的合理性与不足》,载《宁夏社会科学》2007 年第 2 期。
③ 焦宝乾:《三段论推理在法律论证中的作用探讨》,载《法制与社会发展》2007 年第 1 期。
④ 李安:《归纳法在判例主义法律推理中的有效性与论证》,载《法律科学》2007 年第 2 期。
⑤ 熊明辉:《法律理性的逻辑辩护》,载《学术月刊》2007 年第 5 期;罗仕国:《逻辑观的嬗变与非形式逻辑的出现》,载《学术论坛》2007 年第 6 期。
⑥ 熊明辉:《论证评价的非形式逻辑模型及其理论困境》,载《学术研究》2007 年第 3 期。甚至"非形式逻辑"的含义和指称,不同学者也有不同的诠释。参见武宏志:《"非形式逻辑"诠释》,载《延安大学学报》2007 年第 1 期。
⑦ 李永成:《法律论证的逻辑——试论法律逻辑的定位》,载《重庆工学院学报》2007 年第 3 期。

描述性分析,来设定一些规范层面的要求和准则。

有人研究了法律论证的结构与型式。法律论证的宏观结构分析以及证据推理、法律解释和适用的推理所使用的论证型式,构成法律逻辑的两个基本问题。图解方法有助于诉讼双方理清各自的论证路线,也有助于裁决者整体把握诉讼双方的论证结构并进而评价其论证力量,更有助于裁决者在裁决书中向当事人和公众有力地证明判决的正当合理性。[①] 在法律论证领域中也同样存在认识论困境所带来的疑惑,因而需要借鉴哲学认识论最新成果来修正法律论证的基本进路。[②] 还有人对法律论证的评价标准,如融贯性、充分性、有效性等做了研究。[③] 有人结合《民法通则》第126条,对高楼坠物案主流的法律论证方法予以批判。[④] 有人认为阿列克西的法律论证理论存在前提缺乏经验基础等缺陷,并认为法官应当求助于社会科学的论证,而不是道德哲学的论证。[⑤] 可见,异域的法律论证在国内复杂的理论境遇,当然这种批判也不乏对阿列克西理论的误解。

(三)"法学方法"还是"法律方法"

中国法学界对在汉语中到底是使用"法学方法"还是"法律方法"存在着争议。有人认为,之所以会产生这种争议是因为人们对德国法学中"法学方法论"一词中的"法学"的蕴涵不太清楚。德语的"法学方法论"中的"法学"有特定的内涵和意义,而不是中国法学界所普遍理解的法学。[⑥] 尽管如此,在国内究竟使用"法学方法"还是"法律方法"?还是值得斟酌的。我们在使用相关用语时,固然要顾及德语上的内涵。但要看到,汉语"法学方法论"一词始终无法划清其与"法学研究的方法"这种含义,而极易造成理解上的偏差。日本学者、英美学者和大陆法国家的学者关于法学方法的作品,所讲的法学方法基本上都是指法律方法,不是法学研究的方法,而是法律解

[①] 武宏志:《法律逻辑的两个基本问题:论证结构和论证型式》,载《重庆工学院学报》2007年第7期。
[②] 王晓:《走出困境:法律论证的认识论思考》,载《法商研究》2007年第6期。
[③] 魏胜强:《融贯性论证与司法裁判的和谐》,载《法学论坛》2007年第3期;侯学勇、赵玉增:《法律论证中的融贯论》,载《法学论坛》2007年第3期;赵ী等:《司法论证充分性辨析》,载《现代哲学》2007年第2期。
[④] 周永坤:《高楼坠物案的法理分析——兼及主流法律论证方法批判》,载《法学》2007年第5期。
[⑤] 桑本谦:《法律论证:一个关于司法过程的理论神话》,载《中国法学》2007年第3期。
[⑥] 王夏昊:《缘何不是法律方法》,载《政法论坛》2007年第2期。

释、法律推理、法律论证等与法律适用密切相关的方法。① 还有主张在区分法律方法与法学方法的同时,亦要将法律方法与法律方法论、法学方法与法学方法论区别开来,由此才能厘清法律方法与法学方法的区别和联系。②

(四) 法律语言学的方法

法律语言也是法律方法论中的一个不可忽略的问题。实际上语言学的方法也是研究法律方法的重要手段。2007 年,"法律语言学译丛"(廖美珍主编,法律出版社 2007 年版)推出了英美法学家的《法律、语言与法律的确定性》、《法律语言学导论》、《法官语言》、《法律、语言与权力》、《法律话语》等 5 本译著。专著有宁致远的《法律文书与法律语言探微》(中国政法大学出版社 2007 年版)、顾永忠主编的《中美刑事辩护技能与技巧研讨》(中国检察出版社 2007 年版)、杨敏的《法律语篇权力意志研究》(中国人民大学出版社 2007 年版)。总体上看,这方面的研究依然较为薄弱,需要人们予以更多关注。杨建军研究了语用学、语义学对法律事实的解释的意义。③ 将法律语言学作为法律方法论的研究对学科建设具有重要意义。

四、"具体"法律方法的研究

(一) 关于法律解释的研究

除了一些译著外,国内一些专著对法律解释的理论与方法做了研究,2007 年推出的几本名为《法律方法论》(陈金钊、刘治斌、孔祥俊)的专著,均对各种法律解释方法做了比较深入的研究。舒国滢主编的《法学方法论问题研究》(中国政法大学出版社 2007 年版)则对制定法解释做了专门研究。可以说,2007 年学界对法律解释这一传统法律方法的研究更加深入。另外学界对法律解释理论也做了一定研究。如有人研究了解释学的范式转换及其对法律解释学的影响。一般解释学在发展中先后出现了解释的范式转

---

① 张志铭:《方法自觉和中国法学品质之提升——关于法学方法问题的一点体会》(2006.12.14 讲座)http://www.fatianxia.com/paper_list.asp?id=22986(2007-3-3)(最后访问日期:2011-5-6)。
② 赵玉增:《法律方法与法学方法概念辨析》,载《学习与探索》2007 年第 2 期。
③ 杨建军:《语词与物:阐释法律事实的语言学基础》,载陈金钊、谢晖主编:《法律方法》(6),山东人民出版社 2007 年版,第 1—21 页。

换,即从特殊解释学到一般解释学的转换;从理解的方法论、本体论向文本论的转换;从作者中心、读者中心向文本中心的转换。西方解释学的解释范式转换对法律解释学发展的影响在于,法律解释学开始关注解释学的共同属性,应当以理解为基础;法律解释学既要探索解释的方法,也要关注理解与解释的本体问题;法律解释的出发点和重心在于法律文本。① 此外,法律解释研究的议题还涉及如后现代哲学对法律解释理论的影响、德沃金关于融贯性的法律解释真理观、解释的主体性、法律续造等问题。② 在我国,由于长期以来一直批判法家的严苛,主张判决中天理、人情与法律的和谐相处,结果使得法律文本被置于不重要的地位。严格执法实际上没有成为我们的执法理念,法律被任意解释、曲解的现象大量发生。然而,严格法治是我们不能逾越的阶段,反对解释的原则应是司法活动的重要原则。这一原则强调,对明确的法律规范,尤其是强制性法律规范,法官等法律人应该直接认定其意义并加以贯彻,而不能解释,尤其不能过度解释。反对解释不是说不要解释,而是说不能过度解释,法官只能行使有限的创造权力,对法律文本已明确的含义,法官的解释就是认同。③ 此外,有人对法律解释的功能进行反思,认为法律解释方法能够为疑难案件的裁判提供思考方向,并为判决结论提供论证。但这些解释方法本身并不确定,方法之间也没有固定的效力位阶,这些局限使其难以保障法律解释的客观性。④

(二) 法律原则的司法适用

法律原则的运用也是个值得关注的法律方法领域。在欧盟法律体系中,法律原则已经是一种基本的法源。刘风景的《裁判的法理》(人民出版社 2007 年版)则对法律原则的功能、最高人民法院公报裁判中援引法律原则的情况进行了实证研究。还有一些部门法学方面的专著,对法律原则的

---

① 杨建军:《解释的范式转换对法律解释学的影响》,载《陕西理工学院学报》2007 年第 3 期。
② 徐振东:《后现代语境中的法律阐释理论》,载《厦门大学学报》2007 年第 4 期;王彬:《论法律解释的融贯性——评德沃金的法律真理观》,载《法制与社会发展》2007 年第 5 期;姜福东:《法律解释者的主体性如何安置》,载《法制与社会发展》2007 年第 5 期;刘爱龙:《法官续造法的伦理分析》,载《金陵法律评论》2007 年第 1 期。
③ 对反对解释原则的研究,参见陈金钊:《反对解释的场景及主体》,载《北方法学》2007 年第 1 期;陈金钊:《法治反对解释的原则》,载《法律科学》2007 年第 3 期;陈金钊:《法治为什么反对解释》,载《河南政法管理干部学院学报》2007 年第 1 期。
④ 梁迎修:《超越解释——对疑难案件法律解释方法功能之反思》,载《学习与探索》2007 年第 2 期。

具体适用问题做了研究。① 正确认识法律原则在司法中的功能、意义,对法官利用法律原则的实践性机理,主动弥补成文法的缺失,能起到事半功倍的效果。有人认为,法律概念在体系构成中作用的发挥需要发展成为法律类型,同时也需要法律原则的平衡与统率。② 因此,法律原则能作为裁判之依据。不过也有人认为,实际上法律原则不适合、也不能作为确定当事人权利义务之基准,它不是一种有效的法律,不能在司法中被适用。法律原则之适用是一种法律假象,它掩盖了法官造法之真相。③ 可见在原则的可适用性问题上,还有一定的争论。

在肯定原则可适用性前提下,有人认为,法律原则的适用方式——不同于法律规则的适用方式(涵摄)——是平衡,而且这种平衡的方式是一种理性方式。法律原则适用的过程中需要考虑的主要因素包括:相互竞争的原则在具体个案中的重量、相互竞争的原则的抽象重量以及原则的经验性前提的可信赖度。④ 我国司法实践中法律原则适用的特点是:案件性质上,运用法律原则大多限于民商事案件,刑事案件和行政案件较少;案件类型上,多为新类型案件和疑难复杂案件;具体方法上,主要有单独适用、与规则并用和直接体现在判决主文中。司法实践中法律原则适用中要符合穷尽法律规则、选择明文规定的法律原则、反映社会主流价值观和裁判文书说理充分等规范要求。⑤

(三) 类推适用也是一种应予关注的法律方法

学者们对类推适用的概念界定不一。有人主张,对类推适用的认识及其概念的准确界定必须建立在对两大法系类推适用的比较分析之上,并区分对两大法系共同适用之类推适用的一般概念与仅适用于具体法律背景之特殊概念。⑥ 裁判上类比推论的妥当性,取决于裁判者对类比点的选择,以

---

① 肖和保:《保险法诚实信用原则研究》,法律出版社 2007 年版;韩大元等:《宪法学专题研究》,中国人民大学出版社 2007 年版;韩寿丽:《论 WTO 法中的比例原则》,厦门大学出版社 2007 年版。
② 许中缘:《论法律概念——以民法典体系构成为视角》,载《法制》2007 年第 2 期。
③ 李可:《法律原则作为法律的限度》,载《中国地质大学学报》2007 年第 5 期。
④ 王夏昊:《法律原则的适用方式》,载《学习与探索》2007 年第 2 期;梁迎修:《法律原则的适用——基于方法论视角的分析》,载《华中师大学报》2007 年第 6 期;葛治华:《论法律原则的适用》,载《浙江工业大学学报》2007 年第 3 期。
⑤ 苏治:《法律原则的司法适用问题探讨》,载《理论探索》2007 年第 5 期。
⑥ 屈茂辉:《论类推适用的概念》,载《河北法学》2007 年第 11 期。

第四章　法律方法论学科意识的觉醒

及如何确定被比较个案的特征。虽然类推适用具有逻辑推论的形式,但其实质是一种可辩驳的论辩性论证。类比推论的关节和难点,是规范事实和个案事实之间的"相似性"判断,这需要裁判者观照构成要件理论和类型理论,综合各种与类推相关的司法技术,在规范与事实、方法与结果之间寻求一种反思性平衡。① 有人探究了刑法学上类推解释与扩大解释的区别标准、类推制度等。② 另外,关于利益衡量、漏洞补充、法律拟制等法律方法,在2007年也有一定的研究。③

五、中国法律史视角下的法律方法论研究

法律史方面,2007年对法律方法也做了比较深入的研究。如黄静嘉的《中国法制史论述丛稿》(清华大学出版社2006年版)对清代法制中"例"、民初大理院及平政院裁判档案做了整理与研究。陈新宇的《从比附援引到罪刑法定——以此规则的分析与案例的论证为中心》(北京大学出版社2007年版)以《大清新刑律》制定期间的比附援引与罪刑法定之争为切入点,探讨从传统到近代法律转型中的深层次问题。刘馨珺的《明镜高悬:南宋县衙的狱讼》(北京大学出版社2007年版)从制度史的角度切入,详细探讨了南宋县衙的诉讼判决程序。杨一凡的《中国律学文献》(社科文献出版社2007年版)收录中国古代律学文献12种,在许多方面填补了我国法律文献的馆藏空白,有很高的史料价值。一些作品对明清时期的诉讼法律文化做了研究,如徐忠明的《众声喧哗:明清法律文化的复调叙事》(清华大学出版社2007年版);徐忠明的《案例、故事与明清时期的司法文化》(法律出版社2006年版);吴欣的《清代民事诉讼与法律秩序》(中华书局2007年版)。

在当今中国倡导以法治国的情境下,了解清代和民国的法制可能具有特别重要的意义。当代中国所继承的主要是三大传统:一是清代的旧法制,

---

① 陈林林:《裁判上之类比推论》,载《法制与社会发展》2007年第4期。
② 行江:《试论刑法学中类推解释与扩大解释的区别》,载《甘肃政法学院学报》2007年第1期;朱立恒:《我国类推制度重建初探》,载《湖北社会科学》2007年第6期。
③ 李杰:《论民商事审判中的利益衡量理论》,载《人民司法》2007年第1期;娄正涛:《某咨询公司要求市知产局发放专利专项资助费案评析——兼论行政诉讼中的法律漏洞补充》,载《法学》2007年第3期;温晓莉:《论法律虚拟与法律拟制之区别》,载《北大法律评论》(第8卷·第1辑),北京大学出版社2007年版。

二是模仿西方的民国法制,最后则是老解放区在否定前两者之下而形成的法制。2007年的成果比较集中于清末民初时期以来的法律方法研究,如黄宗智的《法典、习俗与司法实践——清代与民国的比较》(上海书店2007年版)。清末民初时期的县知事审判原件尚不多见,资料欠缺已经成为这一领域的研究瓶颈。像《塔景亭案牍》一类的清末民初县正印官的案牍文书,也就显得相当重要了。① 2007年推出的"近代司法判决丛编"有三本:汪庆祺编、李启成点校的《各省审判厅判牍》、谢森等编的《民刑事裁判大全》、许文浚的《塔景亭案牍》(北京大学出版社2007年版),一定程度上弥补了这方面资料的不足。《清华法学》(第10辑,清华大学出版社2007年版)推出专题研究:"中国司法传统与现代性":旨在现代性的关照下梳理中国传统司法,阐明中国传统司法的方法论意义与主要特征。还有学者对陕甘宁边区的司法做了系列研究。② 这些都是传统上比较忽略的领域。

关于清代司法裁判的依据,有人通过对汪辉祖自传所载案件的详尽分析,发现既无纯粹"依法裁判"的取向,也无全然按照"情理裁判"的做法。清代中国的司法裁判属于"形式化"与"实质化"的有机结合的类型,在司法裁判的"形式化"与"实质化"之间充满着张力。③ 近年发现并整理出版的清代浙江黄岩县诉讼档案一定程度上也反映了清代基层司法运作的风貌。黄岩知县针对州县讼案几乎不引法律为裁判依据,既使存在知县裁判时查照律例的尝试,也极少依据律例做出确定性的裁判。这种现象在黄岩五任知县的裁判中一以贯之,并在清代其他区域也存在。④ 学界同样研究了其他法律形式在古代裁判中的运用。近十年来的古代判例研究出现了一些引人注目的成果,但也存在一些问题。由于西方概念与中国实际接榫的困难,导致了古今词语对接的错位,表现为将古代的例、条例、案例和判例混同,以及不加分析地将廷行事、决事比、法例和判例完全等同起来。有人采取个案举证的方式,分析了古代判例的构成要素,判例和成文法体系的关系,以及判例

---

① 李贵连等:《清末民初的县衙审判——以江苏省句容县为例》,载《华东政法学院学报》2007年第2期。
② 汪世荣:《陕甘宁边区高等法院编制判例的实践与经验》,载《法律科学》2007年第4期;汪世荣:《陕甘宁边区刑事调解判例判词点评》,载《中国审判》2007年第4期;汪世荣:《黄克功杀人案与陕甘宁边区的司法公正》,载《政法论坛》2007年第3期;汪世荣:《陕甘宁边区高等法院推行婚姻自由原则的实践与经验》,载《中国法学》2007年第2期。
③ 徐忠明:《清代中国司法裁判的形式化与实质化》,载《政法论坛》2007年第2期。
④ 邓建鹏:《清代州县讼案和基层的司法运作——以黄岩诉讼档案为研究中心》,载《法治研究》2007年第5期。

在中国古代法律体系中的地位变化。可以说,判例在中国古代始终居于辅助的地位,不能和成文法平分秋色。不过成文法体系对判例既有拒斥的一面,又有吸纳的一面。吸纳的方式是编例。① 有人从传统中国州县司法的实际运作发现,起决定作用的是"常识"而非"专业知识",而且"常识"才是传统地方司法所真正需要的,从而具有浓厚的主观性、地方性和个人化特征,使得传统地方司法更依赖于官员个体。② 还有人对中国古代的立法解释做了研究。

六、部门法学的法律方法研究

法律方法的研究具有很重要的意义。有人对此归纳认为③,从科学性的角度看,法律方法具有技术意义,并表现在三个方面:实用价值、效率价值和规范价值。法律方法不是一般的技术,而是一种具有规范意义的技术。法律方法的规范意义与实现和维护法治有内在的关联性,其对法治的功能表现为形式功能、自律功能和批判功能。强调法律方法的规范意义是伸张法治和法律客观性的需要。特别在当今,和谐社会的建设也需要方法,借此东风,我们也可以使法律方法论的作用更好地发挥出来。法律方法论是建设和谐社会所不可缺少的。④ 在法律方法论中,事实与法律(规范)的区分及其在司法中的判断构成一个基本的区分。有人将学界关于司法裁判中法律事实与法律规范关系的论述,概括为以下四种:推论关系、归类与涵摄关系、等置关系、评价关系。这四种方法在司法判决中各有其作用,将四者有机结合起来,才能保证判决的合法性。⑤ 有人将司法实践中的判断类型区分为:案情认知中的事实判断、证据确认中的事实判断和判决中的价值判断。借助于判断类型的分析,可以解释判决重要特征的同一性和差异性,使判决产生过程的真实性和丰富性得到呈现和揭示。⑥ 案件审理中的事实认定与法律判断,不是两个可以简单分开的阶段或过程。案件事实和可得适用的

---

① 刘笃才:《中国古代判例考论》,载《中国社会科学》2007年第4期。
② 李启成:《"常识"与传统中国州县司法》,载《政法论坛》2007年第1期。
③ 王新生:《法律方法的技术意义和规范意义》,载《甘肃政法学院学报》2007年第2期。
④ 陈金钊:《和谐社会的建设与法律方法的选择》,载《山东社会科学》2007年第4期。
⑤ 杨建军:《司法裁判中法律事实与法律规范的关系》,载《法制与社会发展》2007年第2期。
⑥ 任强:《判决如何作出——以判断类型为视角》,载《中国社会科学》2007年第3期。

法律的发现及其判断,几乎是同步进行并相互制约的。① 在学科的方法论意义上坚持价值与事实的二分,仍将构成当下宪法学的一个重要的哲学基础问题。② 此外还有人研究了英美普通法的司法技艺与风格,值得我们借鉴。③ 虽然一般意义上的法律方法论关注法律与事实之间的关系,但是部门法学对此更是关心。2007年在部门法领域对法律方法的研究也格外引人注目。

(一) 宪法学

宪法学领域,2007年推出了一些宪法解释的译作,如美国惠廷顿的《宪法解释:文本含义,原初意图与司法审查》(杜强强等译,中国人民大学出版社2006年版)、美国法学家却伯等的《解读宪法》(陈林林等译,上海三联书店2007年版)。另外,台湾吴庚的《政治理论与法学方法》(中国人民大学出版社2007年版)也研究了"宪法诠释学"。周伟的《宪法解释方法与案例研究——法律询问答复的视角》(法律出版社2007年版)运用经验实证的研究方法,以实证的宪法解释案例为基础,研究我国宪法解释的理论与方法,尤其是宪法未授权的宪法解释机关——全国人大常委会法制工作委员会作出的活的宪法解释案例的学术著作。刘连泰的《〈国际人权宪章〉与我国宪法的比较研究》(法律出版社2006年版)主张通过宪法解释的途径,来弥合我国宪法与《国际人权宪章》在立论逻辑上的差异。对宪法解释与适用予以研究的作品还有范进学的《认真对待宪法解释》(山东人民出版社2007年版);马岭的《宪法原理解读》(山东人民出版社2007年版);林来梵的《剩余的断想》(中国法制出版社2007年版);莫纪宏的《实践中的宪法学原理》(中国人民大学出版社2007年版);欧爱民的《破译宪法的实践密码——基本理论·分析方法·个案考量》(法律出版社2006年版)主张构建能够破译宪法实践密码的宪法分析法。

关于宪法解释,有人认为,宪法学究其根本是为了适用宪法而对宪法文本进行解释的宪法释义学。但是,由于宪法文本的不确定性,在宪法解释中纳入政治的考量是不可避免的。考察政治理论对宪法解释的影响是一种社

---

① 刘治斌:《案件事实的形成及其法律判断》,载《法制与社会发展》2007年第2期。
② 林来梵:《宪法学思考中的事实与价值》,载《四川大学学报》2007年第3期。
③ 李红海:《普通法的司法技艺及其在我国的尝试性运用》,载《法商研究》2007年第5期;孙新强:《普通法的"宏大风格"》,载《法制与社会发展》2007年第1期。

第四章 法律方法论学科意识的觉醒

会科学对法学的逻辑自足的祛魅,是有价值的。但是,随意选择作为宪法解释"背景规范"的政治理论,会导致解释的恣意,损害法的安定性价值。① 我国近年来物权法草案的违宪之争即与此相关。有人以此为例,梳理了关于宪法解释的基本的理论预设、宪法解释的权力边界特别是对政治性争论的应有态度等问题。② 国外宪法解释理论研究中,有人考察了德沃金对于美国宪法的道德解读、斯卡里亚法官的宪法解释方法论。③ 宪法解释的体制与模式也是学界关注的一个问题。有人主张宪法解释模式的选择必须与宪法解释机关的功能相适应。虽然各个国家确立了不同的宪法解释模式,但基本上都体现了"功能适当原则"。中国现有体制下的宪法解释只能适用抽象解释的模式,宪法解释程序的建立也必须以此为前提。④ 从具体解释个案上来看,有人考察了我国宪法文本中的"农民"与"受教育义务"的规范意义。⑤ 至2007年7月1日,香港回归祖国已历经十年,如何对香港基本法实施过程中的经验进行总结,在未来的发展中继续保持香港社会的繁荣和稳定,是在香港回归十年的今天我们需要做的紧迫工作。2007年不少作品研究了香港基本法的实施中的解释制度与解释方法方面的一些问题。⑥

(二) 民法学

体系化方法也是法律方法论研究的一个重要内容。许中缘的《体系化的民法与法学方法》(法律出版社2007年版)是对我国完善民法体系化过程

---

① 张翔:《祛魅与自足:政治理论对宪法解释的影响及其限度》,载《政法论坛》2007年第4期。
② 秦前红:《"物权法之争"与宪法解释》,载《法学评论》2007年第3期。
③ 王书成:《宪法解释之前命题与方法——以德沃金为中心》,载《浙江学刊》2007年第3期;范进学:《斯卡里亚宪法解释方法论及其评析》,载《学习与探索》2007年第1期。
④ 张翔:《功能适当原则与宪法解释模式的选择——从美国"禁止咨询意见"原则开始》,载《学习与探索》2007年第1期;陈弘毅:《普通法权限中的宪法解释》,载《学习与探索》2007年第1期;韩大元:《论宪法诉愿程序的价值》,载《学习与探索》2007年第1期。
⑤ 韩大元:《中国宪法文本上"农民"条款的规范分析——以农民报考国家公务员权利为例》,载《北方法学》2007年第1期;张震:《我国宪法文本中"受教育义务"的规范分析》,载《现代法学》2007年第3期。
⑥ 强世功:《和平革命中的司法管辖权之争:从马维琨案和吴嘉玲案看香港宪政秩序的转型》,载《中外法学》2007年第6期;强世功:《文本、结构与立法原意》,载《中国社会科学》2007年第5期;王振民:《论回归后香港法律解释制度的变化》,载《政治与法律》2007年第3期;庄金锋:《论"基本法"的创造性及其对法理学的新贡献》,载《政治与法律》2007年第3期;程洁:《中央管治权与特区高度自治——以基本法规定的授权关系为框架》,载《法学》2007年第8期;王磊:《论人大释法与香港司法释法的关系——纪念香港基本法实施十周年》,载《法学家》2007年第3期;邹平学:《抵触基本法还是符合基本法》,载《法学》2007年第5期。

中一些问题进行深入思考与论证。杨良宜的《合约的解释》(法律出版社2007年版)则以大量的先例和真实案例为依托,阐述国际商事活动中合约解释的一般规则和具体规定。孙健波的《税法解释研究——以利益平衡为中心》(法律出版社2007年版)以哲学解释学、法社会学、经济学等学科的理论成果为基础,以利益平衡为线索,综合运用多学科的方法,比较系统地从认识论、方法论和制度论方面研究了税法解释的问题。

有人对朱庆育的《意思表示解释理论》一书的观点提出质疑,认为哲学诠释学有特定的理论预设和论证目标,它对民法学的意义在于其提供了一种思考问题的立场和反思能力,而不是方法论。因此,用游戏概念来阐述意思表示的解释过程并没有规范性的内容,也不能更好地促进私法自治。① 民法解释的理论争议还体现在对物的瑕疵担保责任问题上。有人认为,在我国合同法上,物的瑕疵担保责任与一般意义的违约责任之间存在着若干实质差别,并未被统合入违约责任制度之中,仍然相对独立。解释法律不宜拘泥于文字,应当根据我国现行法的规定及其精神,联系我国的实际,不宜盲从境外的立法例及其学说。另有人认为,我国法上的违约责任是一个统一的概念,应当作统一的解释,不宜人为地制造分裂。解释论上主张物的瑕疵担保责任相对独立存在,是在变相地肯定"双轨制",本身是一种叠床架屋的构造。② 民法解释研究还体现在对其他相关法律规定的研究上。③

(三) 刑法学

近年来,刑法学一直是法律方法研究成果比较明显的一个领域。2007年推出的相关专著有赵秉志主编的《刑法解释研究》(北京大学出版社2007年版);杨艳霞的《刑法解释的理论与方法:以哈贝马斯的沟通行动理论为视角》(法律出版社2007年版);吴丙新的《修正的刑法解释理论》(山东人民出版社2007年版);王瑞君的《罪刑法定:理念、规范与方法》(山东大学出版社2006年版);周少华的《刑法理性与规范技术——刑法功能的发生机理》(中国法制出版社2007年版);王秀梅的《国际刑事审判案例与学理分析》(中国法制出版社2007年版);林维的《刑法解释的权力分析》(中国人

---

① 姜强:《三段论、私法自治与哲学诠释学》,载《法制与社会发展》2007年第3期。
② 崔建远:《物的瑕疵担保责任的定性与定位》,载《中国法学》2006年第6期;韩世远:《出卖人的物的瑕疵担保责任与我国合同法》,载《中国法学》2007年第3期。
③ 如薛军:《部分履行的法律问题研究——〈合同法〉第72条的法解释论》,载《中国法学》2007年第2期;李飞:《法解释论视角下的公司转投资行为》,载《法学》2007年第11期。

民公安大学出版社 2006 年版);李安的《刑事裁判思维模式研究》(中国法制出版社 2007 年版)等。

在刑法的解释与适用上,存在着形式的刑法解释论与实质的刑法解释论之争。形式的刑法解释论主张对刑罚法规进行字面的、形式的、逻辑的解释,实质的刑法解释论主张对刑罚法规进行实质的、价值的、合目的的解释。实质的刑法解释论具有方法论意义上的合理性。我国刑法应确立与贯彻实质的刑法解释论立场。① 风险社会中,作为刑法解释的重要工具,公共政策不仅促成目的论解释大行其道,还对构成要件解释具有指导作用。政策导向的刑法蕴含着摧毁自由的巨大危险。② 除了理论性的刑法解释外,还有大量的刑法解释个案情形的相关研究。③ 2007 年的研究还涉及对刑法思维的一些成果,如类推思维、犯罪构成符合性判断中的涵摄和等置思维、类型思维等刑法适用思维方法。④

(四) 其他部门法学

除了刑事实体法,刑事诉讼法解释理论也是一种重要的方法论,科学的刑事诉讼法解释论,是保障刑事诉讼法在实践中得到正确适用的前提。从我国目前的司法实践来看,正是由于刑事诉讼法解释论的缺位,在刑事诉讼法的操作和适用上,普遍存在着误解甚至故意曲解刑事诉讼法立法原意的情况,极大地折损了刑事诉讼法的实施效果与功能。所以,从理论上加强刑事诉讼法解释论的研究就成为一项重要的学术责任和紧迫的学术任务。⑤

在行政法学领域,有人对行政解释做了研究,如张弘、张刚的《行政解释论:作为行政法之适用方法意义探究》(中国法制出版社 2007 年版);黄竹胜

---

① 苏彩霞:《实质的刑法解释论之确立与展开》,载《法学研究》2007 年第 2 期。
② 劳东燕:《公共政策与风险社会的刑法》,载《中国社会科学》2007 年第 3 期;周折:《刑事政策视野中的刑法目的解释》,载《中外法学》2007 年第 4 期。
③ 吕思源等:《全国首例盗窃虚拟财产案案犯获刑》,载《中国审判》2007 年第 6 期;于志刚:《论 QQ 号的法律性质及其刑法保护》,载《法学家》2007 年第 3 期;吴萍:《"等暴力性犯罪"的辨析——对刑法第 81 条第 2 款的理解》,载《政治与法律》2007 年第 3 期;肖本山:《"教唆未遂"诠释新解》,载《法学评论》2007 年第 5 期。
④ 沈琪:《刑事裁判中类推思维的作用及其运用——一种基于方法论意义的思考》,载《政法论坛》2007 年第 6 期;沈琪:《犯罪构成符合性判断的思维模式》,载《中国青年政治学院学报》2007 年第 5 期;陈航:《刑法思维的属性研究》,载《法商研究》2007 年第 6 期;吴学斌:《刑法思维之变革:从概念思维到类型思维——以刑法的适用为视角》,载《法商研究》2007 年第 6 期;欧阳本祺:《类型思维下的目的犯——真正非法定目的犯概念之提倡》,载《华东政法大学学报》2007 年第 4 期。
⑤ 万毅:《刑事诉讼法解释论》,载《中国法学》2007 年第 2 期。

的《行政法解释的理论建构》(山东人民出版社 2007 年版)。还有行政裁判实务方面的专著如张旭勇著的《行政判决的分析与重构》(北京大学出版社 2006 年版);吴鹏的《行政诉讼的法律适用》(人民法院出版社 2007 年版)。在行政诉讼案件中,法官运用正确的法律推理思维与方法可得到"正当的个案裁判"。合宪性解释对于"作为具体化之宪法"的行政法来说具有重要的作用,而行政争议中复杂的价值冲突也使得价值衡量的推理方法尤为值得关注。① 有人认为,法院在行政诉讼个案中对法律的解释经过 16 年来的发展,我国行政诉讼受案范围条款进一步得到具体化、明确化、可操作化,行政诉讼的受案范围得到扩大,公民、法人或其他组织的诉权得到更好的保障。② 还有人以重庆最牛"钉子户"拆迁案为起点,以公共利益与拆迁补偿为核心,探讨了《物权法》第 42 条的解释问题。③

诉讼法学方面,值得注意的是人们对法律事实问题的研究。有人认为,司法活动的目的应该从发现事实真相转向确保法律事实形成过程的正当性与合法性。理论研究也应该由对于制度的解构或建构的研究转向针对具体的司法过程的研究,从而实现由关注静态的法律到关注法律的动态运作过程的转变。④ 与此观点相应,有人甚至认为,作为审判依据的案件事实并非纯然得自证据,而是一种在修辞中完成的故事。"崔英杰案"提供了一个细致的实例,展示出解释、挑选等修辞手段在案件审理中形态和作用,以及最终的情节化、戏剧化的案件事实如何得来。实际上修辞本身就是事实的建构,而不同的叙事文本背后又隐含着修辞者的立场抗衡。⑤

(五)跨法律部门的法律方法研究

2007 年部门法领域法律方法研究的一大特色是,法律方法不仅限于某一法律部门,还呈现出跨法律部门的交叉性。司法实践中大量涌现的问题,

---

① 王旭:《行政法律裁判中的合宪性解释与价值衡量方法》,载《行政法学研究》2007 年第 1 期。
② 叶必丰:《法院在行政诉讼个案中对法律的解释——以行政诉讼的受案范围为视角》,载《华东政法学院学报》2007 年第 2 期。
③ 徐海燕:《公共利益与拆迁补偿》,载《法学评论》2007 年第 4 期;本案涉及的问题引起学界的热烈反响,类似的探讨,如胡锦光等:《我国城市房屋拆迁中的若干法律问题——以北京酒仙桥拆迁案为例》,载《法学》2007 年第 8 期;童之伟:《关键是消除违宪法源并代之以合宪的法律法规》,载《法学》2007 年第 8 期;蔡宝刚:《为权利而斗争的价值》,载《法学》2007 年第 6 期。
④ 杨波:《法律事实辨析》,载《当代法学》2007 年第 6 期。
⑤ 刘燕:《案件事实,还是叙事修辞》,载《法制与社会发展》2007 年第 6 期。

迫切需要学科与学科之间、部门法与部门法之间、实体法与程序法之间,乃至国内法与国际法之间的融合与沟通。因此应当跨越学科界限,从实际出发,以问题为线索展开研究。相关专著成果如何帆的《刑民交叉案件审理的基本思路》(中国法制出版社 2007 年版);黄京平等主编的《刑法学与宪法学的对话》(中国人民大学出版社 2007 年版);袁发强的《宪法对冲突法的影响》(法律出版社 2007 年版);于改之的《刑民分界论》(中国人民公安大学出版社 2007 年版);张军的《宪法隐私权研究》(中国社会科学出版社 2007 年版);王秀哲的《隐私权的宪法保护》(社会科学文献出版社 2007 年版);石佑启的《私有财产权公法保护研究——宪法与行政法的视角》(北京大学出版社 2007 年版)。

近年来,国内法律方法研究在各个部门法学领域都有新推进。有学者对公法与私法在法律方法上的差异进行比较。① 公私法的划分在具体的法律关系中如何适用,有不少人对此做了探讨。② 在我国物权立法过程中,宪法与民法之间关系问题成为 2007 年人们讨论的一个热点。③

有人认为,在当下我国的现实语境之中,尤其是在近年所谓"宪法司法化"的进程中,在 2001 年的"齐玉苓案"、2006 年"河南地域歧视案"以及《物权法草案》中,曾出现了所谓"泛宪法思维"、"超民法思维"、"脱宪法思维"以及"泛民法思维"倾向等四种彼此不同、却又互相纠葛的错位倾向。凡此种种法律思维上的错位与暗合,已然在我国当下云诡波谲的时代背景中形成了一副有关宪法与民法之间关系的混乱图景,有待于澄清。④ 与此相关,

---

① 吕欣:《公法与私法之法律方法的契合与差异》,载陈金钊、谢晖主编:《法律方法》(6),山东人民出版社 2007 年版,第 22—38 页。
② 董文军:《私法公法化视野中的消费者权利保护》,载《当代法学》2007 年第 3 期;许军珂:《论公私法的划分对冲突法的影响》,载《当代法学》2007 年第 3 期;杨海坤等:《公私法视野中的财产权分析》,载《法治研究》2007 年第 4 期。
③ 参见童之伟:《宪法民法关系之实体与幻影》,载《中国法学》2006 年第 6 期;赵万一:《再论民法与宪法之间的关系——与童之伟教授商榷》,载《法学》2007 年第 4 期;童之伟:《物权立法过程该如何做恰当评说——兼答赵万一教授等学者》,载《法学》2007 年第 4 期;季涛:《论宪法和民法的关系》,载《浙江社会科学》2007 年第 1 期;刘志刚:《立宪主义语境下宪法与民法的关系——兼评〈物权法〉(草案)合宪违宪之争》,载《法学评论》2007 年第 2 期。
④ 林来梵等:《错位与暗合——试论我国当下有关宪法与民法关系的四种思维倾向》,载《浙江社会科学》2007 年第 1 期。

宪法基本权利与民事权利的关系也成为探讨的热点问题。① 跨法律部门的法律方法研究还表现在宪法在民事诉讼、刑事法制中的适用。② 这表明,随着我国法治化步伐的加快,宪法的最高法地位必须得到应有的重视。

结　语

2007 年,法律方法论研究从研究的范围、层次和深度均有所推进。但总体上看,我国法律方法论研究的发展依然要面临和克服一些重大的理论与实践难题,才会有更大的发展空间与前景。从一定意义上,国内法律方法论研究本身即需要一种"方法论"的反思。在我国社会与学术语境下,法律方法论的研究需要面对思维观念与习惯上的文化差异。我们更倾向于根据政治或道德去思维,而不是"根据法律去思维";更趋向于学科交叉,而不是把法学首先作为其自身应有的学科属性去看待。比如,近年来,有人主张"立法者的法理学",认为当今中国面临的一些现实的政治问题意味着法律的思考必须摆脱司法职业的思考,而变成一种面向未来重建文明国家的思考。强调法律教育的目的是要培养伟大的法律人——政治家(lawyer-stateman)。③ 尽管这种理论并不否定法律人的法理学中的技术要素,"法律解释学的立场和方法是对付宏大概念和抽象情感判断的最好武器,是医治头脑发热的良药,是法学家知识分子摆脱被某种政治力量操纵从而获得自主性的唯一有效的方法。"④ 不过,包括法律解释学在内的法律方法论,必须面对中国独特的语境。为了增强裁判的科学性和妥当性,法官无法不求助于其他社会科学。中国法学应在深化法律解释方法论研究的同时,推进法学与其他学科的交叉研究。但与此同时,为了在我国推进法律方法论的研究,我们需要从方法论的高度,认真对待"法教义学"、"法条主义"。2007 年,不少学者在回应"中国法学何处去"的难题时,一种不约而同的理论趋向即是,将

---

① 冯健鹏:《各自为战抑或互通款曲?——小议宪法基本权利与民事权利的关系》,载《浙江社会科学》2007 年第 1 期;姚辉等:《关于民事权利的宪法学思维》,载《浙江社会科学》2007 年第 1 期;郑贤君:《公法价值向私法领域的再渗透》,载《浙江学刊》2007 年第 1 期;谭九生:《论宪法基本权利在民法中的效力》,载《政治与法律》2007 年第 5 期。

② 徐秀兰:《宪法在民事诉讼中的适用》,载《行政与法》2007 年第 1 期;秦前红:《论宪法原则在刑事法制领域的效力》,载《法商研究》2007 年第 1 期。

③ 强世功:《超越法学的视界》,北京大学出版社 2006 年版,导言。

④ 强世功:《立法者的法理学》,三联书店 2007 年版,序言。

第四章　法律方法论学科意识的觉醒

法教义学的立场与方法引入在中国法学研究中。① 从法教义学的立场"中国法学向何处去"这样宏大的追问,基本上也就是局限于法学内部视角之外的一种追问。对中国"法条主义"的问题的批评,本身可能就是有问题的。有学者论及法律教义学与法律政治学立场上的区别:规范思维 V 价值思维、司法参与者姿态 V 政治——立法者姿态、科学使命 V 政治使命、自主的法律 V 工具的法律。② 我们的法学过去未曾受到过严格的方法论的"规训",以至于我们的学者难以保持理性、严谨和科学的问学态度,难以保持思想谦抑的心情。③ 因此,法教义学的立场与方法有助于提升我国法律方法论研究。

法律方法论是一种关于法学的"形而下"研究,但经过几年的努力,我们感觉到关于法律方法论体系的建构实际上仍然是沿着传统的法理学或法哲学的思路走的,只是研究的问题似乎聚焦到了司法过程。研究成果的叙说方式没有根本的改变——走的依然是抽象性的普适化路径,对实践的深入调查研究并没有真正开展。④ 我国的法学教育虽然已经不断繁荣,但是法学理论与法律实践仍存在一定程度的脱节,职业技能与职业思维训练还相当薄弱。司法实践已经萌动了对法律方法的强烈需求,但法学讲堂上对法律方法的讲授还多浅尝辄止,缺乏实践背景和感受的课堂受众亦不能对法律方法产生应有的共鸣。当然,法律方法论研究在国内研究刚刚开始,进行理论上的梳理性研究,甚至有一批人以团队协作的形式进行此类研究是必要的。否则无法搞清楚法律方法论的基本理论问题,但是中国法律方法论研究必须充分顾及其研究成果所面对受众的接受。我们应当努力架通理论与实践之间的桥梁,弥合它们之间的缝隙。我国司法正处于强化法律方法的转折时期。⑤ 强化法律方法的素养是形成法律职业共同体的当务之急和必由之路。这种背景或许使法律方法的研究更有特殊意义。

---

① 刘星:《怎样看待中国法学的"法条主义"》,载《现代法学》2007年第2期;林来梵等:《基于法教义学概念的质疑——评〈中国法学向何处去〉》,载《河北法学》2007年第10期。
② 王旭:《中国行政法学研究立场分析——兼论法教义学立场之确立》,载郑永流主编:《法哲学与法社会学论丛》(11),北京大学出版社2007年版。
③ 舒国滢:《思如浮萍》,中国政法大学出版社2007年版,第186页。
④ 陈金钊:《法治、法律方法与法律智慧》,载《山东警察学院学报》2006年第5期;陈金钊:《法律研究与学习的智慧之窗》,载《政法论丛》2006年第5期。
⑤ 孔祥俊:《法律方法论》(三),人民法院出版社2006年版,第1564页。

第五章

回应实践能力的彰显

——2008 年度中国法律方法论研究报告

第五章 回应实践能力的彰显

要点提示 随着国内研究的不断深入,法律方法论不但学科意识明显增强,而且研究的实践意识、本土意识、问题意识、判例研究意识等日趋明显。2008年法律方法论的研究者更加重视法律方法论回应实践能力的提高。在此基础上,对基本问题的研究继续推向深入,从多个角度体现了对法治实现途径的关怀;法教义学的立场越来越明显;法律方法与法学教育相结合的趋势日益显露。改革开放30年,加之2009年中国即将举办国际法哲学大会,中国法律方法论研究与发展面临更为重要的历史机遇。

一、学术资讯

全国法律方法论坛第三届学术研讨会,于2008年7月21—22日在曲阜师范大学举行。本次会议由山东大学威海分校法学院主办,曲阜师范大学法学院和青岛市中级人民法院协办。来自全国三十多所院校的一百一十多位专家学者与会并就法律逻辑、推理与论证、法律解释、利益衡量、司法方法与判例研究、部门法方法论等进行专题研讨。2008年9月21日至22日,第七届东亚法哲学大会暨中国法学会法理学研究会2008年年会在长春召开。本次会议中,法律语言与法律方法也是议题之一。2008年7月30日,由上海财经大学法学院和《华东政法大学学报》编辑部共同主办的"判例是如何形成的?"理论研讨会召开,来自北京大学、清华大学、中国人民大学、中国政法大学等高校和相关杂志社二十多位专家出席会议。2008年1月12日,中国政法大学法学(律)方法论研究中心成立。山东法律方法论协会正在筹备成立之中。

2008年,法律方法论专题研究取得了丰硕成果。在译作方面,欧美法学家有关法律方法历史、法律推理、法律论辩等一批作品相继出版。[①] 法律方法集刊继续出版:如《法律方法》(第7卷)(山东人民出版社2008年版)、《法哲学与法社会学论丛》(第12、13卷)(北京大学出版社2008年版)。此

---

① 〔德〕萨维尼、格林:《萨维尼法学方法论与格林笔记》,杨代雄译,法律出版社2008年版;〔比〕马克·范·胡克:《法律的沟通之维》,孙国东译,法律出版社2008年版;〔法〕保罗·利科:《解释的冲突——解释学文集》,莫伟民译,商务印书馆2008年版;〔日〕星野英一:《民法的另一种学习方法》,冷罗生等译,法律出版社2008年版;〔美〕欧文·费斯:《如法所能》,师帅译,中国政法大学出版社2008年版。

外出版的还有注重学说与实务研究的集刊:《中国法律评论》(第 2 卷,法律出版社 2008 年版);《判解研究》(总第 37、38、39、40、41 辑,人民法院出版社 2008 年版)等。

二、历史与现实相融合的经验(判例)研究

法律方法的研究主要借助于逻辑,但单纯逻辑手段对于法学这样一个实用性学科来说很容易流于空泛。因而法律方法论的研究者必须把历史与现实、经验与逻辑集合起来进行研究。只有这样才能增强方法论回应实践的能力。2008 年 3 月 11 日上午,国际知名学者、美籍华裔历史学家黄宗智教授在中国人民大学法学院作了一场名为"中国法律的实践历史研究"的讲座。黄宗智从记录历史经验事实的诉讼档案出发,由此总结、提炼出符合中国实际情况的理论概念。"实践"有三层含义:相对于"理论"的"实践"概念、相对于"表达"的"实践"概念和相对于"制度"的"实践"概念。黄教授指出,西方的理论,不仅在中国水土不服,而且在其本国也违反实践。中国的法律思维是一种寓抽象原则于实际、联结经验(判例)和理论的实用思维,较之于西方的形式抽象思维具有一定的优越性,值得继承和发扬,以弥补西方形式抽象思维之不足。

2008 年出版了一些融合了历史与现实、经验(判例)与理论的成果。如肖晖的《中国判决理由的传统与现代转型》(法律出版社 2008 年版)是第一本对中国判决理由的传统与现代转型进行专门研究的著作,尤其对现阶段中国判决理由的问题、不足及其原因及解决方法进行了研究。赵静的《修辞学视阈下的古代判词研究》(巴蜀书社 2008 年版)揭示了中国古代判词从先秦到当代语体风格上的演变,揭示判词在发展过程中,词语的专业化、句式的精确化、文本的程式化、逻辑结构的明晰化的发展特点。白建军的《法律实证研究方法》(北京大学出版社 2008 年版)通过一种实证研究方法,研究法官们实际上是怎样解释法律的,从各种活生生的解释中发现区别,进而展开比较和应然性阐释,并以此展开对死刑的实证研究。自我国恢复法制建设以来,中国法律制度经历了前所未有的巨大变革,法律职业的理念与行为也逐渐引起了学术界与实践部门的高度关注。刘思达的《失落的城邦:当代中国法律职业变迁》(北京大学出版社 2008 年版),采用社会学的研究视角,以当代中国法律改革的三个基本特征为起点,基于作者几年来对我国法律

第五章　回应实践能力的彰显

职业各个领域的实证调查,深入地审视、分析和反思中国法律职业的形成和发展过程中出现的诸多理论与实践问题,并为近年来方兴未艾的法律实证研究提供一些新的研究思路与方法。转型中国法律运行与司法问题,也引起人们的关注和研究。① 转型社会我国法官的角色是个复杂问题,法官在社会中扮演的角色,决定他的司法行为和具体策略。当代中国法官常常遭遇法律与社会之间的差距和矛盾,既背负着实现"程序正义"的现代法治理想的重任,又要面对社会"情理正义"观念的压力,其司法行为既要有"合法律性",又要有"合法性"。在法律效果与社会效果的双重压力下,法官角色呈现多元化特征。因此,法律正处于新制度创生的过程中,司法成为新制度的生成场域。②

法律方法论的思想资源,可以从中西方分别进行发掘研究。2008 年即出现这方面一些成果。有人认为,大陆法系的法律方法,已经历了从法律涵摄、法律解释,到法官续造,直到法律论证的嬗变轨迹,在这种嬗变的背后,首先是一个从"逻辑至上"论与"法典万能"论,向"法律缺陷"论、"法律漏洞"论再到"平等对话与沟通"理论的思想转变过程。这一切对于中国的法治事业及法律方法研究不无启示与借鉴作用。③ 拉伦茨的《法学方法论》中译本所据为学生版,略去了19 初到 20 世纪上半期的方法论历史(16 开版式约 120 余页)。有人依据该书 1991 年全文版,依次简要介绍书中对萨维尼、概念法学、利益法学、自由法学、纯粹法学、新康德主义、新黑格尔主义和现象学等学派有关方法论的认识。④ 有人对英语世界法律方法学派思想,如现实主义法学、法律实证主义做了考察研究。⑤ 疑难案件也是各法学流派注重研究的,梳理当今一些主流法哲学派别在此问题上的分析和反思,将有利于

---

① 蒋剑鸣等著:《转型社会的司法:方法、制度与技术》,中国人民公安大学出版社 2008 年版;张洪涛:《国家主义抑或人本主义——转型中国法律运行研究》,人民出版社 2008 年版;朱晓阳:《面向"法律的语言混乱"——从社会与文化人类学视角》,中央民族大学出版社 2008 年版。
② 参见吴英姿《法官角色与司法行为》,中国大百科全书出版社 2008 年版;陈洪杰:《论法官的角色扮演与功能担当》,载张卫平主编:《司法改革论评》(7),厦门大学出版社 2008 年版。
③ 胡桥:《现代大陆法系法律方法的嬗变轨迹及其背后》,载《政治与法律》2008 年第 11 期。
④ 张青波:《拉伦茨对法学方法论前史的评述》,载郑永流主编:《法哲学与法社会学论丛》(12),北京大学出版社 2008 年版。同作者对德国克里勒理论的研究,可参见张青波《马丁·克里勒的法律获取理论》,载 http://www.legaltheory.com.cn/info.asp?id=12000(最后访问日期:2008-11-18)。
⑤ 李安:《从心理学法学到法律现实主义》,载《杭州师范大学学报》2008 年第 2 期;许小亮:《法实证主义的方法论特质》,载《中外法学》2008 年第 3 期。

人们更好地理解疑难案件的性质及其裁判问题之所在。① 关于经济分析法学对疑难案件的处理,有人认为,古代和现代处理疑案的各种司法策略大体遵循同样的经济学逻辑。②

中国历史上法律方法思想也得到发掘。(1)有人认为,守经和行权是古典司法的两种基本样态。行权主张反经而善并怀其常经,是一种坚持原则又灵活运用的法适用理论。权的实质是通过法律的合理化解释,来解决个案中律法不可用的问题。法律的有效性处置和判决的合理性证成问题,是行权司法须面对的两个难题。由于缺失具体的方法指引,行权始终存在擅权和叛经失节的可能。③ (2)法律推理方面,有人以《墨经》首章为研究对象,在上篇以墨学诸家成果的对比研究及古文字考释陈列"成"式推理的步子,亦论证此推理的内在约束力的基础上,下篇主要讨论"成"式推理的特点与价值。概述了华夏"成"式特点,讨论了《墨经》"成"式与古典"成"式定罪的关系。在关键构成上,揭示亚里士多德 syllogism 推理体统与"成"式的类同。④ (3)在判决依据与法律渊源方面,有人认为,中国传统诉讼审判的判决依据表现出特殊的风格。其判决依据主要有依律判决、判例与类推判决及依情理和礼判决等。对此作以分析研究,将有助于加深我们对传统诉讼法律文化的理解,并吸收借鉴其中的有益部分为当今法治建设所用。⑤ 我国传统社会中适用的法律渊源主要是法、情、理。一些人认为,清代民事审判中适用的规范,主要是情理,而不是法律。对此,有人通过对50个祭田案件的实证分析,认为传统司法裁判祭田案件的主要依据是"情理"和祭田习惯,国家成文规条完全成为具文,具有强制性的家法族规也很少适用。与西方法观念迥异,传统法不是确定权利义务的规则体系,司法主要关注的也不是具体规则和案情之间的对号入座。法和司法皆服从于威慑教化功能之充分发挥。⑥ 中国法律近代化的主要难题是如何处理好法律移植问题,也就

---

① 徐继强:《法哲学视野中的疑难案件》,载《华东政法大学学报》2008年第1期。
② 桑本谦:《疑案判决的经济学原则分析》,载《中国社会科学》2008年第4期。
③ 陈林林:《权、合理性与司法裁判——古典司法的一种样态考察》,载《浙江社会科学》2008年第4期。
④ 周兴生:《〈墨子·经上〉中"成"式法律推理约束力考论(上/下)》,载《重庆工学院学报》2008年第2/3期。
⑤ 李交发等:《略论中国传统诉讼审判的判决依据》,载《法学家》2008年第1期。
⑥ 胡剑:《不偏不倚 入情入理——清代光绪年间的一桩婚姻案件判例》,载《四川档案》2008年第2期;李启成:《功能视角下的传统"法"和"司法"概念解析——以祭田案件为例》,载《政法论坛》2008年第4期。

第五章　回应实践能力的彰显

是外来规则与固有习惯的沟通问题。民国时期大理院和最高法院运用公同共有法理裁决祭田案件，通过充分说理的形式对传统祭田惯例进行了符合近代社会发展的渐进改造，同时也注意到祭田习惯的特殊性。在这个过程中还发展了来源于西方的公同共有法理。这种力图沟通外来规则和本土习惯的思路当为今天的民事司法所借鉴。① 另外，有人对清末民初时期的宪法学方法论做了研究。② 这对于法律方法论研究的中国化都具有重要意义。

近年来的法律方法研究中，不少学者提出从立法中心向司法中心研究的转换。季卫东在上海交通大学凯原法学院冠名仪式上的致辞亦以为，当今的中国仍然处在所谓"立法者的时代"。因为编纂民法典的宏伟工程尚未竣工。但是，随着法律体系大致完备，诉讼案件正在迅速增加，并且日益复杂化。我们可以看到，不同利益集团的诉求以及各种社会冲突，正在源源不断地涌向司法渠道。法官和律师开始登上历史舞台发挥更积极的作用。与此相应，推动实用的法解释学发展便是大势所趋。法律应用技术的重要性正在日渐凸显。显而易见，中国即将迎来"解释者的时代"。③ 不过也有人认为，在反思立法中心主义研究范式与司法中心主义研究范式的基础上，还应当认真对待行政中心主义研究范式与民众中心主义研究范式。比较分析这四种法学研究范式，有助于促进不同研究立场之间的融合与沟通。④ 季卫东认为，中国法学理论界濒临着严重的衰退，应当对权力的赤裸行使产生的法律秩序的正当性危机有所关注。解决这种软实力匮乏形成的危机，就要有充分权威的法律。在法律与社会的互动中进行的理论创新，有助于提升中国的软实力。⑤

经过改革开放30年，我们远离了"无法可依"的时代。但在"有法可依"的状况下，我们是否"依"这些法？如果一部法律用意良好却实施不了，乃至实施难成为一种普遍现象，那么我们就不能不从制度上寻找问题的根源。⑥ 如近年来随着新《劳动法》实施伴随而来的是不少法律规避现象。因此，我们需要格外关注并认真对待法律的具体实施情况，近年来一系列有影

---

① 李启成：《法律近代化过程中的外来规则与固有习惯》，载《中国社会科学》2008年第3期。
② 郑磊：《清末与民国时期宪法学方法运用状况考察》，载《法学家》2008年第4期。
③ 另参见《中国法律评论》（第2卷），法律出版社2008年版，卷首语。
④ 喻中：《从立法中心主义转向司法中心主义？》，载《法商研究》2008年第1期。
⑤ 季卫东：《法学理论创新与中国的软实力》，载《上海交通大学学报》2008年第3期。
⑥ 张千帆：《我们真正信仰法律吗》，载《同舟共进》2008年第7期；张千帆：《规避新〈劳动合同法〉背后》，载《南风窗》2008年第18期。

响的个案尤其值得从法律方法论角度予以研究。如随着宪法学研究的深入,学者逐渐关注中国宪法事例,并运用宪法学原理来解读和分析中国的宪法问题。2008年来自北京大学、中国人民大学等诸多院校的六十多位专家学者探讨了2007年度影响中国宪政进程的重大事件。据了解,中国人民大学宪政与行政法治研究中心通过在中国宪政网上对2007年度全国发生的、具有影响的21个宪法事例进行在线投票,并结合专家评议意见评选出了"2007年度中国十大宪法事例":重庆"最牛钉子户"事件、山西黑砖窑事件、肖志军案件、69名专家学者签名建议废除劳动教养制度事件、劳动合同法的颁布与深圳华为公司7000员工辞职事件、山东淄博淄川区实行城乡按相同人口比例选人大代表事件、《政府信息公开条例》的制定、厦门PX项目事件、上海市人大否决上海市政府医保议案事件以及广电总局对娱乐节目和"选秀节目"的限制。此次入选的事件涉及宪政发展中国家机关的建设、违宪审查、宪法中公民基本权利的保护等问题,具有典型的意义,反映出宪法作为基本法在法治建设中的作用越来越明显。① 特别是北京宋庄画家宅基地案,因为小产权房引发的诉讼,成为国内外普遍关注的一个样本,引起众多媒体和专家的关注。看似一桩普通的购房合同案件背后却是宪法确定的集体土地所有权和国家土地所有权之间的平等问题——即农民集体所有的土地究竟能否自由处分?②

2008年,对现实关注还表现在对重大案件的关注与研究。引起学界热烈研讨的案例如反歧视研究、几年前的"泸州遗赠案"、肖志军拒签事件、"彭宇案"在2008年仍有反映。当然,2008年研讨最热的恐怕要数"许霆案"。谢望原主编的《许霆案深层解读——无情的法律与理性诠释》(中国人民公安大学出版社2008年版)一书详细记述了许霆案件的始末,将许霆案如何定性问题划分了几种论点,并对案件过程中众多专家学者的理论观点进行了收录和整理,另从论坛、新闻、媒体、海外等多角度对这一案件进行了深入的分析和理论探讨。此外,对该案还有期刊上发表不少论文。③ 网络

---

① 胡锦光主编:《2007年中国典型宪法事例评析》,中国人民大学出版社2008年版。
② 杨福忠:《公民财产权保障如何成为可能》,载《判解研究》(第3辑),人民法院出版社2008年版。
③ 高艳东:《从盗窃到侵占——许霆案的法理与规范分析》,载《中外法学》2008年第3期;顾培东:《公众判意的法理解析——对许霆案的延伸思考》,载《中国法学》2008年第4期;张明楷:《许霆案减轻处罚的思考》,载《法律适用》2008年第9期;游伟:《许霆盗窃案涉及的法律关系梳理及反思》,载《法律适用》2008年第9期;蔡宏伟:《"许霆案"与中国法律的形式主义困境》,载《法制与社会发展》2008年第4期。

上相关论文更是不计其数,其中不少是从法律方法角度所作的探讨。

不过,由于缺乏理论上的自觉,当前的案例研究在日益繁荣的表象背后掩盖着诸多的缺陷,主要表现为:案例选择上的盲目、研究深度的不足、重要研究类型的欠缺,以及法官的过度参与等。在我国,即使不承认某些典型性案例具有先例拘束性的作用,但先例性规范的抽取及其适用范围的限定作为案例研究的重要类型仍然具有积极的意义。①

三、在法律思维中寻求智慧的方法

(一) 与法治要求相适应的法律思维探寻

我国法治基本还处于初步阶段,这就需要我们结合中国的实际与法制的要求进行切合实际的研究。法律思维模式是法治进程(特别是法学教育)中的重要问题。司法公正之实现要求司法者应该具有法律人思维,缺失法律人思维的司法者将很难确定法律真意。法律人思维应包含两个层面的内容:在理念层面,法律人应具有区别于普通人的方法论原则;在具体层面,法律人应具有操作法律的实际技能。② 2008 年对法律思维的特征与具体类型都出现不少研究。

1. 改革思维与法律思维的矛盾

改革思维是以制度与法律的改变为主要内容的,目前仍然属于我国的主导性思维形式。这跟法律思维的保守性是有矛盾的。法律思维的特质是其保守性,这与和谐社会建设的理路有吻合之处。在进行和谐社会的建设中,应当奉行司法保守或克制主义,并按这种思维选择所要运用的法律方法。③ 由亚里士多德最先提出的过去面向,是法律思维的核心特征。在近代,它是西方文明迅速发展的重要保障。但在现代,它却日渐面临危机。近代法律思维过于面向过去的不足、现代社会状况之"法化"与"非—法化"的推进、人类命运之事实一元与价值多元的交错,使法律思维在现代逐渐从单

---

① 解亘:《案例研究反思》,载《政法论坛》2008 年第 4 期。
② 董玉庭等:《司法语境下的法律人思维》,载《中国社会科学》2008 年第 5 期。
③ 陈金钊:《法律人思维的保守性——和谐社会建设中的法官意识形态》,载《学习与探索》2008 年第 1 期。

纯地面向过去,转变为了既要面向过去,又要面向现在,还要面向未来的全时间面向。① 法律思维从理论描述上看是一种确定性思维。但法律思维所追求的确定性与法律本身的不确定性之间是存在矛盾的,这是缠绕法学研究者的重要问题,影响着对法律思维的界定。有人从法律的历史性和规范性维度,从方法论的视角来解读法律的确定性。② 自从 20 世纪初美国的法律现实主义者提出法律不确定性后,法律不确定性问题便成为法律理论的一个焦点问题。法律不确定性要求我国法治建设的重心应当从立法转向司法。③ 法律思维的确定性关乎裁判的合法、合理与正当性。有人认为,裁判的合理性体现在妥当的理由、主体间的共识之上。研究裁判合理性理论的关键词是有效性、融贯性和正确性。裁判合理性的研究为认识审判实践提供了新的视角和评价依据。④ 这显现出法律思维与其他思维的交叉。

2. 法律思维离不开逻辑的运用

根据法律进行思维是法律思维的首要特征,因而法律体系关系到思维根据。有人对法律体系进行研究,认为法律体系的理想形象是人们所建构起来的民族国家的政治法律形象的一部分。我国提出"形成有中国特色社会主义的法律体系"这样的任务,绝不是为了体系而体系,而是为了实现国家正式法对社会关系的全面支配的法治理想。⑤ 法律体系跟体系思维相关。公理法在构筑法学理论体系时具有重要作用。⑥ 针对法律体系的建构,不同学派在方法选择上存在分歧,概念法学借助于抽象概念建构体系;利益法学以利益裁断间的关联为切入点建构体系;而评价法学则选择法律原则进行体系建构。为了维护法律秩序的统一性,立法者、执法者和司法者均应自觉贯彻体系思维,法学研究工作者也应致力于法学中的体系性研究。⑦ 法律体系的完善有利于司法过程中的法律识别。有人对逻辑思维做了研究,认为逻辑思维的作用领域很广泛,包括立法、案件侦查、法律事实认定领域,以及法律推理、法律论辩和法律论证领域等。但逻辑思维在法律事实认定、法律

---

① 张利春:《现代法律思维时间面向的转换》,载《法制与社会发展》2008 年第 2 期。
② 蒋传光等:《法律确定性的探寻》,载《法制与社会发展》2008 年第 2 期。
③ 邱昭继:《"法律不确定性":内涵、渊源及启示》,载《理论探索》2007 年第 6 期。
④ 蔡琳:《裁判合理性理论研究》,载《中国社会科学院研究生院学报》2008 年第 4 期。
⑤ 黄文艺:《法律体系形象之解构与重构》,载《法学》2008 年第 2 期。
⑥ 何柏生:《公理法:构筑法学理论体系的重要方法》,载《现代法学》2008 年第 3 期。
⑦ 梁迎修:《方法论视野中的法律体系与体系思维》,载《政法论坛》2008 年第 1 期。

推理和法律论证诸领域的作用是有限的。① 从思维类型的理性化程度的高低来考察,法律事实认定的思维类型大致可以划分为原始思维、经验思维、逻辑思维三种类型。逻辑思维在法律事实认定中则占据了绝对主导地位。法律事实认定中的逻辑思维是法制现代化进程中应当倡导的思维方式,也是法律现代化的一个重要层面。② 类型思维也受到关注。有人认为,传统的抽象概念式思维倚重逻辑涵摄,排斥价值判断,无法保证法官的正当裁判。作为一种价值导向的思考方式,类型思维以其开放性、整体性等特征,克服了传统法律思维之不足,有助于司法者做出适切评价,因而在法学领域得到广泛应用。③ 法律与数学存在相似之处:个案分析表明,数学证明中的病例排除法、例外排除法、辅助定理整合法对评判裁判者的解释是有启发的。但由于数学命题与规范命题的差异以及法律解释自身的特殊性,数学思维在解释中的"运用",终究只是一个表象、一种修辞。④ 关于文学思维在法律中的运用,有人认为故事文学的利用可以削弱甚至消除司法中的一些争论,从某种角度更好地实现司法公正。⑤

(二) 以开启智慧为目标的法律方法概念

近年来国内法律方法论研究虽有一定进展,但在中国法律实践语境下,我们没有形成自己的研究体系、特色和问题域,解决中国问题的智慧在研究中没有展现出来。因而很多问题从基础做起还有其必要性。《求是学刊》在2008年第5期组织了关于法律方法概念的专门讨论,对法律方法概念的研究有重要意义,它是建立学科体系的逻辑起点。法律方法是方法论中的特殊领域,其特殊性表现在法律原则、规则与程序本身就是维护权利、保障秩序的方法。各种法律方法,我们在对其研究的时候是单独的方法,但法律人运用的时候却是综合性的,从这个角度看,法律方法的实质是智慧地达到目标的法律思维方式。⑥ 有人认为,法律方法是规范、指导法官做出合理的法律结论,并对该结论予以评价的规则和标准,其核心是对法律思维予以明确的规范和约束。法律方法应具有规范性、构建性、评估性等功能,应该遵守

---

① 杨建军:《逻辑思维在法律中的作用及其限度》,载《华东政法大学学报》2008年第5期。
② 杨建军:《原始思维、经验思维和逻辑思维》,载《法律科学》2008年第4期。
③ 梁迎修:《类型思维及其在法学中的应用》,载《学习与探索》2008年第1期。
④ 陈林林:《法律解释中的数学思维》,载《求是学刊》2008年第1期。
⑤ 刘星:《司法决疑与"故事文学"利用》,载《清华法学》2008年第3期。
⑥ 陈金钊:《法律方法的概念及其意义》,载《求是学刊》2008年第5期。

普遍的智力标准。①

有人主张用"法学方法论"之称谓,认为法学方法论中的"法学"指的是法教义学,是对法学方法的反思和理论化。法学方法是法律人将现行有效的法律规范适用于个案纠纷获得一个正当法律决定的过程中所使用或遵循的方法。法学方法具有评价性、体系性和分析性。相对于其他法学分支,法学方法论与法律实务联系得最为密切,在法学体系中具有独特的地位与功能。② 但是不少人主张用"法律方法(论)"。目前中国法学界有关法学方法抑或法律方法称谓的争论实际上是一场有关捍卫司法领域法律自足性的争论。从捍卫法治的确定性和司法场域法律自足性的角度来看,采取"法律方法"称谓更能捍卫和彰显司法的最终权威性。这也是对西方法律方法这一舶来品的中国语境的解读及其基本立场。③

法律方法的概念及性质问题也受到关注。近年来,国内一些学者否定法律方法自身的存在。但实际上,法律方法的研究本身即体现了一种建设性的研究方向。在反驳那种法律方法否定论观点的基础上,有人探讨了法律方法所具有的规范性、教义学属性和实践性等特征。在我国法治化进程中,法律方法的合理功能应予重视,国内法律学者需要认真对待法律方法。④ 也有人从事物本质、法律原理、司法经验、社会常识四个方面来论述法律技术的正当性依据。⑤ 从概念上,法律方法的研究是以法律适用为中心,从微观的视角来谋求法律自身的学问。作为一种职业性思维与技术,法律方法旨在处理事实与规范之间对立与紧张的难题,从而追求个案中法律判断的合法性与正当性。⑥ 法律方法论体系属于实用法学中的基础理论问题。从司法的视角看,法律发现、法律解释、法律论证、价值衡量、法律推理以及支持这些方法的诸多法学原理构成了法律方法论体系。⑦

(三)法治实现的思维路径:法律渊源与法律发现

法律发现是指法律人在法律渊源的范围内探寻针对个案的法律。这是

---

① 张传新:《法律方法的普遍智力品格及其限度》,载《求是学刊》2008年第5期。
② 王夏昊:《法学方法论的概念及其地位》,载《清华法学》2008年第1期。
③ 王国龙:《"方法"称谓之争抑或法律观之争》,载《求是学刊》2008年第5期。
④ 焦宝乾:《法律方法的性质与特征》,载《浙江社会科学》2008年第1期。
⑤ 胡玉鸿:《法律技术的正当性依据》,载《法治论坛》2008年第2期。
⑥ 焦宝乾:《"法律方法"的用语及概念解析》,载《甘肃政法学院学报》2008年第1期。
⑦ 陈金钊:《法律方法论体系的"逻辑"问题》,载《政法论丛》2008年第4期。

法律思维的"规范性"之所在,属于法律方法论的基础理论部分。关于国外法典化的研究,有人认为,在大陆法系国家,一方面,判例法的法源地位已越来越普遍地被认可;另一方面,在传统的基本法典之外,出现了大量的单行法规,呈现出所谓的解构法典化趋势。① 有人对对法国环境法法典化的原因、过程和方法进行了详细的分析。② 国外的判例制度也受到人的关注。2008 年 9 月 28 日,在北京航空航天大学法学院举办了"大陆法系的判例制度——成文法系中的判例和成文法的关系"座谈会。

国内法律渊源研究中,有人以立体的、动态的视角探究民事法律渊源的实质内涵及运用手段。作者将法律原则、习惯、道德律、学理等均作为扩张的民法渊源加以对待。③ 民法典是建构和生成的统一,它需要大量的单行法、习惯法和判例的支撑。中国民法的法典化是必须的,但同时也是有限度的。当下的中国应该建立有自己特色的判例制度,运用成文法和判例法的双重调整机制,发挥司法造法的作用,继续完善民事单行法律,在成文法和判例法的互动、协调的过程中不断地确认和发展民事权利,及时回应民事关系调整的需要。④ 有人对有关判例制度的必要性与可行性做了研究。⑤ 在 WTO 争端解决中,无论是上诉机构的观点,还是上诉机构和专家组的实际做法,都体现出明显的案例法的指导作用的特点。与普通法制度不同的是,WTO 的案例都是依据 WTO 规则的解释形成的,并非独立于 WTO 协定的法律渊源。⑥

习惯与习惯法是法律渊源的两种形式。虽然这两种法源范围有不断缩小的趋势,但依然是法律人发现法律的重要场所。2008 年出版了几部习惯法方面的专著,如高其才的《中国习惯法论》(修订版)(中国法制出版社 2008 年版)分析了中国宗族习惯法、村落习惯法、宗教寺院习惯法、行业习惯法、行会习惯法、秘密社会习惯法、少数民族习惯法的内容和作用,讨论了习惯法的现实表现。汤建国、高其才主编的《习惯在民事审判中的运用——江苏省姜堰市人民法院的实践》(人民法院出版社 2008 年版)介绍了姜堰市

---

① 刘兆兴:《比较法视野下的法典编纂与解法典化》,载《环球法律评论》2008 年第 2 期。
② 彭峰:《法国环境法法典化研究》,载《环境保护》2008 年第 4 期。
③ 姚辉:《论民事法律渊源的扩张》,载《北方法学》2008 年第 2 期。
④ 季金华:《成文法与判例法:双重调整机制中的民法典问题》,载《江苏社会科学》2008 年第 4 期。
⑤ 刘亚妮等:《建立行政判例制度的必要性研究》,载《中国人民公安大学学报》2008 年第 1 期;黄楠:《判例法在中国建立的可行性分析》,载《科教文汇》2008 年第 1 期。
⑥ 韩立余:《WTO 争端解决中的案例法方法》,载《现代法学》2008 年第 3 期。

人民法院将善良风俗引入民事审判工作的七个指导意见和说明,总结了习惯在民事审判中的具体运用,分析了习惯在审判中运用的法律依据、原因和积极效果,探讨了习惯在民事审判中运用的理论意义。陈苇的《当代中国民众继承习惯调查实证研究》(群众出版社2008年版)是新中国成立以来第一次在我国大陆选择具有一定代表性的省市进行的较大范围的当代民众继承习惯调查。全书共分为中国民众继承习惯调查实证研究概述、北京市民众继承习惯调查实证研究、重庆市民众继承习惯调查实证研究等五章。我国在民法典制定中,相关法律实施中的社会认同问题亦很重要。要想使民法典能够真正走人民众的生活,很重要的一个方面就是发掘固有的民事习惯,将民事习惯与民法典的原则进行整合。苗鸣宇的《民事习惯与民法典的互动——近代民事习惯调查研究》(中国人民公安大学出版社2008年版)对此方面做了一定研究。

在实务界,构建和谐社会也对司法提出要求。司法活动需要整合各种资源,民俗习惯的司法运用也就开始越来越多出现在大家的视野中,司法实践者也不再满足于在审判过程中对于民俗习惯遮遮掩掩的适用或以坚守法律规则为大旗否定其价值。《法律适用》在2008年第5期特别策划"民俗习惯的司法运用",围绕民俗习惯司法运用的价值和可能性以及难点问题作出实证基础上的分析,同时力图将视野拓展至更高的理论层次,约请专家精辟分析了习惯的价值和在中国司法中面临的问题。[①] 近年来,国内学界对民间法的研究一直比较热。

(1)关于习惯法的意义,在我国法制建设由传统向现代变迁的过程中,民事习惯并没有因为法制的现代化而淡出历史舞台,它与国家的制定法在法律实践的过程中发挥着同样重要的作用,从而成为法的渊源。[②] 有人认为,处理好农村习惯法与国家制定法的关系,对于推进社会主义新农村建设具有积极意义。农村习惯法与国家制定法之间,既有法的目的等方面的一致性,也在法的规范、法的实施、法的价值等方面存在矛盾和冲突,习惯法对国家制定法在调整范围、功能方面还有一定的补充作用。[③] 但作为一种司法规则进行运用,民俗习惯必须具备一定的内在条件和外部条件。在理论和

[①] 刘作翔:《习惯的价值及其在中国司法中面临的问题》,载《法律适用》2008年第5期。同期刊登的另如江苏省高院课题组《民俗习惯司法运用的价值与可能性》。
[②] 李哲:《民事习惯在法律实践中的意义》,载《理论界》2008年第2期。
[③] 高其才:《试论农村习惯法与国家制定法的关系》,载《现代法学》2008年第3期。

实践中,民俗习惯的司法运用还欠缺一些必要条件,只有清除这些障碍,民俗习惯的作用才能得以有效发挥。①

(2)关于习惯法的运用,有人考察认为,基于我国的社会实际,习惯等民间规范在纠纷解决和基层司法中的作用远远大于立法,而其作用方式主要是通过调解由当事人选择适用,同时在审判中以经验法则、自由裁量和个案衡平等方式出现。民间规范最适宜的生存与作用空间是在民间社会和自治领域,因此司法机关的使命是支持基层自治、通过司法审查制约民间规范的合法作用,以及平衡国家法律与民间规范之间的冲突。② 在司法实践中,只有经过证明的民间习惯才能作为法律渊源而得到法官的引用,该证明义务应由主张习惯的一方当事人承担。识别相关案件中的民间规则乃是法官的职权,在当下中国属于自由裁量的范畴。③ 还有人对习惯法在民法、刑法、诉讼法等领域的具体运用做了研究。

有人对法源的冲突解决做了研究。如杨登峰的《新旧法的适用原理与规则》(法律出版社2008年版)对不溯及既往原则的理论基础、不溯及既往原则的例外及其在实践中遇到的疑难问题作了深入地研究和讨论,并对"新法优于旧法"、"从旧"、"从新"、"从优"等一系列相关适用规则的含义、适用范围、各规则之间的关系及其应用中的若干技术问题作了讨论,旨在为法律适用提供理论上的依据。有人认为,在宪法关系上,全国人大与全国人大常委会并不是同一机关,当全国人大制定的基本法律与全国人大常委会制定的非基本法律的效力发生冲突时,不能简单适用"新法优于旧法"原则,应通过合理的立法政策,建立有利于保障基本法律效力的机制。④ 还有人研究了"特别法优于一般法"规则的适用问题。

关于法律发现的路径。有人认为,裁判规范应当首先在制定法中寻找与确定。法律规则和法律原则作为正式法源毫无疑问地成为法律发现的形式。此外,各种能作裁判依据的非正式法源也是法官进行法律发现的形式,可以在适当条件下选取为裁判之依据。⑤ 法律推理前提之获得又称为法律发现,一度被视为是心理学的研究议题。法律前提的获得虽然可以从思维

---

① 徐清宇等:《民俗习惯在司法中的允许条件及障碍消除》,载《中国法学》2008年第2期。
② 范愉:《民间社会规范在基层司法中的应用》,载《山东大学学报》2008年第1期。
③ 王林敏:《论民间法的识别》,载《山东大学学报》2008年第5期。
④ 韩大元:《全国人大常委会新法能否优于全国人大旧法》,载《法学》2008年第10期。
⑤ 魏胜强:《有关"法律发现"的几点思考》,载《理论探索》2008年第2期;邱爱民:《论法律发现的形式》,载《扬州大学学报》2008年第2期。

与推理的双重加工理论这一新近的心理学研究成果进行普通的阐释,但更要从能够体现法律领域特点的法律认知上进行解读。① 法律渊源作为一种规范性理论"规定了"发现法律场所,但发现法律又不是机械地活动,它是灵活、智慧地实现法治的重要途径。

(四) 法律思维的学理根基:法教义学研究

有人形象的指出,当代中国法学在短短的二十余年之间,有了长足的发展,我们有了两三万人的法学研究队伍和五六百所法学院系,的确产生了一些优秀的学者。可是,的确也鱼龙混杂。远眺一派人多势众的景象,近看是不少人花拳绣腿的热闹,细察是看家本领基本功的欠缺。法学中有相当一部分的主题,原本就具有大众性,"专业槽"比较低,所以法学就成了人人可参与的热门"学问"。在没有方法意识的所谓"学术"之中,自然就谈不上有成熟意义上的法学。② 也有人认为,正统法的定义突出了"意志"的地位,而"意志"的最大特征是偶然性和主观性。将偶然性和主观的事物作为核心研究对象,使得法学至今难以发展出属于自己的科学方法论,同时也很难称得上一门具有科学品质的学科。法学应该讨论实在的现象,应把真正有效的规则作为研究对象,同时把"伪规则"摒除在外,并在深入理解规则过程中,发展法学自己的科学方法论。③ 法学是一种规范学科,而规范之学在西方往往是在法教义学视域下进行研究。

法理学和一些部门法学者越来越关注法教义学的研究。④ 对规则的研究离不开对法律实证主义的研究。《法哲学与法社会学论丛》(12)收录了 2007 年 11 月在中国政法大学举办的"法律与权威"研讨会笔谈,分为三个主题:(1) 权威的一般理论;(2) 权威与法律理论;(3) 权威与服从法律的

---

① 李安等:《法律推理前提如何获得》,载《法律科学》2008 年第 2 期。
② 孙笑侠:《作为职业知识体系的法学——迈向规范科学意义上的法学》,载《现代法学》2007 年第 4 期。
③ 俞江:《历史深处看规则——论规则作为法学研究的中心》,载《法制与社会发展》2008 年第 1 期。
④ 孙笑侠:《法学的本相——兼论法科教育转型》,载《中外法学》2008 年第 3 期;许德风:《论法教义学与价值判断——以民法方法为重点》,载《中外法学》2008 年第 2 期;高秦伟:《反思行政法学的教义学立场与方法论学说》,载《政法论坛》2008 年第 2 期。

义务。学界在 2008 年对规范分析方法做了不少探讨。① 这种研究进路跟法律方法论是一致的。如有人认为,有关类比推理产生原因的讨论非常缺乏。类比推理的运用来自于规则的普遍性之外的特例——潜在包含,只有了解这一点,才能准确把握类比推理的重要性就在于规则的目的。② 近年来大陆法学界从法律方法论的角度,对法律原则与法律规则的性质、地位、效力及适用问题展开研究,提出了许多富有启发的见解。有人指出,法律原则固然是法律所致力实现的价值,但法律事业主要是一种用规则来玩的游戏,即通过规则的中介实现其背后的原则。规则存在的必要性,来自于原则作为理由的不完全性。其主要功能在于将一个不完全的原则具体化,或者确定冲突原则的特定解决方案。③ 有人认为,法律规则属于为行动提供理由的指导性规则。行动理由存在一阶理由与二阶理由两种基本类型,其中前者包含自行权衡,而后者排除自行权衡。法律规则显然属于二阶理由,因此依据规则的裁判实际上是排除裁判者依据一阶理由自行判断的过程,只有法律规则才能成为法律推理的基础。但是由于规则本身存在正当化上的缺陷,因此作为一阶理由的道德理由在特定情形之下将会取代法律规则在法律推理中的地位。④ 而法律原则跟法律论证也有很大的关联,有人指出,用原则断案时,有着较为严格的论证要求,这是因为原则相对于规则的刚性,具有柔性的特征,在适用原则时会带有较多的价值判断和自由裁量。较之于"泸州遗赠案","里格斯诉帕尔默案"的成功之处很大程度上在于其充分的论证。⑤ 另有人从原则和规则的关系理论出发,将原则和规则化为"裁量性规则"和"客观性规则"。其中,裁量性规则为"是否适用该原则"的前提性判断依据,而客观性规则是将原则适用的法律后果予以制度化。这在民法诚信原则和情势变更原则的法律适用中有充分体现。⑥

---

① 谢晖:《论规范分析的三种实证方法》,载《江海学刊》2008 年第 5 期;魏治勋:《法律规范结构理论的批判与重建》,载《法律科学》2008 年第 5 期;魏治勋:《"规范分析"的概念分析》,载《法学论坛》2008 年第 5 期;雷磊:《法律规范冲突的含义、类型与思考方式》,载陈金钊等主编:《法律方法》(7),山东人民出版社 2008 年版。
② 陈景辉:《规则的普遍性与类比推理》,载《求是学刊》2008 年第 1 期。
③ 范立波:《原则、规则与法律推理》,载《法制与社会发展》2008 年第 4 期。
④ 陈景辉:《规则、道德衡量与法律推理》,载《中国法学》2008 年第 5 期。
⑤ 张卓明:《用原则断案时的论证义务》,载《常熟理工学院学报》2008 年第 1 期。
⑥ 杨明:《论民法原则的规则化》,载《法商研究》2008 年第 5 期。

(五)法律思维的训练与传播:法律方法在法学教育中的作用

不少学者指出,近年来法学教育的过度膨胀已导致毕业生供求比例的失衡,由此造成法学教育的目的不明确,法学教育与法律职业脱节,许多本科毕业生不知自己何去何从。解决这方面的问题当然需要多方面的探索和努力。但在近年来法律方法论研究逐渐深入的情况下,如何探索和完善其在法学教育中的功能,是很值得研究的。

法律方法与法律思维在法学教育中的重要地位,在 2007 年法律方法论坛已经有一些学者对此予以探讨,2008 年对此方面的研究更为广泛。目前,我国法学教育既没有重视法律方法知识在法律人才培养中的作用,也没建立起较完善的训练法律技能的有效机制。法律方法教育是我国目前法学教育的薄弱环节,因此能够提高学生实践能力的法律思维应当成为法学教育中的重要内容。其具体培养途径就是引入法律方法的教学[①],法律思维、批判性思维均应成为法律人能力的培养内容。[②] 有人指出,法学教育的结果应是使学习者获得"渔"而不仅仅是"鱼";并对法律思维的意义及其与法律逻辑、法律方法、法律知识等要素间认识上的错误予以矫正;法律思维与法律知识的割裂性及非等量性,法律逻辑对法律思维作用的局限性,法律思维与法律方法的关联性与差异性等相关问题,以期在法学教育中为法律思维的培养独辟蹊径。[③] 关于法学教育的任务,有人认为,第一项任务,是要针对中国的社会发展需求,培养更多的合格的法律人;第二项任务,同样需要所有法学院共同努力才能完成,就是必须在学术智识上建立中国法治实践的正当性,即基于中国法治实践的经验,面对中国问题,对中国的法律制度、法治经验和做法予以具有知识的一般性和普遍性的系统阐述,使其成为中国当代文化、中国的软实力的一个重要组成部分。[④]

---

① 孙光宁:《法学教育视野内的法律方法》,载《河北师范大学学报》2008 年第 8 期;房文翠:《我国法律方法教育的反思》,载《现代法学》2008 年第 4 期;黄小英:《论法律方法在法学教育中的属性和意义》,载《经济与社会发展》2008 年第 6 期。从研究生阶段开始试点是比较现实的选择,可以从理论学习和实践探索两个方面,在教学相长中不断完善法律方法课程。见孙光宁《法律方法课程在法学研究生教育中的引入》,载《学位与研究生教育》2008 年第 11 期。
② 张静焕:《法律思维、法学教育与法律逻辑学教学》,载《重庆工学院学报》2008 年第 12 期;缪四平:《批判性思维与法律人才培养》,载《华东政法大学学报》2008 年第 4 期。
③ 李敏华等:《法律思维认识的矫正》,载《学术交流》2008 年第 8 期;陈骏业:《法律思维能力在法律高等教育中的核心定位及培养》,载《河北法学》2008 年第 2 期。
④ 苏力:《当下中国法学教育的两项根本任务》,载《中国大学教育》2008 年第 2 期。

第五章　回应实践能力的彰显

目前我国已经正式启动教育制度改革。[①] 培养既懂理论、更擅实务的实践型法律人才是我国大多数院校法学教育的努力方向。为此，一些法学院校在实践中进行了一些探索创新：如上海交通大学凯原法学院近年来在职业法律人的培养方式上进行调整或刷新。北京有些法学院通过培养具有丰富法律实务经验的"双师型"教师，出版法学核心课程系列特色教材与法学实践课程系列特色教材，开设庭审实务等实践性课程，在法学核心课程讲授中坚持以法条为中心、以案例为素材、以品牌教材为辅助的原则，建设校外实践基地，并辅以有效的教学质量监控体系，最终形成了富有特色的实践型法律人才的培养机制。[②] 有人主张以实务界推行的案例指导制度为契机进行法学教育改革。[③] 还有人研究了法学教育跟司法考试的关系。[④]

2008年，法律方法方面的教材开始出现，如郑永流的《法律方法阶梯》（北京大学出版社2008年版）、疏义红的《法律解释学实验教程——裁判解释原理与实验操作》（北京大学出版社2008年版）。另外还有一些侧重培养学生实践能力的教材，如尹丽华主编的《刑事诉讼法学实验教程》（法学实验课程系列教材，北京大学出版社2008年版）；杨松、佟连发主编的《法学实验教学探索与实践》（中国人民公安大学出版社2008年版）；马宏俊的《法律文书制作》（北京大学出版社2008年版）；刘淑莲的《庭审实务》（北京市法学品牌专业实践课程系列特色教材，北京大学出版社2008年版）；最高人民法院国家法官学院编的《法律教学案例精选》（中国政法大学出版社2008年版）。

但总体而言，法律方法在我国法学教育中依然还存在很多问题和不足。有人从法律技能的需求的视角，分析在制度层面分析技能教育为何在中国法学教育中发展不足和缓慢，认为这是法学院学生和教育者面时现有学科体制和由诸多社会因素构成的社会需求时的理性选择的结果。法律技能教育发展的关键不在于"重视"或"加大投入"，而在于中国社会的进一步发展和转型。[⑤] 司法是一门技艺，法官需要承担其职能，需要具备技艺理性。技艺理性由技术性知识与实践性知识构成。获得后一类知识，须依靠司法职

[①] 何苗：《法律人才培养体制改革大幕初启》，载《人民法院报》2008年11月30日，第4版。
[②] 李仁玉等：《实践型法律人才的培养探索》，载《当代法学》2008年第3期。
[③] 房文翠：《法学教育改革新导向：案例指导制度》，载《法律适用》2008年第6期。
[④] 谭世贵：《法学教育与司法考试的改革与协调》，载《法治论坛》2008年第2期。
[⑤] 苏力：《中国法律技能教育的制度分析》，载《法学家》2008年第2期。

业化的种种制度设计。① 从这个意义上,从法学院培养的学生并不应是毕业就能胜任各种法律实际工作。法学教育的培养目标需要重新予以审思和定位。在此过程中,既要避免以往乃至当前的法学教育严重与社会实践脱节那种情况,也要合理区分法学教育跟后续的职业培训,明确法学教育理应担负的使命。但法律方法论教育,应当是法学教育培养学生法律思维的必要一环。

四、恢复解释的本来面目、在和谐旗帜下衡量法意

解释已经被解释得面目全非,因而有必要恢复解释的本来面目,已经清楚的不需要解释,法律人直接运用就行了。不然就会在解释中丢失固有的意义。在法律解释原理方面,"法治反对解释"问题依然受到争议。法治反对解释的判断是对法律解释明晰性原则更为明确的一种说明。这一原则强调,法律条文所表述清楚的含义,只需要法官等法律人的认定,而无须进行意义添加或减损的解释。明确的法律必须执行,这是法治的基本要求。在现阶段,我国应该认真地对待规则,树立法律的权威,在反对解释的原则下逐步建设法治。② 反对论者认为,"法治反对解释"命题是一个假命题,法治反对的是过度解释;"认真对待法律规则"不能成为反对解释的理由;"对强制性规定反对解释"的命题需要具体分析;创造性解释不是司法过程的本质。无论克制主义的还是积极主义的解释方法,都是反对过度解释的。解释之于法治不是解释与否而是如何解释。③ 还有人认为,法治对解释的需要依然是有限的,至少是被限制在法治能够承受的范围之内。法治的根基归根结底是由大量的简易案件所支持的。法治与解释关系的结论是:第一,法治必须有能力将大部分案件转变为简易案件,或者说,排除解释,这是法治的基础性条件;第二,法治必须有能力容纳一定数量的疑难案件,并且能够承受这些疑难案件所产生的不确定性;第三,法律解释在一定范围内或程度

---

① 姚中秋:《技艺理性视角下的司法职业化》,载《华东政法大学学报》2008年第6期。
② 陈金钊:《"法治反对解释"命题的诠释——答范进学教授的质疑》,载《法制与社会发展》2008年第1期。
③ 范进学:《"法治反对解释"吗?——与陈金钊教授商榷》,载《法制与社会发展》2008年第1期。2008年的第二次商榷可见范进学:《通向法治之途的方法论——与陈金钊教授第二次商榷》;陈金钊:《反对解释与法治的方法之途——回应范进学教授》,载《现代法学》2008年第6期。

上的不确定性,为法律的演变提供了可贵的开放结构,也使得法治能够更好地适应变动的社会环境。① 有人认为,法官的法律解释活动由一系列琐碎的活动组成,这些活动可以分为发现、阐明、论证和判断。发现是法律解释活动的逻辑起点,阐明是法律解释活动的核心内容,论证是法律解释活动的说理部分,判断是法律解释活动的最终归宿。② 此外有人对法律解释的创造性、不确定性等问题做了研究。③

在法律解释的体制方面,有人认为,文政不分的中国古代传统使我国立法实践表现为一种富有诗人情结的浪漫主义立法实践。这不仅直接导致了我国法律的抽象性与社会不适应性,而且由这种抽象性衍生出的众多司法解释也正在事实上日益排挤并架空立法权,同时也在侵蚀着我国《宪法》所确定的权力配置法治框架。因而,应提倡一种注重细腻规则的实用的立法观与最高司法机关在法律解释上的克己与守法观。④ 一些研究成果涉及对《香港基本法》解释问题。有关《香港基本法》解释权的所有争议均源于《香港基本法》的混合特性。由于《香港基本法》第158条"是两种法律制度妥协的产物",它是导致《香港基本法》解释混乱和冲突的根源。总体上说,第158条蕴含着一种有待巩固确立的宪法秩序。⑤ 还有人对香港与内地在法律解释的体制、法律解释技术以及法律解释理念三个层面进行比较。⑥

在解释方法层面,有人对台湾"司法院"大法官解释方法做了研究。我国台湾地区"司法院"大法官凭借所谓"释宪"机制,在两岸关系发展中扮演着重要角色。其针对两岸关系,已作成法统型、权利型、制度型三类共16个解释。大法官在解释两岸关系时,综合运用了文义、论理、历史、体系等传统解释方法,以及"政治问题不审查"、"结果取向解释"以及"宪法解释宪法"等新兴解释方法。⑦ 有人对文义解释进行反思性重构,必然主张一种综合性的文义解释,抛弃纯粹的平义解释。⑧ 法律解释活动中,法官选用不同的解

---

① 范立波:《解释与法治》,载《法制日报》2008年4月6日,第10版。
② 魏胜强:《法官的法律解释活动解析》,载《华东政法大学学报》2008年第6期。
③ 韩成军:《法律解释的创造性》,载《江海学刊》2008年第1期;李伟:《法官解释确定性的内外视角》,载《法律科学》2008年第2期。
④ 黎四奇:《对中国浪漫式立法实践的批判与反思》,载《内蒙古社会科学》2008年第3期。
⑤ 朱国斌:《香港基本法第158条与立法解释》,载《法学研究》2008年第2期。
⑥ 李昌道:《香港基本法解释机制探析》,载《复旦学报》2008年第3期;仲丽媛:《香港与内地法律解释传统的比较研究》,载《华商》2008年第4期。
⑦ 周叶中:《论我国台湾地区"司法院"大法官解释两岸关系的方法》,载《现代法学》2008年第1期。
⑧ 王彬:《文义解释的反思与重构》,载《宁夏大学学报》2008年第1期。

释方法会带来不同的解释结果,但法官对解释方法的选用不是任意的,法官的选择受自身价值取向的支配。① 有人认为,司法中的伦理解释本质上是一种立基于正当性的价值论解释方法,它要求解释者在法律文本语义的最大化范围内,选择和适用最合乎法的制度伦理的含义。②

在和谐社会建设过程中,价值衡量(利益衡量)问题凸现出重要性。所以2008年对价值衡量问题的研究有所增多。对利益衡量的研究首先表现为对相关理论的探讨。如有人对日本民法中的利益衡量论——加藤一郎的利益衡量论和星野英一的利益考量论——做了研究。③ 法律原则的适用中,常常涉及到利益衡量方法的运用,有人对此做了研究。④ 有人指出,虽然不少法官对利益衡量概念和运用没有完整的和系统的认识,但利益衡量方法在司法审判实践中的运用却十分普遍。利益衡量的本质是一种主观作为,该方法在实践中的操作和规范并未引起理论界和实务界的足够关注。为此,有人对利益衡量的构成要件以及实践进路进行分析。⑤ 实际上,近年来学界对利益衡量方法的具体应用问题也作过一定研究,这主要体现在有关权利冲突、情与法冲突等场合。

五、支撑法律方法"脊梁"的是逻辑

虽然霍姆斯说过法律的生命不是逻辑,因为法律的生命是与人的理解共存在,它没有独立的生命,但是支撑法律方法存在并发挥作用的恰恰是逻辑,离开逻辑就没有法律方法。因而法律逻辑的研究依然是2008年的热点问题。法律推理方面的专著有王洪的《逻辑的训诫》(北京大学出版社2008年版),着重阐述了立法与司法的逻辑基本准则和基本方法,以揭示逻辑在立法与司法领域里应有的地位与作用。法律推理是形成公正判决的基础,

---

① 魏胜强:《价值取向与解释的选择》,载《山东警察学院学报》2008年第1期。
② 刘爱龙:《司法中的伦理解释及其限度》,载《法律科学》2008年第5期。
③ 张利春:《日本民法中的利益衡量论》,载陈金钊等主编:《法律方法》(7),山东人民出版社2008年版。
④ 王书成:《论比例原则中的利益衡量》,载《甘肃政法学院学报》2008年第2期;褚江丽:《我国宪法公共利益原则的实施路径与方法探析》,载《河北法学》2008年第1期。
⑤ 林怡:《论利益衡量原则的实践进路》,载《武夷学院学报》2008年第4期;〔英〕布莱泽顿·V.S.易兹:《谁该获胜?——论利益衡量方法在审判中的运用》,黄英等译,载《山东审判》2008年第2期。

第五章 回应实践能力的彰显

恰当阐释的法律客观性观念可以作为法治的基石。共同的社会文化背景、适当的法律推理思维方法、成熟的法律职业共同体三者的共同作用将为法律推理的客观性的实现提供保障。① 长期以来对逻辑的批判实际上建立在对逻辑误解的基础上。② 推论规则是逻辑学研究的核心内容。法律逻辑是一门应用逻辑,但它并不是形式逻辑的推论规则在法律领域中的简单运用,而是形式逻辑的推论规则加上法律领域中的特殊推论规则的结果。因此,法律逻辑中的推论规则与形式逻辑中的推论规则相比,既有共性的一面,又有个性的一面。其共性表现为形式逻辑的基本推论规则是构成法律逻辑中的推论规则必不可少的组成部分,其个性表现为法律逻辑中有着与形式逻辑中的推论规则所不具有的特殊推论规则——证明责任规则。③

传统研究主要用形式逻辑的方法讨论法律推理问题,但是,随着学者们对非形式逻辑研究的不断深入,研究者在法律推理中发现了越来越多的非形式逻辑特征。有人从法律推理的非单调性入手,分析了非形式逻辑与形式逻辑、形式化的关系,通过案例总结法律推理的基本特性,试图论证法律推理的非形式逻辑特征。④ 辩证推理是在大前提不明确或相互矛盾的情况下,借助辩证思维寻找或选择最佳的大前提以解决法律问题所进行的推理。辩证推理的大前提不像形式推理那样由制定法明确地规定,而是法官以价值判断基于特定语境的案件事实审视和选择出来的,法官对大前提的选择具有语用学的性质。⑤ 最高人民法院公报案例中蕴含的辩证推理模式主要有:运用法律精神和法律原则填补缺失的法律规则,以公平正义观念理解细化法律规则,根据司法实际确定法律规则。这些模式可为法律适用提供一种科学合理的确定法律规则的范式。⑥ 此外,有人从法学和逻辑学的角度研究了民事司法中的经验推理。

法律论证方面,《法哲学与法社会学论丛》(13)引介了国外经典的法律论证理论,着重介绍探讨了阿列克西的论证理论。2008年法律论证研究中,开始出现理论争鸣。有人认为,《法律论证:一个关于司法过程的理论神

---

① 李桂林:《法律推理的客观性及其实现条件》,载《政法论丛》2008年第3期。
② 张传新:《法律中的逻辑分析方法》,载《甘肃社会科学》2008年第5期。
③ 熊明辉:《论法律逻辑中的推论规则》,载《中国社会科学》2008年第4期。也有人指出,审判三段论不是严格的逻辑推理。因此,法律推理与严格的逻辑推理亦判然有别。周安平:《法学与科学及逻辑的纠缠与甄别》,载《江西社会科学》2008年第8期。
④ 赵利:《法律推理的非形式逻辑特征分析》,载《广州大学学报》2008年第7期。
⑤ 聂长建:《辩证推理中的大前提的选择》,载《政法论丛》2008年第5期。
⑥ 罗兴平等:《法律辩证推理及其良性运用》,载《陕西理工学院学报》2008年第3期。

话》一文误读了阿列克西的法律论证理论,误解了司法裁判的目标,也没有认清道德论辩的性质,更没能正确理解司法论证的理论细节,因而陷入了一种"整体性错误"之中。它企图用完全的外部性立场来消解司法裁判的规范性立场,用经验验证与权力决断来取代价值论证与正当性证明。这种社科法学的研究进路因为最终不能解决司法裁判中的"应当"问题,意义十分有限。① 这种争鸣有助于正本清源,推进国内相关研究的进展。

(一) 基本概念的研究

法律论证既是一种理性思维活动,也是一种职业技术与法律方法,因而法律论证一般被定位为一种法律方法。法律论证体现了当代法律方法论研究的重要成果。如何将法官作出的判决予以正当化、合理化,已经成为当今法律方法论研究的重要课题。法律论证充实并扩展了现今法律方法的内涵,法律论证范式在整个法律方法体系中具有十分重要的地位与意义。②

(二) 关于法律论证的合理标准问题的研究

有人认为,判决结论宣告了一种对双方当事人的未来将会产生重大影响的可能生活。其中,应得可能生活体现了公平、正义等法律价值,因而是具有可接受性的可能生活。合理法律论证的四个构成要件是法官为当事人建构应得可能生活的法律依据、事实依据、逻辑依据和制度保障。能否满足当事人需要以及当事人需要是否具有正当性,分别是当事人和法律职业共同体、社会公众判断司法判决是否具有可接受性的标准。③ 还有人对法律论证中的融贯论、论证的充分性做了不少研究。④ 有人认为,法律论证并非理想言谈环境中的充分论证,而是法律主导下的有限论证,能否取得共识难以确定。事实上,法律论证的真正作用在于其所设置的公开、平等和自由的表

---

① 雷磊:《法律论证何以可能?——与桑本谦先生商榷法律论证理论的基本问题》,载《政法论坛》2008年第4期。
② 焦宝乾:《法律论证及其在法律方法体系中的地位》,载《法制与社会发展》2008年第3期。
③ 张继成:《可能生活的证成与接受——司法判决可接受性的规范研究》,载《法学研究》2008年第5期。
④ 蔡琳:《融贯论的可能性与限度》,载《法律科学》2008年第3期;侯学勇:《麦考密克论融贯》,载《政法论丛》2008年第2期;侯学勇:《从法律规范的可反驳性到法律知识的不确定性》,载《内蒙古社会科学》2008年第1期;侯学勇:《融贯论在法律论证中的作用》,载《华东政法大学学报》2008年第4期;戚金霞等:《试论法律论证的充分性》,载《毕节学院学报》2008年第2期。

达机制,可以有效地抵抗论证者的恣意。①

(三) 法律论证的逻辑基础

法官作出判决的过程并非如传统涵摄推理模式所显示的那样直接。拉伦茨的"确定法效果的三段论法"也未能从根本上摆脱传统涵摄推理模式的某些缺陷。在法律论证理论中,为保证裁判的合理性与可接受性,必须重构使三段论完整所需要的要素。跟传统涵摄推论模式不同,法律论证的优势在于,具有比较清晰的规则和形式来使法律决定正当化。当然,三段论逻辑形式在法律论证中的运用也有一定的局限性。② 法律论证作为一般论证的特定形式,其逻辑取向是非形式逻辑,关注思维的实质内容。逻辑学多元化发展的特征表明,可以选择多种方式来描述推理并定义推理的正确性。各种演绎模式只能刻画证明性的论证。论辩性的论证过程则需要运用非单调逻辑的工具加以分析。③ 作为非形式逻辑和论辩理论核心主题的论证型式,也日益成为论辩的人工智能方法关注的焦点。论证型式表征日常论证的常见合情论证模式,它是一种语用结构,往往表达为可废止的肯定前件式。④ 此外,法律论证中的修辞论证也受到关注。

(四) 法律论证应用研究

如有人对环境权的法律论证、个案法律论证做了研究。⑤ 还有对专家法律论证的研究。中国政法大学疑难案件研究中心编的《中国法律专家论证案件全书》(中国政法大学出版社2008年版)是一本较权威的专家论证意见,从学理和实践两个方面论述,对案例的分析和处理,极具实际意义。还有一些论文对专家论证做了研究。⑥ 法律论证理论也被学者运用于宪法学、

---

① 贾敬华:《法律论证的效能:排除专断而非达成共识》,载《环球法律评论》2008年第6期。
② 焦宝乾:《三段论推理在法律论证中的运用》,载《求是学刊》2008年第1期。
③ 张晓光:《法律论证的逻辑取向》,载《政法论丛》2008年第3期;孔红:《司法论证的逻辑模式》,载《政法论丛》2008年第2期。
④ 武宏志:《非形式逻辑或论辩逻辑》,载《榆林学院学报》2008年第1期。
⑤ 吕忠梅等:《环境权的法律论证》,载《法学评论》2008年第2期;杨贝:《合法律性论证与合理性论证——从南京彭×撞人案一审判决书谈起》,载《法治论坛》2008年第2期。
⑥ 李伟:《试司法中的专家论证意见》,载《西安电子科技大学学报》2008年第2期;朱海兰:《专家法律意见书与"法院之友"的比较分析》,载《湖北行政学院学报》2008年第3期;赵雪丽等:《专家论证与精英法治在中国》,载《安徽文学》2008年第7期;聂昭伟:《对专家论证并出具法律意见现象的重新思考》,载《中南财经研究生学报》2008年第1期。

诉讼法学等部门法学领域,推出一些应用研究。①

(五) 论辩方法也属于法律论证的一种方法

法律论辩是通过交互对话或商谈为法律行为提供合法性、正当性理由的证明活动。它承载着一项重要的使命,即寻求达致司法公正、实现社会正义之方法。通过运用辩论方法,实现个案裁判之公正,彰显法治之目标。② 法律论辩作为一种思维过程,它具有可分析性、可建构性以及可评价性等若干方法论特征。合理运用法律论辩的建构与评价的方法,可有效优化具体的法律论辩。③ 当然,对话方法也有自身的局限,需要我们在司法过程中予以警惕。2008年在此方面出版了不少译著、专著。如〔美〕格里·思朋斯的《胜诉法庭辩论技巧》(牟文富等译,上海人民出版社2008年版);顾永忠的《中国式对抗制庭审方式的理论与探索》(中国检察出版社2008年版);田文昌的《中国名律师辩护词代理词精选》(法律出版社2008年版);韩嘉毅的《大律师精彩刑辩系列:刑辩路上的梦》(中国法制出版社2008年版);张伟军的《公诉人法庭辩论实务与技巧》(中国检察出版社2008年版)。

六、部门法方法论

(一) 宪法与行政法学

2008年宪法学方面的理论专著主要包括韩大元主编的《比较宪法——宪法文本与宪法解释》(中国人民大学出版社2008年版);欧爱民的《宪法实践的技术路径研究——以违宪审查为中心》(法律出版社2007年版);张翔的《基本权利的规范建构》(教育部哲学社会科学研究后期资助项目,高等教育出版社2008年版);陈道英的《日美司法审查比较研究——以司法消极主义为视角》(人民出版社2008年版)。还有一些宪法事例方面的著作,如韩大元主编的《中国宪法事例研究》(2)(法律出版社2008年版);胡锦光主编的《2007年中国典型宪法事例评析》(中国人民大学出版社2008年

---

① 如余净植:《宪法中的法益衡量:一种可能的重构》,载《浙江社会科学》2008年第2期;梁智刚:《浅析法律论证理论视域中的民事诉讼理论》,载《政法学刊》2008年第1期。
② 张超:《试论司法过程中法律论辩的意义》,载《理论界》2008年第10期。
③ 余芳等:《法律论辩建构与评价的方法论探析》,载《湖北社会科学》2008年第9期。

版),对2007年发生在中国的最具社会影响力和研究意义的宪法事例进行评析和研究。还有些基于我国社会学经验调查,对平等权的一些实证研究,如周伟的《反歧视法研究:立法、理论与案例》(法律出版社2008年版);李傲的《中国性别平等状况调查报告》(中国社会科学出版社2008年版)。

2008年行政法学方面的理论专著主要有张淑芳的《行政法援用研究》(中国政法大学出版社2008年版);刘善春的《行政审判实用理论与制度建构》(中国法制出版社2008年版);杨海坤主编的《行政判例研究》(中国民主法制出版社2008年版)等。

改革开放三十年,我国宪法学取得了很大的发展,特别是方法论的自觉与合理运用是宪法学发展的基础与标志。随着宪法实践的发展,学者们以更开放的学术视野努力建立具有专业性、综合性与多样性的方法论。[①] 如何研究宪法学？近年来随着法学方法论研究日益升温,上述问题越显重要。方法论运用的熟练标志着一个学科的成熟。为了彰显宪法学的学术品格,尤其要重视其研究方法。为此,《江苏行政学院学报》2008年第4期编发了"宪法学方法论笔谈"。此外,2008年还有更多宪法学方法论方面的研究成果。[②] 方法多元化的现象已次第呈现于我国宪法学界,"宪法解释学"与"规范宪法学"是于此背景中出现的两项方法风格,通过两者的对话,宪法学方法论的智识结构可大致地展现为两个层面:围绕实定宪法秩序以及在此基础上适度地保持宪法学方法论的开放性。由此,虽然两项方法风格从不同的角度阐述各自的学术主张,但无论从理论结构还是内涵上,两项方法论诉求之间更多的体现出交叠共识。[③] 针对"规范宪法学与宪法解释学是否可能"的问题,有人结合中国独特的语境做了研究和探讨。[④] 宪法的原则性、政治性和最高法位阶性,使宪法解释不同于一般法律解释,有人对此做了研究。[⑤]

还有不少成果从具体方法应用角度予以研究。如有人对宪法文本分析

[①] 韩大元:《中国宪法学研究三十年:历史脉络与学术自主性》,载《中国法学》2008年第5期;韩大元:《中国宪法学方法论的学术倾向与问题意识》,载《中国法学》2008年第1期。

[②] 韩大元、张翔《宪法文本研究的自觉与反思》,载《法学家》2008年第1期;刘国:《论宪法的裁判规范性及其适用类型》,载《社会科学家》2007年第6期;上官丕亮:《当下中国宪法司法化的路径与方法》,载《现代法学》2008年第2期;上官丕亮:《论宪法在普通诉讼中适用的正当性》,载《学习与探索》2008年第3期;欧爱民:《论宪法实施的统一技术方案》,载《中国法学》2008年第3期等。

[③] 韩大元等:《宪法解释学与规范宪法学的对话》,载《浙江学刊》2008年第2期。

[④] 林来梵:《宪法解释学的"可能"》,载《法制日报》2008年5月12日,第10版。

[⑤] 刘国:《宪法解释的特质》,载《甘肃政法学院学报》2008年第4期。

与解释方法进行研究。① 基本权利的解释问题②、合宪性解释及原旨主义解释也受到人们关注。③ 还有些成果直接涉及如公共利益、人格尊严等宪法概念及个案的研究。④ 法律原则的宪法适用问题也受到一些研究。⑤

在行政法学领域,法律方法论研究成果比较集中于司法与执法的合法性问题上。如有人认为,英国、法国法院发展行政法的实践对中国的行政审判实践具有借鉴价值。在现代社会中法院具有适度的造法功能是社会发展的需要,只要造法的边际适当,符合本国的社会诉求,就可以被接受。根据对中国有关行政诉讼的司法解释、《最高人民法院公报》以及媒体报道的法院创新实践与案例的归纳、统计与分析,可以认为在中国,法院创制行政法规则的实践发展基本健康,法院已通过具体的实践为自己划定了比较合理的造法边际。⑥ 类似地,还有行政执法的合法性问题。⑦ 在中国,行政法规范解释形式多样,有以抽象方式做出的,也有以具体方式做出的。但除此之外,行政机关还以其他形式对行政法规范进行解释,如政策说明或法律询问答复,需要进行细致的分析与研究。⑧ 在我国,根据授权根据、制定程序、公布与否、外在形式等形式意义上的判断标准,技术标准不具有法律规范的外观;但研究表明,标准的功能与社会规则体系中法律规则的功能几无二致。⑨

---

① 郑贤君:《宪法文本分析:一种解释方法》,载《法律科学》2008 年第 2 期;韩大元等:《宪法文本中"合法"一词的规范分析》,载《中州学刊》2008 年第 4 期。
② 刘国:《德国和美国基本权解释比较研究》,载《环球法律评论》2008 年第 1 期;张翔:《基本权利限制问题的思考框架》,载《法学家》2008 年第 1 期。
③ 张翔:《两种宪法案件:从合宪性解释看宪法对司法的可能影响》,载《中国法学》2008 年第 3 期;姜福东:《司法过程中的合宪性解释》,载《国家检察官学院学报》2008 年第 4 期;侯学宾:《美国宪法解释中的原旨主义》,载《法制与社会发展》2008 年第 4 期。
④ 胡鸿高:《公共利益的法律界定——从要素解释的路径》,载《中国法学》2008 年第 4 期;林来梵:《人的尊严与人格尊严——兼论中国宪法第 38 条的解释方案》,载《浙江社会科学》2008 年第 3 期;上官丕亮:《论宪法上的人格尊严》,载《江苏社会科学》2008 年第 2 期;韩大元:《论克隆人技术的宪法界限》,载《学习与探索》2008 年第 2 期;上官丕亮:《要用生命权至上理念来理解医疗法规》,载《法学》2007 年第 12 期。
⑤ 欧爱民:《论法律不溯及既往原则宪法适用的技术方案》,载《法商研究》2008 年第 3 期;欧爱民:《法律明确性原则宪法适用的技术方案》,载《法制与社会发展》2008 年第 1 期。
⑥ 余凌云:《法院如何发展行政法》,载《中国社会科学》2008 年第 1 期;相关研究可见王锡锌《英美传统行政法"合法性解释模式"的困境与出路》,载《法商研究》2008 年第 3 期。
⑦ 何兵:《依法行政的合法化逻辑及其现实情境》,载《中国法学》2008 年第 5 期。
⑧ 高秦伟:《论其他形式的行政法规范解释》,载《当代法学》2008 年第 5 期。
⑨ 宋华琳:《论技术标准的法律性质》,载《行政法学研究》2008 年第 3 期;宋华琳:《制度能力与司法节制》,载《当代法学》2008 年第 1 期。

还有对药品法解释问题予以研究。①

(二) 刑法学

这方面的专著有王凯石的《刑法适用解释》（中国检察出版社 2008 年版）；张心向的《在规范与事实之间：社会学视域下的刑法运作实践研究》（法律出版社 2008 年版）；韩哲的《刑事判决合理性研究》（中国人民公安大学出版社 2008 年版）；冯军的《刑事判决的合法性研究——在政治社会学语境中的分析》（中国法制出版社 2008 年版）；沈琪的《刑法推理方法研究》（浙江大学出版社 2008 年版）；张明楷的《刑法的基本立场》（中国法制出版社 2008 年版）；李立众的《刑法新思潮——张明楷教授学术观点探究》（北京大学出版社 2008 年版）；赵秉志主编的《中国疑难刑事名案法理研究》（北京大学出版社 2008 年版）；陈兴良主编的《刑事司法研究》（第三版）（中国人民大学出版社 2008 年版）涉及刑事司法活动的四个重大理论问题：情节、判例、解释和裁量。陈兴良主编的《刑事法评论（第 22 卷）》（北京大学出版社 2008 年版）；曲新久的《刑法的逻辑与经验》（北京大学出版社 2008 年版）；劳东燕的《刑法基础的理论展开》（北京大学出版社 2008 年版）；李富成的《刑事推定研究》（中国人民公安大学出版社 2008 年版）；吴学斌的《刑法适用方法的基本准则——构成要件符合性判断研究》（中国人民公安大学出版社 2008 年版）；陈航的《刑法论证方法研究》（中国人民公安大学出版社 2008 年版）；王政勋的《刑法的正当性》（北京大学出版社 2008 年版）；梁根林的《合理地组织对犯罪的反应》（北京大学出版社 2008 年版）。

1. 刑法法源

中国刑法的突出特点是将犯罪的结果、数额作为定罪和量刑的基本依据，具有偏向客观的色彩，这种特点影响了司法裁量权的行使，导致司法人员定罪与量刑的余地有限。未来立法的趋向应是改变片面以数额、结果为依据的客观化倾向。② 对于刑法立法解释，有人认为有其存在的必要性，目前我国应该加强刑法立法解释，在将来可以适当限制刑法立法解释。③ 有人

---

① 宋华琳：《有限法文，无限探讨——药品法的解释和适用》，载《中国处方药》2008 年第 4 期；高秦伟：《药品执法中的法律解释》，载《中国处方药》2008 年第 4 期。
② 阮齐林：《中国刑法特点与司法裁量空间》，载《国家检察官学院学报》2008 年第 2 期。
③ 刘丁炳：《刑法立法解释问题探析》，载《国家检察官学院学报》2008 年第 2 期。

对我国刑法的非正式渊源做了研究。① "民愤"是我国刑事司法中的一种现实因素,有人认为不能以冲动代替思考,以义愤代替理性。法官应当在坚持法治原则的前提下,对"民愤"进行准确的理性分析和鉴别,坚持法律思维。②

2. 刑法解释

2008年4月29日,由中南财经政法大学法学院主办的"全国中青年刑法学者学术研讨会——刑法解释及相关问题研究"在该校首义校区召开。2008年刑法解释研究成果丰硕。

一是对一般理论的研究。刑法解释经历了从主观解释论到客观解释论的演进过程,现阶段,从世界范围来看,客观解释论正成为一种有力的学说。在不同的历史时期,主观解释论与客观解释论所处的地位并不相同。我国法治建设才刚刚起步,法官素质还有待于进一步提高,刑法实施仅十余年,这要求我国在刑法解释上应采主观解释论。③ 为确立人权在刑法解释中的地位、注重对犯罪人的人文关怀,有人认为,我国的刑法解释观应从规则主义适度转向人本主义。④ 有人认为,在我国法解释学和刑法解释理论中,关于法解释主体则是以探讨法解释主体资格为理论核心,以有权解释主体之外延为论争焦点。⑤ 有人研究了美国的刑法解释及其启示。⑥

二是对刑法解释方法的研究。如有人认为,刑法解释方法之间存在一定的位阶关系。刑法解释应遵循文义解释→体系解释→历史解释→目的解释→合宪性解释的运用顺序。⑦ 有人对文理解释做了研究。⑧ 在目前的法律框架下,通过刑法的合理解释,放宽死缓"不是必须立即执行"的适用条件,进而扩大死缓的适用范围,也是完全可能的。⑨

目的性限缩、扩张解释与类推解释方面,出现不少研究。构成要件规范事实与具体案件事实之间无法实现正常对接而使刑法规范呈现出的规范空

---

① 王政勋:《刑法的正当性》,北京大学出版社2008年版,第114—124页。
② 刘万奇等:《民众情绪与司法理性》,载《中国人民公安大学学报》2008年第4期。
③ 徐光华:《刑法解释立场的历史考察——主观解释论之提倡》,载《河北法学》2008年第2期。
④ 袁林:《刑法解释观应从规则主义适度转向人本主义》,载《法商研究》2008年第6期。
⑤ 顾乐:《论刑法解释主体的资格与本体》,载《政治与法律》2008年第4期。
⑥ 王瑞君:《美国的刑法解释及其启示》,载《甘肃政法学院学报》2008年第4期。
⑦ 苏彩霞:《刑法解释方法的位阶与运用》,载《中国法学》2008年第5期。
⑧ 王政勋:《刑法的正当性》,北京大学出版社2008年版,第125—193页。
⑨ 刘志伟:《通过死缓减少死刑立即执行的路径探究》,载《政治与法律》2008年第11期。

缺,需要运用目的性限缩手段进行填补,以完成对空缺刑法规范的创造性适用。① 针对类推解释与扩张解释的区分是一个世界性的难题。有人认为,有必要采取"词语可能含义说",但还要综合运用其他相关学说提出的方法来做区分。② 有人认为必须从动态的、综合的观点去看待类推解释与扩张解释的区分。以刑法文本为依据,以事物的本质属性为主线,以国民预测可能性为限定,强调法官的"良心"在解释中的作用,并辅之以程序上的限制,具体分析、综合判断。③ 学术界对扩张解释与类推解释间的所谓区别工作,仅仅是为了迎合近代法治意识形态的需要。但以罪刑法定主义为基石的近代法治原则,并不是我们所想象的那样坚实,因此,针对扩张解释与类推解释所做的区分工作,也许应该停止了。④ 传统上类推仅仅被看作是法律适用的补充性技术,而考夫曼在诠释学的观照下主张所有的法律适用都是类推的过程。类推的过程可以从考察规范与事实的共有意义、回归立法目的和判断相似性等方式来操作,从而实现类推从本体论到方法论的转换。⑤ 有人对禁止类推提出质疑,认为只要对类推解释的结构作进一步的分析,在类似性的确定上作合理妥当的限定,类推解释仍是有其发挥作用的余地的。并有人对我国类推制度重建做了探讨。⑥ 还有人认为,目的性限缩的解释方法与目的性扩张解释方法均有其合理性和存在的必要。相对的罪刑法定决定了创造性补充方法有其存在的空间和可能。⑦

三是个案中的刑法解释方法研究。⑧

3. 刑法推理

演绎推论是刑事裁判的基本思维模式。作为演绎推论的辅助手段,法律解释技术的运用不可或缺,而其间的经验判断和价值判断是最为根本性

---

① 张心向:《目的性限缩与空缺刑法规范的创造性适用》,载《中国刑事法杂志》2008 年第 5 期。
② 刘明祥:《论刑法学中的类推解释》,载《法学家》2008 年第 2 期。
③ 徐光华:《罪刑法定视野下刑法扩张解释的"度"》,载《河北法学》2008 年第 5 期。
④ 吴丙新:《扩张解释与类推解释之界分》,载《当代法学》2008 年第 6 期。
⑤ 朱良好:《论诠释学视域下的类推理论》,载《昆明理工大学学报》2008 年第 9 期。
⑥ 黎宏:《"禁止类推解释"之质疑》,载《法学评论》2008 年第 5 期;朱立恒:《类推制度的合理性及其在我国的衰落与重建》,载《甘肃政法学院学报》2008 年第 2 期;朱立恒:《我国类推制度重建初探》,载《湖北社会科学》2007 年第 6 期;许发民:《罪刑法定视野下的禁止类推之解读》,载《安徽大学法律评论》2008 年第 1 期。
⑦ 包健等:《刑法解释是否可以适用"漏洞补充"方法》,载《政治与法律》2008 年第 4 期。
⑧ 张明楷:《也论用拾得的信用卡在 ATM 机上取款的行为性质》,载《清华法学》2008 年第 1 期;江宜怀:《解析群体性事件中的"聚众"》,载《中国人民公安大学学报》2008 年第 3 期。

的方法。在刑事法领域,罪刑法定在近现代各国的确立并未将法官的刑法解释排除在外,相反,法官刑法解释的重要使命就在于:通过解释实现罪刑规范的确定性,为个案裁判解决法律推理的大前提。①

4. 刑法论证

法律论证对于刑事裁判的适用对于摆脱罪刑法定"法律形式主义"的影子,将刑事司法定位于形式正义与实质正义之间将具有重要的意义。② 价值判断是刑法问题的核心。两项实体性论证规则为刑法价值判断的合理实现提供了最低限度的保证;只有在足够充分且正当的理由的情形下,才能对刑法进行扩张解释;没有足够充分且正当的理由,应当坚持强式意义上的平等对待。以实体性论证规则为前提,经由妥当的论证程序,运用妥当的论证方法,方能合理实现刑法问题的价值判断。③ 有人从刑法论证及其特征、刑法论题、刑法论证活动、刑法论证的融贯性要求、刑法论证责任及刑法论证的理论导向等六大方面,对刑法论证进行分析。④ 此外,还有一些研究成果是对刑法方法论相关的理论探讨。⑤

(三) 民商法学

民法学法律方法研究专著主要有杨立新的《民事裁判方法》(法律出版社 2008 年版)对民事裁判的方法进行了全面系统地探讨和研究,具体内容包括民事裁判方法的现状及其改进、发现请求权、请求权定性、寻找请求权法律基础、确定请求权等。尹田的《民法思维之展开——尹田法学演讲集》(北京大学出版社 2008 年版)对民法思维模式的特征做了研究。随着我国物权法的颁布,相关评注释义的作品推出不少,如孙宪忠主编的《中国物权

---

① 刘流:《刑事裁判中的演绎推论》,载《中国刑事法杂志》2008 年第 3 期;王瑞君:《刑法解释:为刑事个案裁判提供推理大前提》,载《山东社会科学》2008 年第 9 期。
② 王瑞君:《法律论证视角下的刑事司法正义》,载陈金钊等主编:《法律方法》(7),山东人民出版社 2008 年版;王瑞君:《法律论证与罪刑法定的实现》,载《河北学刊》2008 年第 1 期。
③ 苏彩霞:《刑法价值判断的实体性论证规则》,载《华东政法大学学报》2008 年第 1 期。
④ 陈航:《刑法论证及其存在的问题》,载《环球法律评论》2008 年第 2 期。
⑤ 张明楷:《论具体的方法错误》,载《中外法学》2008 年第 2 期;张明楷:《刑法目的论纲》,载《环球法律评论》2008 年第 1 期;陈兴良:《当代中国的刑法理念》,载《国家检察官学院学报》2008 年第 3 期;周少华:《刑法之确定性及其法治意义》,载《法律科学》2008 年第 2 期;彭文华:《刑法规范:模糊与明确之间的抉择》,载《法学评论》2008 年第 2 期;王瑞君:《罪刑法定的实现与法律方法的综合运用》,载《东岳论丛》2008 年第 4 期;王瑞君:《罪刑法定司法化中法律方法运用的基本立场》,载《中国刑事法杂志》2008 年第 2 期。

第五章　回应实践能力的彰显

法:原理释义和立法解读》(经济管理出版社 2008 年版);朱岩等著的《中国物权法评注》(北京大学出版社 2007 年版);江平、李国光主编的《物权法典型案例评析》(人民法院出版社 2008 年版)。在合同解释方面,有顾祝轩的《合同本体解释论——认知科学视野下的私法类型思维》(法律出版社 2008 年版)。另外还有林诚二的《民法问题与实例解析》(法律出版社 2008 年版);雷继平的《论合同解释的外部资源》(中国法制出版社 2008 年版);许光耀的《欧共体竞争法经典判例研究》(武汉大学出版社 2008 年版);齐爱民的《著作权法体系化判解研究》(武汉大学出版社 2008 年版)等。

　　由于市场经济体制的成功,民法作为市场经济体制下的基本法的地位,会在中国得以确立,民法中的规则体系都会逐渐建立和完善。潘德克顿法学在中国正在走向复兴。[①] 2008 年对民法规则与原则的研究,出现不少成果。[②] 当然,除了规范论研究,民法解释论更为重要。民法解释是法律解释中的一个重要研究方向,具有自身的特征。充分了解这些特征,有利于形成最优的民事裁判结果。[③] 随着《物权法》的实施,2008 年出现了很多这方面的法律方法研究。有人认为,物权法定主义之"法"应包括法律和行政法规,不能依习惯创设物权;物权法定的内容仅包括物权的种类和内容,禁止类推适用。[④] 更多的研究涉及对物权法条款的解释。[⑤] 2008 年民法方法论领域的研究还涉及如环境侵权、精神损害赔偿、著作权、商标权等具体问题的法

[①] 孙宪忠:《中国民法继受潘德克顿法学:引进、衰落和复兴》,载《中国社会科学》2008 年第 2 期。民法体系植根于民法学理传统。我国民法典应采用潘得克吞式体系,并对其作必要的改进。杨代雄:《伦理人概念对民法体系构造的影响》,载《法制与社会发展》2008 年第 6 期。

[②] 杨明:《论民法原则的规则化——以诚信原则与情势变更原则为例》,载《法商研究》2008 年第 5 期;尹田:《论民法基本原则之立法表达》,载《河南政法干部管理学院学报》2008 年第 1 期;王轶:《论合同法中的混合性规范》,载《浙江工商大学学报》2008 年第 3 期。

[③] 孙光宁:《民法解释的特征及其运作》,载《湖北社会科学》2008 年第 10 期。

[④] 高圣平:《物权法定主义及其当代命运》,载《社会科学研究》2008 年第 3 期;高圣平:《〈物权法〉背景下的海域使用权抵押制度》,载《海洋开发与管理》2008 年第 2 期。

[⑤] 方兴等《公共利益的伦理判定与国家征收制度之正当性探析》,载《南京社会科学》2008 年第 8 期;许用月:《抵押物转让制度之立法缺失及其司法解释补救》,载《法商研究》2008 年第 2 期;王轶:《论〈物权法〉中的"公共利益"》,载《北京规划建设》2008 年第 1 期;高圣平:《解释论视野下的车库、车位权利归属规则》,载《政治与法律》2008 年第 10 期;梅夏英:《土地分层地上权的解析》,载《政治与法律》2008 年第 10 期;杨立新等:《解释论视野下的〈物权法〉第一百六十六条和第一百六十七条》,载《河南政法管理干部学院学报》2008 年第 1 期。

律解释研究。①

（四）诉讼法学

主要专著包括吴宏耀的《诉讼认识论纲——以司法裁判中的事实认定为中心》（北京大学出版社 2008 年版）；周萃芳的《司法认知论》（中国人民公安大学出版社 2008 年版）；李华文的《案件事实的搜集与还原描述》（四川大学出版社 2008 年版）；龙宗智的《证据法的理念、制度与方法》（法律出版社 2008 年版）；毛立华的《论证据与事实》（中国人民公安大学出版社 2008 年版）等。

实体法的适用与程序原则之间的裂隙并不如看上去那般不可弥合，反而，方法论为二者提供了共同的技术基础，因此也说明了方法论的基础地位，以及应用范围的广泛。② 刑事诉讼中的法律解释与法律推理，受到一定研究。有人认为，参考各国刑事诉讼法的普遍做法，应当将我国《刑事诉讼法》第 114 条规定的"物品"解释为"可为证据之物"或"可得没收之物"，即包括动产、不动产、权利电子信息等在内的广义上的"物"，进而将"扣押"解释为包括多种形式（针对动产、电子信息的"强制提取保管"、针对不动产的"查封"、针对权利的"冻结"）在内的一类强制处分措施。③ 刑事诉讼法律推理，就是裁判者依据一定方法将案件事实构成要件与刑事诉讼行为条款实现"合致"的过程。由于中国刑事诉讼裁判规范的不确定性，加上诉讼构造上的职权性色彩浓厚，往往忽视"复合型刑事诉讼行为"中的推理结构。建构"复合型刑事诉讼行为"有助于防止推理中的任意、不当，甚至违法情形，

---

① 王成：《环境侵权行为构成的解释论及立法论之考察》，载《法学评论》2008 年第 6 期；蓝潮永等：《精神损害赔偿制度法律解释方法论——以海峡两岸精神损害赔偿法律制度为视角》，载《福建师范大学学报》2008 年第 4 期；李友根：《经营者概念的解释与〈食品安全法（草案）〉的完善建议》，载《法学家》2008 年第 4 期；钱玉文：《消费者权的法律解释》，载《法学》2008 年第 8 期；李磊：《劳动者权利的基本范畴研究——以法律解释学为视角》，载《政治与法律》2008 年第 4 期；郝秀辉：《论航空人身侵权赔偿中的"过失"》，载《法商研究》2008 年第 4 期；王迁：《论著作意义上的"发行"》，载《知识产权》2008 年第 1 期；王迁：《我国〈著作权法〉中"广播权"与"信息网络传播权"的重构》，载《重庆工学院学报》2008 年第 9 期；应振芳：《商标法中"在先权利"条款的解释适用问题》，载《政治与法律》2008 年第 5 期；凌斌：《肥羊之争：产权界定的法学和经济学思考》，载《中国法学》2008 年第 5 期；楼建波：《中国公司法第五条第一款的文义解释及实施路径》，载《中外法学》2008 年第 1 期；刘继虎：《税收优惠条款的解释原则》，载《政法论坛》2008 年第 5 期。

② 王源渊：《争论焦点、审理范围与法律适用》，载《法治论坛》2008 年第 2 期。

③ 万毅：《刑事诉讼中的扣押：规范分析与法律解释》，载《法学》2008 年第 7 期。

同时促进推理过程的精密和规范。①

关于证据法学方法论,有人认为进入20世纪以后,传统证据法赖以存在的哲学、社会以及法学基础发生了变化。面对这些变化,当代证据法应重新确定理性的范围与实现理性的方法,更多关注证据法的协调功能而非认识功能,为更注重"实质"而非"形式"的司法证明提供正当化途径,使证据法成为一个开放的、可以不断发展的法律体系,使司法证明活动成为沟通立法者意图与社会现实需求的桥梁与纽带。② 裁判中的经验法则、推定问题也有不少研究。

（五）国际法学

近年来,国内国际法学研究越加关注对法律方法的研究。特别是注重运用个案的方法进行研究。宋杰的《国际法院司法实践中的解释问题研究》（武汉大学出版社2008年版）从解释的方法论和本体论这两个视角,对国际法院司法实践中的解释问题进行了系统研究。在方法论方面,作者对条约的解释问题、判决的解释复核问题、若干程序性事项（如反诉、参加）的解释问题进行了分析。

法律渊源方面,有人比较国内外的直接适用条约制度的理论与实践,可以看到,我国现行的国际条约在国内直接适用的制度是具有中国特色并符合我国国情的,但也存在表达过于简略,层次不够分明的问题。制定内容更为完备、层次更为清晰的直接适用条款是完善现有体制的有效方法。③《联合国国际货物销售合同公约》是协调和平衡两大法系在国际买卖合同制度方面的妥协产物,各缔约国在适用《公约》时难免会有自己的价值判断和适用理念,加上公约条文本身存在的问题,造成各国法院对公约理解上的偏差,需要我们去正视和面对,并在其立法和司法实践中妥善处理。④ 关于WTO规则在成员国的适用,有人认为,在WTO成员普遍反对直接适用WTO规则的情况下,欧盟法院于最近案例中确立的统一解释原则为WTO规则的国内效力问题的发展带来了曙光。⑤ 另外,有人对有关条约条款的解释做了

---

① 雷小政:《刑事诉讼法律推理的方法论基础》,载《中国刑事法杂志》2008年第5期。
② 纪格非:《论证据法功能的当代转型》,载《中国法学》2008年第2期。
③ 左海聪:《直接适用条约问题研究》,载《法学研究》2008年第3期。
④ 宋锡祥等:《〈联合国国际货物销售合同公约〉适用中的问题及在我国的实践》,载《法学》2008年第1期。
⑤ 吕晓杰:《WTO规则在欧盟法律体系中效力的新发展》,载《现代法学》2008年第1期。

一些研究。①

（六）部门法交叉领域的研究

长期以来,我国在宪法与法律的衔接方面存在很明显的脱节问题。这些问题不同程度地妨碍了宪法的充分实施,使宪法的权威受损。我国应尽快解决宪法与法律衔接中的问题。② 特别是宪法跟民法、基本权利和民事权利的关系问题都受到人们的关注研究。③ 随着我国《物权法》的颁布实施,民事与行政诉讼交叉纠纷引起一些关注。④ 还有一些其他类型的民事与行政诉讼交错诉讼、行政与刑事诉讼交叉领域等。⑤

结　语

2008 年一个热点话题是"三十年",因此放在这个更长的时间段内,对国内法律方法论进行回顾与展望,会更有启示意义。我们有关法律方法问题的讨论,直接或间接地总与如何实现法治以及实现什么样的法治相关联,从而形成一系列的法律方法的问题领域,如法律是说理或强制、法律确定还是不确定、法律的内容客观与否、法律是理性的经验的还是感性的、法律实施中谁在说理、法律实施中的道理是说给谁听的、借助了公共知识的法律是否还是一个独立的知识系统、法律决定的正当化过程是否在规则体系中完成、语言在正当化过程的作用如何等。法律方法问题不是一个简单的技术问题,它涉及法律的性质、特征、历史等诸多方面,也与哲学、逻辑学、经济

---

① 肖军:《国际投资条约中国民待遇条款的解释问题研究》,载《法学评论》2008 年第 2 期;韩燕煦:《条约解释的特点——同国内法解释的比较研究》,载《环球法律评论》2008 年第 1 期;那力等:《WTO 义务减让表的解释问题》,载《当代法学》2008 年第 1 期。
② 郭延军:《改善宪法与法律衔接状况初论》,载《法学评论》2008 年第 1 期。
③ 钱福臣:《民法与宪法关系之逻辑语境》,载《学习与探索》2008 年第 3 期;蒋德海:《从宪法"不抵触"原则透视宪法与其他法的关系》,载《华东政法大学学报》2008 年第 1 期;于飞:《基本权利与民事权利的区分及宪法对民法的影响》,载《法学研究》2008 年第 5 期。
④ 周伟:《论土地承包经营权对行政权的规制》,载《行政法学研究》2008 年第 2 期;杨凯:《论房产纠纷行政与民事交叉案件之审理对策》,载《行政法学研究》2008 年第 1 期。
⑤ 何海波:《行政行为对民事审判的拘束力》,载《中国法学》2008 年第 2 期;宋华琳:《论政府规制与侵权法的交错》,载《比较法研究》2008 年第 2 期;张冬霞等:《加强行政法与刑法交叉领域研究的必要性》,载《行政法学研究》2008 年第 2 期。

第五章 回应实践能力的彰显

学、社会学、语言学等诸多问题相关。① 我国法律方法论研究刚起步,所要面临的问题很复杂,因此可谓任重道远。2009 年,国际法哲学与社会哲学大会将在北京举办。法律方法论实际上也是当今国外学界重点关注研究的领域之一。因此可以说,法律方法论也是我们融入国际法理学界,进行学术交流的一个重要平台。

法律方法论同样也是法学的中国化以及流派化的一个重要发展方向。所以,法律方法进行中西对比的考察研究,当属很有价值。② 法律方法论的研究也促使我们对社会中通行的思维观念、生存方式等予以反思。如改革开放三十年来,改革思维取代了之前的革命思维,但在迈向法治的过程中,我们似应完成从改革思维到法治思维的转变。改革思维与法治思维奉行的不是一种主义:改革是激进主义,法治是保守主义。二者对待传统及规则有不同的态度,要建设法治就必须时刻警惕激进主义的思想。发展公民文化也应成为法治建设的重要环节。公民文化是法律文化的组成部分,其核心是法律思维方式。无论是权利的维护还是对权力的限制,都离不开法律思维方式的运用。③

---

① 葛洪义:《导言》,载《法治论坛》2008 年第 2 期。
② 相关研究如王志强《中英先例制度的历史比较》,载《法学研究》2008 年第 3 期;程汉大等:《中西"小传统"法文化之"暗合"》,载《华东政法大学学报》2008 年第 3 期。
③ 陈金钊:《和谐社会建设的主流思维探索》,载《法治论坛》2008 年第 2 期;陈金钊:《法律思维方式与公民文化的塑造》,载《社会科学研究》2008 年第 1 期。

第六章

研究的困惑与执着

——2009 年度中国法律方法论研究报告

第六章 研究的困惑与执着

要点提示 近些年法律方法论研究的学科意识不断增强,实践回应能力彰显,对传统的法律解释、法律推理、法律论证等方面的研究不断深化。然而,这并没有完全解决困扰学科发展的很多问题。尽管研究者对法律方法论的研究有一种执着的心态,但是我们还面临着更多新的矛盾。今后法律方法论应该结合中国的问题意识,在把握既有司法传统与司法运作现实,综合运用多学科的知识与方法,构建我国法律方法论体系。

前几年,学界对法律方法论研究的空泛和纯哲学化走向提出了批评,因而有些学者提出了加强对判例和经验研究的意见。理论研究走向"形而下"不仅是法律方法论,而且是整个法学的研究走向。我们发现,当研究者真正要走向对具体问题研究的时候,抽象的理论仍然像幽灵一样挥之不去,他们面临着更多新的困惑。对法律方法论研究的困惑与执着也许构成了2009年法律方法论研究的特点:

(1) 法律方法论研究的实践转向是在理论储备不足的情况下展开的。这种不足主要表现在,现在关于方法论研究的理论主要是引进西方的,缺乏对中国问题的真切关怀。我们不清楚中国的法治需要什么样的法律方法论。以法律方法论的基础学科法律逻辑学为例,已有研究基本上还停留在"逻辑+案例"的阶段,而对"逻辑×案例"的研究还不是很关注,我们不知道法治建设需要什么样的逻辑;对法律论证理论我们也没有研究到能够运用的程度,只是把西方的法律论证理论进行了梳理。还有,像法律解释依然是在理论与实践的交融混沌中发挥着作用。这主要是一些对规范法学了解不多的法律哲学家,没有找到作为指导法律方法论研究的工具性理论,而仅仅强调知识论的创生不需要方法,从而造成了混乱。其实,法学不是纯粹的知识生产,法治建设需要法律方法论。

(2) 司法哲学研究的欠缺使得方法论的研究者出现迷茫,以至于在能动主义与克制主义之间没有理性思考。严格说来,司法意识形态不是法律方法论的内容,因为作为工具的法律方法论本身是中性的,司法意识形态是法律哲学研究的范畴。但由于我们在司法哲学问题或法律方法论的基础理论方面基本上没有进行过像样的研究,对西方法学在这一领域的研究的介绍也只是这几年在开展的。这说明我们关于法律方法论的研究带有很大的盲目性,以至于实务法律人和很多研究者在研究中没有贯彻如一的立场,而只有前后矛盾的态度。没有经过认真研究实用主义的司法"哲学"充斥着人们的头脑。①

（3）学科意识的觉醒也只是意识到法律方法的实践价值,而没有做充分的理论准备。比如,我们对法律方法论研究的对象与范围、研究方法、法律方法论体系、法律方法体系等,都没有展开像样的研究。法律方法论应该有它的学科群,我们不能仅就方法论研究法律方法。任何学科都不是孤立的,法律方法论也是与其他学科联系密切的相对独立的学科。还有,对法律方法论的研究缺乏知识社会学的考察。我们只注意逻辑的分析方法而没有注意到借鉴法律社会学研究方法对"法律方法研究现象"的社会学透析。这表明法律方法论目前还不是一个独立的学科,还没有完整学科体系。学科的独立还没有实现,因而没有找到和其他学科交流渗透的路径。

（4）法律方法研究者的研究立场,还没有从根本上转向司法中心主义,立法中心主义立场的研究还是很盛行。

一、学术资讯

像往年一样,2009 年法律方法论研究在译作方面有不少的产出,一批作品相继出版。② 越来越多的博士生在法律方法论方面选题研究。③《法律方法》集刊打破了每年一辑的惯例,首次在一年内推出了第 8、9 卷,《法哲学与法社会学论丛》推出第 14、15 期。2009 年推出了一批研究法律解

---

① 我们对"实用主义"的理解没有"主义",只有根据自己价值判断的"实用"。但近年来已有学者开始注意到这一问题的重要性。如刘艳红:《走向实质的刑法解释》,北京大学出版社 2009 年版。

② 欧洲法学家的作品:〔德〕鲁道夫·冯·耶林:《法学的概念天国》,柯伟才、于庆生译,中国法制出版社 2009 年版;〔瑞典〕亚历山大·佩岑尼克:《法律科学:作为法律知识和法律渊源的法律学说》,桂晓伟译,武汉大学出版社 2009 年版;〔德〕吕曼:《社会的法律》,郑伊倩译,人民出版社 2009 年版。美国法学家相关作品:〔美〕亨利·J. 亚伯拉罕:《司法的过程:美国、英国和法国法院评介》,泮伟江等译,北京大学出版社 2009 年版;〔美〕理查德·波斯纳:《法官如何思考》,苏力译,北京大学出版社 2009 年版;〔美〕沃德·法恩斯沃思:《高手:解决法律难题的 31 种思维技巧》,丁芝华译,法律出版社 2009 年版。另外还有相关译文,如〔德〕阿列克西:《论宪法权利的构造》,载《法学家》2009 年第 5 期;〔美〕科尔·达勒姆:《西方两大法系比较视野下的论题学》,张青波译,载郑永流主编:《法哲学与法社会学论丛》(总第 14 期),北京大学出版社 2009 年版。

③ 杨贝:《衡平证论理论的初步建构》,中国政法大学 2009 年博士论文;邹治:《法律漏洞的认定与填补》,中国政法大学 2009 年博士论文;胡君:《原则裁判论》,西南政法大学 2009 年博士论文;张能宝:《最高人民法院司法解释的目标与方法研究》,中国政法大学 2009 年博士论文;管伟:《中国古代法律解释的学理诠释》,山东大学 2009 年博士论文;范春莹:《法律思维研究》,山东大学 2009 年博士论文。

释、法律论证等方面的专著。① 另外，还出版了一批贴近司法实务的法律方法作品。②

2009年9月15至19日,第24届国际法哲学和社会哲学大会在北京举行,来自五十多个国家的八百余名代表参加了会议。③ 本届大会的主题是"全球和谐与法治",在58个专题研讨中,全球学者就法律方法论方面(如法律推理、法律论证、法律与语言等)问题做了一些探讨。2008年12月13日,中国政法大学法理学研究所、宪法学研究所、《法哲学与法社会学论丛》联合举办的"宪法方法论全国会议"在北京召开。会议主题涉及宪法方法的法哲学基础、宪法方法的政治理论之维、宪法方法的具体展开等问题。2009年11月7日至8日,"全国法律方法论论坛"第四届年会在上海师范大学法政学院举行,本次论坛的主题为"法律方法与司法能动"。

为促进法学界对判例的关注,学者们在2009年举办了第一期到第四期判例研读沙龙。分别是：

第一期：北京航空航天大学法学院举办,"大陆法系的判例制度"为主题

第二期：上海交通大学凯原法学院举办,"行政权的结构与边界"为主题

第三期：南京大学法学院暨中国法律案例研究中心举办,"司法裁判中的权利形成"为主题

第四期：四川大学主办,"指导性案例的约束力"为主题

2009年5月30日,由中国人民大学宪政与行政法治研究中心、浙江大学亚洲法律研究中心联合主办,中共平潭县委宣传部协办的第五届"中国宪

---

① 如陈金钊主编：《司法方法与和谐社会的建构》,北京大学出版社2009年版;陈金钊等：《法律解释学——立场、原则与方法》,湖南人民出版社2009年版;谢晖：《法律哲学》,湖南人民出版社2009年版;蔡琳：《裁判合理性理论研究》,法律出版社2009年版;王夏昊：《法律规则与法律原则的抵触之解决——以阿列克西的理论为线索》,中国政法大学出版社2009年版;侯学勇：《法律论证的融贯论研究》,山东大学出版社2009年版;魏胜强：《法律解释权研究》,法律出版社2009年版;贾敬华：《确定性的法向客观性的法的变迁》,人民出版社2009年版。

② 吴庆宝主编：《法律判断与裁判方法》,中国民主与法制出版社2009年版;武建敏、卢拥军：《审判的艺术》,人民出版社2009年版;翁子明：《司法判决的生产方式——当代中国法官的制度激励与行为逻辑》,北京大学出版社2009年版;高其才、左炬、黄宇宁：《政治司法——1949—1961年的华县人民法院》,法律出版社2009年版;高其才、周伟平、姜振业：《乡土司法——社会变迁中的杨村人民法庭实证分析》,法律出版社2009年版;高其才：《多元司法——中国社会的纠纷解决方式及其变革》,法律出版社2009年版;高其才、黄宇宁、赵彩凤：《基层司法——社会转型时期的三十二个先进人民法庭实证研究》,法律出版社2009年版;罗昶：《伦理司法——中国古代司法的观念与制度》,法律出版社2009年版;鲁千晓、何媛：《司法方法学》,法律出版社2009年版;唐应茂主编：《法院的表现外部条件和法官的能动性》,法律出版社2009年版。

③ 国际法哲学和社会哲学协会已经走过百年历程。对此介绍,参见郑永流：《文章载道,哲人风骚——一个协会及会刊的百年回望》,载《政法论坛》2009年第5期。

法学基本范畴与方法"学术研讨会在福建平潭举行。会议确定了"宪法解释理论"、"宪法规范的适用"、"宪法学基本范畴"、"基本权利研究"四个专题。2009年6月12日,由上海市第一中级人民法院、上海财经大学、上海财经大学司法研究与法学教育中心主办的第二届法院院长论坛暨"利益平衡与司法公正"研讨会在上海财经大学召开。会议就"司法过程中利益平衡的价值与意义"、"金融危机背景下利益平衡原则的实践运用"、"审判活动中利益平衡原则的规范化"三个主题,对司法过程中的利益平衡问题进行了全方位探讨。2009年4月10—12日,山东省法律方法研究会成立大会暨"司法方法与判例研究研讨会"在威海举办。这是全国第一个以法律方法命名的学会。另外,山东省人文社会科学重点研究基地——山东大学法律方法论研究中心的"玛珈山法律方法论坛"已举办到第87期。

二、法律思维及法律渊源

法律思维是法律方法论研究的重要对象。有人对法律人思维做了探讨。认为"像法律人一样思维"的论题不仅涉及法律思维的种种基本问题,也与法律教育教学的内容和方法直接相关。但是,对它的理解却众说纷纭。法律人思维不是一种独立的思维类型,而是在特殊目的(权利与义务的确定)、制度化程序(程序规则)约束之下,于对抗性对话框架中(说服性对话)构建、分析、批判法律论证的思考活动。其基本特征是,针对一个法律主张,构建和表达合情理的论证,以获得一个合乎自己预期的法律裁决。它的核心是发现、分析和评价理由。[1] 有人研究提出,现代性的法律思维全方位地具有类推品格。这一品格是法律具有操作性的基本前提,也因而预设了法律正义的基本限度。[2] 有人对法律方法的相关概念做了辨析,认为法律方法与法学方法是两个既有外在区别又有内在联系的同等范畴。法律方法是应用法律的方法,表现为创制、执行、适用、衡量、解释、修改等,法学方法是研究法律和法律应用的方法,表现为分析、批判、综合、诠释、建构等。法律方法的运用是一种"技术"活动,法学方法的运用则是一种人文活动(法学是人学、人文科学)。法律方法论以论证理论为基础,法学方法论以普遍语用

---

[1] 武宏志:《美国语境中的"法律人思维"》,载《法学家》2009年第3期。
[2] 魏治勋:《论现代法律思维的类推品格》,载《东岳论丛》2009年第5期。

第六章 研究的困惑与执着

学、主体间性理论和普遍性实践言说理论为基础。[①] 有人检讨了法治建设所面临的困境,认为通过法律方法的运用有助于树立和维护法律的权威,促进法律信仰的形成,因而法律方法是对法治的拯救。在当前中国的法治建设中,法律方法可以解决既要维护法律的稳定性又要使法律适应社会变革的矛盾,并在维护现有体制的前提下增进司法的功能。[②] 但是,也有人对方法论研究者的这种自信提出质疑,并结合日本的情况,认为法学家对法律实务家的影响是有限度的。[③] 当然,这种观点更多是结合日本的经验。在我国,法律方法论研究者应设法增大理论的可接受性,以方便学者与实务法律人的沟通、理论与实践的联系。理论作品的读者越多,所产生的影响力就越大。[④] 法律思维的研究可以从多个角度进行,只不过我们的研究往往过分在乎规范法学意义上的研究。然而,法律思维的时代特点是规范法学的研究不可能解决的问题。

规范法学与法律思维关系非常密切。如果没有规范法学实际上不可能有典型的法律思维。我国法律方法论研究中,国外相关理论与经验实践无疑都值得借鉴,但就法律方法论的研究来说,对规范法学的梳理与研究是非常重要的。2009 年法学界在这些方面都出现一些研究成果。[⑤] 西方法律方法论的发达是与对分析法学和规范法学的深入研究息息相关的。但从我国学

[①] 戚渊:《法律方法与法学方法》,载《政法论坛》2009 年第 2 期。
[②] 魏胜强:《拯救法治——法律方法对法治的意义初探》,载《西南政法大学学报》2009 年第 2 期。
[③] 张利春:《法学家的方法论研究对法律实务家的影响》,载《比较法研究》2009 年第 1 期。
[④] 陈金钊:《法律方法论研究的高雅与媚俗》,载《法学论坛》2009 年第 3 期。
[⑤] 国外法律方法论研究方面,如杨代雄:《萨维尼早期法学方法论中的三条基本原则——以萨维尼的法学方法论讲义为考察对象》,载张双根等主编:《中德私法研究》(总第 5 卷),北京大学出版社 2009 年版;王晓:《法律类型理论和类推方式研究》,载《浙江学刊》2009 年第 5 期;贾焕银:《社会法学派的法律漏洞观及其启示》,载《法律科学》2009 年第 4 期。国外法律方法制度实践方面的研究成果如李纬华等:《案件事实存在争议时的裁判之道——德国关系法简介》,载《法律适用》2009 年第 4 期;李栋:《英国普通法的"技艺理性"》,载《环球法律评论》2009 年第 2 期;李红海:《普通法的历史之维》,载《环球法律评论》2009 年第 2 期;任越:《对美国联邦最高法院有关外国人人身保护令的判例研究》,载《环球法律评论》2009 年第 4 期;屈文生:《〈布莱克法律词典〉述评:历史与现状——兼论词典与美国最高法院表现出的"文本主义"解释方法》,载《比较法研究》2009 年第 1 期。

界整体状况而言,规范法学研究的欠缺一直是我国法律方法论的一大"软肋"。① 西方法律方法论研究有其坚实的规范法学理论基础。规范分析方法是法学特有的方法,但是这种方法迄今为止都没有在中国法学界获得应有的位置,也未得到应有的重视。一是因为中国法学自身研究对象模糊从而不足以支持法学方法的正常发展;另一方面是因为中国法学自身缺乏学科自主性。规范分析方法主要关注法的合法性、法的运行效果、法的实体内容,全方位考察法的构成要素,由此制度事实构成规范分析的对象。② 也有人研究了概念分析方法。概念分析是现代分析法学的主要研究方法,它通过区分概念和范畴的逻辑结构或必然与本质属性来探求我们的世界的某些方面的真。法学研究中的概念分析方法源于早期分析法学的分析传统和日常语言哲学。概念分析可以用来探究法律命题的真。运用概念分析方法探讨法律的一般性问题是一种求知的体现。③ 规范法学的研究必然会涉及法教义学。有人立足于规范法学,亦即法教义学的角度来探讨学术与实务之间的司法考试相关问题。基于法教义学的内涵和功能之论述,从法教义学之规范性思维及其操作化的角度对目前司法考试制度做了总体性思考,并以司法考试刑法篇为例做了实证化研究。④ 从总体上看,我国法律方法论的规范法学基础研究还需对法律实证主义进行扎实的理论研究,2009 年也出现这方面的一些成果。⑤ 法律的确定性、客观性、自主性等理念同样构成法律方法论的规范法学基础。有人对此做了研究,认为法律的不确定性是指法律不能为法律纠纷提供一个正确答案。法律中的客观性是指法律判决是

---

① 我国规范法学研究的不足,在立法层面表现得较为明显。如有人以中国政府尤其是立法机关关于法律体系建设的认识和实践为基本线索,探讨了中国社会转型背景下法律体系建设的整体思路和布局问题。文章将迄今为止中国政府在法律体系认识和实践上的主要技术特征概括为四个方面,即理性主义的建构思路、国家主义色彩、立法中心——行政配合的运作模式,以及简约主义的风格,认为这些特征在集合意义上铸就了当下中国在法律体系建设上的某种封闭性质;主张就此进行深入反思,并从转型中国社会法治秩序形成的原理和要求出发,树立一种关于中国特色法律体系构建的开放性思考,作出相应的制度安排。参见张志铭:《转型中国的法律体系建构》,载《中国法学》2009 年第 2 期。
② 谢晖:《论规范分析方法》,载《中国法学》2009 年第 2 期。
③ 邱昭继:《法学研究中的概念分析方法》,载《法律科学》2008 年第 6 期。
④ 蔡桂生:《学术与实务之间》,载《北大法律评论》(第 10 卷第 1 辑),北京大学出版社 2009 年版。
⑤ 陈锐:《论法律实证主义的内涵、意旨及当下意义》,载《兰州学刊》2009 年第 9 期;陈锐:《隔阂与落寞:分析法学在近代中国的传播及其命运》,载《政法论坛》2009 年第 1 期;陈锐:《论法律真理》,载《法学论坛》2009 年第 4 期;陈锐:《论法律实证主义的不一致性——以奥斯丁与凯尔森为比较视点》,载《前沿》2009 年第 3 期;刘叶深:《法律规则与法律原则:质的差别》,载《法学家》2009 年第 5 期。

法官在没有偏见或成见干扰的情况下作出的。从形式方面看,法律确实性要求消除司法裁判的任意性。从实质方面看,法律确实性要求司法裁判的解决方案必须是实质正确的,这种要求也被称为可接受性要求。法律的自主性是指法律推理和裁判自身是自足的,它们不需要其他方法的帮助。①

法律发现可以说是法律思维最直接的运用,把法律发现归类到这一节还因为法律发现与法律渊源联系密切。可以说没有法律发现方法,法律渊源就没有实践价值。针对近年来我国学界对于"法律发现"内涵理解的争议,有人对欧美和国内学者对该词汇的不同理解进行梳理,并探讨其在当下中国最为合适的含义。② 法律发现就是针对个案发现应用于一般案件的具体法律。有人对古代中国法律发现的原则与方法做了研究。③ 从理论上讲,以"类型"之思维方式为基础的类比推理,实为法律发现的核心方法,它的基点不在于实然之"事物的本质",而在于法律人投射进法律中的应然之规范视角。④ 与法律发现的传统思维方式不同,近些年来人们对 ADR 的研究中,也开始关注纠纷解决的规范类型问题。⑤ 其中,习惯法规范或者法源在 2009 年的研究中,依然受到学者们的高度关注。这表明我们很容易接受正式法源以外的规范作为法官判案的依据。在司法过程中,非正式法源经常会向法院提出挑战。关于非正式法源的大量专著在 2009 年出版很多,如吴向红的《典之风俗与典之法律》(法律出版社 2009 年版);郑小川的《婚姻继承习惯法研究》(知识产权出版社 2009 年版)等。文章似乎更多,如有人研究了民间规范及其司法适用中的方法论意义。⑥ 甚至在两岸有关民生的交流中,有人主张应当把民间规则纳入保障两岸民生、促进两岸往来的重要社会因素中。⑦ 与

---

① 邱昭继:《法律的不确定性与客观性、确实性和自主性》,载《山西财经大学学报》2009 年第 3 期。
② 胡君:《法律发现之概念解析》,载《求索》2009 年第 1 期。
③ 管伟:《试论中国古代法律发现的原则和方法》,载陈金钊等主编:《法律方法》(第 8 卷),山东人民出版社 2009 年版。
④ 陈征楠:《法律发现中的类比推理》,载《华南师范大学学报》2009 年第 3 期。
⑤ 刘作翔:《特殊条件下的法律渊源——关于习惯、政策、司法解释、国际条约(惯例)在法律中的地位以及对"非正式法律渊源"命题的反思》,载《金陵法律评论》2009 年第 1 期。
⑥ 贾焕银:《民间规范的性质及其司法适用逻辑分析》,载《山东大学学报》2009 年第 4 期;魏治勋:《事实的规范力量——论事实性民间规范及其法律方法意义》,载《山东大学学报》2009 年第 3 期。
⑦ 谢晖:《法律、民生与民间规则——兼论两岸交流制度中民间规则的作用》,载《现代法学》2009 年第 3 期。

此类似的是有人对习俗、习惯法在当下我国的意义做了一些研究。① 还有人结合我国部门法,对民事习惯进行探讨。有人认为,民事习惯在我国民法中的地位是一个分歧很大的问题。当代世界,各国都很重视民事习惯在法律中的地位。现在我国由于对民事习惯研究不够,民事习惯没有得到足够的重视。我们应该加强民事习惯研究,使民事习惯在民法中发挥更大的作用。② 在行政法领域,行政习惯法包括普通习惯和行政机关处理问题的习惯。成文法自身的局限性和行政习惯法的功能决定了习惯法应该是行政法的渊源。但由于行政习惯法自身的局限性,它只能是非正式的和辅助性的法律渊源。③ 这是否意味着习惯法在各个法律部门的法源地位是越加重要了? 关于我国法律渊源的地位,有人认为,1979—2009年这个阶段既注重成文法的制定,又注重发展独具特色的判例制度,因此可以称之为"国民本位·混合法"时代。④ 此外,还有人对事物本质、学说等的法律渊源问题做了研究。⑤

与法源地位研究相适应,习惯法在司法中的实际应用问题也引起很多人的关注。⑥ 习俗作为一种生活常识、常理、常规、常情,不但能影响法官的思维方式,在某些具体情景中还可以成为法官断案的合理性判准,甚至在某些特殊机制中对法官的法律推理有所助益。因而习俗在建构大小前提中是可以发挥其作用的:即习俗在疑难案件中通过法律解释、价值衡量、漏洞补充、法律论证等方法发挥其对建构大前提的作用;而在小前提中则通过推论方式发挥其确认法律事实的作用。⑦ 但是,习惯法在司法中的适用,是需要

---

① 江国华:《习俗的法治意涵》,载《人民法院报》2009年11月17日,第5版;王彬:《习俗司法化功能的正当性》,载《人民法院报》2009年11月17日,第5版。
② 李强:《论民事习惯在我国民法中的合理定位》,载《理论界》2009年第10期。
③ 席能:《习惯法在行政法上的地位》,载《河南师范大学学报》2009年第5期。
④ 武树臣:《从"阶级本位·政策法"时代到"国民本位·混合法"时代》,载《法学杂志》2009年第9期。
⑤ 姜纪超:《"事物本质"及其法律方法论意义》,载陈金钊等主编:《法律方法》(第8卷),山东人民出版社2009年版;姜涛:《法学通说的文明与法学通说的选择》,载《法律科学》2009年第3期。
⑥ 刘作翔:《习惯作为一种特殊条件下的法律渊源及其在司法中的适用》,载《南京大学法律评论》2009年第2期;张志松等:《民ատ习惯的理性解读及其司法实践中的运用》,载《法律适用》2009年第4期;贾焕银:《司法判决中习俗的考量和适用分析》,载《民俗研究》2009年第2期;李红:《论打赌习惯的司法审视》,载王利明主编:《判解研究》(2009年第1辑 总第45辑),人民法院出版社2009年版。
⑦ 韦志明等:《法律推理之大小前提的建构及习俗的作用》,载《山东大学学报》2009年第2期。

第六章　研究的困惑与执着

一定制度条件才有可能。在我国,习惯法进入立法与司法都存在一定障碍。为此,有人主张引入一种大历史的内在视角,从社会的角度对清末修律以来乃至当前法律移植,进行习惯的法律治理模式上的反思,具有结构性补充的意义。中国社会应该选择一种相对具有弹性的习惯的法律治理模式。这不仅被西方社会法律实践经验所佐证,而且为中国社会法律实践经验所验证。① 习惯难以制度化地进入我国制定法是由我国行政主导的法律运行模式使然。这种法律运行模式形成的是一种单向度的自上而下的"沟通"机制,不具有让社会下层和社会上层、习惯与国家制定法进行双向度沟通互动的功能。这种制度性障碍,造成了习惯难以制度化地进入我国制定法之中。② 习惯法制度化既是对社会现象的实然描述,也是对法律发展的应然要求。有人考察了习惯法制度化的法理依据及其在不同背景下的制度经验;然后,分析了当代中国习惯法制度化的现状及其问题;随后,建设性地提出了习惯入法必须具备的制度要件。③ 民间规范入法是许多国家法律发展史上的成功经验。在我国,目前更为紧要的任务是建立一种经由司法渠道有效运用民间规范的制度及机制。应从规范依据、确认标准、证据、程序以及司法论证等方面构建和完善我国民间规范司法适用制度。④

　　法源理论是与裁判的引用直接相关的问题。长期以来,裁判文书存在引用法律依据不规范的现象,特别是有的裁判文书引用宪法条文一直备受争议。2009年11月4日,最高人民法院公布施行了《关于裁判文书引用法律、法规等规范性法律文件的规定》,明确:(1)刑事裁判文书应当引用法律、法律解释或者司法解释;民事裁判文书应当引用法律、法律解释或者司法解释,对于应当适用的行政法规、地方性法规或者自治条例和单行条例,可以直接引用;行政裁判文书应当引用法律、法律解释、行政法规或者司法解释,对于应当适用的地方性法规、自治条例和单行条例、国务院或者国务院授权的部门公布的行政法规解释或者行政规章,可以直接引用。(2)根据审理案件需要的其他规范性文件可以作为裁判说理依据。(3)对于确需引用的规范性法律文件之间存在冲突的,不得自行在裁判文书中认定相关规范性法律文件的效力,应当依法提请有决定权的机关作出裁决。

---

① 张洪涛:《我国习惯的法律治理模式之反思》,载《山东大学学报》2009年第5期。
② 张洪涛:《习惯在我国制定法中制度命运的制度分析》,载《法制与社会发展》2009年第5期。
③ 厉尽国:《习惯法制度化的历史经验与现实选择》,载《甘肃政法学院学报》2009年第1期。
④ 厉尽国:《民间规范司法适用制度化相关问题研究》,载《山东大学学报》2009年第5期。

这次最高人民法院发布司法解释明确裁判依据范围,实际上也回应了宪法能否作为裁判依据直接引用的问题。该司法解释对于确保司法统一,维护法律权威具有重要的指导意义。2009年也有人对司法解释可否单独作为裁判依据做了探讨。① 还有人研究了政策的法源地位,认为最高法院对司法裁判提出"社会效果"的要求,旨在通过司法解释将公共政策转化为司法政策,并进一步内化到裁判过程中。然而,公共政策并不都像决策者预期的那样,它的实施往往会引发难以预料的意外后果。法院应当对公共政策加以甄别,在其进入司法裁判过程之前必须进行成本分析和绩效测定,防止可能出现的意外后果。②

三、法律解释及利益衡量

2009年在法律解释学方面的研究进展不是很明显。但作为一个法律方法论的最重要方法,人们还是给予了很多的热情,从我们的收集到的资料来看,人们试图消解哲学解释学给法律解释带来的哲学化倾向,在中国语境下强化逻辑在法律解释中的作用。解释不是任意驰骋的思维,它要受到法律与逻辑双重制约。所以很多学者似乎想用传统简单的哲学命题和形式逻辑的基本规则,来恢复法律解释的合法性和客观性。当今国内外法律解释理念发生着深刻的变化。随着哲学解释学的介入,当代西方的法律解释学者放弃了对法律解释正确性的追求,认为所有的解释都是基于不同的理解。这对法治来说无疑是毁灭性的立论。不管法律解释有没有实质意义上的正确理解,对一个维护法治的法律人来说,起码在姿态上应该追求准确的解释。解释结果的合法性、客观性以及有效性,是法律解释者应当坚持的原

---

① 王伟国:《司法解释单独适用之争》,载《民主与法制》2009年第17期。2009年,中国法学会法律信息部(研究中心)组织专家学者以最高人民法院对司法解释适用立场的变迁为线索,对裁判依据问题进行了研讨。与会者各抒己见,观点纷呈。经过讨论,大家发现:裁判依据不仅决定诉讼当事人的利益,而且关系到司法正当性,甚至法治的实现。裁判依据问题不仅复杂,而且重大。作为当下我国司法裁判依据的重要组成部分,司法解释反映了我国法律体系的诸多现实状况,而最高人民法院对司法解释适用态度的变化折射出我国立法、司法制度的真实一面,也是令人深思的一面。

② 宋亚辉:《公共政策如何进入裁判过程——以最高人民法院的司法解释为例》,载《法商研究》2009年第6期。

则,这也是法治的基本要求。① 有人认为,合法性与合理性有其固有缺陷。在最低的合法性标准与最高的合理性标准之间,可接受性因其妥协和综合的性质而成为法律解释评价标准的次优选择,可接受性标准当成为解决法律解释多样性问题的现实选择。② 有人认为,法律解释是以实践合理性为取向的司法方法,其目的是提供正当的个案判决,而不是贡献知识。作为实践的法律解释具有三个特点:解释主体的独占性、解释过程的特定性以及解释结果的独断性,它们与法律的性质、裁判的任务及司法的运作方式紧密相关。实践中的法律解释并非一种学理或知识论辩,而与司法权力的分配及运作紧密相关。③

法律解释学是一门实用性学科,它应该以解决问题为主要的研究指向。现有的法律解释学偏重于对逻辑形式的研究,缺乏相应的问题意识。因而,法律解释学的创新需要与法律社会学结合起来,找到中国法治的问题之所在。要提升法律解释学回应实践的能力,就应该研究中国的现实问题。④ 当代中国法律解释学比较偏重于对西方理论的介绍性研究,而忽视对本国司法经验与智慧的研究。这主要表现在对司法过程中所累积下来的案例缺乏系统的研究。我们没有看到:法律解释学不仅要关注法律解释及其方法,更主要的是对已有的法律解释结果的反思。对判决的研究是法律解释学的最重要内容之一。⑤ 法律解释方法的排序一直是一个令人困惑的问题。有人试图对这个问题进行探索,以增大法律方法的实用性。然而这是徒劳的,因为人的思维不可能像机器那样。但这并不能排除在这方面的有益尝试对法律方法的贡献。法律解释方法的排序问题无法从方法自身得到解决,方法间的冲突必须靠原则来解决,而法律解释的元规则系统则是一系列符合良法原则的法律原则而构成。⑥ 有人从法律解释角度对电脑量刑问题进行反思,认为电脑量刑之类的思想很早就有了,限制法官的法律解释活动和视司法为机械的操作活动的思想曾经在西方历史上很盛行,但这种思想最终被证明违反了法律解释原理。根据法律解释原理,司法活动是法官对法律的

---

① 陈金钊:《法律解释的"正确性"何在?》,载《山东大学学报》2009年第5期。
② 孙光宁:《法律解释的评价标准:从合法性、合理性到可接受性》,载《内蒙古社会科学》2009年第5期;孙光宁:《法律解释结果的多元性及其选择》,载《甘肃政法学院学报》2009年第5期。
③ 陈林林等:《作为实践的法律解释论纲》,载《河南社会科学》2008年第6期。
④ 陈金钊:《法律解释学的创新与发展》,载《扬州大学学报》2009年第3期。
⑤ 陈金钊:《对司法经验与智慧的遗忘》,载《四川师范大学学报》2009年第3期。
⑥ 雷绍玲:《论法律解释元规则》,载《广东社会科学》2009年第3期。

理解、解释和应用过程,电脑量刑是对这一原理的违背。① 实际上,人们必须重视法律解释方法的艺术,只有艺术地运用解释方法,才能获得法律效果与社会效果的统一,才能彰显法律人的智慧。为维护法治,我们要尽量去解释被遮蔽的法律意义,而不是动辄创造法律。在微观领域实现法治必须细腻地、艺术地解释法律。②

一般来说,法律解释会产生多种解释结果。对解释结果的多样性是司法过程中难以避免的问题,而这一问题是法律解释方法本身不能加以解决的,这就需要运用价值进行平衡,所以利益衡量或价值衡量是法律解释方法运用之后要接着运用的方法。有人在阐述立法程序中利益衡量理论的基础上,对侵权责任法调整的基本矛盾以及由此决定的一般利益冲突和特殊利益冲突进行了解析,并提出了若干制度设计方面的建议。③ 在司法中,利益衡量方法多运用在权利冲突的场合。2009 年有不少相关论文。④ 利益衡量方法在当今我国的司法实务中越来越广泛地得到运用。利益衡量方法中的司法公正问题也引起人的关注。⑤ 有人认为,中国和西方相比,没有经历从司法保守向司法能动的嬗变,事实上也从来没有过严格规则主义,所以中国的司法能动比较特殊,通过对中国的历史传统、现实政治资源以及法治现状等方面,框定中国式司法能动的基本框架。司法能动是对既存法律规则的突破,而突破规则的最正当理由是存在着比遵守既定规则所维护的利益更重要的利益,需要法官加以识别和保护。司法衡量理论可以让司法能动获得一种正当性的基础并为司法能动提供方法论。⑥ 无论是利益衡量还是价值衡量,其所涉及的大问题就是法律效果与社会效果以及与和谐社会建构的关系之问题,关涉当下社会所追求的总体目标。在这些方面无论是本体论还是方法论 2009 年都有许多成果出现,只是应景的文章太多,而深入研究的较少。这也许是法律方法论研究的另外一个"软肋",即研究者把自己

---

① 魏胜强:《法律解释视角下的"电脑量刑"》,载《政法论丛》2009 年第 3 期。
② 陈金钊:《法律解释的艺术》,载《法商研究》2009 年第 5 期。
③ 张新宝:《侵权责任法立法的利益衡量》,载《中国法学》2009 年第 4 期。
④ 张金海:《侵害一般人格权行为的违法性判断》,载《法学杂志》2009 年第 8 期;刘智慧:《论业主共同决定事项范围的确定——以区分所有权解释第 7 条的适用为中心》,载《政治与法律》2009 年第 8 期;王彬辉等:《美国环境侵权民事司法中利益衡量的适用及对我国的启示》,载《环球法律评论》2009 年第 4 期;李建伟:《股东查阅权行使机制的司法政策选择》,载《法律科学》2009 年第 3 期;张其山:《生育权纠纷的利益衡量》,载陈金钊等主编:《法律方法》(第 8 卷),山东人民出版社 2009 年版。
⑤ 如张光宏:《利益衡量中的司法公正》,载《法律适用》2009 年第 1 期。
⑥ 杨雪瑛:《中国式司法能动与利益衡量》,载《南昌高专学报》2009 年第 4 期。

封闭起来,而没有将法律解释放到社会的视野中进行学科交叉的研究。

法律解释学不是一个孤独的学科,而是与社会息息相关的综合性学科。利益衡量和价值衡量是把法律和其他社会关系联系起来桥梁,对社会秩序的恢复与调整有积极的意义。如利益衡量方法在行政审判中大有用武之地。有人认为,这在行政审判中却是最必不可少的。个人利益与公共利益冲突是众多行政案件的实质所在,行政诉讼中的利益抗争,实质上也就是公民权利与国家行政权力之间的抗争。因此行政审判中复杂的利益关系需要利益衡量方法为其提供一条可行的路径。在审判中法官应当根据一定的价值判断进行取舍,妥当地平衡相互冲突各方利益。① 还有近年来,房价上涨引起"小产权房"热销的局面。在现有法律框架下,集体土地使用权不能自由流转,导致"小产权房"违法,其买卖合同无效。"小产权房"问题关系政府、集体经济组织、农民、购房者、开发商等多方利益,从利益衡量的角度分析,合法化更能体现社会公平。通过类型化处理是目前解决"小产权房"问题的合理做法。② 还有人通过对热点案件的剖析,对裁判中利益衡量方法运用的过程、策略、规则进行了阐述与归纳。通过多种案例的实证分析,发掘司法裁判中的利益发现、评价与平衡过程,探讨法院的司法技术、规则及理念,包括:(1) 从许霆案看法院在利益衡量中的价值取向;(2) 从"钉子户"拆迁案看法院在裁决与执行中价值取向的背离;(3) 从高空抛物案看法律模糊情境下平等主体之间的利益发现与选择;(4) 从"红色经典作品案"看法院对于社会福利最大化的追求与努力;(5) 从"北大方正案"看大法官的智慧与范例意义。③

四、法律推理与法律论证

推理与论证本来就是逻辑中的基本问题,甚至在一定意义上推理就是论证,因而我们把这两个似乎是独立研究的问题放到一起进行综述。2009年,学界围绕法律推理问题做了一些理论研究。有学者认为,法律推理理论

---

① 王夕端:《利益衡量在行政审判中的运用》,载《山东审判》2009 年第 1 期。
② 任辉:《利益衡量视角下"小产权房"的出路探究》,载《西南政法大学学报》2009 年第 1 期。
③ 刘冰:《裁判中的利益衡量:技术、规则与理念——基于案例的实证分析》,载《晟典律师评论》2009 年第 1 期。

的核心在于结构问题,而对推理基本形式的研究正是围绕这一点展开的。考夫曼的"四分法"模式与阿列克西的"三分法"模式为此提供了很好的出发点。相比之下,后者的分类更为可取,但仍然存在问题。在规范性论证视角下,法律推理的基本形式必然要体现出论辩理性的特点。为此需要划分不同的论证阶段与论证前提来分别对应涵摄、权衡与类比这三种基本形式。它们构成了法律推理之规范性模式的组成部分。① 法律推理的结构,尤其是大小前提的建构问题,引起了一些人的关注。如有人指出,在法律推理的过程中,大前提的形成具有论题学的或然性、可论辩性。② 如何建构大小前提,关系到法律推理能否取得有效性。以往对于建构大小前提的研究偏向于抽象的理论探讨,缺乏具体的、可操作的方法。在语用学视域中,法律推理不仅是逻辑推理也是行动推理,构建大小前提的过程体现为言语行为活动,而语用学合作原则是理解言语行为的一个非常重要的原则,能够在建构大小前提中发挥重要作用,为研究法律推理提供了新的视角。③ 习俗作为一种生活常识、常理、常规、常情,在建构大、小前提中是可以发挥其作用的:即习俗在疑难案件中通过法律解释、价值衡量、漏洞补充、法律论证等方法发挥其对建构大前提作用;而在小前提中则通过推论方式发挥其确认法律事实的作用。④ 法律推理研究中,还有人对司法三段论问题做了研究。司法三段论体现近代法治对法律稳定性的追求,尽管司法三段论的机械的司法推理形式不断受到批判,但人们对古典的逻辑涵摄模型在坚守与放弃中一直犹疑不决,并为实现和完善司法三段论的逻辑前提一直进行理论上的探索。实质上,司法三段论思维是事实与价值二分法在事实领域和规范领域中的彻底贯彻。⑤ 逻辑三段论与司法三段论既有联系又有区别,但司法三段论研究却对逻辑三段论多有曲解,甚至将两者简单等同。有的文章对这一不当认识及其产生根源进行分析,指出逻辑三段论与司法三段论在推理模式、评价标准等方面都有根本不同。⑥

法律推理研究在国内形成法理学界和法律逻辑学界两个阵营,前者按

---

① 雷磊:《法律推理基本形式的结构分析》,载《法学研究》2009 年第 4 期。
② 黄春燕:《论法律推理的缺陷及其克服》,载《政法论丛》2009 年第 4 期。
③ 张斌峰等:《建构法律推理的新视角:以语用学合作原则为切入点》,载《政法论丛》2009 年第 5 期。
④ 韦志明、张斌峰:《法律推理之大小前提的建构及习俗的作用》,载《山东大学学报》2009 年第 2 期。
⑤ 王彬:《论司法三段论的结构形式与逻辑前提》,载《山东警察学院学报》2009 年第 1 期。
⑥ 王建芳等:《逻辑三段论与司法三段论》,载《北京理工大学学报》2009 年第 4 期。

第六章 研究的困惑与执着

照现实中综合的理性思考构建推理的前提,追求审判结果的可接受性;后者按照法律的规定进行严格的逻辑推理,追求审判结果的确定性。在此背景下,形成宏观和微观视野下的法律推理研究范式,其主流倾向是主张将法律推理研究建立在综合形式推理和实质推理的基础上进行。① 在当前我国司法运行模式下,相同的案情不同的判决比比皆是。而从理论上说,真正公正的判决只有一个。充分准确的法律推理是解决同案不同判问题的一个重要思路。② 法律推理的过程就是对裁判结果正当性的论证过程。法律推理作为一种理性思维工具,可以帮助人们正确认识司法的目的和方法,澄清司法实践中可能出现的思维误区,推进司法改革。③ 因此,法律推理方法在当今我国社会中具有重要意义。

法律论证方面在 2009 年也取得了不少研究成果。当代法律方法转向法律论证研究的过程中,带来了一些新的法律思维方法。法律论证方法的出现对传统法律思维模式造成一些深刻的改变,并形成了一些新的法律思维形式,诸如主体际思维、对话思维、论证思维、开放体系思维、论题学思维等。法律论证思维方式对当今的法观念与法学观念都具有重要的影响和意义。④ 司法中,如上思维最主要表现在对判决理由的展示。随着司法判决性质和裁判风格的转变,现代法治语境中的司法裁判表现为一个从判决威权主义到判决理由展示的转换。据此,司法裁判体现为一种对话和论证过程,法官需要对其判决理由给予充分展示。为促进司法公正,我们应当建立正式的判决理由展示裁判制度。⑤ 法律论证理论近年来在我国受到学界广泛关注。为增强司法公信力,司法实践中应强化庭审功能,推行裁判文书改革。尤其强调裁判理由阐释及论证,要求法官必须公开其心证过程。但在中国转型社会的现实语境中,实质公正仍是司法裁判追求的最高目标,法官适用法律存在多重困境,法律论证过程不可避免地遭遇尴尬。司法裁判的正当性追求仍应以实现法律之内的正义为基础,同时应回应立法目的与社会利益。⑥

---

① 印大双:《中国法律推理研究现状与展望》,载《江汉论坛》2009 年第 5 期。
② 章友德等:《法律推理与同案不同判现象》,载《唯实》2009 年第 1 期。
③ 郭春明:《通过法律推理推进司法改革》,载《天津师范大学学报》2009 年第 1 期。
④ 焦宝乾:《法律论证的思维特征》,载陈金钊等主编:《法律方法》(第 8 卷),山东人民出版社 2009 年版。
⑤ 杨知文:《从判决威权主义到判决理由展示》,载《四川师范大学学报》2009 年第 5 期。
⑥ 晋松:《法律论证与司法裁判的正当性追求》,载《西南政法大学学报》2009 年第 2 期。

法律论证的实质是论辩。法律论证中的证明和证据概念强调合法性。法律论证的一个重要概念是证成,它分为内部证成和外部证成两种证成形式。这些证成是由若干规则、公式和原则来构成的,用以在法律论证中获得健全的实践理性。① 内部证成与外部证成的区分,构成了当今法律论证的一个重要理论基础。传统法律论证模式关注于推理形式及其规则的研究,而对推理的前提关注不够。我们如何判断一个法律决定是正当的?法律适用的过程也是一个法律证成过程。法律证成可以被区分为内部证成和外部证成。② 这一区分,显示了法学家们将法律论证过程清晰化与精制化的理论努力。国内学界近年来也开始重视这一区分。无论是内部证成还是外部证成,均通过对更为精致的推理结构和过程的探求,来使法律决定或判断正当化。③ 针对法律判断证成的各种理论尝试,有学者认为这些进路都存在着一些问题。如维特根斯坦所说的,法律不过是"语言游戏"之一种,其正当性存在于一定社会的"生活形式"之中,亦即实践之中。因此,我们只能从风俗、习惯、制度和传统等因素之中去寻找法律判断的正当性根据。④

随着法律论证理论的不断发展进步,传统逻辑已经不能为法律论证提供合理恰当的逻辑基础。西方逻辑学界在20世纪后半叶所兴起的非形式逻辑思想对法律逻辑从另一个侧面产生了相当重要的影响。因此,人们可以从新兴的非形式逻辑来为法律论证寻找新的逻辑基础,提供新的逻辑辩护。⑤ 和形式演绎逻辑(FDL)相比,非形式逻辑有一系列不同的特性:研究对象不是蕴涵而是论证;理解论证概念主要不是语义的,而是语用的;放弃论证类型的一元论而主张多元论;注重论证的型式(scheme)和宏观结构;评估论证从单价论扩展到多价论;包容了不能确定真但可合理接受的前提;论证的范例从几何学模型转换为法学模型;逻辑系统的概念和规则从刚性转变为柔性;与辩证法和修辞学的关系从对立改善为相互补充。这些特性全部和法律逻辑密切相关,因而非形式逻辑能更好地作为法律逻辑所"应用"

---

① 周祯祥:《法律论证理论中的证明证据和证成》,载《政法论丛》2009年第1期。
② 王夏昊:《法律决定或判断的正当性标准——以法律论证为视角》,载陈金钊等主编:《法律方法》(第8卷),山东人民出版社2009年版。
③ 焦宝乾:《内部证成与外部证成的区分》,载《浙江学刊》2009年第4期。
④ 陈锐:《法律判断如何证成?》,载《山东大学学报》2009年第5期。
⑤ 对非形式逻辑的系统研究,可参见武宏志、周建武、唐坚:《非形式逻辑导论》,人民出版社2009年版。

的逻辑。① 与此相关,有人研究了后果主义论证。后果主义论证是法律论证的一种形式,是实现合理的司法裁判和证成裁决结论的重要要素。司法中后果主义论证关注不同裁判方式所带来的可能后果,通过评判不同的后果来选择裁决结论。②

2009 年,在法律论证的合理性标准问题上也出现了不少研究成果。有人认为,法律论证的正确性宣称,一方面要求一个正确的司法决定应当能够根据有效法逻辑地推导出来,另一方面要求所适用的法律规范本身是合理或公平的。前者需满足逻辑一致性的要求,表现为演绎式的线性证立方式;后者需满足融贯性的要求,表现为各个理由之间的相互支持关系,是一种整体性的证立方式。坚持融贯性标准的法律论证,在本质上是一种整体性的证立方式。③ 有人认为,依据语用分析的方法,法律论证的评价模式应为形式有效、实质有效、修辞有效的论证评价标准的结合。三者互为依靠,形成论证评价的三角形框架模型,所建立的这种论证评价模式才是法律论证评价的恰当标准。④ 可接受性原则是法律论证的基本原则之一。历史的、本体论的以及方法论的等多种原因使得可接受性原则在当下受到越来越多的重视。而可接受性原则的核心内容是对规范的推崇,要实现可接受性原则就应当重视法律程序所发挥的作用。⑤ 但也有人对裁判可接受性概念进行反思,认为以"公众意见能够取代法律标准"为核心的裁判可接受性概念,实际上是以下两个方面的统合:一方面,公众意见能够被转化成正当化理由,因此才能取代法律标准成为裁判依据;另一方面,司法民主化要求司法裁判必须反映公众意见。但是这两个要素都存在明显的缺陷:第一,公众意见难以转化为规范性的正当化理由;第二,司法民主化可以分为直接民主化与间接民主化,并且间接民主化能够更好地与现行民主制度、裁判者的司法义务等要素保持一致,但是裁判可接受性概念中的民主化只是直接民主化的体现。由于以上两个方面的问题,裁判可接受性概念缺乏存在的恰当基础。⑥ 此

---

① 武宏志:《论非形式逻辑的特性》,载陈金钊等主编:《法律方法》(第 8 卷),山东人民出版社 2009 年版。
② 杨知文:《司法裁决的后果主义论证》,载《法律科学》2009 年第 3 期。
③ 侯学勇:《融贯性论证的整体性面向》,载《政法论丛》2009 年第 2 期。
④ 张玫瑰:《基于语用理论的法律论证评价模式研究》,载《政法论丛》2009 年第 2 期。
⑤ 孙光宁:《法律论证中的可接受性原则》,载陈金钊等主编:《法律方法》(第 8 卷),山东人民出版社 2009 年版。
⑥ 陈景辉:《裁判可接受性概念之反省》,载《法学研究》2009 年第 4 期。

外,还有一些结合个案的法律论证研究成果。[①]

五、语言、修辞、历史与法律方法论的研究

法律方法论的研究需要一些基础性学科的支持,其中法律语言学、法律修辞学以及对法律方法本身的历史研究都是必要的,所以我们把这几个方面放到一起作为法律方法论的理论基础来进行综述。法律语言学在20世纪末后期迅速发展起来。在当下中国,加强对法律语言的规范化研究具有重要意义。为了促进法律语言的研究和发展,规范法律语言的使用,2008年12月13日,法律语言发展与规范研讨会在北京召开,来自北京大学、清华大学、中国人民大学等单位的专家学者出席了研讨会。与会者就"法律语言之美"、"法律语言含糊与精确"、"法律语言翻译"、"司法活动中的法律语言"等话题展开热烈讨论。[②] 有人对我国法律语言研究做了回顾,认为法律语言研究的过去30年,从汉语教师们以词语、句子、标点为核心的汉语研究模式,到英语教师们以介绍英美法律语言研究和法律翻译为核心的英语研究模式,再到法律人以语言学知识解决法律问题的法学研究模式,都体现了我国的法制建设的"与时俱进"。虽然现在的研究状况是这三种模式三分天下,未来虽然也会三者共存,但将由法学模式主导研究的进程应毋庸置疑。[③]作为一门新兴学科,法律语言学研究已经取得了令世人瞩目的成就。有人从法律语言学的理论建构、研究方法、实践与应用等方面展望中国法律语言学未来的发展趋势。[④] 还有学者指出,"法学的语言学转向"使传统法学理论中的法律语言观开始受到怀疑并被消解、重构。从批评话语分析的理论视角研究法律话语,发现法律话语的机构化是一种意识形态化的、杰出的专业实践的典型统一体,其一元式和独白式(封闭的)话语的话语秩序决定了法律话语相对于其他多种语言和话语来说是封闭的和晦涩的;话语意识形

[①] 孙光宁:《"合理怀疑"的接受:辛普森案中的法律论证》,载陈兴良主编:《刑事法评论》(24),北京大学出版社2009年版。
[②] 冀永生:《法律语言研究在争议中前行——法律语言发展与规范研讨会综述》,载《人民检察》2009年第2期。
[③] 宋北平:《我国法律语言研究的过去、现在和未来》,载《法学杂志》2009年第2期。
[④] 李诗芳:《法律语言学研究综观》,载《学术交流》2009年第6期。

第六章 研究的困惑与执着

态是为获得或保持权力而服务的,具有极强的社会建构功能。① 还有人从语言哲学与符号学角度对法律语言进行了研究。②

立法中的语言问题引起了一些研究。有人研究了制定法中的例示规定。例示规定包括以"其他"与"等"为标识的两类法条形式。例示规定的特征是:抽象程度上的具体与概括的统一,事项归属上的明确与模糊的统一,调整范围上的封闭与开放的统一,时间延续上的稳定与变动的统一。例示规定的创制,应功能定位准确、立法技术运用得当。例示规定的实施性立法,也要符合一定的标准和要求。③ 此外还有一些立法角度的研究成果。④ 近年来国内甚至有人着手编辑法律语言词典。⑤ 更重要的是从司法角度对法律语言的研究。如有人研究了"本院认为……"这一我国判决书中十分常见的一个表达式。⑥ 语言证据是国外法律语言学的一个重要概念与研究领域,其范畴涵盖许多研究内容。从某种意义上讲,法律语言学其实就是对语言证据的研究。在法律实践中,语言证据的研究与应用具有非常重要的现实意义,有人围绕语言证据的基本概念和研究范畴进行探讨,在此基础上将语言证据研究和我国现实情况结合起来,探讨语言证据在应用中所面临的几个关键问题。⑦

跟法律语言(学)研究密切相关的是,2009年学界对法律修辞学也做了较多的研究。⑧ 跟法律修辞学密切相关的还有论题学研究。论题学研究起源于古希腊,不过到后来衰落了,和修辞学研究有着某些共同或者相似之处。但这种研究在20世纪后半期得以回归,并强烈影响了当今的法律方法

---

① 杨德祥:《法律话语权力意识的批评话语分析》,载《宁夏大学学报》2009年第5期。
② 宋北平等:《语言哲学与法律语言规范化研究》,载《清华法学》2009年第3期;程乐:《法律术语的符号学诠释》,载《修辞学习》2009年第2期。
③ 刘风景:《例示规定的法理与创制》,载《中国社会科学》2009年第4期。
④ 如伍巧芳:《法律语言模糊性的法理分析》,载《江西社会科学》2009年第6期;汤啸天:《法律语言研究应当强化立法语言的审校服务》,载《华东政法大学学报》2009年第5期;赵微:《立法语言情态表达式及其规范化》,载《修辞学习》2009年第2期;刘艺兵等:《刑法语言的困境》,载《中国刑事法杂志》2009年第2期。
⑤ 刘家琛、宋北平:《〈法律语言词典〉编辑初探》,载《修辞学习》2009年第2期。
⑥ 张清:《判决书的言语行为分析——看"本院认为"的言语行为》,载《政法论坛》2009年第3期。
⑦ 刘蔚铭:《语言证据范畴下的法律语言学研究》,载《广东外语外贸大学学报》2009年第1期。将法律语言学和证据法学结合进行研究的,还可见何家弘:《论法律语言的统一和规范》,载《中国人民大学学报》2009年第1期。
⑧ 比如对法律修辞学一些基本问题进行研究,参见廖美珍:《语用学和法学》;刘兵:《法律修辞学的旨趣和意义》,此二文均载葛洪义主编:《法律方法与法律思维》(第5辑),法律出版社2008年版。

论。作为一种问题思维,论题学思维是个寻找前提的运作过程,由此确定得出结论的前提条件是否可靠,并被人接受。论题学个案意识的提起,打破了传统的封闭体系观念。在当代法学语境中,这种个案意识有利于个案正义的实现。① 有学者认为,从本质上说,人类的交际是目的驱使下的交际,是追求特定目的的交际,交际过程是交际双方追求目的的过程,交际的成功或者失败的一个关键性的判断标准是交际双方的目的是否被正确、有效地理解和成功地实现。② 这种目的性交际被广泛运用于法庭辩论、法庭调解③等实际运作过程中。近些年来,法庭语篇成了法律语言学研究的焦点。这些研究大多数是从语用学的角度研究法庭问话、答话或问答的语言策略和技巧。有人尝试从语音特征的视角来分析电影《杀死一只知更鸟》中法庭辩论语言的一些主要的语音特征及其所达到的文体效果。法庭辩论语言具有简洁、明快、清晰、抑扬顿挫和铿锵有力的特点,增加了电影法庭辩论语言富有诗意的音韵美,还可以烘托辩护律师为正义而辩论的主题,从而增强了演讲的说服力和感染力。④ 但总体来看,法律语言学的研究在我国才刚刚起步,甚至从基础理论研究的角度看还没有起步,作为学科法律修辞学的基本问题基本没有展开研究。我们只是从法律论证的角度重视了法律修辞的作用。

修辞论证中的法律修辞问题研究是在随着法律论证方法进入法学界的。修辞论证(论辩)是一种重要的法律论证方法。在司法实践中,这种方法具有广泛的实际应用价值。裁判中的事实问题还是法律问题,均涉及修辞论证方法的运用。具体而言,法律中的修辞论证包括以理服人、以辞服人、以情感人、以德/势服人等策略。因而,修辞论证在当代政治与法律话语中具有举足轻重的地位。⑤ 有学者研究了裁判中事实认定的修辞功能。司法审判所依据的案件事实,不仅是证据的产物,更是一个叙事活动的产物,人物形象的塑造是其中关键的叙事策略。叙事者根据预设的人物形象及其价值定位,来运用证据等材料建构故事化的事实文本,并使用人物形象来诱导受众认同叙事者建构的文本以及叙事者所预期的司法结果。同时,司法结果能否得到民众的认可,除了必须符合实体和程序的法律规范,也需要让

---

① 参见焦宝乾:《论题学思维及其在我国的意义初探》,载《南京大学法律评论》2009 年春季卷(总第 31 期)。
② 廖美珍:《目的原则与交际模式研究》,载《外语学刊》2009 年第 4 期。
③ 如程朝阳:《法庭调解话语与权力研究》,载《法律适用》2009 年第 7 期。
④ 吕中舌等:《电影法庭辩论语言的语音特征及其文体效果》,载《外语教学》2009 年第 1 期。
⑤ 焦宝乾:《法律中的修辞论证方法》,载《浙江社会科学》2009 年第 1 期。

第六章 研究的困惑与执着

事实叙事符合民众的经验语境。① 以 2009 年的"邓玉娇案"为例：模糊语言、挑选和类比等修辞策略的运用使邓玉娇案在社会讨论中形成了不同的版本。每一个版本的叙述均没有偏离"邓玉娇刺死邓贵大、刺伤黄德智"这一核心事实，但是却导向截然不同的结论。作为案件事实形成的潜在推动因素，修辞所扮演的角色不是简单的语言装饰，而是参与案件事实的建构。案件事实的演变及其最终形成，正是在修辞的运作中维系下去的。但是，修辞也左右着我们对案件事实的认知，其中隐含的陷阱值得警惕。② 此外，修辞方法在法律活动中还有广泛的运用。③

2009 年，法律方法论研究中，学者们注重从历史与现实实践的视角，进行实证研究。法律方法论应有的实践性、应用性一定程度上得到彰显。北京大学出版社推出一套法律实证研究丛书，如雷小政的《法律生长与实证研究》（北京大学出版社 2009 年版）；宋英辉等主编的《法律实证研究方法》（北京大学出版社 2009 年版）。正如本丛书作者谈到，"一方水土养一方人。在中国经济开放、政治民主、民族优抚等过程中，进行实证研究并推动改革，积累了许多经验和教训。但是，以实证研究方法变革中法学研究范式，优化中国法律变革道路，中国学术界和司法实务部门对此还比较陌生。缺乏实证精神是中国法律现代化中最大的拦路虎。"这种实证研究方法对当今我国的法律方法论研究来说同样也很重要。法律史学界对我国古代司法传统及其中的法律方法也做了一定研究，相关成果如陈金全、汪世荣的《中国司法传统和传统司法》（陕西师范大学出版社 2009 年版）；徐忠明的《情感、循例与明清时期司法实践》（上海三联书店 2009 年版）；黄宗智、尤陈俊主编的《从诉讼档案出发：中国的法律、社会与文化》（法律出版社 2009 年版）；黄宗智的《过去和现在——中国民事法律实践的探索》（法律出版社 2009 年版）。有人在复原清末四大名案之一的"刺马"案判决出台之历程的基础上，对其法律适用进行深入的研究。并认为学界关于清代刑事审判是依法

---

① 刘燕：《案件事实的人物建构》，载《法制与社会发展》2009 年第 2 期。
② 俞小海：《案件事实形成过程的修辞分析——以邓玉娇案为叙述空间》，载《广西政法管理干部学院学报》2009 年第 5 期。
③ 杨晓琼：《论修辞方法在律师委托人之间的应用》，载《咸宁学院学报》2009 年第 5 期；丁西冷：《司法的修辞与行政诉讼受案范围的扩张——以案例分析为切入点》，载《政法学刊》2009 年第 4 期；侯睿：《略论预审语言的两种对应修辞形式》，载《青年文学家》2009 年第 11 期；余索青：《法庭言语的功能及其特征分析》，载《前沿》2009 年第 5 期；王长江：《"马锡五审判方式"之裁判文风》，载《河南政法管理干部学院学报》2009 年第 4 期；田荔枝：《从语体视角析媒体修辞能动性与司法独立之关系》，载《广东外语外贸大学学报》2009 年第 3 期。

判决的看法,有待进一步的反思。① 类似地,有人分析清代川省南部县档案中的"判词"在知县审断中的运用、形式、内容以及作用等显现出的特征,可以揭示清季州县在纠纷审断上所具有的,也是当下司法所不具有的灵活性或自主性。② 有人在研究清代民事审判过程中,认为地方官在严格依法判决户绝财产继承案件时,也适从礼制风俗,有衬食说、应继说、兼祧说,在融入了人们对生活和法律理解的同时,促成法律与社会之间的互动;在追求情理法契合的同时,寓含着社会和谐及长治久安的理念。③ 有人对中国古代法律的特征是否可用"卡迪司法"解释和归纳做了探讨,认为中国古代法当然不是韦伯所说的那种具有理性的确定性的法,但也更不是"卡迪司法"。以确定性评价中国古代法律本身就是一个历史的错位。④ 因此,有学者结合中国古代司法裁判实际,归纳出其中所体现出的特征与规律。有人认为,从文本形式看,传统中国法律的篇章结构、条文体系具有超强的稳定性,有的可以因袭数千年,但法律文本规制与司法实践效应之间存在极大反差,文本的预期价值往往难以实现。其中一个重要原因就是司法主体的性情取向对司法实际效应的影响明显。研究传统中国法律的价值与功能,既要注意法律文本,更要注意其运作状况及实际效应,考察和分析司法主体的"性情司法"及其实际效应,不失为一个独特视角。⑤ 另外,学界对我国历史上习惯法、律例成例的适用问题也做了研究。⑥

六、部门法方法论研究

(一)宪法学与行政法学

2009 年度,宪法方法论方面的专著有林来梵主编的《宪法审查的原理

---

① 陈新宇:《规则与情理——"刺马"案的法律适用研究》,载《清华法学》2009 年第 4 期。
② 里赞:《清代州县审断的灵活性》,载《现代法学》2009 年第 5 期。
③ 柏桦等:《户绝与财产继承:清代民事审判中的情理法》,载《天津师范大学学报》2009 年第 3 期。
④ 马小红:《"确定性"与中国古代法》,载《政法论坛》2009 年第 1 期。
⑤ 张仁善:《论传统中国的"性情司法"及其实际效应》,载《法学家》2008 年第 6 期。类似的研究还可见徐忠明:《诉诸情感:明清中国司法的心态模式》,载《学术研究》2009 年第 1 期;刘昕杰:《"引"情"入法:清代州县诉讼中习惯如何影响审断》,载《山东大学学报》2009 年第 1 期。
⑥ 李婧:《民国时期钱业习惯法与国家法的冲突》,载《法制与社会发展》2009 年第 1 期;柏桦等:《清代律例成案的适用》,载《政治与法律》2009 年第 8 期。

第六章　研究的困惑与执着

与技术》(法律出版社2009年版),林来梵所主编的"宪法审查原理与技术研究系列丛书"(法律出版社2009年版)也开始分批问世,如郑磊的《宪法审查的启动要件》、翟国强的《宪法判断的方法》等。还有郑贤君的《宪法方法论》(中国民主法制出版社2009年版);刘国的《宪法解释方法的变革》(中国政法大学出版社2008年版);翟小波的《论我国宪法的实施制度》(中国法制出版社2009年版);韩大元主编的《中国宪法事例研究》(三)(法律出版社2009年版);胡锦光主编的《中国十大宪政事例研究》(中国人民大学出版社2009年版)

2009年,宪法学界对宪法方法论做了不少一般性研究。如有人认为,方法多元化的景象已次第呈现于中国宪法学研究中,于此背景中应运而生的规范宪法学,一方面主张适度地接近规范主义,但又不至于完全退到法律实证主义的立场,另一方面有意识地保持着理论体系的开放性:作为实践面向的方法论,它重视学理解释与有权解释之间的良性互动;在围绕规范形成思想的基础上,强调着方法的多元性;作为价值导向的思维,即使对于规范外的价值与事实亦保持谨慎的开放性。[①] 宪法的特性决定了宪法方法论与法律方法论之不同。宪法方法论的缺失将对宪法功能的发挥起到制约作用。宪法方法论的觉醒将使宪法更加具有生命力。[②] 宪法解释学与规范宪法学两种方法论,存在着根本的差异,其根本原因在于它们属于不同的方法论,宪法解释学属于宪法方法论,规范宪法学属于宪法学方法论。宪法解释学方法论具有独断性,而规范宪法学方法论则必然具有开放性。[③] 宪法释义学的实质是实现作为法学的宪法学知识的体系化,揭示宪法的意义脉络与法律含义,通过法学论证而非道德与政策论证,保证宪法争议解决于宪法秩序内展开,促进宪法规范变迁与知识增长。[④] 有人介绍了德国自19世纪下半叶以来的国家法学方法论的发展。德国国家法学和宪法学方法论的发展对于今天的中国而言也具有重要的借鉴意义。[⑤] 还有人结合德国经验,探讨了我国《宪法》"社会主义市场经济"条款的法律适用问题,并认为,法律比较和个案分析是目前最有效的突破经济宪法研究,抑或整体推进规范宪法

---

① 郑磊:《宪法学方法论的开放性》,载《浙江学刊》2009年第2期。
② 王书成:《宪法方法论之觉醒》,载《浙江学刊》2009年第1期。
③ 范进学:《宪法解释学:作为宪法方法论的学问》,载《浙江学刊》2009年第2期。
④ 郑贤君:《宪法释义学与宪法体系》,载《河南政法管理干部学院学报》2009年第2期。
⑤ 李忠夏:《宪法学的教义化——德国国家法学方法论的发展》,载《法学家》2009年第5期。

学研究的两种途径。① 总体上说，宪法方法论一般性的研究还有不少问题有待探讨，而国外理论经验对我国也有一定的借鉴价值。

有人对"宪法司法化"进行反驳，提出最高国家权力机关应当进一步强化宪法立法适用，适时启动或激活宪法监督适用机制，解释宪法。只要宪法监督适用机制日益行之有效，"宪法司法化"一定会逐渐消解于无形。② 也有人认为，我国宪法适用的途径也是多样的，人民法院审判依据不能是宪法。③ 一部良宪之实施何以如此艰难？有人概括其原因主要在于："宪法不是法"的认知观念尚未被打破；法官发现法律之方法机械与教条化；最高法院司法批复客观上阻碍了宪法的可诉性；社会成员普遍缺乏宪法思维以及缺乏宪法实施的制度机制。④ 实际上，如有人指出的，宪法解释是宪法文本变迁的一种重要模式。它具有权威性、灵活性、渐变性、法律性和程序性的特点，既有利于宪法文本在变迁过程中保持适当的稳定性，又能使其与所处的社会情势相适应等优点。⑤ 可见，学界对此看法还有很大不同。

在宪法适用上，有很多制度层面问题需要研究解决。在实践中，香港、澳门基本法解释逐渐形成一些做法。有人认为，基本法设置的解释机制使全国人大常委会的解释权实质上构成"最低限度的司法主权"。⑥ 除了这些制度实践，有学者考察现行宪法，从中发现宪法审查的制度空间。这些构筑了人民代表大会制度下对法律进行宪法审查的宪定框架。⑦ 我国宪法解释机制基本上处于尚待激活的闷局当中。其中原因有一点不容忽视：宪法解释的程序、方法、原理等各方面的储备有待夯实。为此《浙江社会科学》2009年第9期推出"宪法解释的理论与方法"组稿，对相关问题进行深入研究，以期转变宪法解释的旧观念，推动宪法解释工作，为宪法实施提供方法论上的

---

① 黄卉：《宪法经济制度条款的法律适用》，载《中外法学》2009年第4期。
② 童之伟：《宪法适用如何走出"司法化"的歧路》，载《政治与法律》2009年第1期。
③ 刘松山：《人民法院的审判依据为什么不能是宪法》，载《法学》2009年第2期。
④ 范进学：《宪法在中国实施何以艰难》，载《政法论丛》2009年第3期。
⑤ 刘国：《论宪法文本及其变迁方式》，载《广东社会科学》2009年第2期。相应地，有人提出基本权利的司法保护是宪政实现的中国之道。参见龚向和：《理想与现实：基本权利可诉性程度研究》，载《法商研究》2009年第4期。
⑥ 强世功：《司法主权之争——从吴嘉玲案看"人大释法"的宪政意涵》，载《清华法学》2009年第5期。2009年，对港澳基本法解释相关问题予以研究的成果，可见邹平学：《香港基本法解释机制基本特征刍议》，载《法学》2009年第5期；季金华：《〈香港基本法〉解释的权限和程序问题探析》，载《现代法学》2009年第4期；胡锦光、朱世海：《〈澳门基本法〉解释问题研究》，载《"一国两制"研究》2009年第1期。
⑦ 郑磊：《守护宪法：对法律进行宪法审查的解释方案》，载《华东政法大学学报》2009年第5期。

参照。其中,韩大元《〈宪法解释程序法〉的意义、思路与框架》一文提出,经常性的宪法解释可以为宪法实施提供必要的基础与方法。而宪法解释程序则是宪法解释运行的时间与空间规则的集合,制定《宪法解释程序法》有助于规范宪法解释行为与程序,有助于为启动宪法解释、完善我国宪法适用制度提供可能的条件。为此,有必要制定我国的《宪法解释程序法》,以此寻求宪法适用的契机。

当然,宪法适用问题需要结合我国实际来研究。如有人认为,对于中国是否存在宪法诉讼,我们不能从严格的西方标准来回答,而应从中国实际出发来分析。在理论上,我国宪法并不排斥宪法诉讼,但是,即便最高人民法院出台不支持宪法进入诉讼的司法解释,在司法实践中宪法案件却仍然是存在的。而且,在建立宪法诉讼制度在我国还存在宪法政治化的观念、制度阙如、宪法依据不足等障碍。[1] 当下,学界存在着一种将宪法诉讼等同于违宪审查或者违宪审查组成部分的倾向,有人认为这是行不通的。宪法诉讼可以和违宪审查分离开来由法院和违宪审查机关分别承担,在涉及违宪审查的宪法诉讼案件中,法院最终需依据违宪审查机关的决定才能作出判决。建立复合型宪法诉讼制度是与我国现行政治体制相协调、可行的制度选择。[2] 由于一般认为我国现行宪法体制阻碍了宪法在法院审理具体案件中的适用,有学者主张将合宪性解释作为我国宪法司法适用方式。但另有人认为,这种主张存在着严重问题,因为合宪性解释只是一种法律解释方法,宪法在合宪性解释中仅仅是一种帮助确定法律规范含义的辅助工具,在合宪性解释中根本不涉及宪法适用。而且,将合宪性解释误作宪法的司法适用方式,必然给我们探寻正确的宪法司法适用路径带来消极影响。[3] 可见,在宪法司法适用问题上,还有不少似是而非的观念有待澄清。

宪法学界对各种宪法解释的具体理论与方法,有一些研究成果。[4] 另外,宪法事例有助于对宪法规范、原则的适用与宪法目的的理解与释明,不

---

[1] 谢维雁:《中国宪法诉讼存在论》,载《现代法学》2009 年第 1 期。
[2] 谢维雁:《论我国复合型宪法诉讼制度的构建》,载《法商研究》2009 年第 2 期。
[3] 谢维雁:《论合宪性解释不是宪法的司法适用方式》,载《中国法学》2009 年第 6 期。《浙江社会科学》2009 年第 10 期推出了一系列研究合宪性解释的论文。参见柳建龙:《合宪性推定原则:一个被误解的概念》;蔡琳:《合宪性解释及其解释规则》;张翔:《合宪性解释的两个面向》。
[4] 如范进学:《试论我国解释宪法的原则》,载《金陵法律评论》2009 年第 1 期;刘连泰:《自然法理论在宪法解释中的运用》,载《浙江社会科学》2009 年第 9 期;刘国:《原旨主义方法的困境与出路》,载《浙江社会科学》2009 年第 9 期。

仅具有学术价值,而且具有巨大的实践价值。① 2008年12月18日,最高人民法院废止了《关于以侵犯姓名权的手段侵犯宪法保护的公民受教育的基本权利是否应承担民事责任的批复》。废止的理由是"已经停止适用"。由此在学界引发热议。《法学》2009年第3—4期连续刊登了主题为"废止齐玉苓案'批复'与宪法适用之关联"的系列论文,不同的看法纷纷呈现。② 还有人认为③,这次最高法院废黜此司法解释,于现实司法以及宪法司法化改革,可谓既无推进,亦未促退,是一个中性的司法政策。此外,还有一些其他涉及宪法事例的研究。④ 个案研究可以说是推动宪法方法论的一种有效方法。

行政法学领域的法律方法研究,也有一定进展。在法律、法规和规章对行政机关应当遵循的程序没有明确规定的情况下,法院能否根据正当程序原则去审查行政行为的合法性?有人通过统计《人民法院案例选》上行政判决所用的法律依据,分析了十余个有关行政程序的代表性案例,结合对法官所做的访谈,发现在过去十多年中,正当程序原则在司法审查中获得了比较广泛的认可,开始成为中国法律的一部分。这一事实显示了中国法院在相对局促的空间里的能动主义立场,以及由个案判决所推动的一种法律发展的特殊路径。⑤ 在行政法领域,判例法尤其需要得到高度重视。围绕《最高人民法院公报》所载经典行政判例而展开学理分析,有助于夯实我国行政判例法生成的社会基础。⑥ 可见,个案或判例在我国行政法学中具有不可忽视的地位。从理论和实践上对行政法案例教学进行系统研究是非常必要的。因此,有人对行政法案例教学的客观趋势、理论模式、方法论、实施路径等若干重大问题进行了分析。⑦

行政法解释也引起人们的一定关注。传统法律解释学建立在民法学的知识体系上,其学术想象力主要来自市民社会的私人伦理。面对行政国时

---

① 范进学:《宪法事例评析之于宪法学研究的价值分析》,载《江苏社会科学》2008年第6期。
② 王伟国:《齐玉苓案批复之死》,载《法制与社会发展》2009年第3期。张红:《论一般人格权作为基本权利之保护手段——以对"齐玉苓案"的再检讨为中心》,载《法商研究》2009年第4期。
③ 萧瀚:《宪法如何落到实处?》,载《财经》2009年第2期。
④ 张宇飞:《人性尊严的宪法解释方法及其问题》,载《法学论坛》2009年第4期;王锡锌:《政府信息公开语境中的"国家秘密"探讨》,载《政治与法律》2009年第3期;曾尔恕:《德国吕特案判决五十年来的社会影响》,载《河南政法管理干部学院学报》2009年第3期。
⑤ 何海波:《司法判决中的正当程序原则》,载《法学研究》2009年第1期。
⑥ 章志远:《经由行政案例指导迈向行政判例法》,载《贵州警官职业学院学报》2009年第1期。
⑦ 关保英:《行政法案例教学研究》,载《河南省政法管理干部学院学报》2009年第5期。

代行政活动对私人生活的"政治性席卷",行政法规范解释是否也应呈现出不同的路径,体现出不同的理论抱负与追求?有人对此做了研究。① 有人提出,基于实践的需要,可以在不修改《行政诉讼法》前提下,通过法律解释的方法,借用《民事诉讼法》的相关规定以支持行政诉讼和解,并使之成为其合法性的法律依据。② 有人通过考察美国、英国和我国的实践,认为"有违法犯罪嫌疑"这一不确定的法律概念予以确定化的途径主要有:通过立法或解释技术来建立相对清晰的内涵结构,以便获得相对的确定性;通过求助于案例解读技术等,来最终解决不确定性或裁量问题。③ 可见,法律解释方法在行政法领域具有实际价值。

(二)刑事法学

从立法到司法的研究视角转换,是近年来我国法律方法论研究的一个潮流。这在刑法学中也有体现。如有学者在专著中,明确反对以"立法完善"作为学术研究与解决问题的普遍方式。认为《刑法》总则条款具有持久而旺盛的生命力,而这源于人们对刑法总则条款的扩张解释。主张理论研究应当关注如何增强刑法典条文的普适性,如何通过解释来使刑法典保持持久的生命力。刑法条文背后的法律精神、稳定一致的法理才是支撑刑法条文的灵魂。④

1. 刑法解释的立场

刑法解释的立场到底应该是客观解释还是主观解释、实质解释还是形式解释,是个见仁见智的问题。近年来,这在我国刑法学界一直备受争议。大体而言,客观解释论、实质解释论强调文本的价值和解释时的当下情景对刑法的理解和解释的意义;主观解释论、形式解释论则强调作者(立法者)意图对文本解释的影响。刘艳红是国内实质解释论的主要代表,她认为,对于形式的与实质的刑事法治国的取舍问题,不可过于置重其一,而应采取以形式法治国为主、实质法治国为辅的两者兼并吸收的包容性刑事法治国模式。在坚持形式正义优先和形式合理性的前提下,以实质正义为价值基础对刑

---

① 王旭:《面向行政国时代的法律解释学》,载《中国政法大学学报》2009年第1期。王旭:《行政法解释学研究》,中国政法大学出版社2008年博士论文。
② 章剑生:《寻求行政诉讼和解在法律规范上的可能性》,载《当代法学》2009年第2期。
③ 余凌云:《对不确定的法律概念予以确定化之途径》,载《法商研究》2009年第2期。
④ 于志刚:《刑法总则的扩张解释》,中国法制出版社2009年版。

法规范进行合目的性的实质解释,以此为基点,在中国的刑事立法与司法层面展开刑事法治国的建构。① 实质的刑法立场体现在她的《实质刑法观》(中国人民大学出版社 2009 年版)和《走向实质的刑法解释》(北京大学出版社 2009 年版)。在书中,她对刑法理论和司法实践中一系列富有争议的问题进行了解释,对相关问题的解释基本上都是自觉或不自觉地站在实质的刑法立场而进行的。张明楷教授也是实质论的主要代表。2009 年他编写的《刑事疑案演习》(中国人民大学出版社 2009 年版)在坚持刑法客观主义的立场上,秉持正义理念,以案例演习的形式,对刑法理论颇富争议的问题进行仔细深入的研究。王政勋也认为刑法解释应该采客观解释、实质解释的立场。他认为,法官在理解和解释法律时,必然会根据处理案件时的当下情况,对刑法文本的意义进行语用推理,解读出文本的可能意义,进而得出刑法解释事实是也应该是客观解释的结论。② 有人站在实质刑法解释的立场认为,实质解释应坚持双向保护、权利保障优位、实质解释补位和客观解释补位原则。实质解释不能超越法治原则的界限,不能违反公平原则、合目的性原则和国民的预测可能性原则。③ 还有人主张,以程序与议论为双轨的实质刑法解释论是超越主观主义解释论与客观主义解释论之争的第三条道路。取消最高人民检察院有权刑法解释主体的地位,废除《刑法》第 306 条规定的辩护人、诉讼代理人毁灭证据、伪造证据、妨害作证罪,取消法官错案追究制,建立判决书说理制度,都是围绕如何构造一个平等、自由、不受强制的议论场域而设计的程序规则,以保障实质刑法解释的合理实现。④ 实质刑法观实际上体现的是某种合理性。合理性原则的主要内容乃指合乎道德规范、政策和经验命题等组成的社会命题。⑤ 合理性诉求是刑法解释学中的根本性论题,它是基于对正义的向往,根据真实的事实和材料做出的符合刑法规范的目的的法律论证,并且它大体上可以为当前社会所接受。⑥

---

① 刘艳红:《包容性刑事法治国之构建与提倡》,载《现代法学》2009 年第 2 期。
② 王政勋:《从图式理论看刑法解释立场》,载《中外法学》2009 年第 3 期。另外,也有人对解释者的前理解对刑法解释的影响做了研究,认为从制度设计上规范刑法解释,以便合理控制解释者"前理解"之负面因素给刑法解释带来的消极影响。参见单勇、张旭:《"前理解"对刑法解释的消极影响及其控制》,载《法商研究》2009 年第 3 期。
③ 吴林生:《罪刑法定视野下实质解释论之倡导》,载《中国刑事法杂志》2009 年第 7 期。
④ 苏彩霞:《实质刑法解释合理实现的程序性论证规则》,载《现代法学》2009 年第 4 期。
⑤ 彭文华:《英美法系刑法中的合理性原则及其启示》,载《华东政法大学学报》2009 年第 4 期。
⑥ 童德华等:《刑法解释中的合理性诉求》,载《法制与社会发展》2009 年第 2 期。

第六章 研究的困惑与执着

不过,也有人对实质刑法解释论予以批判。邓子滨即认为,实质刑法有助于增强法律的适应力,实现实质正义,贯彻刑法目的等益处,但实质刑法同时易于导致纵容权力,动摇罪刑法定,对中国法治建设有诸多不利影响。① 有人考察了基于欧洲大陆特有背景而生成的罪刑法定原则,认为刑法的机械适用与绝对罪刑法定的设计作为一种乌托邦式的设想,尽管以实践中行不通而告终,但特定历史背景下的设想和立法与司法环节的努力却造就了一个特定的严格法制时代,对欧陆走向法治功不可没,迄今具有重要的启示。②

此外,也有一种看法似乎有意对如上两种观点进行折衷。有人认为,我国的刑法解释应顺应我国经济建设的需要,结合"主观解释论"和"客观解释论",不断反映变化中的国民之意志,进而与我国构建和谐社会的法治理念结合起来。③ 也有人认为,法律之适应性问题的存在实际上反映了法治的内在矛盾,亦即形式的法治观与实质的法治观之间的冲突。当代罪刑法定主义理念,已经将形式侧面与实质侧面有机地结合起来,是对形式与实质相统一的法治观念的一种表达。④

另外,能动与克制也构成包括刑法解释在内的刑法方法的基本立场或理念。司法能动主义和克制主义体现了司法意识形态的两种不同姿态。在刑事司法领域,有人倡导温和的能动主义,通过能动地对事实与规范之间裂隙的弥补,最大限度地实现刑法所追求的实体正义。⑤ 关于刑法解释理念,有人认为,在罪刑法定原则下,刑法特别强调自身的确定性,即便如此,罪刑法定原则本身并不排斥对刑法的解释。只不过,刑法的解释坚持的是严格解释原则,在存在多种解释可能时,倾向于有利于被告的解释结论。⑥ 我国刑法学界论及明确性原则时往往依据其作为罪刑法定独立性原则产生的特性而只注意到其实质的一面却忽视了它最初的形式意义。历史经验表明,明确性原则作为罪刑法定实质侧面的地位当然可以肯定,但同时亦应承认

---

① 邓子滨:《中国实质刑法观批判》,法律出版社 2009 年版。
② 王瑞君:《刑法机械适用的理想设计与实践命运》,载陈金钊等主编:《法律方法》(第 8 卷),山东人民出版社 2009 年版。
③ 舒洪水、贾宇:《刑法解释论纲》,载《法律科学》2009 年第 5 期。
④ 周少华:《刑法之适应性及其法治意义》,载《法学》2009 年第 4 期。
⑤ 吴丙新:《温和的司法能动主义》,载《山东大学学报》2009 年第 5 期。
⑥ 周少华:《刑法解释的观念和方法》,载《东方法学》2009 年第 2 期。在清朝,严格贯彻立法者(皇帝)的意图是司法的本旨,而且为了严格控制司法官吏的刑罚权滥用,所以也力求对法律进行严格解释。参见黄延廷:《清代刑事司法中的严格法律解释》,载《中国刑事法杂志》2009 年第 2 期。

其形式意义。刑法明确性原则的实现可以借助刑事立法和刑事司法两个途径。①

2. 刑法法源

刑法法源方面,也有一些研究成果。如翻译的日本学者山口厚《从新判例看刑法》(中国人民大学出版社 2009),介绍了以日本最高裁判所的判决和决定为中心的近年来的判例,由此,可以触摸到日本刑法解释的最新动向以及刑法学术讨论的最前沿。另有人以日本判例及其学说为中心,对日本刑法中的问题做了研究。② 日本刑事判例制度对于解决立法滞后与现实活动之间的矛盾发挥着重大作用,相应地,司法中以判例实质地创制法规范等做法也可能一定程度上消解罪刑法定原则。日本的刑事判例制度给我国目前的有权司法解释模式提供了启示,如重视法律的权威性等。应当借鉴该判例制度构建我国刑法解释模式。③ 陈兴良的《判例刑法学》(中国人民大学出版社 2009 年版)阐述的是一种依存于判例,并从判例中引申出来的法理。判例成为本书的基本线索,以判例为载体,对刑法重大问题进行个案性的考察。关于刑法中的习惯法,有人研究发现,罪刑法定原则的形式侧面只是在"确定为有罪"和"加重刑罚处罚"两方面排斥民族习惯法。从罪刑法定原则的实质侧面看,民族习惯法完全可以通过"禁止处罚不当罚的行为"进入司法过程,对国家刑事制定法与民族习惯法之间的良性互动大有裨益,因而在我国应当受到重视。在罪刑法定原则下,民族习惯法的功能主要表现为"出罪",并可以通过阶层式犯罪成立体系来实现。④ 有人通过对刑事政策的研究,认为我国刑事政策从偏离罪刑法定原则的"严打"刑事政策向"宽严相济"刑事政策的理性回归与转变,正好验证了"刑法是刑事政策不可逾越的藩篱"。⑤

3. 刑法语言

刑法作为国家的后盾法,对刑法用语的要求也不同于其他学科,刑法在满足法律所具备的要求的同时,它有着自己的语言风格。了解和解决刑法

---

① 刘艳红:《刑法明确性原则:形成、定位与实现》,载《江海学刊》2009 年第 2 期。
② 钱叶六:《论刑法中的构成要件过早实现》,载《政治与法律》2009 年第 10 期。
③ 李洁:《日本刑事判例的地位及其对我国的借鉴》,载《国家检察官学院学报》2009 年第 1 期。
④ 苏永生:《罪刑法定原则与民族习惯法》,载《法制与社会发展》2009 年第 5 期。
⑤ 谢望原:《论刑事政策对刑法理论的影响》,载《中国法学》2009 年第 3 期。

语言模式存在的问题,才有助于找到解决困境的路径。① 有人研究了刑法范畴。刑法范畴都有明确的核心和不明确的边缘,无法用共同的语义特征来描述内部所有成员。在进行刑法解释,考察的样本是否归属于某刑法范畴时,必须将该样本和典型原型进行实质性的对比,根据其相似度确定其是否属于该范畴。② 有人研究了空白刑法,认为其存在较大的规范弹性,应当在诠释时有别于传统刑法;准确诠释空白刑法的构成要件明确性,必须进行刑法的独立规范判断,区分事实问题和法律问题。提倡双向对应的规范诠释路径,能够有效地实现规范弹性与构成要件明确性之间的平衡,实现概括的类型化转向具体的定型化。③ 有人认为,基于建构思路与工具的不同,刑法的体系化将呈现出截然不同的面目。以概念为工具而形成的形式体系、以原则为核心而形成的实质体系以及从类型系列发展而来的局部的实质体系,可谓是三种最为重要的体系格局。我们应尤其重视类型之于刑法体系形成的独特价值。④ 有人对刑法中的类型做了研究,认为规范构成要件要素具有类型性特征与开放结构,作为在法规范系统下需要法官进行必要的社会文化、道德的价值补充的情况,在其具体类型中应当排除法评价的要素的存在。⑤

4. 刑法解释学

有人认为,刑法解释学属于广义刑法学的一个核心分支学科,并具有自身独立的学科品格。狭义刑法学无法涵盖刑法解释学,即刑法解释学不等同于狭义刑法学;广义刑法学本身已昭示了刑法解释学自身的独立性;刑法解释学的产生和发展遵循着法学学科独立的一般性规律。倡导刑法解释学的学科独立品格,其价值在于:推进刑法学的学科应用功能;纠偏刑法学研究者热衷于铸造恢宏的概念化法学架构而忽视刑法应用实效研究的倾向;彰显刑法解释学价值判断的实践属性。⑥ 近代以来,一般把刑法解释的对象限定为刑法文本。但现代解释学表明,只要我们承认解释者合法偏见的有

---

① 刘艺乒等:《刑法语言的困境》,载《中国刑事法杂志》2009年第2期。
② 王政勋:《范畴理论与刑法解释立场》,载《法律科学》2009年第6期。
③ 肖中华等:《空白刑法的规范诠释:在规范弹性与构成要件明确性之间》,载《法学杂志》2009年第8期。
④ 杜宇:《刑法体系构建的三种思路》,载《浙江社会科学》2009年第7期。
⑤ 王昭振:《类型思维:刑法中规范构成要件要素存在的法理根据》,载《法制与社会发展》2009年第1期;王昭振:《论规范构成要件要素的刑法内涵与类型》,载《法学评论》2009年第2期。
⑥ 徐岱:《刑法解释学的独立品格》,载《法学研究》2009年第3期。

效性,解释的真实过程就不应仅仅是文本自身的独白,法律的意义只有在解释者目光往返于事实与规范之间,并在自己的"偏见"引导之下才能最终呈现出来。① 刑法解释除了具有法律解释的一般特征,刑法解释还具有自己的特殊性,可以从静态分析和动态运作两个层面展开。只有准确把握刑法解释的特殊性,我们才能够提升刑事审判过程的水平。②

5. 刑法司法解释

在我国,由法定主体制定和发布的刑法司法解释具有充分的法律依据,任何否定刑法司法解释的观点都是不可取的;我国悠久的司法解释历史传统和刑法典的不完备性,使最高司法机关制定具有普遍效力的刑法司法解释具有现实合理性,而我国法官的素质较低,是法官独享刑法司法解释权的一大障碍。③ 有人对我国刑法司法解释予以质疑,认为2008年11月出台的《关于办理商业贿赂刑事案件适用法律若干问题的意见》中有些条款的设置仍然存在需要进一步明确或商榷之处。④ 目前,我国刑法解释面临诸多困境。由国家立法机关解释刑法合法却不合理,由最高司法机关解释刑法又有违宪、侵权之嫌。尽管理论界对现行刑法解释质疑声不断,但司法界却视刑法解释为办案生命。数量庞大的刑法解释的存在,最终阻碍了司法人员素质的提高,而司法人员素质不高,反过来又加大其对刑法解释的过分依赖。我国刑法解释陷入这种恶性循环的困境中不能自拔,只有改革当前刑法解释体制,取消现行刑法解释中的立法解释和司法解释,建立法官适用刑法个案解释机制,才是走出困境的根本出路。⑤

6. 解释方法

类推适用与扩大解释是刑法方法论中一个老问题。有人认为,区分类推适用与扩大解释应同时考察三点:处罚必要性的强弱;普通国民的可接受程度;刑法用语的可能含义范围。⑥ 刑法的目的在于保护法益,因此,有利于

---

① 吴丙新:《刑法解释的对象》,载《文史哲》2009年第1期。另外,解释的对象还有个案事实。刑法规范解释不仅仅是为了理解规范,更重要的是适用规范。解释必然就会有个案事实参与其中并对规范解释发挥作用。参见张心向:《论个案事实在刑法规范解释中的作用》,载《法学杂志》2009年第1期。
② 孙光宁:《论刑法解释的特殊性》,载《黑龙江社会科学》2009年第2期。
③ 利子平:《论刑法司法解释的依据》,载《法学论坛》2009年第5期。
④ 李翔:《对商业贿赂犯罪司法解释的若干质疑》,载《政治与法律》2009年第6期。
⑤ 夏朝晖:《刑法解释的困境与出路》,载《中国刑事法杂志》2009年第5期。
⑥ 胡东飞:《刑法中类推适用与扩大解释的界限》,载《社会科学》2009年第6期。

被告不可能成为刑法的立法原则。对刑法的解释应当有助于实现刑法所追求的规范目的,所以,当对刑法存有疑问时,不能适用该原则,而应当根据解释目标与规则进行解释,即应以尽可能实现"规范内的处罚正义"为基本解释方向。① 刑法担负着社会保护和人权保护的双重使命。法官对刑事个案的法律解释关系此罪与彼罪、罪与非罪的确定,最终影响定罪与量刑,实际上关系到罪刑之间的价值均衡。② 除了这些,刑法解释研究方面,学界更多的是结合某些条款、罪名等所做的实际研究。③ 另外,许霆案继续受到人们的关注研究。④

7. 刑事诉讼法学方法论

雷小政的《刑事诉讼法学方法论·导论》(北京大学出版社2009年版)在国内首次以法学方法论和刑事诉讼法特性为基础,研究刑事诉讼法学方法论,即刑事诉讼中的法律应用方法和法学研究方法。前者包括法律发现、法律解释、法律推理、价值权衡、漏洞补充和法律论证等;后者包括各法学理论体系中具有解释力、践行性的一系列研究方法。研究刑事诉讼法学方法论,有利于促进法学方法论部门化和刑事诉讼法现代化。

此外还有一些研究论文。有人认为,在司法实践中,很少能根据证据完全呈现案情的,而是通过证据对证据的意义进行阐释、对案件的事实进行建构,最后将案情陈述为能够被证据证明的裁判事实。这一过程不仅依循特定程序,而且还兼顾法律规范对事实要件的设定,这样形成的结果与真相进行比对有时难免会出现偏离。⑤ 为实现疑罪不诉中的证据"说理",可借鉴

---

① 胡东飞:《刑法目的对刑法解释方向的制约》,载《中国刑事法杂志》2009年第1期。
② 谢姝玮:《法律解释方法在刑事个案中运用的价值分析》,载《社会科学辑刊》2009年第4期。
③ 欧阳本祺:《对〈刑法〉第17条第2款的另一种解释》,载《法学》2009年第3期;徐岱:《犯罪所得之物之刑法解释与适用》,载《中国刑事法杂志》2009年第1期;于志刚:《贿赂犯罪中的"谋取"新解》,载《法商研究》2009年第2期;刘蔚文:《侵犯商业秘密罪中"重大损失"司法认定的实证研究》,载《法商研究》2009年第1期;张少林等:《刑法中的"明知"、"应知"与"怀疑"探析》,载《政治与法律》2009年第3期;王骏:《刑法第24条第2款中的"损害"》,载《中国刑事法杂志》2009年第5期;聂昭伟:《刑法规范用语的普通化理解现象探析》,载《中国刑事法杂志》2009年第6期;王耀忠:《我国刑法中"其他"用语之探究》,载《法律科学》2009年第3期;聂昭伟:《刑法条文中"买卖"、"贩卖"的规范含义》,载《人民司法》2009年第16期;金福等:《刑法第63条第2款之"案件的特殊情况"解析》,载《中国刑事法杂志》2009年第2期。
④ 《中外法学》2009年第1期推出"许霆案的规范与法理分析"为主题的笔谈;张利春:《欢愉还是悲哀——评法学家对许霆案的评论》,载《云南大学学报》2009年第5期。
⑤ 李安:《证据感知与案情叙事》,载《中国刑事法杂志》2009年第2期。

国外"对话证明模式"和"涵摄证明模式",明确"证据不足"中证据能力要求、确立不起诉书证据"说理"原则、强化说理中的程序参与等。①

(三) 民商法学

2009年,王泽鉴先生在北京大学出版社推出了"民法研究系列",其中不少法律方法方面的作品再版,如曾在我国有很大影响的《民法学说与判例研究》,还有《民法思维:请求权基础理论体系》旨在建构请求权基础的理论体系,期能为民法实务提供可资遵循的思维及论证方法,以增进法律适用的合理性及客观性。② 台湾学者类似作品还有詹森林的《民事法理与判决研究》(第四、五册)(中国政法大学出版社2009年版)。王利明的《法律解释学导论:以民法为视角》(法律出版社2009年版)意图从民法学角度,建立一套符合中国国情的法律解释学。王轶的《民法原理与民法学方法》(法律出版社2009年版)分别以对民法具体制度的研究为例,分析探讨民法学的不同研究技术和方法,具体包括价值判断问题、解释选择问题、立法技术问题以及司法技术问题。许可的《民事审判方法:要件事实引论》(法律出版社2009年版)吸收和借鉴了发端于日本实务教育的要件事实论的基本思维方法,以我国学说理论与立法、司法实践为基础,尝试着初步建构中国法语境下的要件事实论,并为寻找当事人主义诉讼体制下的审判方法提供具有一定前瞻性的研究结论。孔祥俊的《商标与不正当竞争法:原理和判例》(法律出版社2009年版)阐释了商标不与不正当竞争法的基本原理,剖析了典型判断,解读了相关法律、司法解释和司法政策。原理与判例相印证,理论与实践相结合,法律、司法解释与司法政策相交融,是一部具有权威性和前沿性的力作。中国人民公安大学出版社2009年推出的一套"中国法律适用文库"选取企业法、物权法、知识产权法、合同法、劳动法、婚姻家庭法、金融法、民事诉讼法和损害赔偿法等与主体权益保障和社会经济发展紧密相关的九个法律领域,就其学术研究和法律适用中的疑难问题,做出重点整理与深入分析,并依据我国现行法律法规或根据法理提出解决方案。宋小卫的《媒介消费之讼:中国内地案例重述与释解》(中国社会科学出版社2009年版)擢选了近十年来我国媒介消费纠纷之民事与行政讼案,述始末,释法理,

---

① 奚玮等:《论疑罪不诉中的证据"说理"机制》,载《法学杂志》2009年第7期。
② 2009年5月16到29日,著名民法学家王泽鉴到华东政法大学进行了为其两周的讲学。见吴一鸣:《民法的方法与法律的成长》,载《华东政法大学学报》2009年第4期。

评是非,每案之后皆附有法院裁判文书,较好地兼顾了学理探究和文献记录的两极价值。刘瑛的《〈联合国国际货物销售合同公约〉解释问题研究》(法律出版社 2009 年版)着力研究了《联合国国际货物销售合同公约》解释的特别规则。本书提出的"摈弃国内法成见在国际法律基础上自治地解释《联合国国际货物销售合同公约》"、"尽量扩大《公约》法定外缺漏的范围,运用类推、一般原则方法在《公约》框架内实现补缺解释的目标,尽量避免国际私法规则指引的国内法在补缺解释中的适用"、"运用《国际商事合同通则》和外国判例法来辅助解释《公约》"等观点都有一定见的。最后一章探讨了《联合国国际货物销售合同公约》在中国的适用和解释问题,很值得中国理论界和实务界重视。

1. 解释论的立场与方法

法律解释的方法与立场在民法学中有广泛使用。2009 年,一些成果基于解释论立场,对民法学上的具体问题做了研究。① 还有人将语用学引入研究中,认为语用学以语言哲学对意义的思考为滥觞,为意思表示的解释提供了新的视野和方法。② 解释论立场在我国民法学研究中具有十分重要的意义。如有学者指出,具有明显"中国元素"的民法制度宣告中国的民事立法已经摆脱唯某一个其他国家或地区的民事法律是尚的阶段,正式由"照着讲"到了"接着讲"的阶段。中国的民法学者必须建构起与此相适应的、对中国的民事立法和民事司法以及其他民法实践具有解释力的民法学说。这意味着中国民法学界在"照着讲"的同时,将开启"接着讲"的时代!③

2009 年,不少成果研究了民法解释方法的运用。有人认为,在物权法的意义脉络中,立法文本所表述的"交付"概念从未涵括占有改定。作为法律拟制产物的占有改定,其物权变动效果不等于现实交付,与善意取得之间具有不相容性。占有改定的物权合意只能在传来取得的精神中产生效力,在善意取得的情形中则不生效力。为填补规范漏洞,《物权法》第 106 条所言"交付"应作目的论限缩解释,以免法律激励出"坏的"交易风险,有悖于

---

① 徐涤宇:《论法律行为变更权的期间限制——基于解释论的立场》,载《中国法学》2009 年第 6 期;李国强:《相对所有权观念在所有权平等保护中的解释论应用》,载《法制与社会发展》2009 年第 3 期。
② 李钢:《意思表示解释规则的语用学分析》,载《法制与社会发展》2009 年第 2 期。
③ 王轶《民法原理与民法学方法》,法律出版社 2009 年版,序。

此条款追求交易安全的价值取向。① 有人对生产者延伸责任的解释做了研究。② 有人认为,我国《物权法》与《民法通则》针对动产物权变动规则的规定存在差异。《民法通则》在采取"债权形式主义"原则的同时,还允许"约定例外"规则的存在。在解释《物权法》第 23 条的文字涵义及其与《民法通则》第 72 条和《合同法》第 133 条之间的关系时,《物权法》的规定并非当然能够排除《民法通则》规定的适用。同时,在价值判断的层面上,有限的债权意思主义有利于实现私法自治,且并未给交易安全带来额外冲击,没有断然否定的必要。③ 最高人民法院《关于审理建筑物区分所有权纠纷案件具体应用法律若干问题的解释》出台后,学界对此司法解释也有不少相关探讨。④

在长达六十余年的 GATT/WTO 争端解决实践中,大量的案例报告书对多边贸易协定进行了内容丰富的法律解释,其中的专家组/上诉机构的法律解释具有准司法解释的性质,解释的宗旨是维持成员方之间在协议基础上的权利义务平衡。这些法律解释形成了自己的适用规则和特点,如解释的方法从追溯查证缔约原始文件,发展到采用国际公法解释惯例规则;以总则条款制约细则条款,对协议条文进行整体一致的解释;对例外条款从严解释;等等。了解这些规则和特点对于中国参与 WTO 争端解决具有重要的实际意义。⑤ 有人认为,在《中日联合声明》第 5 条没有明确规定放弃个人损害赔偿请求权的情况下,不可以《旧金山和约》有关放弃个人的损害赔偿请求权的规定作为所谓的"框架"来解释《声明》第 5 条并赋予其放弃的效果。否则,将导致限制或侵害个人权利的扩大解释。这也有悖于日本有关个人权利的条约解释的实践和法的目的。⑥

2. 民事法源

"民事政策"是指国家对民事活动进行导引和规范的法政策,在我国民事立法和民事司法中有着特殊的地位。有人对此研究认为,民事政策对民

---

① 税兵:《占有改定与善意取得——兼论民法规范漏洞的填补》,载《法学研究》2009 年第 5 期。
② 马洪:《生产者延伸责任的扩张性解释》,载《法学研究》2009 年第 1 期。
③ 韩强:《论动产物权变动规则的"约定例外"》,载《政治与法律》2009 年第 6 期。
④ "《建筑物区分所有权法律应用问题解释》的解读与完善"笔谈,载《政治与法律》2009 年第 8 期;屈茂辉等:《论业主的法律界定》,载《政治与法律》2009 年第 2 期。
⑤ 王毅:《WTO 争端解决中的法律解释》,载《法学研究》2009 年第 5 期。
⑥ 辛崇阳:《有关个人权利的条约解释方法》,载《清华法学》2009 年第 6 期。

事法律制定和修改的指导价值、对民事社会理性调节的功能是客观的存在。将民事政策界定为民法非正式法源,明确和规制各法源的效力,利于缩短民法由静态的法转变为"活法"的进程。① 现实社会中的损害广泛和复杂,而民法只对有效范围内的损害提供救济,而法律政策决定着民法损害赔偿范围的确定。我国损害赔偿法应明确其法律政策,并以此为前提确定更加合理的损害赔偿范围。② 习惯这一法源也引起人的关注。有人认为,物权法对于民事习惯的漠视体现了民法典立法的一大缺陷。而民事习惯对于民事主体的利益相关性决定了民事习惯根本上是一种利益均衡习惯,这种均衡在当今市场经济条件下尤为重要,而且这种均衡也是民法典所要体现和保障的。民事习惯调查,有其自身的重点和难点。开展系统全面的民事习惯调查,不是对西方先进法律文化引进的否定,而是法律实效性的必然要求,民事习惯调查不仅为中国的法典立法提供一般规则的了解,而且能从中探索出适合中国法治文化的特殊规律。③ 人们对公司法人格否认规则的相关适用问题的研究表明,需要司法裁判经验的适时跟踪、总结和完善,并形成司法实践、司法解释与立法修订之间的良性互动。④

3. 利益衡量

在制定我国《侵权责任法》过程中,平衡侵权法律关系中相关主体的利益是解决其中诸多争议问题的关键。有人在阐述立法程序中利益衡量理论的基础上,对《侵权责任法》调整的基本矛盾以及由此决定的一般利益冲突和特殊利益冲突进行了解析,并提出了若干制度设计方面的建议。⑤ 利益衡量方法更多地应用在司法中,如有人在分析美国"布默诉大西洋水泥公司案"判决的基础上,说明美国环境侵权民事司法中利益衡量的一些特征。我国在处理环境污染型案件时,存在法官应用利益衡量的宏观思维定位不佳、忽视经济效率分析思维的运用等问题。⑥ 汶川地震使得银行的巨额债权难以实现,舆论认为应当进行债务豁免,商业银行则更希望其债权能得到保

---

① 齐恩平:《"民事政策"的困境与反思》,载《中国法学》2009年第2期。
② 姜战军:《损害赔偿范围确定中的法律政策》,载《法学研究》2009年第6期。
③ 肖周录等:《市场经济条件下的民事习惯调研及其重点与难点分析》,载《法学杂志》2009年第3期。
④ 吴建斌:《公司法人格否认成文规则适用困境的化解》,载《法学》2009年第7期;李建伟:《公司法人格否认规则在一人公司的适用》,载《求是学刊》2009年第2期。
⑤ 张新宝:《侵权责任立法的利益衡量》,载《中国法学》2009年第4期。
⑥ 王彬辉等:《美国环境侵权民事司法中利益衡量的适用及对我国的启示》,载《环球法律评论》2009年第4期。

护,冲突解决的关键在于如何平衡债权人的合法权利与债务人的生存权,但现行法律及司法解释对此的规定或者不够精细,或者其风险分配值得商榷。债权人与债务人的风险分担应该满足公平原则与效率原则,其核心就是使个体所承担的风险最小化。①

4. 民事裁判中的具体方法研究

《反不正当竞争法》第 20 条规定了反不正当竞争案件中损害赔偿额的计算方法,但是对于既无充分证据证明原告损失、也无法认定被告所得的情况,没有相应的规定。司法实践中,为了解决此类案件,法院进行了各种探索,并逐渐确立了定额赔偿的制度。但此种制度一直受到合法性的困扰。在《商标法》、《著作权法》以及《专利法》明确规定法定赔偿金制度后,《反不正当竞争法》中确立此种制度也势在必行。而法学理论界对这一制度变迁未能提供相应的理论支持与关注,是法学研究值得总结的教训。有人通过对我国司法案例的类型化整理与系统考察,对这一制度变迁过程进行了研究。② 有人基于《最高人民法院公报》人身损害赔偿案例,对合同履行中的人身侵权及民事责任承担问题做了研究。③ 另外,还有人对小产权房、"人肉搜索"④等问题进行了研究。

5. 规范法学基础

有人在检讨我国民法学研究两个典型的缺陷:"自说自话"和"自我封闭"。为此,民法学界必须要致力于建构以下两个学术平台:其一,民法学界应当致力于建构中国民法学内部的学术平台,即民法学者之间的学术平台;其二,民法学与民法学以外的其他法学学科,与法学以外的其他人文学科,与社会科学乃至自然科学进行良性沟通和交流的学术平台。⑤ 二者当中,"民法学内部的学术平台"应当是以后需要更加主旨建构的。为此,作为法学中一个非常重要的领域,我国民法学除了应注重民法解释等方法的研究,还需要加强对民法方法论背后的规范法学基础的研究。2009 年出现了不

---

① 鲁篱等:《债权实现中的利益平衡》,载《法学家》2009 年第 1 期。
② 李友根:《论竞争法中的法定赔偿:制度变迁个案的解剖》,载《中国法学》2009 年第 1 期。
③ 杨建军:《合同履行中的人身侵权及民事责任》,载《环球法律评论》2009 年第 1 期。
④ 《清华法学》2009 年第 5 期刊发了以"小产权房的解决路径及其选择"为主题的系列论文。胡凌:《评"人肉搜索"第一案的三个初审判决》,载《法律适用》2009 年第 7 期;刘培合等:《人肉搜索司法第一案之分析》,载《当代法学》2009 年第 3 期。
⑤ 参见王轶:《民法原理与民法学方法》,法律出版社 2009 年版。

少此方面的成果,对民法中的各种规范类型做了研究。①

(四) 部门法交叉领域的研究

还有一些研究成果涉及各个法律部门之间彼此交叉的情况。在许霆案的讨论中,刑法教义学所面临的尴尬处境只有通过宪法教义学的介入才能够得以消解,即必须反思《刑法》第264条特殊加罚条款的合宪性问题。在现代社会,在刑法上给予金融机构"适当的"特别关照应当被允许。但是,无论从比例原则还是从体系解释的角度看,为盗窃金融机构数额特别巨大的行为所设定的刑罚,在只限于死刑和无期徒刑这一点上,从立法目的的角度上已经难以充分说明。② 另外,有不少成果涉及民法与宪法实际适用中的交叉③,还有其他部门法之间的适用交叉。④

结　语

我国法律方法论研究经过这些年发展,取得很大进展。不过整体而言,多年来的成果似乎更多注重于法律解释、法律推理、法律论证、利益衡量等所谓"法律方法"的研究。2009年,也有学者反思如何立足于国内外经验,构建我国法律方法体系的问题,主张建构有中国特色的现代法律方法体系应是以演绎逻辑方法为主导,以其他法律方法(主要包括类推方法、法律解释方法与法律论证方法)为补充的一个系统。⑤ 实际上,在研究"法律方法"时,我们也应关注"法律方法论"的研究。所谓"法律方法论"应当是法学的

---

① 钟瑞栋:《民法中的强制性规范:公法与私法"接轨"的规范配置问题》,法律出版社2009年版;钟瑞栋:《民法中的强制性规范》,载《法律科学》2009年第3期;王轶:《论授权第三人规范》,载《法律适用》2009年第8期;解亘:《论管制规范在侵权行为法上的意义》,载《中国法学》2009年第2期;许中缘:《民法强行性规范研究》,载《法学家》2009年第2期;房绍坤:《论侵权责任立法中的一般条款与类型化及其适用》,载《烟台大学学报》2009年第3期。

② 白斌:《刑法的困境与宪法的解答》,载《法学研究》2009年第4期。

③ 张红:《民事裁判中的宪法适用》,载《比较法研究》2009年第4期;徐国栋:《平等原则:宪法原则还是民法原则》,载《法学》2009年第3期;刘志刚:《基本权利在特类民事行为领域的适用》,载《现代法学》2009年第6期;刘志刚:《公序良俗与基本权利》,载《法律科学》2009年第3期。

④ 《法律适用》2009年第2期特别策划"透视刑民交叉案件中的若干问题";《法律适用》2009年第5期特别策划"行政、民事纠纷交叉案件审理相关问题研究";王林清:《论情势变更原则在〈劳动合同法〉中的司法适用》,载《法律适用》2009年第7期。

⑤ 陈锐:《法律方法上的西方经验与本土资源》,载《华东政法大学学报》2009年第6期。

综合性学科,即各个分支学科都要涉及方法论的问题。由于法律方法论中的方法也是借助其他学科的方法,因而这一学科与哲学、逻辑学、修辞学、语言学、解释学的等有着密切的联系。法律解释学、法律语言学、法律修辞学、法律逻辑学等领域都有一定的研究。这对于真正提升我国法律方法论研究中"论"的成分都十分必要,而且尤其重要的还有,法律方法论研究还需要具有扎实的规范法学基础。2009年在此方面虽有一定进展,但此方面的研究依然任重道远。我国对于法律方法论这些年进行了认真的研究,但还是存在着很多的问题,不注意读者及"市场"需求、不注意研究的背景、没有问题意识以及不注意经验与技术的结合研究,这些弊端已经显现出来。法律方法论不是纯粹的理论,我们应该结合中国的问题意识展开研究。① 为此,我国法律方法论还需要深刻把握既有司法传统与司法运作现实,综合运用法律史学、比较法学与法文化学等学科的知识与方法,才能真正构建本土的法律方法论体系。

---

① 陈金钊:《法律方法论研究的忧思》,载《河南政法干部管理学院学报》2009年第6期。

第七章

法治迈向方法的时代
——2010 年度中国法律方法论研究报告

第七章 法治迈向方法的时代

要点提示 2010年法律方法论研究的一个显著特色是，转型中国法治出现对法律方法论的需求，以迎合法治时代的到来。不仅各种传统的法律方法，如，法律解释、法律推理等备受重视，而且贴近中国法律运作实际与时代要求的实证研究逐渐增多，这显示出我国法律方法论研究开始繁荣。其主要表现在中国学者已经围绕着法治建设，开始构建与论证适合中国法治需要的法律方法体系和法律方法论体系，同时以更加精致的理论回应司法实践。法治似乎要走过粗放而进入细腻阶段，法律方法在法治建设中要发挥更大的作用。

2010年，第五届全国法律方法论坛于8月15日在黑龙江省黑河市召开。本次论坛由黑龙江大学法学院、黑河学院承办，主题为"司法判例与法律方法"。由山东省法律方法研究会和临沂市中级人民法院主办，平邑县人民法院承办的"能动司法与法律方法"研讨会暨山东省法律方法研究会第二届年会，在2010年6月5—6日在平邑县召开。9月18日，"第六届全国法律方法与法律思维专题学术研讨会"在广州举行，本次会议的主题是："法律职业伦理：法官与律师之间"。"全国判例研读沙龙"是一群关心我国法治建设，有心改变"丰富的法律理论脱离丰富的法律实践"的法学研究局面的学人，自发形成的民间学术交流平台。4月3日，第五届判例研读沙龙在浙江大学法学院举办，主题为"同案同判的技术及其适用"。主题为"中国案例指导制度研究——任务、困难与出路"的第六届判例研读沙龙11月6日在北京航空航天大学举办。山东大学威海分校玛珈山法律方法论坛举办到第120期。

我国实务部门也举办了不少法律方法会议。4月25日，由上海市第一中级人民法院、上海财经大学主办的第三届法院院长论坛暨"法律方法与司法公正"研讨会在上海举行。会议围绕"当代中国的能动司法"、"法律方法的理论与实践"两个主题展开。9月28日，"司法权威与裁判效力"学术研讨会在北京理工大学法学院隆重召开。8月15日，由中国法学会案例研究专业委员会和清华大学法学院共同主办的"中国案例指导制度的构建与应用"研讨会暨2010年案例研究专业委员会年会在北京举行。本次会议对中国案例指导制度进行了多维度、成体系的讨论。7月10日，由中国人民大学法学院、国家法官学院共同主办的"案例教学与案例指导国际研讨会"在中国人民大学举行。

2010年推出的有代表性法律方法论译作有:德国萨维尼的《当代罗马法体系Ⅰ》(朱虎译,中国法制出版社2010年版);齐佩利乌斯的《法学方法论》(金振豹译,法律出版社2010年版);Hubert Rottleuthner、Matthias Mahlmann 的《法律的基础》(张万洪、丁鹏主译,武汉大学出版社2010年版);英国沙龙·汉森的《法律方法与法律推理》(李桂林译,武汉大学出版社2010年版);美国罗伯特·S. 萨默斯的《美国实用工具主义法学》(柯华庆译,中国法制出版社2010年版);蒂莫西·A. O. 恩迪科特的《法律中的模糊性》(程朝阳译,北京大学出版社2010年版);马克·图什内特编著的《反对有理:美国最高法院历史上的著名异议》(胡晓进译,山东人民出版社2010年版);H. W. 佩里的《择案而审:美国最高法院案件受理议程表的形成》(中国政法大学出版社2010年版);加拿大道格拉斯·沃尔顿的《法律论证与证据》(梁庆寅、熊明辉等译,中国政法大学出版社2010年版)。

法律方法集刊继续推出,如《法律方法》(第10卷)、《法哲学与法社会学论丛》(第15期)、《法律方法与法律思维》(第6辑)、《刑事法评论》、《判解研究》、《燕京法学:法律适用与法律解释》(第4辑)。2010年,"法律方法文丛"、"法律方法丛书"相继推出。法律方法相关名称的学术专著主要有陈金钊等著的《法律方法论研究》(山东人民出版社2010年版);焦宝乾的《法律论证:思维与方法》、王瑞君的《罪刑法定的实现:法律方法论的角度》(北京大学出版社2010年版);郑永流的《法是一种实践智慧:法哲学和法律方法论文选》(法律出版社2010年版);舒国滢的《法哲学:立场与方法》(北京大学出版社2010年版);赵玉增等著的《法律方法:基础理论研究》(山东人民出版社2010年版)。

一、法学走向法律方法论的时代?

随着我国法治进程的不断深入,逐步出现了对法律方法的需求,因而法律方法论的研究不断深化。近年来出现一些对法治实现的反思性文章。[①]这种研究从宏观上总结了我国法治的需求和法律方法论研究的经验教训。法律方法研究跟我国社会转型密切相关。我国目前所处的法治进路转型,

---

① 熊静波:《理解中国法解释论的三个分析框架》,载《法商研究》2010年第5期;焦宝乾:《对我国法律方法论研究的宏观反思》,载《法制与社会发展》2010年第4期。

意味着法学从偏重于学习和借鉴西方法律制度和理论的追仿型进路,转向以适应中国国情、解决中国实际问题为目标的自主型进路。在这种转型中,必须对法治理论和制度中的一些重要问题予以审慎的思考与辨识。①

在上海召开的中国法学会审判理论研究会 2010 年年会上,张文显院长认为,中国已提前进入"诉讼社会",由此使人民法院面临一系列深刻而严峻的挑战。首先,在我国目前公平正义存在严重失衡和背离的情形下,寄希望于通过整体法律修改达成分配正义和交换正义,在前进的路途上步履维艰,而通过包括优化配置司法资源和适度增加司法投入在内的完善现行司法制度的一系列措施,增加司法机关特别是法院的解纷能力则是一个相对较为现实的选择;其次,对司法的功能作适当的制度性扩展,至少在我国的现有国情下可以对推进社会公平正义起到明显作用。② 法的实施是法律的生命,是公民权利保障体系中的重要一环,因此司法是法治社会实现的关键。这一点,在当今我国城市化水平不断增高的情况下更加明显。③ 在社会转型过程中,中国当下的法律人到底应当如何自处、如何选择,关乎到中国法治的走向。有人认为④,应侧重于法律方法论层面的研究。此一层面的研究较少意识形态,较多技术性成分,在任何阶段都具有价值。现在埋首于此种方法论层面的研究,由于远离热点问题,也许不得不坐冷板凳。然而未来中国真正进入法治社会的时候,方法论的价值就会凸显。因此我们不能不从现在就进行方法论的学术积累,为法治时代的到来做好方法论层面的准备。类似看法还有,法律解释是司法走向法治不可回避的问题,中国的法学也会像其他国家的法学一样会走向解释学。⑤ 2010 年 7 月 10—11 日在北京举办的中欧比较司法文化学术研讨会上,季卫东教授做了题为"中国法律与司法文化的解释转向"的主题发言。其实,包括法律解释在内的法律方法,在一定意义上已经成为法学研究的热点。

---

① 顾培东:《中国法治的自主型进路》,载《法学研究》2010 年第 1 期。
② 马昕语:《通过司法促进社会公平正义的必要性分析》,载 http://mxy1234567890.blog.sohu.com/160165985.html(最后访问日期:2010-9-25)。
③ 章武生:《司法的良好运行:城市走向法治化的关键》,载《法学杂志》2010 年第 5 期。
④ 《中国的"法"与"司法":具社会学意义而欠缺法学的意义》,载 http://duanhousheng.fyfz.cn/art/700878.htm(最后访问日期:2010-7-31)。
⑤ 恢复法学教育三十多年来,法律方法论在传统法理学研究中一直未居显要地位。有人通过对法理学高影响论文研究领域的数据统计,大致可以划分为法治(入选 24 篇)、法律程序(入选 12 篇)、基本范畴(入选 9 篇)及法学方法(入选 5 篇)等四个领域。参见何渊、徐剑:《中国法理学最具影响论文排行榜——基于主流数据库(1978—2008)的引证分析》,载 http://heyuan1979.fyfz.cn/art/722296.htm(最后访问日期:2010-9-11)。

法治是一个宏观的政治原则,也是司法、执法中各个具体环节的细腻方法与技巧,包括法理学在内的很多学科都已经注意到了法律概念、规则、原则以及法学原理在实现法治中的作用,并进行了认真的探讨。学者们已经开始结合案例研究法律方法的运用,以便最大程度地接近法治理想,现已经形成了部门法哲学研究的热潮。这些似乎都印证着法治方法论时代的到来。但是,关于"法治时代"的问题意识和研究才刚刚开始,与此相适应的"法律方法论的时代"也刚刚萌动。比如,限于特定的研究语境,"法律方法"相关用语在我国使用一直没有统一。有学者认为,我国的法律方法研究,与世界各国法学界与法律界所关注的法律方法,都是围绕法律人实施法律的工作技艺与思想方法而展开的,重点是研究和探讨法律实施中的各种有效且有益的具体制度与思想方式,这一特点决定了它不同于更为宏观的法学研究方法与法学方法论(法律方法论);同时,由于我国开展法律方法研究迫切需要解决的是与我国法律实施相关的问题,因此,我国的特殊性,决定了我国有关法律方法的研究,主要是针对我国法治建设所面临的具体问题,故而,又不同于美国的法律方法课程。① 有人系统考察了我国学界对法律方法相关用语。针对用语的不一致,认为正名之时,应遵循如下三条原则:平顺易呼;中文的直观语义与西文的本意最为相近;在目前学界被最多数人所使用。以此为标准,中国宜采用"法律方法"这一名称。② 从20世纪末开始,法律方法逐渐成为法学中的显学,这是法理学渐趋成熟的标志,它表明法学日益摆脱政治意识形态的束缚,成为独立的法学分支学科。③

然而,法律方法论对法治的意义并不仅限于积极意义,还可能有负面作用。有研究认为,纳粹政权时期,法律方法论曾在司法领域中充当法西斯的工具和帮凶,出现了反形式主义的法律方法论和政治目的司法。纳粹司法表明:法律方法论若无视基本权利和普通价值观,就可能沦落为当权者的作恶根据;法的形式价值和实体价值是唇齿相依的,要实现法治,二者不可偏废。④ 转型期社会对中国法律秩序建构提出了两种截然不同的要求,既要追求法律的形式性和规范性,又要保持法律的实质性和开放性。⑤ 因此,法律

---

① 葛洪义:《法律方法与几个相关概念的比较》,载《法制与社会发展》2010年第3期。
② 夏辰旭:《缘何是法律方法》,载《东岳论丛》2010年第5期。
③ 模仿哲学的分类,法律哲学应该包括:本体论、认识论、价值论和方法论。法律哲学离开法律方法论起码从体系上看是不完整的。
④ 陈林林:《法律方法与法治:以对纳粹司法的反思为中心》,载《法学家》2010年第5期。
⑤ 顾祝轩:《自省法学范式下中国法律秩序建构》,载《北方法学》2010年第2期。

方法与法本体存在某种关联,在成熟的法治社会,法律方法具有重要的法本体意义,这是法律迈向"自主的知识体系"的重要一步。① 美国耶鲁大学法学院院长哈罗德·H.柯在一次开学典礼上送给法学院新生一句谚语:"永远别让你的技巧胜过你的品德。"如果把这句话对号入座到法官身上来,那就是司法良知比司法技艺更重要。这其实是对呼唤法治方法论时代的另一方面的颤音。

二、"能动司法"的是是非非

中国社会主义法治理念是在政法合一、政治支配法律信念下建构的。为了使大局意识能够落实到司法中去,最高法院公开倡导能动司法,引起了法学界的广泛讨论。很多学者和法官认为,司法能动或能动司法是指导法律方法实际运用的一种司法理念。《法律适用》2010年第10期开设了"能动司法再思考"专题研讨;《法律适用》2010年第2—3期开设了"关于司法能动的理论与实践"专题研讨;华东政法大学学报2010年第1期推出"法律方法与司法能动"研讨。另外,《人民司法》等报刊也登出不少此类论文。② 能动司法是一种适应农村基层法庭的审判方法,该审判方法要求法官充分发挥其积极性和主动性,充分运用法院职权,保护当事人的合法权益。2010年在实务界影响巨大的陈燕萍的这一审判方法,虽然形成于能动司法的理念提出之前,但却深得能动司法的精髓。③ 不过,也有人在开阔的制度和社会背景中考察、分析和理解陈燕萍法官及其司法经验和方法。针对中国司法职业化和专业化的社会现实,强调中国司法必须在某些方面超越其自改

---

① 周永坤:《法律方法的法本体意义》,载《甘肃社会科学》2010年第4期。从本体论层面的反思,还可见郑永流:《实践法律观要义》,载《中国法学》2010年第3期。
② 江必新:《能动司法:依据、空间和限度》,载《人民司法》2010年第1期;丁立军:《能动司法的内涵、价值及实现途径》,载《人民司法》2010年第1期;王兵:《能动司法——当代中国司法的必然选择》,载《人民司法》2010年第11期;王韶华:《对能动司法内涵、原则及实现路径的思考》,载《人民司法》2010年第13期;公丕祥:《能动司法:当代中国司法的基本取向》,载《光明日报》2010年7月1日,第9版;罗东川、丁广宇:《论能动司法应处理好的几个关系》,载《法律适用》2010年第10期;凌杰:《司法能动主义的改革方向》,载《法制日报》2010年3月17日,第12版。
③ 李浩:《能动司法视野下的乡土社会的审判方法——陈燕萍办案方法解读》,载《当代法学》2010年第5期。相关研究还可见周泽民等主编:《司法人民性的生动实践——陈燕萍工作法研究与探讨》,法律出版社2010年版。

革开放以来自我塑造的司法形象。① 基于法社会学的角度,法院的权力取决于其所作出的裁判能在多大程度上赢得认同。② 陈燕萍工作法跟当前提出的能动司法理念相一致,而能动司法又格外注重调解,强调案结事了,以此谋求转型中国社会的和谐稳定。加强调解机制,符合中国的文化传统和国情,是中国转型期构建和谐社会的要求。在推进"大调解"时,应当注意我国社会转型的法治需求,通过司法建立规则。应当正确理解和运用"能动司法",尊重司法规律和现实国情,坚持能动主义与克制主义相结合,区别不同情况,有所为有所不为。③ 能动司法和大调解对于转型时期的中国社会具有重要、现实的社会和政治意义。但也应避免意识形态化地强调判决或调解的优先性和单一评价标准,注意避免能动司法可能引发的不利司法实践和后果。④ 能动司法在中国的展开,既存在理论根基不足之缺陷,又面临着司法职业化和司法能动化相冲突的尖锐矛盾。但转型社会的现实,又要求中国必须同时完成司法职业化和"中国式"的司法能动化的双重任务。⑤ 有人认为在当下中国社会强调规则更为重要,在法治建设的初级阶段,司法克制主义应当得到提倡。⑥ 总之,对实务界大行其道的能动司法与大调解做法,法学界显示出冷静的思考,而实务界对此也有一些理性的反思。⑦

可以说,作为一种司法理念或司法方式,中国的能动司法与西方司法能动主义有一定区别。⑧ 与美国法官造法意义上的司法能动不同,中国语境下的司法能动不仅允诺法官造法,而且强调法院应通过多种姿态、多种方式调

---

① 苏力:《中国法官的形象塑造》,载《清华法学》2010 年第 3 期。
② 杨力:《司法积极主义论》,载《华东政法大学学报》2010 年第 2 期。
③ 龙宗智:《关于"大调解"和"能动司法"的思考》,载《政法论坛》2010 年第 4 期。
④ 苏力:《关于能动司法与大调解》,载《中国法学》2010 年第 1 期。
⑤ 杨建军:《"司法能动"在中国的展开》,载《法律科学》2010 年第 1 期。
⑥ 陈兴良:《在当下中国社会强调规则更为重要》,载《检察日报》2010 年 3 月 25 日第 3 版;李辉:《原则与我国的能动司法》,载《甘肃政法学院学报》2010 年第 1 期;张友连:《克制下的能动:社会转型中司法的角色》,载张文显、黄文艺主编:《法理学论丛》(第 4 卷),法律出版社 2010 年版,第 153—166 页。
⑦ 江必新:《能动司法需重视司法规律》,载《法制资讯》2010 年第 2 期;张宽明:《"能动司法"不等同于"主动司法"》,载《人民法院报》2010 年 3 月 24 日,第 5 版;陈荣:《对能动司法的理性思考》,载《人民法院报》2010 年 2 月 24 日第 8 版;郭光东:《防止能动司法变成盲动司法的遮羞布》,载《南方周末》2010 年 5 月 6 日,第 F31 版。
⑧ 司法能动是发端于美国的一种重要的司法哲学。美国司法能动的成功有其特定的社会历史条件和法治背景。司法能动(主义)在国外的相关研究,参见杨建军:《美国司法能动的历史发展》,载《浙江工商大学学报》2010 年第 4 期;程汉大:《司法克能动与民主》,载《清华法学》2010 年第 6 期;刘练军:《在自制与能动之间——霍姆斯司法哲学刍议》,载《法制与社会发展》2010 年第 5 期。

第七章 法治迈向方法的时代

查和解决社会矛盾,培养法官亲民、为民、便民的工作作风与民主精神。中国司法能动在极大地实现经济、政治与社会功能的同时,也产生了一些弊端。① 因此,对于国情差异较大的中国来说,能动司法在实践形态上对西方司法能动主义应既有保留,又有创新和发展,同时应从多方面建立相应的保障机制。② 能动司法毕竟只是一种政治愿景,而且司法可能面临两难处境,即法官不得不在政治与法律、灵活性与确定性、集体目标与个案权利之间左顾右盼。③ 其实,能动司法是一项司法政策,它以解决当下司法突出问题为直接目的;能动司法是一种司法理念,它树立了"能动"和"服务"的司法新理念;能动司法是一项司法战略,它以谋求中国司法的自主道路为最终目标。这些内涵表明,中国与西方的能动司法没有直接联系。关键是,法律人如何把充满政策性、理念性和战略性的能动司法转换成法律性、实在性和现实性的能动司法。法律方法可能是实现这种转换的必由之路。④ 实际上,能动司法在中国有多种意义,但其基本的含义是超于法律和职权进行司法活动。能动司法因与法治的基本要求不吻合因而不宜作为司法理念,只能作为法律方法层面灵活处理案件的姿态。在依法治国建设社会主义法治国家的进程中,能动司法会不会冲击这一方略是我们必须研究的。我国的法治建设刚刚起步,经不起能动司法的折腾。⑤ 2010年有一些成果将司法能动与法律解释、利益衡量方法相结合做了研究。⑥ 总之,司法能动之理念存在诸多不足,依然值得人们认真去研究。

---

① 潘云华:《中国司法能动的规范化构想》,载《法商研究》2010年第5期;王建林:《司法能动的中国特色——兼与美国司法能动的比较》,载《政治与法律》2010年第9期。
② 顾培东:《能动司法若干问题研究》,载《中国法学》2010年第4期。有人认为,学界关于司法能动和司法克制的探讨有助于改进我国的审判管理体制,希望以此理顺法官和法院的关系,赋予法官能动的审判权,限制法院对法官审判的干预。参见魏胜强:《法官能动与法院克制》,载《法学》2010年第2期。
③ 胡桥:《能动司法:政治愿景与司法挑战》,载《浙江社会科学》2010年第10期。
④ 胡桥:《中国能动司法内涵解析》,载《浙江工商大学学报》2010年第3期。
⑤ 陈金钊:《司法意识形态:能动与克制的反思》,载《现代法学》2010年第5期。实务界提出的能动司法问题,基本是在感觉的基础上理解能动意义的。在司法过程中即使少不了能动也不能忘记根据法律进行思维,不顾法律意义的安全性而任意能动不符合法治的基本要求。陈金钊:《法律解释:克制抑或能动》,载《北方法学》2010年第1期。
⑥ 谢晖:《论民间法规则与司法能动》,载《学习与探索》2010年第5期;侯学勇:《法律解释方法的证立功能与司法能动主义》,载《华东政法大学学报》2010年第1期;魏胜强:《司法能动与价值衡量》,载《华东政法大学学报》2010年第1期;郑金虎:《基于司法克制主义立场的利益衡量操作规则》,载《华东政法大学学报》2010年第1期。

三、法律渊源与法律适用

法律渊源是一个司法的概念。它在一定程度上决定了法官适用"法律"的范围。在我国,制定法是主要的法源,但在制定法以外还有其他的一些法源形式,如习惯法、习惯、政策、判例、民间法。即使是制定法作为法源也存在很多的技术性问题。近些年来,法理学说、合同作为法源也受到了学者的关注。

宪法作为法源在我国具有特殊的意义。① 在我国司法实践中,产生了人民法院在判决书中援引《宪法》条文的实例。有人认为,我国人民法院在判决中援引《宪法》,虽然不是适用宪法解决案件,但援引《宪法》条文仍然对法律适用产生积极影响。② 还有人研究了宪法在特别行政区的适用。③ 但是我们的研究往往忽视宪法作为法源的高位阶属性,有一种把宪法司法化的情结。这实际上无助于宪法地位的提高。

习惯法的可适用性已经越来越受到司法实务界的关注。2010年,中国政法大学出版社"民间法文丛"推出一系列此方面的研究成果,如魏治勋的《民间法思维》,王新生的《习惯性规范研究》,厉尽国的《法治视野中的习惯法》,姜世波的《习惯国际法的司法确定》,贾焕银的《民间规范的司法运用》。习惯法研究的专著还有张洪涛的《使法治运转起来:大历史视野中习惯的制度命运研究》(法律出版社2010年版)。习惯法研究,既有一般性的理论研究④,也有结合具体习惯进行的研究⑤,还有对古代习惯法的研究。⑥

---

① 崔雪丽:《宪法作为法源的意义》,载《前沿》2010年第8期。
② 朱福惠:《我国人民法院裁判文书援引〈宪法〉研究》,载《现代法学》2010年第1期。
③ 殷啸虎:《论宪法在特别行政区的适用》,载《法学》2010年第1期。
④ 侯猛:《村规民约的司法适用》,载《法律适用》2010年第6期;张晓萍:《在司法中民间法与法律方法的勾连》,载《山东大学学报》2010年第6期;姜世波:《司法过程中的习惯法查明》,载《山东大学学报》2010年第2期;陈光:《论法官认知中民间规范的影响及其规制》,载《山东大学学报》2010年第4期;专家特稿:《基于习惯法的漏洞填补方法》,载本书编辑委员会编:《司法研究》(2010年第2卷:总第2卷),法律出版社2010年版;龚刃韧:《不可克减的权利与习惯法规则》,载《环球法律评论》2010年第1期。
⑤ 苏永生:《"赔命价"习惯法:从差异到契合》,载《中国刑事法杂志》2010年第7期;戴双喜等:《论牧区以"羊"为"等价物"的交易习惯》,载《法学杂志》2010年第11期;曹义孙、高其才:《当代中国物权习惯法——广西金秀六巷瑶族"打茅标"考察报告》,载《政法论坛》2010年第1期。
⑥ 张洪涛:《从"以礼人法"看中国古代习惯法的制度命运》,载《法商研究》2010年第6期;李雪梅:《工商行业规范与清代非正式法》,载《法律科学》2010年第6期;张镭:《论基层民事纠纷解决过程中裁判合法性与公信力之统一》,载《政法论丛》2010年第3期。

在实务中,民俗习惯经常影响法官的审判思维方式和语言思维方式。① 总体上看②,当前民间法的司法适用整体样态是:国家司法机关对民间法的司法适用并不是非常的赞同和鼓励;基层法院和少数民族地区社会纠纷解决中存在民间法的司法适用;部分地区开始了民间法司法适用的试点。当前民间法司法适用的基本特征是:私法领域适用较多,公法领域适用比较罕见;程序法领域基本不适用,实体法领域适用相对较多;法官在积极、务实、审慎、适当的前提下,对民间法的运用可能会背离了我国法律文本,但是从本质上看与我国法律的精神内涵实质是相符合的。

结合中国语境,学界对案例或判例进行了不少研究,专著如杨建军的《裁判的经验与方法:〈最高人民法院公报〉民事案例研究》(山东人民出版社2010年版),北京大学法学院编的《北大评案 法律思维》(北京大学出版社2010年版)。我国司法实践中近年来推行案例指导制度。案例指导制度可以有效地弥补制定法的缺陷,对于促进司法适用标准的统一具有重要意义。当务之急是提高指导性案例的编选水平,以适当的方式赋予指导性案例事实上的约束力。③ 在法典化制度下,建立一种与自身法律制度相适应的刑事判例制度并不会与罪刑法定原则相冲突,相反,它反而可以保证刑法解释的客观性与法律适用的统一性,在增强刑法的社会适应性的同时,维护刑法的安定性价值。④ 案例指导制度的核心和物质基础是案例,案例不应局限于裁判文书,而应包括指导性裁判、裁判要旨、法理解析这一有机整体。案例指导制度应定位于"准司法解释"。⑤ 有人通过对个案分析,认为指导性案例的约束力应来源于该案例的内在指导力,即裁判理由的正当充分与被广泛认可。这就需要将案例的选择建立在案例市场和法学理论的充分竞争基础上,而这正是中国案例指导制度建设中最为重要的内容。⑥ 有人认为,指导性案例生成的技术路径应是法律发现,而非法官造法,对其进行理性运

---

① 韦志明:《民俗习惯对法官思维方式的影响及裁判路径》,载《北方法学》2010年第4期。
② 彭中礼:《当前民间法司法适用的整体样态及其发展趋势评估》,载《山东大学学报》2010年第4期;熊云辉:《民事习惯司法运用研究述评》,载张卫平等主编:《司法改革论评》(第10辑),厦门大学出版社2010年版,第257—266页。
③ 王玄玮:《中国司法如何走向统一——人民法院实行案例指导制度的构想》,载《云南大学学报》2010年第5期;郑泽善:《刑法、学说与判例》,载《甘肃政法学院学报》2010年第3期。在与宪法与法律原则保持一致的前提下,司法规则应具有优先于法律规则的裁判规范效力。王杏飞等:《论我国司法规则的效力》,载《政治与法律》2010年第11期。
④ 周少华:《法典化制度下刑事判例的制度功能》,载《环球法律评论》2010年第6期。
⑤ 何震、魏大海:《案例指导制度建构中的问题》,载《国家检察官学院学报》2010年第3期。
⑥ 李友根:《指导性案例为何没有约束力》,载《法制与社会发展》2010年第4期。

作应遵循开放性进路。① 有人对裁判摘要的性质做了研究。目前裁判摘要的功能主要是概括和抽取判决中的判例规则,其抽象的、一般的规则形式,几与成文法国家的制定法规则无异。但指导性案例的判例规则应由未来在审案件的法官亲自概括和抽取,裁判摘要的最佳形式是内容提要,其功能只应限定于对未来法官做出初步指引。中国的司法解释制度已是过大于功,应逐步由案例指导制度取而代之。② 还有不少人研究了案例指导制度在我国的现状。实证调查发现,多数法官有寻找司法判例解决裁判难题的习惯,但当前司法实践中的判例指导制度对法官裁判的辅助作用并不明显。③ 尽管如此,有人认为,案例形式应该成为最高人民法院创制公共政策的较好选择,④还有法官在此方面进行了实证研究。⑤

民意、媒体与司法的关系,也是 2010 年理论界与实务界关注的一个热点问题,这一问题跟裁判中的法律渊源有关。相关专著如湖北省汉江法院编的《网络舆论与法院审判》(法律出版社 2010 年版),高一飞的《媒体与司法关系研究》(中国人民公安大学出版社 2010 年版),《法律适用》2010 年第 12 期推出"构建民意与司法的和谐"专题研讨,《浙江社会科学》2010 年第 2 期推出"转型期的司法与民意"专题研讨。2009 年中国十大影响性诉讼案例体现出传媒与司法之间的一种内在的张力,传媒与司法的偏差越来越大,谨慎对待与妥善解决传媒与司法的关系将有利于对现代法治的保护,防止以传媒力量引导的社会各方面以非正常性压力左右中国司法的自觉性与独立性。⑥ 协调好民意、传媒与司法的关系,有助于实现法律效果与社会效果相统一的司法政策。转型时期的公众认同对于刑法解释极具价值。⑦ 民意

---

① 夏锦文等:《司法转型中指导性案例的生成机理》,载《法律科学》2010 年第 4 期。
② 宋晓:《裁判摘要的性质追问》,载《法学》2010 年第 2 期。
③ 夏锦文、吴春峰:《法官在判例指导制度中的需求》,载《法学》2010 年第 8 期;夏锦文等:《司法判例指导实践的实证调查》,载《政治与法律》2010 年第 9 期;杨建军:《〈最高人民法院公报〉选编民事案例的变化》,载《现代法学》2010 年第 4 期。
④ 张友连:《最高人民法院公共政策创制的形式及选择》,载《法律科学》2010 年第 1 期;张友连:《最高人民法院公共政策创制功能研究》,法律出版社 2010 年版;杨力:《最高法院的政治决策过程》,载《政法论坛》2010 年第 1 期。
⑤ 康宝奇等:《指导性案例适用中的矛盾心理及对策》,载张卫平等主编:《司法改革论评》(第 10 辑),厦门大学出版社 2010 年版,第 21—44 页;方易:《从方法论的角度审视案例指导的司法运作过程》,载《法律适用》2010 年第 2—3 期;江必新等:《论判例在 WTO 争端解决中的适用》,载《法律适用》2010 年第 2—3 期。
⑥ 栗峥:《传媒与司法的偏差——以 2009 十大影响性诉讼案例为例》,载《政法论坛》2010 年第 5 期。
⑦ 俞小海:《刑法解释的公众认同》,载《现代法学》2010 年第 3 期。

对刑事司法过程可能产生消极影响,因此司法机关应该理性对待民意。具体来说,刑事司法既要独立于民意,又要倾听、引导民意,及时回应民意。①作为法律适用机关的法院在回应民意上具有不同于政治机关的特点,必须以一种理性、中立的态度审慎地回应民意,做到有理有节、有所为有所不为。② 有人提出网络舆论应在现行法律制度和社会发展现实需要的框架内对法院审判活动进行正面有益的报道和监督。③ 传媒对司法行为的负面报道是一把双刃剑,一方面有助于法治的健全和完善,另一方面则会引发对法律、法规的怀疑、藐视和抗拒等消极反应。因此,相关报道亟待规范。④ 某些个案因被高度关注而演变成过度曝光的案件,有人把它称为公案,并对其进行研究。⑤ 还有人从更深层次上认为,现代性法律与中国民意的冲突,本质上是两种不同的国家社会体制的冲撞。现代性法律只能调整特定的社会关系、满足中国的部分需求。⑥

我国现行的有权解释,也是一种法律渊源。2010年,在带有立法性质的司法解释、行政解释方面有一些专著。如伍劲松的《行政解释研究》(人民出版社2010年版)对原本甚少受到研究的行政解释问题做了研究,齐文远、周详的《刑法司法解释立法化问题研究》(中国人民公安大学出版社2010年版)从多学科角度,对一直备受学界批评的"司法解释立法化"进行了回应。但学界更多的看法,还是对司法解释,尤其是抽象的司法解释予以批判。有人主张对高法的抽象司法解释权内在的弊端不能听之任之,而应逐步取消之,使其作为公共政策法院的功能通过别的权力形式来实现⑦;有人认为,最高人民法院司法解释具有鲜明的特点,也存在一定的问题,而要从根本上解决问题需要加强立法工作和制定《法律解释法》⑧;有人提出,可

---

① 何静:《理性对待刑事司法过程中的民意》,载《中国刑事法杂志》2010年第6期。
② 褚国建:《法院如何回应民意:一种法学方法论上的解决方案》,载《浙江社会科学》2010年第2期;张永和:《民意与司法》,载《云南大学学报》2010年第5期。
③ 杨凯:《论民意与法意的冲突与平衡》,载本书编委会编:《华中法律评论》(总第5卷),华中科技大学出版社2010年版,第41—70页。
④ 王文军:《传媒对司法行为的报道亟待规范》,载《法学》2010年第10期。
⑤ 孙笑侠:《公案的民意、主题与信息对称》,载《中国法学》2010年第3期;孙笑侠:《公案及其背景》,载《浙江社会科学》2010年第2期。
⑥ 孟涛:《论当前中国法律理论与民意的冲突》,载《现代法学》2010年第1期。
⑦ 金振豹:《论最高人民法院的抽象司法解释权》,载《比较法研究》2010年第2期。还有人主张,检察机关也不能行使法律解释权。魏胜强:《检察机关的法律解释权证伪》,载《河南社会科学》2010年第3期。
⑧ 赵春风:《从最高人民法院工作报告看司法解释》,载《国家检察官学院学报》2010年第3期。

以考虑在最高人民法院内部设置大法官会议,按照严格的程序,专职作出统一的法律解释。① 最高人民法院立法化的司法解释虽然发挥过填补法律漏洞、指导审判实践等积极作用,但也引发了解释权限合法性和解释结果公正性的质疑,并诱致了下级法院的审判路径依赖和法律体系中的人为混乱。唯有从抽象解释转向具体的案例指导,才能克服现有司法解释的弊病。② 司法解释在刑法、民商法领域的溯及力问题,也受到学者的关注。③ 最近,一些在政法实际部门工作的领导同志在公开发表的报刊上撰文,支持"司法解释具有普遍法律效力"的观点。有人对此做了反驳。④ 部分学者还对新中国民事诉讼司法解释的历史演进予以研究。在历史演进中,民事诉讼司法解释由一种立法替代技术逐步演变为一种法院推动司法改革的权力技术,每个阶段都具有造法性特征。⑤ 总之,司法解释在我国是个迄今仍未很好得以解决的老问题。此问题恐将伴随我国的法律方法论研究。

此外,学界还对"法学家法"等非法律渊源做了研究。⑥

法律适用也是一种重要的法律方法。部分专著在此方面有一些研究。胡建淼主编的《法律适用学》(浙江大学出版社 2010 年版)第一次将"法律适用"作为一门独立的法律学科来加以构建与探讨。台湾学者吴元耀的《法律适用方法论:一个批判观点的考察》(元照出版公司 2010 年版)汇总作者近年来对于法律适用方法论及其他相关问题之研究心得,并依循"从一般性导论到具体性应用"、"从法律解释方法到法律补充方法"及"从法律适用层次扩及立法论及解释宪法层次"三大脉络,尽可能兼顾理论及实务。随着我国社会主义法律体系的形成,法律规范的数量大幅增加,法律规范之间冲突现在日趋严重。尽管近年来已经对法律、行政法规和规章进行过几次清理,但是由于各种原因,法律冲突问题并未得到根本解决,已经对法律的实施产生很大影响。马怀德主编的《我国法律冲突的实证研究》(中国法制出版社 2010 年版)一书从当前亟待解决的理论问题和现实需要出发,通过实证分

---

① 魏胜强:《司法解释的错位与回归》,载《法律科学》2010 年第 3 期。
② 陈林林、许杨勇:《司法解释立法化问题三论》,载《浙江社会科学》2010 年第 6 期。
③ 黄京平:《论刑事司法解释的溯及力》,载《中国刑事法杂志》2010 年第 5 期;张新宝等:《最高人民法院民商事司法解释溯及力探讨》,载《法律科学》2010 年第 6 期。
④ 莫纪宏:《司法解释不具有"普遍"的法律效力》,载 http://linshenjie.fyfz.cn/art/790314.htm(最后访问日期:2010-11-2)。
⑤ 洪浩等:《新中国民事诉讼司法解释之演进》,载《法学杂志》2010 年第 8 期。
⑥ 严存生:《论"法学家法"》,载《比较法研究》2010 年第 2 期;何鹰:《强制性标准的法律地位》,载《政法论坛》2010 年第 2 期。

析方法,系统梳理了我国法律冲突现象,同时对国外部分国家解决法律冲突的经验做了介绍,提出了完善我国法律冲突解决机制的具体建议。国家制定法关于立法目的表达和法院职能的规定,不仅会形成对适用法律方法的有效约束,而且一定情形下还会影响法律方法选择的方向。① 可见,立法层面的规定,也会对司法方法产生影响。有人认为,在司法实践中,法院为了适用相互冲突的法律,要么报请最高人民法院并由最高人民法院送请其他机关解释、裁决,要么在法院系统内部作出判断选择,根据冲突规则在相互冲突的法律中小心翼翼地选择适用,甚至作出了一定的评价。上述做法取得了维护法制统一的良好效果,但亦存在一定问题。为了让法院履行通过审判维护法律秩序统一的职责,实现"国家的审判机关"的宪法定位,一方面法院应当恪守司法权的界限,另一方面法律应当明确赋予法院一定的选择乃至评判的权力。② 在法律适用问题上,相关制度改革与建设今后尚待深入研究。

四、传统法律方法研究

(一) 法律解释

2010年,法律解释方面的专著有武飞的《法律解释:服从抑或创造》(北京大学出版社2010年版)、姜福东的《法律解释的范式批判》(山东人民出版社2010年版)。学界在法律解释的一般理论研究方面出现一些成果。比如,在解释法律的过程中究竟是以人为本还是以法为本? 抑或以权为本? 对法律解释结果有重大的影响。实际的法律解释过程,是法律、权力、权利、价值、文化等综合因素在起作用。以法为本是我们目前应该奉行的司法理念。③ 有人从解释学、语言学角度对法律解释理论做了研究。④ 有人研究了

---

① 刘治斌:《立法目的、法院职能与法律适用的方法问题》,载《法律科学》2010年第2期。
② 王贵松:《法院对法律冲突问题的应对:现状与前瞻》,载《法商研究》2010年第2期;董书萍:《论法律规范冲突》,载《法学论坛》2010年第5期;吴恩玉:《上下位法间的效力优先与适用优先》,载《法律科学》2010年第6期。
③ 陈金钊:《以人为本与解释理念的探究》,载《法学论坛》2010年第4期;胡玉鸿:《尊重法律:司法解释的首要原则》,载《华东政法大学学报》2010年第1期;黄春燕:《如何获得正当性法律解释》,载《东岳论丛》2010年第9期。
④ 姜福东:《反思法学对哲学诠释学的继受》,载《法商研究》2010年第5期;崔雪丽:《法律解释的语言学向度》,载《河北学刊》2010年第2期。

德国方法论学说中的主观说与客观说的争议,并提出一种体现了温和的宪政主义立场的恰当的整合性理论。① 有人对具体的法律解释方法做了研究。② 有人对法律解释学的历史谱系做了考察。③ 在解释法律的过程中,法官不可能摆脱这些个人因素的影响,法官需要做的是充分发挥这些因素的积极作用而尽力避免其消极影响。④ 这一点,实际上也在当代哲学解释学研究中得到印证。

(二) 法律逻辑与推理

司法裁判活动离不开法律推理。推理是法官裁判的基本思维方法。法律逻辑与推理方面的专著有张晓光主编的《法律逻辑的理论与实践》(学林出版社 2010 年版),张斌峰等著的《法律逻辑学导论》(武汉大学出版社 2010 年版),张其山的《司法三段论的结构》(北京大学出版社 2010 年版)。法律的运用离不开逻辑。⑤ 法治所需要的合法性形式、客观性追求、合理性反思、正确性答案和正当性程序等命题的实现,都离不开逻辑规则的运用。能动司法不是脱离逻辑推理而自如地解释法律,严格遵循逻辑规则才是通向法治的思维指南。⑥ 中国文化缺少走向法治的文化基因,这主要是因为我们在很多的日常思维中不讲逻辑。要实现法治改造传统的思维方式是我们政治生活的重要事情。由于历史和现实的原因,我国法官在审判实务中不注重法律推理,不重视裁判理由的证成和裁判结论的说理。因此,我们要强化法律推理在司法裁判活动中的地位,正确认识其功效。⑦ 法律推理的确定性与不确定性问题是法学界长期争执不休的论题。确定性是法治的前提与基础,否定法律推理的确定性,就是对法治的否定。积极探究约束法律推理不确定性的有效机制,使法律推理向着确定性道路迈进,是法治社会必须思考的问题。⑧ 司法改革的终极目标是实现司法公正。法律推理作为一种对裁判结果正当性的证明过程,其逻辑规则与司法公正的要求是一致的。法

---

① 雷磊:《再论法律解释的目标》,载《环球法律评论》2010 年第 6 期。
② 武飞:《社会学解释:一种"自由"的裁判方法》,载《学习与探索》2010 年第 6 期;姜福东:《扩张解释与限缩解释的反思》,载《浙江社会科学》2010 年第 7 期。
③ 李睿:《法律解释学的谱系:一种历史解释的尝试》,载《甘肃政法学院学报》2010 年第 1 期。
④ 魏胜强:《论法官个人因素对法律解释的影响》,载《中州学刊》2010 年第 1 期。
⑤ 陈金钊:《司法过程中的逻辑规则运用》,载《山东审判》2010 年第 3 期。
⑥ 陈金钊:《逻辑对法治原则性命题的意义》,载《扬州大学学报》2010 年第 3 期。
⑦ 韩登池:《法律推理与司法裁判》,载《河北法学》2010 年第 7 期。
⑧ 王德玲:《法律推理视角下的司法确定性寻求》,载《东岳论丛》2010 年第 7 期。

律推理是在法治社会中培养法律职业者理性思维方式的重要方法。① 作为法官判决的思维技术,司法三段论在限制司法权力的任意、维护法律的安定、实现司法形式理性化方面的作用是不可替代的。作为形式理性与价值理性相统一的司法三段论,在司法过程中体现了法官的职业理性,无论过去、现在甚至是将来仍然是法律适用的主导思维模式。② 当然,司法三段论的适用对法官的司法能力提出很高的要求。③ 对司法三段论,我们要做的不是抛弃,而是要对其进行结构重构,以克服其不足。司法三段论不仅应当坚持,而且应当强化,应当始终被置于法律适用过程的基石地位。④

(三) 法律论证

法律论证方面,2010 年推出的专著有熊明辉的《诉讼论证——诉讼博弈的逻辑分析》(中国政法大学出版社 2010 年版),焦宝乾的《法律论证:思维与方法》(北京大学出版社 2010 年版),武宏志、周建武的《批判性思维——论证逻辑视角》(中国人民大学出版社 2010 年版)。部分学者研究了法律论证的意义。司法活动是一种说理的过程,离不开法律论证,法官进行法律论证具有非常重要的意义。法律论证的方法意义,是克服形式逻辑局限性的有效方法,是对法律适用的正当性、合理性所做的说明。法律论证的社会意义,是防止司法专断而对法官提出的职责要求,是使法官判决得到社会认可的重要途径。⑤ 法律论证理论方面,介绍性的研究依然占据主流。如有人考察了国外法律论证理论。⑥ IRAC 案例分析方法是当今西方用来帮助法律专业大学生掌握法律论证的最重要的法律方法之一,有人对此做了介绍研究。⑦ 作为法律方法的一种,论题学方法虽然长期以来受到忽略,但这种研究在 20 世纪后半期得以回归。论题学方法对我国法学与法治均有重要启示意义。⑧ 法律论题学的逻辑基础是非形式逻辑,与演绎逻辑不是替代

---

① 韩登池:《论法律推理与司法改革》,载《政治与法律》2010 年第 1 期。
② 韩登池:《司法三段论》,载《法学评论》2010 年第 3 期。
③ 聂长健:《司法三段论的迷局破解》,载《学术探索》2010 年第 2 期。
④ 韩登池:《批判与拯救:司法三段论的当代法治命运》,载《河北法学》2010 年第 3 期。
⑤ 魏胜强:《法律论证的意义探析》,载《郑州大学学报》2010 年第 1 期。
⑥ 冉杰:《法律论证理论述评》,载《法律科学》2010 年第 5 期。
⑦ 熊明辉:《IRAC 方法及其垃圾辩护》,载《山东大学学报》2010 年第 6 期。
⑧ 焦宝乾:《论题学的法律方法论意义》,载《求是学刊》2010 年第 5 期;焦宝乾:《论题学及其思维探究》,载《法学论坛》2010 年第 3 期。

或者竞争关系,而是相互补充的统一关系。① 苏珊·哈克的逻辑可修正理论有助于法律论证评价标准的研究,有人对此做了研究。② 法律论证要证成结论的合法性和合理性,重要的是对前提的考量。法律论证往往重视对大前提即法律规范的论证,而忽视了事实命题。事实命题恰恰是整个法律论证的基石,而因果关系又是事实命题的核心部分。③ 法律论证的性质说明司法有其能动性。把法律论证置于动态背景——论辩之中讨论,从认识论、逻辑学和法律的角度看,法律论证需要考虑一些具体的规则,这些规则表明了司法有其限度。④

(四)利益衡量

利益衡量属于一种法律方法,司法过程是一种基于经验的判断,是一种利益衡量和自由裁量,在当前中国转型时期体现出协调与变通的特点。基于良知的平衡,是司法过程最重要的特征。⑤ 有人对国外利益衡量论做了研究。⑥ 从不同角度对利益衡量标准问题的探究虽然面临诸多难题,但还是有意义的。无论是内在标准还是外在标准、法律标准抑或社会标准,专家立场抑或普通人立场,都是利益衡量标准的一种,它彰显出这一问题的复杂性。⑦ 利益衡量作为法院判决疑难案件的常用方法,没有可确定和可预测的操作程序,主要靠法官的自由裁量。如何不致利益衡量流于个人的某种主观恣意?即需对利益衡量方法的适用予以规制。⑧ "容忍限度论"是日本学者运用利益衡量理论解决新产生公害问题的产物,最终发展成日本学界和实务界的通说。⑨ 利益衡量方法在各个实体法与程序法领域有广泛运用,2010

---

① 张传新:《法律论题学的逻辑基础》,载《山东大学学报》2010 年第 6 期。
② 张玫瑰:《逻辑可修正理论与法律论证评价标准的关系探究》,载《政法论丛》2010 年第 2 期。
③ 王晓:《法律论证中的因果关系研究》,载《北方法学》2010 年第 2 期。
④ 张静焕:《法律论证的性质和规则》,载《甘肃政法学院学报》2010 年第 1 期。
⑤ 徐昕:《司法过程的性质》,载《清华法学》2010 年第 2 期。
⑥ 夏辰旭、张利春:《利益衡量论研究的回顾与反思》,载《山东社会科学》2010 年第 1 期。
⑦ 焦宝乾:《衡量的难题——对几种利益衡量标准的探讨》,载《杭州师范大学学报》2010 年第 5 期。
⑧ 焦宝乾:《利益衡量艺术及其规制》,载《法治研究》2010 年第 11 期。
⑨ 张利春:《日本公害侵权中的"容忍限度论"述评》,载《法商研究》2010 年第 3 期。

年在此方面的成果较多。①

五、法律修辞方法与法律语言

法律存在于语言之中，法律的意义是透过语言而实现的。法律修辞、法律语言研究是近年来刚引起学界兴趣的一个新领域。此方面的专著有赵朝琴的《司法裁判的现实表达》（法律出版社 2010 年版）；陈重业辑注《古代判词三百篇》（上海古籍出版社 2009 年版）；李立、赵洪芳的《法律语言实证研究》（群众出版社 2009 年版）一书兼收并采用法学与语言学的理论与研究方法对法律语言进行全方位的研究；杜金榜的《法律语言研究新进展》（对外经贸大学出版社 2010 年版）是对 2008 年法律语言学国际学术研讨会暨中国法律语言学研究会年会成果的结集出版，本书围绕法律语言学理论、法律语篇分析、法律语言研究的应用、法律语言教学等专题进行研究；高绍先的《春秋战国时期的论辩文化》（法律出版社 2010 年版），对法律修辞的研究在国内刚起步，因此介绍性的翻译作品在当下很有必要。②

在哲学发生语言学转向之后，传统法律理论在诸多方面都受到了语言学的冲击。一些明示或隐含地以某种语义学理论为依据来解决司法判决确定性问题的方案被提出。对语义学一个妥当的评价就是：它也许能够澄清

---

① 洪冬英：《论利益衡量在民事诉讼中的运用及规制》，载《法学杂志》2010 年第 6 期；杨博：《非法证据排除规则与我国民事诉讼实践》，载《知识经济》2010 年第 11 期；蔡小雪等：《行政诉讼协调中的利益衡量原则之适用》，载《人民司法》2010 年第 10 期；郑海军等：《精神损害赔偿中的利益衡量》，载《法学杂志》2010 年第 8 期；褚红军：《利益衡量在公司诉讼中的把握和运用》，载《中国审判》2010 年第 10 期；何志：《民事裁判中利益衡量的适用》，载《中国审判》2010 年第 9 期；邱天：《商业秘密中的利益衡量》，载《河南省政法干部管理学院学报》2010 年第 4 期；易传剑：《论船舶油污损害赔偿范围的法律界定》，载《绍兴文理学院学报》2010 年第 2 期；李影：《论卧底侦查中涉罪行为的出罪事由》，载《辽宁大学学报》2010 年第 3 期；刘佳：《权利冲突内涵的法理批判》，载《社会科学辑刊》2010 年第 4 期；路斐：《我国农村土地物权制度的价值判断与论证》，载《当代法学》2010 年第 4 期；李金玉：《基因隐私权与血亲亲属健康利益的冲突与解决》，载《湖北工业大学学报》2010 年第 3 期；黄忠：《合同自由与公共政策》，载《环球法律评论》2010 年第 2 期；李友根：《裁判文书公开与当事人隐私权保护》，载《法学》2010 年第 5 期；伍劲松：《论行政执法利益衡量之要素与技术》，载《法学论坛》2010 年第 3 期；王炳军等：《高校贫困生隐私权的法律保护》，载《四川教育学院学报》2010 年第 5 期；税兵：《在表象与事实之间：股东资格确定的模式选择》，载《法学杂志》2010 年第 1 期；樊启荣：《在公益与私益之间寻求平衡》，载《法商研究》2010 年第 5 期。

② 〔美〕库尔特·M. 桑德斯：《作为修辞之法律，作为论证之修辞》，程朝阳译，载陈金钊主编：《法律方法》（第 10 卷），山东人民出版社 2010 年版；〔美〕林达·列维、桑德尔斯：《像修辞家一样思考》，刘兵译，载葛洪义主编：《法律方法与法律思维》（第 6 辑），法律出版社 2010 年版。

问题,但不能解决问题;也许能够论证我们的决定,但不能帮助我们作出决定。① 我国法律语言的失范问题严重,影响了法律的权威性和正确适用,降低了人们对法律的信仰程度。法律语言的规范化建设包括立法语言的规范化、执法和司法语言的规范化。法律语言规范化,要做到用词准确、表达周密、正确运用修辞等。② 法律修辞作为法律语言运用的一个重要方面,2010年受到一些研究。③ 就其作为一个学科而言,法律修辞学与传统法律方法论没有太紧密的关系,甚至以形式逻辑为主要方法的法律方法论还排斥在法律应用中的修辞。但是自从非形式逻辑研究兴盛以来,法律修辞学的地位迅速攀升,并且促生了法律论证方法向纵深发展。④ 当然,法律修辞学科的诸多问题依然有待深入研究。⑤ 修辞作为说服技术在当代的司法实践中起到越来越重要的作用,在法律领域中也有着广泛的运用,⑥当然,其运用也是受到限制的。

有人注意到司法中法律修辞的意义,认为司法隐性知识广泛存在于案件裁判的事实建构与法律发现诸环节中,并在司法判案中有它特定的位置。司法前见、一般推理、事实解释、图式加工、事实剪裁、经验参与、结果导向、观念辐射等都是对司法隐性知识的艰难表述。连接隐性知识与既定法律规范依赖于法律修辞,裁判凭借判决修辞而获得形式正当性并为公众更好地接受。⑦ 有人以中国司法发展中的若干话语表达为基础,分析道德话语以及道德修辞在中国司法的各个过程中所起到的建构作用。⑧ 可见,在司法中,法律修辞有着比较广泛的应用。比如,有人研究了修辞方法在法律文书等

---

① 陈坤:《法律、语言与司法判决的确定性》,载《法制与社会发展》2010年第4期。
② 卢秋帆:《我国法律语言规范化的思考》,载《河南社会科学》2010年第3期;对法律语言的其他相关研究可见卢秋帆:《法律语言的模糊性分析》,载《法学评论》2010年第2期;卢秋帆:《我国法律语言教育问题研究》,载《河南政法管理干部学院学报》2010年第5期。
③ 戴津伟:《修辞与近代法治理念》,载《西部法学评论》2010年第1期;刘兵:《法律修辞:以听众为中心的说服证正》,载张卫平主编:《民事程序法研究》(第5辑),厦门大学出版社2010年版;张云秀:《论法律修辞运用的范围与限制》,载《西部法学评论》2010年第1期。
④ 陈金钊:《法律修辞(学)与法律方法论》,载《西部法学评论》2010年第1期。
⑤ 崔雪丽:《法律修辞(学)的特征》,沈阳大学学报2010年第4期。
⑥ 修辞在立法领域其实也有一定的研究空间,国内学界的相关研究可见刘凤景:《"视为"的法理与创制》,载《中外法学》2010年第2期;李杰:《从法律用语看〈唐律疏议〉"礼法结合"的特点》,载《湖北工业大学学报》2010年第3期;梁志文:《政治学理论中的隐喻在知识产权制度调适中的运用》,载《政治与法律》2010年第7期。
⑦ 胡学军等:《司法裁判中的隐性知识论纲》,载《现代法学》2010年第5期。
⑧ 方乐:《司法如何面对道德》,载《中外法学》2010年第2期。

书面语中的运用①,我国司法判决中还出现运用《孝经》去说服当事人的实例②,律师的辩护词当中也有可能运用修辞。③ 另外,作为司法过程重心的事实的确定、规范的找寻和涵摄的演绎无一不与法官的言说密切相关,司法过程就是一个法官有关事实与规范的语言叙事。④ 在司法活动中,人们往往会从不同的立场出发,运用修辞的方式来论证这一事实还原过程。有人研究了修辞在调解中的运用。一定意义上,司法调解的过程就是法官运用修辞方法说服当事人的过程。说服的有效性依赖于法官的个体性因素、法官对作为修辞出发点的共识的选择以及采用的修辞方法是否恰当。⑤ 司法文本中的修辞叙事十分重要,而司法日常话语中的修辞叙事同样重要,有时甚至超过前者。⑥ 法律修辞的使用还大量出现于口语场合,对此也有不少研究。⑦ 可以说,法律修辞在司法中被广泛使用,不过,同时也要对修辞方法使用的限度与弊端予以警惕。法官修辞的运用有助于更好地解决纠纷,但也可能削弱司法权威,法官修辞只是帮助法官适用法律的一种有效形式,不能替代法律成为决定司法过程的因素。

六、司法实务中的法律方法研究

公正高效的审判是建立在科学的裁判方法论的基础上的。科学的裁判方法是实现司法公正的重要保障,是提高法官司法能力的重要手段,是提升司法公信的重要途径。2010 年,推出一批贴近司法实务的法律方法研究成果。一些专家型法官立足裁判经验,提出一些裁判方法理论,如孔祥俊的

---

① 林娜:《特定修辞方法在法律文书中的应用》,载《山西省政法管理干部学院学报》2010 年第 2 期;周秀萍等:《中国古代判词的表达艺术》,载《湖南师范大学社会科学学报》2009 年第 6 期。
② 庾向荣:《〈孝经〉入判决体现法官智慧》,载《人民法院报》2010 年 6 月 9 日,第 2 版。
③ 张清:《论辩护词的语言规范与修辞》,载《山西财经大学学报》2010 年第 1 期。
④ 孙来清等:《从语言模糊到裁判确定》,载《法学杂志》2010 年第 10 期。修辞在事实认定中的意义的研究,还见粟峥:《裁判者的内心世界:事实认定的故事模型理论》,载《中国刑事法杂志》2010 年第 3 期;彭中礼:《论法律事实的修辞证证》,载《西部法学评论》2010 年第 1 期。
⑤ 刘兵:《论司法调解中的修辞学方法》,载葛洪义主编:《法律方法与法律思维》(第 6 辑),法律出版社 2010 年版;武飞:《调解中的法官修辞》,载《法学》2010 年第 10 期。
⑥ 刘星:《司法日常话语的"文学化"》,载《中外法学》2010 年第 2 期。
⑦ 田成有:《法官该怎样讲话》,载《人民法院报》2010 年 10 月 22 日,第 5 版;戴建志:《司法宣传:司法活动中的沟通艺术》,载《人民司法》2010 年第 19 期;陈金钊:《对非正常死亡的修饰与法律思维方式》,载《法学》2010 年第 7 期;陈佳璇等:《指称、事实、观念——看守所在押者身份称谓的社会认知语言学分析》,载《华东政法大学学报》2010 年第 1 期。

《司法哲学与裁判方法》(人民法院出版社2010年版),马军的《法官的思维与技能》(法律出版社2010年版),沈德咏主编的《全国审判业务专家谈办案方法》(人民法院出版社2010年版)以办案方法和办案经济为主题,由审判业务专家在自己专长的审判研究领域选取相关内容,从提高法官业务水平和办案能力的角度进行深入阐述,尤其注重业务钻研和能力培养,内容涵盖了庭审实践、审判经验、办案技巧心得体会、疑难案件办理思路等。邹碧华的《要件审判九步法》(法律出版社2010年版)一书将理论和实践相结合,详细介绍了"要件审判九步法"的具体内容,着眼于提高法官的逻辑思维能力和法律适用能力,对法官审理案件和制作裁判文书具有很好的指导意义。朱伟的《审判方法论——哲学视野下的审判学引论》(上海社会科学院出版社2010年版)积20余年一线审判和法学研究、教学经验而写成,旨在厘清司法实践中存在的一些"朦胧、混沌",探索实现司法的公正、效率之路。

"区域与都市法制研究丛书"推出郑成良等著的《司法推理与法官思维》(法律出版社2010年版);杨力的《司法多边主义:以中国社会阶层化发展趋势为主线》(法律出版社2010年版)。"法官智库丛书"推出沈志先主编的《法律适用精要》(法律出版社2010年版)、《驾驭庭审》(法律出版社2010年版)、《裁判文书制作》(法律出版社2010年版)。"中国审判理论研究丛书"推出张文显主编《人民法院为大局服务为人民司法的理论与实践》(人民法院出版社2010年版);钱锋主编《中国知识产权审判研究》(第2辑)(人民法院出版社2010年版)等;上海市黄浦区人民法院编《司法阶梯:审判前沿问题研究》(第3辑),人民法院出版社2010年版)。另外,还有一些跟最高法院裁判方法方面的书,如刘德权主编《最高人民法院司法观点集成(行政、国家赔偿卷)》(人民法院出版社2010年版);人民法院出版社法规编辑出版中心编《解读最高人民法院请示与答复》(第2辑)(上下册,人民法院出版社2010年版)。

实务部门还出版一批判例研究作品,除最高人民法院中国应用法学研究所定期推出的《人民法院案例选(月版)》外,另有奚晓明主编的《最高人民法院商事审判裁判规范与案例指导》(2010年卷,法律出版社2010年版);刘德权主编的《中国典型案例裁判规则精选·民商事卷》(附光盘)(人民法院出版社2010年版);刘树德的《刑事指导案例汇览:最高人民法院公报案例全文·裁判要旨·学理展开》(中国法制出版社2010年版);吴庆宝主编的《权威点评最高法院合同法指导案例》(中国法制出版社2010年版);程永顺主编的《商业秘密判例》(第2辑,知识产权出版社2010年版);

第七章 法治迈向方法的时代

程永顺主编的《其他不正当竞争判例》(第4辑,知识产权出版社2010年版);吴革主编的《中国影响性诉讼:影响中国的十大名案2007、2008、2009年卷》(全3卷)(法律出版社2010年版);谢晓尧的《在经验与制度之间:不正当竞争司法案例类型化研究》(法律出版社2010年版)。这些案例皆来源于审判实践,各个部分的编写者多系具有丰富审判经验的资深法官,他们将裁判文书的制作经验和心得体会与法院同仁和社会各界分享。

苏晓宏等著的《法律运行中的自由裁量》(法律出版社2010年版)一书从自由裁量的理论性质着手,分析了自由裁量在法律运行中的必然性,并展开了在不同的法律场合和立场上对于自由裁量的认识和运用的探讨,通过实际的案例对应分析,既对自由裁量的作用功能做了充分的说明,又对自由裁量的限制进行了法治社会背景下的论证。类似的作品有张榕的《事实认定中的法官自由裁量权:以民事诉讼为中心》(法律出版社2010年版)。还有一些作品采用多学科的理论知识和研究方法,对我国目前法律职业群体的现状进行了深刻的剖析,如刘小吾的《走向职业共同体的中国法律人:徘徊在商人、牧师和官僚政客之间》(法律出版社2010年版);卢学英的《法律职业共同体引论》(法律出版社2010年版)。

法律方法论研究应该关注当下我国裁判实务。近年来,司法不统一的现象多有发生,影响了我国法治的进程。有人从理论与实践的结合上阐述司法统一的原理,分析司法不统一的现象、原因,进而提出相应的对策就成为必要。① 有人对基层司法做了研究②,列举分析了法官思维的个性,接着分析了法官思维的共性,即法官作为普通人,其思维具有大众性,要避免法官思维误区,除了要强化专业教育培训和综合知识学习,当务之急在于帮助、督促法官掌握科学的思维方法。③

法院判决书的理论与实证研究,同样构成司法方法论的重要内容。这方面的专著有周恺的《如何写好判决书 判决书的写作与实例评改》(中国政

---

① 姜小川:《司法统一问题研究》,载《时代法学》2010年第5期。
② 陈斯:《中国基层司法的现状与展望》,载张卫平等主编:《司法改革论评》(第10辑),厦门大学出版社2010年版,第45—57页。
③ 董开军:《法官思维:个性与共性及其认识误区》,载《中国法学》2010年第6期。对法官裁判思维的研究,还可见上海高院课题组:《和谐社会民事审判视野下的裁判思维》,载上海市黄浦区人民法院编:《司法阶梯:审判前沿问题研究》(第3辑),人民法院出版社2010年版;陈增宝:《从"书本上的法"到"行动中的法"——传统案件决策思维方式面临的挑战与转变》,载张文显等主编:《法理学论丛》(第4卷),法律出版社2010年版,第201—213页;黄详:《从王蒙案的涵摄过程评法官的裁判思维》,载《人民司法》2010年第4期。

法大学出版社 2010 年版)。有人对欧美判决书说理做了研究。① 还有人对我国判决书中的实际问题做了研究。② 我国法律文书的制作质量,虽然有了很大的提高和改进,但总体来说,还是参差不齐,有待进一步完善和提高的。③ 因而,这方面的研究可谓任重道远。

法律方法在我国司法实务中的作用还比较有限。抛开徇情枉法、恶意曲解法律和有意地规避法律不谈,在司法实践中出现的"同案不同判"怪现象可能来自于我们的法学知识没有建立一套指导和鉴别同案同判的学理。在这个意义上,法学方法论的研究就显得尤为重要了。④ 在中国目前的制度框架下,采取法律共同体内部的推理、解释、论证等技术手段来限制审判裁量权的通路基本上被截断了。其结果,一方面很难在制度上有效地遏制司法腐败,另一方面又不得不通过外部的、极端的方式寻求司法公正。⑤ 因此,法律方法在当前实现社会公平正义的功能方面难有用武之地。一些独具中国特色的制度设置,形成了我国疑难案件裁判方法的特定运作逻辑。如通过请示与批复程序、由两级法院共同裁判疑难案件是我国司法体制上的一大特色。有人对法律解释与论证等方法在体制中的运作进行了研究。⑥ 这种进路有助于法律方法论的中国化。

七、法教义学与法律方法论教育

有人认为,在我国,法律方法问题在 21 世纪初之所以会被提出并受到学界的广泛关注,其原因在于它具有三个逻辑前提,这就是社会政治经济文

---

① 王贵东:《德国刑事判决书说理方法之考察及其启示》,载《法律适用》2010 年第 1 期;胡晓进:《美国最高法院判决中的异议》,载《南京大学法律评论》2010 年秋季卷。还有对判决的可接受性进行研究,孙光宁:《司法共识如何形成?》,载《山东大学学报》2010 年第 1 期。

② 杨依:《法官后语与古代判词之比较》,载《人民司法》2010 年第 13 期;雷鑫等:《当前法院裁判文书存在的问题及原因分析》,载《法律适用》2010 年第 1 期;吕芳:《论裁判文书中的司法逻辑》,载《人民司法》2010 年第 11 期。

③ 宁致远:《对进一步提高我国法律文书质量的企盼》,载《政法论坛》2010 年第 3 期。

④ 舒国滢:《审判工作中,为什么需要法学方法论?》,载《人民法院报》2010 年 12 月 22 日,第 7 版。

⑤ 季卫东:《审判的推理与裁量权》,载中山大学法学院主办:《中山大学法律评论》(第 8 卷.第 1 辑),法律出版社 2010 年版,第 123—137 页。

⑥ 孙笑侠等:《论司法批复的解释论证功能及其局限》,载《浙江大学学报》2009 年第 6 期;褚国建:《批复上所见的疑难案件裁判方法》,载《南京大学法律评论》2010 年第 1 期。

化问题的法律化、法律问题的专业化、知识化,以及专业法律问题解决方式上的制度化。法律问题的专业化、知识化,则需要依赖特定的制度和技术开展工作,为专业化的法律问题的解决创造良好的制度条件,使法律人能够以专业技术解决法律问题。[①] 法律的专业化、知识化促使人们反思法学的学科属性。有学者提出以法教义学确定法学的基质和问学方式。[②] 法学实际上是法教义学。法教义学总是以一国现行实在法秩序为工作的基础及界限,并在此背景下开展体系化与解释的工作。对我国而言,法教义学在体系化和维护法的安定性、减轻负担与制约恣意、解答具体法律问题和促进法治成熟、沟通理论界和实务界以及构建法律共同体等方面的功能应受重视。[③] 有学者认为,在我国现阶段,基于法教义学的法典整合与法律解释对法学作为一门学科的长远发展而言至关重要。当然还应当看到,社会科学的研究对于规则的制定仍具有重大指导意义。[④] 这恐怕是当今我国法律方法论研究所处的一种特殊境遇:既需要秉持法教义学,构建法学自身的知识体系,也需要充分顾及学科交叉对法律方法论体系的完善。

从理论上看,哲学的、逻辑的、语言的、修辞的和解释的方法都对法律判断有着重要的影响,法律方法理论体系的建构需要这些学科的支持。从法科人士研习法律方法论的过程来看,作为方法论的法律哲学、法治所需要的法律逻辑学、法律修辞学、法律语言学和指引司法活动的法律解释学等学科,构成了法律方法论的基础理论体系。[⑤] 此前国内学界更多关注于法律解释、推理等属于法律方法的研究,而对法律方法赖以支撑的理论体系实际上未予重视,这也是今后应当重点研究的内容。

跟我国法律方法论知识体系建构相伴的另一个重要问题是:跟近年来我国法学教育改革相应,法律方法论教育的问题也需要予以解决。中国应对实践危机的两种策略是案例教学和诊所教学。两种方法强化了法学教育

[①] 葛洪义等:《我国法律方法的三个逻辑前提》,载《云南大学学报》2010 年度 2 期。
[②] 舒国滢:《法哲学沉思录》,北京大学出版社 2010 年版。
[③] 白斌:《论法教义学:源流、特征及其功能》,载《环球法律评论》2010 年第 3 期。2010 年对法教义学的研究,还可见田士永等主编:《中德私法研究》(总第 6 卷)(北京大学出版社 2010 年版)推出了法教义学专题研讨;〔德〕金德豪伊泽尔:《适应与自主之间的德国刑法教义学》,蔡桂生译,载《国家检察官学院学报》2010 年第 5 期;陈世伟:《立法含混的法教义学弥补:以刑法第 289 条为分析样本》,载《时代法学》2010 年第 2 期。
[④] 许泽风:《论基于法教义学的案例解析规则》,田士永等主编:《中德私法研究》(总第 6 卷),北京大学出版社 2010 年版,第 36 页。
[⑤] 陈金钊:《探究法治实现的理论》,载《河南省政法管理干部学院学报》2010 年第 4 期。

的实践导向,是法学院应对"法律职业化"的主要模式。但这样判断有些牵强。有学者认为,中国商法过于实务化会导致法学院衰落,使得法律精神、社会正义的传承在法学院变得困难。商法学的未来应当也必然会走向或改造商法教义学,法律(商法)解释学的发达是必然的结果。在部门商法内部推行法教义学的训练,维持商法乃至法律知识群体在方法论上的独立性。① 有人认为,当下中国社会迫切需要一大批品行端正、精益求精、技术娴熟的法学工匠。目前在法学界特别是法理学界,还存在着崇拜大师、蔑视工匠的思想倾向。为了培养出社会急需的法学工匠,法学教育须关注法律细节、强调做好小事,这会使法科学生们形成正确的法的价值论,掌握切实的法的本体论,习得有效的法的方法论。② 这些看法对改革传统法学教育观念颇具启示意义。

中国目前法学本科教育不能满足法律职业化的要求,存在的问题是:与法律职业的关系模糊;实践性不足;忽视法律逻辑思维和创造性思维的培养;法律伦理教育缺位。③ 法学教育中法律方法的培养应居于核心地位。法律方法在法学教育中的塑造不能简单化为一种法律知识的传授,而是应将法律方法、法律素质教育融于法律职业技能教育的全过程。④ 法律人的核心要素是具备法律思维,法律思维是可以培养和训练的。课堂教学应当以培养法律思维为重心,增加实习实践的机会有利于法律思维的培养,应当重视司法文书写作。与此相适应,应当引入法律诊所教育方式,对司法文书和模拟审判课程进行改革。⑤ 法律方法论教材建设也是当今我国法律方法论研究亟待解决的问题。2010 年,部门法学的某种教材,如张明楷编的《刑事疑案演习(二)》(中国人民大学出版社 2010 年版)也有一定的法律方法教育价值。

由于种种原因,法律实践理性培养在法学教育中缺位,使得中国法官职业化遭遇困难。应将法律实践理性养成确定为法官职业培训目标,同时对

---

① 蒋大兴:《商法:如何面对实践?——走向/改造"商法教义学"的立场》,载《法学家》2010年第 4 期。
② 刘风景:《法学工匠的角色定位》,载《法制与社会发展》2010 年第 6 期。
③ 丁华宇:《法律职业化背景下中国法学本科教育》,载《经济研究导刊》2010 年第 21 期。
④ 魏洪江:《法学教育应重视法律方法的培养》,载《河南政法管理干部学院学报》2010 年第 4 期。
⑤ 毛凤云:《谈法律人法律思维的培养与法学本科教学改革》,载《焦作大学学报》2010 年第 1 期;郭春镇:《法科"大鱼"的职责》,载石茂生主编:《法治评论》(第 2 卷),郑州大学出版社 2010 年版,第 142—149 页。

法学院教学进行相应的改革,实现法学院教育与法官培训、法学家与法律家培养的有机衔接。① 法律方法论对于当下我国的法官培训也有重要实际意义。德国技术合作公司在中国进行法官培训的过程中发现,大部分法官并没有掌握司法三段论的方法,培训师认为,没有方法论训练可能是导致判决质量不稳定的因素之一,而且他们发现,方法的培训在思维形成定式后很难改变。德国的这种案例教学法对于学生判断力敏锐性的提高能让人终生受益。当然德国的法学教育有德国的问题,但是在本科阶段,训练学生在给定案件中将具有法律意义的事实要素与一般性的描述分离出来,之后运用所学知识解决具体问题,学会在疑难案件中进行价值判断,就各种学说进行讨论,是非常值得吸收与借鉴的。②

我国至今没有较为成熟的法律方法论教材,很大程度上源于包括部门法学在内的整个法律方法论研究的不足。因此,总结各个部门法学领域的法律方法论研究研究,将有助于法律方法论课程与教学的假设,有助于我国法学教育发展。

八、中外法律方法论历史传统的回顾性研究

2010年3月17日,孙宪忠在华中科技大学,从大陆法系内部的法国法系和德意志法系的比较来讨论"民法裁判的技术"。③ 近年来,国内对国外近代以来的法律方法论传统进行研究推出一些专著,如朱晓喆的《近代欧陆民法思想史:十六至十九世纪》(清华大学出版社2010年版),杨代雄的《古典私权一般理论及其对民法体系构造的影响》(北京大学出版社2009年版),朱虎的《法律关系与私法体系:以萨维尼为中心的研究》(中国法制出版社2010年版)。有人研究了萨维尼的法学方法论,认为其与概念法学的法学方法论存在很大的差异。④ 有人通过对法律发现、法律解释、法律推理和

---

① 吕忠梅:《论法律实践理性养成与法学教育改革》,载《湖北经济学院学报》2010年第3期。
② 卜元石:《法教义学:建立司法、学术与法学教育良性互动的途径》,载田士永等主编:《中德私法研究》(总第6卷),北京大学出版社2010年版,第18—19页。
③ 孙宪忠:《民法的裁判技术》,载 http://www.privatelaw.com.cn/new2004/shtml/20101107-234813.htm(最后访问日期:2010-3-17)。
④ 朱虎:《萨维尼的法学方法论述评》,载《环球法律评论》2010年第1期;朱晓喆:《论近代民法体系建构的方法论基础》,载《中外法学》2010年第3期。

法律论证等诸多方面做考察，认为英国普通法的法律方法具有经验性、历史性和实质性的特点。① 欧美法律方法论史方面的研究，今后依然需要加强。

法律方法论历史的研究，2010年成果较为集中地体现在对近代以来的司法传统及其转向方面的作品，如林海的《帝国枢密法院——司法的近代转向》（中国法制出版社2010年版）；江照信的《中国法律"看不见中国"：居正司法时期（1932—1948）研究》（清华大学出版社2010年版）；桂万先的《北洋政府时期审判制度研究》（中国政法大学出版社2010年版）；方立新的《传统与超越——中国司法变革源流》（法律出版社2006年版）；里赞的《晚清州县诉讼中的审断问题：侧重四川南部县的实践》（法律出版社2010年版）。对中国法律方法论历史传统的发掘研究，还体现在对古代判例法的研究，如胡兴东的《中国古代判例法运作机制研究》（北京大学出版社2010年版）；此外还有对不同时期"例"的研究。② 有人还从方法论高度，认为中国法律史叙事中，以西方概念体系为基本框架的填充式方法，值得深入反思。中外学者关注的"判例"这一近代概念很可能来自日文汉字，用以迻译西文。回顾西欧英、法两国的历史和现实，判例作为以个案方式凝聚法律群体共识、指引未来案件裁决的形式，始终具有重要作用。对此功能性问题的探讨和解释，有助于逐步构建中国法律史叙事的新框架。③

关于司法裁判的标准或依据，有人认为，明清时期的司法实践，既非简单的"法律裁决"，也非纯粹的"情理裁决"，而是由诸多原因导致了二者之间的紧张和融合，最终以"情法两尽"为目标和理想。④ "断狱平"或"持法平"是中国古代司法的价值标准之一。中国古代司法，基本上是在这一价值标准下展开，并在这一价值追求中运作的。⑤ 相应地，古代司法裁判注重情理调处的利益平衡。⑥

---

① 陈坤：《英国普通法法律方法特点及其成因》，载《江苏警官学院学报》2010年第3期。
② 姚旸：《"例"之辨——略论清代刑案律例的继承与创新》，载《故宫博物院院刊》2010年第1期；胡兴东：《中国古代判例法模式研究——以元清两朝为中心》，载《北方法学》2010年第1期；段秋关：《何为中国法制传统中的"例"》，载《华东政法大学学报》2010年第5期。
③ 王志强：《中国法律史叙事中的"判例"》，载《中国社会科学》2010年第5期。
④ 徐忠明：《明清时期的"依法裁判"：一个伪问题》，载《法律科学》2010年第1期。
⑤ 霍存福：《"断狱平"或"持法平"：中国古代司法的价值标准》，载《华东政法大学学报》2010年第5期。
⑥ 汪雄涛：《明清诉讼中的情理调处与利益平衡》，载《政法论坛》2010年第3期；汪雄涛：《清代律例原则中的利益平衡》，载《湖北大学学报》2010年第2期；汪雄涛：《明清判读中的"情理"》，载《法学评论》2010年第1期；崔明石：《人心似铁与官法如炉："无文"视域下的清代司法审判》，载《法制与社会发展》2010年第2期。

九、部门法方法论研究

(一) 宪法学

2010年,宪法方法论作品有:"宪法审查的原理与技术丛书"推出了余净植的《宪法审查的方法:以法益衡量为核心》(法律出版社2010年版);陈运生的《宪法判断的效力》(法律出版社2010年版);韩大元主编的《中国宪法事例研究》(四,法律出版社2010年版);胡锦光主编的《2009年中国十大宪法事例评析》(法律出版社2010年版)。韩大元等主编的《中国宪法学基本范畴与方法(2004—2009)》(法律出版社2010年版),对五年来"中国宪法学的基本范畴与方法"研讨会做了总结性回顾。[1]

在宪法方法论方面,有人研究了宪法渊源,认为关于中国宪法渊源的种种提法或多或少都有将中国宪法渊源泛化的倾向,对此种泛化的一些观念应该得到澄清。中国的宪法渊源,只有《中华人民共和国宪法》及其修正案,其余行为规范尚难说具有宪法的效力。[2] 2010年,宪法解释学或宪法方法论研究之趋向非常明显。有人认为,要走出我国宪法学目前所面临的困境,需要从整体上确立宪法学方法论体系,从科学上增强宪法学的自治性,以及从动态上关注宪法秩序的实现。[3] 中国宪法权利理论已经逐步摆脱了早期单一的法哲学方法的研究,法解释学的方法成为宪法学研究的新趋势,具有中国特色的宪法权利的法解释学呼之欲出。[4] "宪政时刻"也好,"宪政时代"也罢,声嘶力竭地叫嚣等不来"宪政中国"。跬步而积的知识增量,需从宪法解释的形而下之途开始。[5] 随着学术探讨的深入,仍有许多关于基本范畴与方法的问题有待解决,而且,中国宪法实践不断提出的诸多宪法问题,

---

[1] 2010年7月31日,由中国人民大学宪政与行政法治研究中心、厦门大学法学院共同主办的第六届"中国宪法学基本范畴与方法"学术研讨会在厦门大学召开。"基本权利与宪法解释"是本届会议的主题之一。
[2] 姚岳绒:《关于中国宪法渊源的再认识》,载《法学》2010年第9期。
[3] 伏创宇:《通向宪法秩序的宪法学方法论研究》,载周永坤主编:《东吴法学》(2009年秋季卷),中国法制出版社2010年版,第67—98页。
[4] 翟国强:《新中国宪法权利理论发展评述》,载《北方法学》2010年第3期。
[5] 刘连泰:《宪法解释的形而下之途》,载 http://article.chinalawinfo.com/ArticleHtml/Article_36642.asp(最后访问日期:2010-1-19)。

需要在基本范畴与方法层面展开思考。宪法解释的时代正在到来,宪法解释原理将逐步从学理倡议走向现实,越来越多的学者开始关注具体问题,关注宪法解释理论的体系化。① 中国人民大学宪政与行政法治研究中心于10月29日,召开了宪政与行政法治论坛第四讲"中国基本权利研究之批评"。郑贤君教授在方法论意义上,强调基本权利释义学体系。现在研究的一个现象即很多人运用社会科学的一般理论研究基本权利解释宪法中的基本权利条款,这是一种外证的方法。宪法释义学或者宪法解释学是一种内证,而非外证。那种不严格的外证研究不仅没必要,而且有其弊端。郑老师强调,须基于我国的宪法文化与传统,确立中国的基本权利宪法解释技术。2010年热议的政治宪法学与规范宪法学之争,从另一侧面也可看出这一问题在中国的独特境遇。有人认为,当前中国宪法释义学的发展面临"释宪文本匮乏"、"释宪方法缺失"、"释宪功能不明"等多层困境。部门宪法释义学凭借宪法解释与合宪性解释等机制构建中国宪法释义学原理,以此可资为宪法学与其他学科交流、合作的理论"平台",并为中国的立宪、立法与释宪、释法等活动提供理论参照。② 有人研究了宪法权利推理与技术问题。③

宪法解释方面,2010年推出不少研究成果,如范进学的《美国宪法解释方法论》(法律出版社2010年版)。不少作品研究了国外宪法解释理论。④ 有人考察了主体间性对于宪法解释方法论的再思考的重要启示作用。⑤ 合宪性解释问题,引起不少学者的研究。⑥ 而且,这种研究还进一步深入到制度层面。⑦ 另外,还有一些实证性的宪法解释研究成果。有人认为,《宪法》

---

① 韩大元等主编:《中国宪法学基本范畴与方法(2004—2009)》,法律出版社2010年版,序。
② 周刚志:《部门宪法释义学刍议》,载《法学评论》2010年第3期。
③ 徐继强:《宪法权利规范的结构及其推理方式》,载《法学研究》2010年第4期;欧爱民:《论基本权利保障的技术方案》,载《法制与社会发展》2010年第2期。
④ 侯学宾:《含义、原初性与宪法忠诚》,载《法制与社会发展》2010年第6期;陈林林:《在艺术和巫术之间的宪法解释》,载《政法论坛》2010年第5期;侯学宾:《美国宪法解释中的不同民主观》,载《当代法学》2010年第1期;江振春等:《浅析美国最高法院宪法裁决中的平衡解释模式》,载《南京大学法律评论》2010年秋季卷;谢立斌:《德国法律的宪法化及其对我国的启示》,载《浙江社会科学》2010年第1期;谢立斌:《德国宪法解释方法与比较解释的可能性》,载http://www.legal-theory.org/?mod=info&act=view&id=14295(最后访问日期:2010-5-31)。
⑤ 祝捷:《从主体性到主体间性》,载《广东社会科学》2010年第5期。
⑥ 周刚志:《论合宪性解释》,载《浙江社会科学》2010年第1期;王书成:《合宪性推定的正当性》,载《法学研究》2010年第2期;刘练军:《何谓合宪性解释》,载《西南政法大学学报》2010年第4期;王竹:《〈侵权责任法〉立法程序的合宪性解释》,载《法学》2010年第5期。
⑦ 郑磊:《制度层面的合宪性限定解释》,载《浙江社会科学》2010年第1期;郑磊:《守护宪法:对法律进行宪法审查的解释方案》,载《华东政法大学学报》2010年第5期;徐霄飞:《论宪法解释》,载《江苏警官学院学报》2010年第4期。

第 126 条的"法律"外延根据不同性质审判活动,具有不同的范围,而这个范围取决于全国人大及其常委会,由其通过立法的形式来确定。① 有人对香港基本法解释问题做了研究。② 还有人研究了宪法案例的效力。③ 总之,宪法方法论在制度、技术与理论方面的研究都有一定进展。

(二) 行政法学

行政法方法论研究领域,也有从立法论到解释论的转变。有人认为,30 年来,我国的行政法学研究主要围绕"行政立法"展开,"立法论"为主的研究方法也具有合理性。但随着 30 年的发展,如果行政法学研究还是"言必称立法",或者"把一切法律问题的终结解决方案归结到行政立法",那么这种做法是值得商榷的。行政法学的研究方法应当完成从立法论到解释论的转变,即面对着司法或行政过程中出现的法律难题。④ 在此方面,2010 年有专著出版:王旭的《行政法解释学研究:基本原理、实践技术与中国问题》(中国法制出版社 2010 年版),该书着眼于探索行政法解释的特殊性,试图初步提出一套行政审判中的法解释学。伍劲松的《行政解释研究》(人民出版社 2010 年版)深入研究了行政解释的基本理论、基本内容、基本方法,并对我国行政解释制度进行了反思与重构,强调应确立"谁适用,谁解释"的理念,明确行政机关的解释主体地位,并提出以"尊严模式"建构中国的行政解释制度。

2010 年,行政法学界对判例也做了一些研究。章剑生等著的《行政诉讼判决研究》(浙江大学出版社 2010 年版)深入系统地分别研究了 12 种行政诉讼判决的概念、法理基础、基本功能和适用条件等是国内第一部全面论述行政诉讼法判决的专题著作。有人关注行政法中的案例研究。在转型中国的背景下,关注并研究中国司法实务中的典型案例,可以推动行政法基本原理的更新,并与司法实务形成良性互动,而且对政府治理模式转型与行政法制变革也具有积极推进效用。因此,从个案分析、批量研究以及多层次的案例研究路径出发,"行动中的行政法"具有更强的学术生命力。⑤ 案例资

---

① 姚岳绒:《我国〈宪法〉第 126 条"法律"外延的界定》,载《政治与法律》2010 年第 7 期。
② 白晟:《〈香港基本法〉解释的若干问题辨析》,载《国家检察官学院学报》2010 年第 6 期。
③ 王锴:《宪法案例的拘束力》,载《江苏行政学院学报》2010 年第 3 期。
④ 何渊、徐剑:《中国行政法学三十年高影响论文之回顾与反思》,载《行政法学研究》2010 年第 2 期。
⑤ 胡敏洁:《行政法中的案例研究方法》,载《当代法学》2010 年第 1 期。

源的引入能够极大改变我国行政法学的研究格局,对案例素材来源和研究方法多样化的关注,则能够促使行政法的案例分析迈向新境界。① 2010年有不少结合国内外案例的相关研究②,显示出案例研究在行政法学领域的重要价值。

作为行政法法源的行政惯例,在本年度受到不少研究。《政治与法律》2010年第6期推出"行政惯例的法学思考"。伴随着行政法理念的变迁,行政惯例作为非正式规范不同程度地渗透到行政法规则并发挥着不同的效用,体现缓解成文行政法规范的局限、规范行政执法裁量的合理程度、创制新的行政法规则等价值。③ 行政惯例源于行政机关在行政过程中的习惯性"做法",它不同于民间惯例。行政惯例作用于成文法出现的漏洞之处,所以它是一种补充性法源。④ 作为行政法之法源的行政惯例,其形成和有效适用需要具备特定的条件,否则就不能成为具有效力的法源,且在具体的法律适用中还必须严格考量其与其他行政法之法源的效力位阶。⑤ 另外,行政惯例对行政裁量基准的制定具有引导作用,是裁量基准重要的实质渊源。⑥ 但实践观察同样显示,个案裁量过度依赖行政惯例也会产生裁量怠惰、架空法律及助长专横等消极影响。为了实现行政惯例对个案裁量运作的良性指引,应当从事前发布、事中说理及事后审查三重机制的建构上进行努力。⑦ 可见,行政惯例在实践中也有其局限性。

此外,还有人对权衡方法、实用主义思维做了一些研究。⑧ 可见,行政法方法论研究有其自身的特征。

---

① 章志远:《姓名、公序良俗与政府规制——兼论行政法案例分析方法》,载《华东政法大学学报》2010年第5期。
② 胡建淼等:《依职权行政不作为赔偿的违法判断标准》,载《中国法学》2010年第1期;朱芒:《"行政行为违法性继承"的表现及其范围》,载《中国法学》2010年第3期;章志远:《司法判决中的行政不作为》,载《法学研究》2010年第5期;郑春燕:《论"基于公益考量"的确认违法判决》,载《法商研究》2010年第4期。
③ 温泽彬:《论行政惯例的背景、价值与现状》,载《政治与法律》2010年第6期。
④ 章剑生:《论"行政惯例"在现代行政法法源中的地位》,载《政治与法律》2010年第6期。
⑤ 周佑勇:《论作为行政法之法源的行政惯例》,载《政治与法律》2010年第6期。
⑥ 郑雅方:《论行政裁量基准的实质渊源》,载《法制与社会发展》2010年第3期。
⑦ 章志远:《行政惯例如何进入行政裁量过程》,载《江苏行政学院学报》2010年第4期。
⑧ 王旭:《权衡方法:基本命题、法理基础及其行政法运用》,载李昕主编:《燕京法学》(第4辑),中国民主法制出版社2010年版;王旭:《论权衡方法在行政法适用中的展开》,载《行政法学研究》2010年第2期;王旭:《论行政法解释中的实用主义思维》,载陈金钊等主编:《法律方法》(10),山东人民出版社2010年版。

(三) 民商法学、经济法学

2010 年 11 月 23 日,人民法院报与中国人民大学民商事法律科学研究中心、法律出版社联合举办了民商事审判方法研讨会。由中国人民大学民商事法律科学研究中心和最高人民法院民一庭主办的物权法总则司法解释研讨会于 2010 年 6 月 9 日在中国人民大学法学院举行。参会的专家学者主要围绕《物权法总则司法解释》中的众多争议以及相关问题发表了各自的见解和看法。

梁慧星的《民法解释学》是我国第一本探讨法律解释学的专著,于 1995 年初版,2000 年再版,2010 年法律出版社出版此书。另外,民法方法论方面的作品还有熊伟主编的《税法解释与判例评注》(第 1 卷,法律出版社 2010 年版);王伟国的《最高人民法院民商事类司法解释研究》(中国人民大学出版社 2010 年版);谢晓尧的《在经验与制度之间:不正当竞争司法案例类型化研究》(法律出版社 2010 年版);何波的《民商事疑难案件裁判方法》(法律出版社 2010 年版);王利明的《民法疑难案例研究》(中国法制出版社 2010 年版);刘建勋的《新保险法经典、疑难案例判解》(法律出版社 2010 年版);税兵的《非营利法人解释:民事主体理论的视角》(法律出版社 2010 年版);崔建远等著的《民法原理与案例分析》(法律出版社 2010 年版);高圣平等编著的《侵权责任法典型判例研究》(中国法制出版社 2010 年版);许中缘的《民法强行性规范研究》(法律出版社 2010 年版);贺少锋的《公司法强制性规范研究》(厦门大学出版社 2010 年版)。

近年来,我国民商事案件呈现不断增长的态势。一线法官急切地呼唤着有一套法律方法来指导实践。在裁判实践中,流行的还是手工作坊式的师傅带徒弟的方法。长期以来,我们缺少一个抽象的有逻辑的方法来指导裁判。所有的思维方法和意识都是从师傅传来的,按照不同的方法和思路裁判案件,就会出现同案不同判,缺乏一个科学的标准来指导裁判。[①] 围绕民商事审判方法,近些年出版了如梁慧星的《裁判的方法》、杨立新的《民事裁判方法》、许可的《民事审判方法:要件事实引论》。2010 年在此方面推出了邹碧华的《要件审判九步法》。该书提出的"要件审判九步法"主要针对的是法官的实务操作,以实证的方法研究和提炼了司法审判工作方法。过

[①] 张娜:《民商事审判方法:从经验到自觉》,载《人民法院报》2010 年 12 月 8 日,第 7 版。

去的司法实践中,审判方法还是存在的,不过更多停留在经验层面,尚未形成方法的自觉。当下对于审判方法的探索,可以说体现了一种从经验到自觉的提升。可以说,民商事审判方法的探索还是一个新的领域,值得继续深入研究。

2010年,有不少成果从解释论角度,对物权法[①]、担保法[②]、合同法[③]中的一些条款或具体制度进行研究。当2009年12月26日全国人大常委会通过了《侵权责任法》之后,我国侵权责任法学者的工作重点从立法论向解释论转移。[④] 2010年3月9日,张新宝教授在中国人民大学民商法前沿论坛以"侵权责任法解释论"为题发表演讲。[⑤] 法律的正确适用基于对法律的解释。《侵权责任法》这部法律在实施当中,存在较多需要解释的问题。华东政法大学学报2010年第3期推出了"《侵权责任法》的解释与适用"专题。另外,有大量的成果从解释论角度对侵权责任法中的一些问题做了研究。[⑥]

[①] 叶金强:《物权法第106条解释论之基础》,载《法学研究》2010年第6期;李国强:《"权能分离论"与他物权体系的再构成》,载《法商研究》2010年第1期;杨代雄:《准不动产的物权变动要件》,载《法律科学》2010年第1;冉克平:《我国〈物权法〉第180条第2款的理解与适用》,载《法学》2010年第10期;孙超等:《法律解释方法在民法中的应用分析》,载《湖北社会科学》2010年第9期;黄文煌:《按份共有人优先购买权制度之适用》,载《法律科学》2010年第6期;程啸:《论不动产善意取得之构成要件》,载《法商研究》2010年第5期;张利春:《狭义民法解释的目的与方法》,载梁慧星主编:《民商法论丛》(第46卷),法律出版社2010年版。

[②] 甄增水:《解释论视野下保证期间制度的反思与重构》,载《法商研究》2010年第5期;曾大鹏:《不完全质押背书的法律效力反思》,载《华东政法大学学报》2010年第5期。

[③] 薛军:《〈中华人民共和国合同法〉第64条的定性与解释》,载《法商研究》2010年第1期;万建华:《〈中华人民共和国合同法〉第378条之理解与完善》,载《法商研究》2010年第2期。

[④] 有人从"容忍限度论"的产生、发展来看,中国民法学研究必须实现从立法论向解释论的转变。参见张利春:《日本公害侵权中的"容忍限度论"述评》,载《法商研究》2010年第3期。

[⑤] 参见http://www.civillaw.com.cn/article/default.asp?id=48577(最后访问日期:2010-3-29)。

[⑥] 麻昌华:《〈侵权责任法〉的解释论与立法论》,载《法商研究》2010年第6期;张新宝:《侵权责任法死亡赔偿制度解读》,载《中国法学》2010年第3期;程啸:《论〈侵权责任法〉第八条"共同实施"的涵义》,载《清华法学》2010年第2期;周友军:《我国动物致害责任的解释论》,载《政治与法律》2010年第5期;杨立新:《〈侵权责任法〉规定的网络侵权责任的理解与解释》,载《国家检察官学院学报》2010年第2期;张新宝:《我国隐私权保护法律制度的发展》,载《国家检察官学院学报》2010年第2期;周江洪:《惩罚性赔偿责任的竞合及其适用》,载《法学》2010年第4期;邓红光:《论商标侵权的判断标准》,载《法商研究》2010年第1期;谢薇等:《对〈侵权责任法〉上机动车交通事故责任主体的解读》,载《法学评论》2010年第6期;杨彪:《〈侵权责任法〉中物件致害责任的体系解释与结构分析》,载《法学杂志》2010年第3期;崔建远:《论归责原则与侵权责任方式的关系》,载《中国法学》2010年第2期;魏振瀛:《侵权责任法在我国民法中的地位及其与民法其他部分的关系》,载《中国法学》2010年第2期;李承亮:《侵权责任的违法性要件及其类型化》,载《清华法学》2010年第5期。

还有其他民商法领域的法律方法研究。①

案例研究也是民法方法论的一个重要方面。有人认为,任何一份判决文书都是非常可贵的司法经验,有必要在形成"案例类群"的基础上,按照一定的标准进行筛选、归类、比较和分析,实现从对个别案例就事论事的分析逐步过渡到对案例类群的整合研究。② 有人通过对司法实务中48个典型生育权民事纠纷的研究,指出我国法院审判中用"生育权"来解决生育利益方面的民事纠纷以及民法学上提出和讨论"生育权"这一概念,或属多余,或属不精确,将生育利益提升为一项民事权利也无必要。③ 案例研究还有其他一些成果。④ 总之,民法方法论方面成果丰硕。

(四) 刑法学

2010年,刑法方法论方面的专著有徐岱的《刑法解释学基础理论建构》(法律出版社2010年版);张明楷的《罪刑法定与刑法解释》(北京大学出版社2009年版)和《犯罪构成体系与构成要件要素》(北京大学出版社2010年版);于志刚主编的《案例刑法学》(总论)(中国法制出版社2010年版);袁林的《以人为本与刑法解释范式的创新研究》(法律出版社2010年版);牛克乾的《刑事审判视野中的刑法解释与适用》(法律出版社2010年版);杨剑波的《刑法明确性原则研究》(中国人民公安大学出版社2010年版);劳东燕的《罪刑法定本土化的法治叙事》(北京大学出版社2010年版);王瑞君的《罪刑法定的实现:法律方法论角度的研究》(北京大学出版社2010年版);陈兴良的《教义刑法学》(中国人民大学出版社2010年版);姜保忠的《刑事司法中的法律适用错误研究》(中国检察出版社2010年版)。

刑法解释研究方面,对于刑法解释的目标,存在主观论与客观论的对立。有人立足于客观论立场上进行了论证。刑法既是裁判规范也是行为规

---

① 王迁:《〈信息网络传播权保护条例〉中"避风港"规则的效力》,载《法学》2010年第6期;杨曙光:《试论工伤认定中"工作场所"的涵义》,载《法学杂志》2010年第2期;杨立新:《〈消费者权益保护法〉规定惩罚性赔偿责任的成功与不足及完善措施》,载《清华法学》2010年第3期;李友根:《论公私合作的法律实施机制》,载《上海财经大学学报》2010年第5期;许光耀:《〈谢尔曼法〉第2条意义上的"垄断"》,载《时代法学》2010年第5期;徐琳:《撤销未使用注册商标制度中"使用"的界定》,载王利明主编:《判解研究》(总第51辑),人民法院出版社2010年版。

② 谢晓尧:《驰名商标司法案例类型化研究》,载《中山大学法律评论》(第8卷第1辑),法律出版社2010年版,第191—256页。

③ 朱晓喆、徐刚:《民法上生育权的表象与本质》,载《法学研究》2010年第5期。

④ 如张红:《死者人格精神利益保护:案例比较与法官造法》,载《法商研究》2010年第4期;陈洪杰:《论法律续造的方法》,载《法律科学》2010年第6期。

范,在规范意识欠缺的我国现阶段,强调刑法行为规范机能之发挥具有现实紧迫性,坚持客观解释更有利于刑法的行为规范机能之发挥。① 可是,客观解释也面临一定困境,客观解释论者寻求通过对话的客观性来确保这种解释目标的客观性和正当性。② 刑法解释绝非单纯的解释技艺问题,而是建立在一定的基础上并辅以妥适的方法论。关于刑法解释的立场,2010年延续了2009年形式解释论与实质解释论之争。《中国法学》2010年第4期推出两篇针锋相对的文章,即陈兴良的《形式解释论的再宣示》和张明楷的《实质解释论的再提倡》,更是将此争论推向前台。学者认为,对处于法治建设初级阶段的我国而言,应当坚持以形式解释(立法原意)为主,实质解释(客观规范目的)为辅的原则。但国内学界有不少人持实质解释论。如有人对我国当前九个刑法立法解释进行实证考察后发现,我国刑法立法解释均采取了实质的解释立场。这一立场具有两个积极功能:合理入罪,促进刑法的规范正义;适当出罪,实质地保障人权。这一实质的解释立场值得继续坚持与维护。③ 与之相适应,有人认为,建立以实质可罚性为内容的犯罪论体系应当成为今后我国刑法学的发展道路。④ 人们之所以习惯于纯粹的形式解释,重要原因在于以为形式解释就可以揭示刑法规范的实质。偏离刑法规范的实质所进行的形式解释学,正是机械化的刑法解释学。⑤ 形式解释与实质解释两者的分歧在于哲学基础与价值观:形式解释论采取传统的认识论诠释学;实质解释论综合认识论诠释学与本体论诠释学的观点。⑥ 有人对此争论进行系统研究,认为形式解释论与实质解释论的实质分歧不在于要不要法律的实质判断标准,而在于在什么理论范畴中、以什么方式讨论实质判断标准,主要体现在犯罪成立模式构造、形式判断与价值判断的位序、解释原则三个方面的差异。我国现有刑法文化生态环境决定了学界大部分人在客观上不可能抛弃实质解释论的立场,但从社会理论的现实批判功能以及学派意识的角度出发,主观上则不宜提倡"实质解释论",而应提倡"形式解

---

① 胡东飞:《认识论、法治与刑法解释的目标》,载《中外法学》2010年第5期。
② 贾敬华:《刑法客观解释的约束困境及其对策》,载《法学论坛》2010年第2期。
③ 苏彩霞:《我国刑法立法解释立场的实证考察》,载《浙江大学学报》2010年第3期。
④ 刘艳红:《实质的犯罪论体系之提倡》,载《政法论坛》2010年第4期。
⑤ 张明楷:《刑法学研究中的十关系论》,载 http://zhjqiqingyun.fyfz.cn/art/826187.htm(最后访问日期:2010-11-28)
⑥ 欧阳本祺:《走出刑法形式解释与实质解释的迷思》,载《环球法律评论》2010年第5期。

第七章　法治迈向方法的时代

释论"。① 有人认为,我国实质的刑法解释立场之主张与我国刑法犯罪构成的结构特点之间并不存在实质性联系。形式的与实质的刑法解释立场之间的对立,从表面上看,对刑法解释结论起决定性作用的似乎是刑法规范中的立法原意抑或客观规范目的,而根本上,则是法哲学根基与法学方法论的对立。绝对的强调尊重字面含义、注重从概念直接推导出结论的形式的刑法解释立场实质上是不存在的,以此对形式的刑法解释立场进行责难其实是一种理论上的误读。②

在具体解释方法方面,有人研究了扩张解释与类推解释问题。③ 有人对刑法解释的合理性、科学性等做了理论探讨。④ 更有不少成果从刑法解释学角度,对一些具体的刑法条款或制度做了实证研究。⑤ 与此相应,我国刑法解释学也有很大发展。有人总结认为,改革开放以来,我国刑法学研究大体经历了注释刑法学—理论刑法学—注释刑法学与理论刑法学并重这样三个阶段。刑法学界在相当长一个时期内把主要精力放在了刑法注释上。从1990年代初开始,理论刑法学的研究逐渐成为一种风潮。进入21世纪以来,在注释刑法学方面,刑法学界逐渐摆脱了过去那种就法条论法条的稚嫩局面,上升到刑法教义学的高度来打造一门具有独立品格的学问——刑法解释学。如果说过去的法条注释是"授之以鱼",那么现在的刑法解释学则

---

① 周详:《刑法形式解释论与实质解释论之争》,载《法学研究》2010年第3期;周详:《建立一座法律解释论的"通天塔"——对实质的刑法解释论的反思》,载陈兴良主编:《刑事法评论》(第26卷),北京大学出版社2010年版。

② 王昭振:《刑法解释立场之疑问:知识谱系及其法治局限》,载《环球法律评论》2010年第5期。

③ 利子平:《论刑法中类推解释与扩张解释的界限》,载《华东政法大学学报》2010年第4期;竹莹莹:《刑法扩张解释的适用与限度》,载《人民司法》2010年第23期;姜福东:《类推的误用,抑或哲学诠释学之谬》,载《环球法律评论》2010年第5期。

④ 朱千里:《论刑法解释的合理性审查》,载《法律适用》2010年第4期;何春芽等:《刑事司法中法律解释的科学性》,载《人民司法》2010年第11期;羊震等:《现代社会对刑法解释论的追问》,载《法律适用》2010年第8期;张建军:《刑法明确性之判断》,载《中国刑事法杂志》2010年第9期。

⑤ 刘明祥:《"盗窃信用卡并使用"的含义解析与司法认定》,载《中国法学》2010年第1期;姚诗:《交通肇事"逃逸"的规范目的与内涵》,载《中国法学》2010年第3期;陈洪兵:《刑法分则中"本法另有规定的依照规定"的另一种理解》,载《法学论坛》2010年第5期;叶良芳:《将信用卡套现入罪是司法"造法"》,载《法学》2010年第9期;刘秀:《侵犯商业秘密罪中"重大损失"的认定》,载《中国刑事法杂志》2010年第2期;胡东飞:《论刑法第91条第2款的适用》,载《中国刑事法杂志》2010年第11期;冯亚东、李侠:《对交通肇事罪"逃逸"条款的解析》,载《中国刑事法杂志》2010年第2期;刘伟宏:《刑法解释的变与不变——以行贿罪构成要件"为谋取不正当利益"的解释为视角》,载《北方法学》2010年第3期;马寅翔:《醉酒驾车连续冲撞致多人死亡行为之定性研究》,载《中国刑事法杂志》2010年第10期;喻贵英等:《我国刑法规定的"贿赂"范围之检讨》,载《时代法学》2010年第5期;刘晓莉:《逃税罪数额的司法解释》,载《法治研究》2010年第9期。

旨在"授之以渔"。①

刑法渊源也是刑法方法论研究的一个问题。学者对此做了一些研究。②探索建立刑事司法案例指导制度,是当前我国司法改革的一项重要内容。有人对我国刑事司法中建立的案例指导制度的具体内容、案例选择标准、选择范围、确认程序、发布主体和方式、编纂、清理、废止等进行了系统的构想,以期为构建我国的案例指导制度提供理论支撑。③ 我国刑事司法应合乎情理。合乎情理的刑事司法在最大限度地弥补刑事法律规范固有缺陷的同时能获取司法认同。④ 有人研究了刑事裁判的可接受性。认为裁判可接受性标准的确立主要应通过裁判文书的论证和评判来实现。裁判可接受性的现实标准可以通过逻辑、法律、事实和程序四个方面具体设定。⑤ 总之,刑法领域虽然坚持罪刑法定原则,但其他法律渊源依然有一定的作用。

关于刑事裁判过程中的定罪环节,法律方法的运用具有示范性。⑥《政治与法律》2010 年第 7 期推出"'以刑制罪'思维模式辨析"的主题研讨。⑦我国传统的定罪思维是道德实用主义。我国现阶段定罪制度反应了西方规则主义思维与我国传统实用主义思维的冲突。我国未来定罪思维的出路在于协调规则主义与实用主义的冲突,使两者在各方面尽量融合。⑧ 规范解释空白罪状时,重要的是合理运用解释方法,以得出妥善结论,注重目的解释和体系解释可以有效地实现刑法的规范保护任务。⑨ 另外,罪刑法定原则与刑法司法解释在刑法适用中扮演着不同角色,却同样重要。⑩

类型思维是概念思维呈现没落态势时的基本法学思维方式。2010 年,

---

① 刘仁文:《从刑法注释到刑法解释学》,载《环球法律评论》2010 年第 5 期。相关研究还可见李立丰《刑法解释之哲学理解初考》,载《国家检察官学院学报》2010 年第 3 期。
② 如牛克乾:《刑事法官视野中的刑法渊源》,载《法律适用》2010 年第 1 期;杜宇:《表达与实践:当代刑法中的习惯法》,载《中国社会科学报》2010 年 5 月 4 日,第 10 版。
③ 孙谦:《建立刑事司法案例指导制度的探讨》,载《中国法学》2010 年第 5 期。
④ 宋高初:《论刑事司法的合理理性》,载《中国刑事法杂志》2010 年第 1 期。刑法的常识、常情、常理化具有必然性和道德性,并有机构成刑法的应有理性。马荣春:《论刑法的常识、常情、常理化》,载《清华法学》2010 年第 1 期。
⑤ 张雪纯:《刑事裁判可接受性问题初论》,载《浙江社会科学》2010 年第 8 期。
⑥ 王瑞君:《定罪判断中的法律方法》,载陈金钊等主编:《法律方法》(10),山东人民出版社 2010 年版。
⑦ 陈庆安:《论刑法漏洞的存在与补救》;刘邦明:《论入刑思维在刑事司法中的影响和运用》。
⑧ 欧阳本祺:《论我国定罪思维的传统及其演化》,载《法律科学》2010 年第 3 期。
⑨ 肖中华:《空白刑法规范的特性及其解释》,载《法学家》2010 年第 3 期。
⑩ 丁晓波:《刑法适用中司法解释与罪刑法定原则之互动》,载《中国刑事法杂志》2010 年第 10 期。

对类型思维或者类型做了很多研究。用"类型化"思维方式反观我国刑法典的规定,至少存在刑法的罪名取定缺乏彰显类型化之不足、类型与类型之间横向衔接不紧密、母类型纵向再类型化的过程中子类型要素存在差异等方面的问题。① 在刑法立法上,类型化应是我国将来的刑事立法发展方向;在刑法适用中,合理解释犯罪构成要件、准确形成案件事实都离不开类型思维。类型思维引入刑法领域,标志着刑法学摒弃主客体分离而采用主客体并存的认识模式。② 有人主张以"类型"为视角来研究刑法规范的形成机理。③ 刑法适用的核心,主要不在于概念式的涵摄,而在于归类式的比较。在这一比较性的操作中,隐含着某种新的解释方法——"合类型性解释"。在具体的操作路径上,这种解释方法是沿着典型案例的挑选、比较基点的确立、偏离限度的审查等基本流程而展开的,是一种通过个案比较,而使规范之内涵逐步精确化的方法。④ 总之,刑法方法论可以说是在各个部门法学中研究成果多、争鸣热烈的领域。

(五) 国际法学

国际法学领域的法律方法论研究,专著有陈欣的《WTO 争端解决中的法律解释——司法克制主义 vs. 司法能动主义》(北京大学出版社 2010 年版);宋健强的《司法说理的国际境界》(法律出版社 2010 年版)。《侵权责任法》通过后,立法重点转移到《涉外民事法律适用法》的制定上来。2010 年对此有一些研究。⑤ 目前相关法律法规对于国际条约在国内的适用方式没有原则性的规定。有人从我国相关立法现状及司法实践入手,在借鉴一些发达国家的做法的基础上,指出我国相关立法的不足,并提出完善立法的

---

① 罗猛:《对我国刑法"类型化"不足之思考》,载《国家检察官学院学报》2010 年第 6 期。
② 齐文远、苏彩霞:《刑法中的类型思维之提倡》,载《法律科学》2010 年第 1 期;杜宇:《"类型"作为刑法上之独立思维形式》,载陈兴良主编:《刑事法评论》(第 26 卷),北京大学出版社 2010 年版。
③ 杜宇:《刑法规范的形成机理——以"类型"建构为视角》,载《法商研究》2010 年第 1 期。
④ 杜宇:《刑法解释的另一种路径》,载《中国法学》2010 年第 5 期。杜宇的其他相关成果还有杜宇:《刑法上"类型"观的生成与展开:以构成要件理论的发展为脉络》,载《复旦学报》2010 年第 5 期。
⑤ 杜涛:《法律适用规则的强制性抑或选择性》,载《清华法学》2010 年第 3 期;陈卫佐:《涉外民事法律适用法的立法思考》,载《清华法学》2010 年第 3 期;李双元:《再论起草我国涉外民事关系法律适用法的几个问题》,载《时代法学》2010 年第 4 期;徐冬根:《国际私法上的特征性给付方法:规则还是原则》,载《清华法学》2010 年第 3 期。

思路及措施。① 有人认为,对中国有效的国际条约实际上已经成为中国法律体系的组成部分;国际条约在中国的适用有直接适用和间接适用两种情况;国际条约在中国法律体系中具有低于宪法高于法律的效力地位。国际条约应当是我国法律体系的一个层级。② WTO 争端案件中的规则应用也得到了一定的研究。③

条约解释是国际法上的重要问题。实践中,《联合国宪章》的解释对于传统条约解释规则多有突破和发展。宪章自身的特殊性质是形成上述特点的根本原因。宪章解释丰富和发展了传统条约解释理论和实践,为条约解释提供了全新的样本,拓宽了条约解释在现代国际法学研究中的领域。④ 另外,国际法学领域的解释与裁判方法问题,还有一些研究成果。⑤

(六) 部门法学交叉领域的研究

部门法学交叉适用的法律方法研究,相关专著有张红的《基本权利与私法》(法律出版社 2010 年版);刘志刚的《立宪主义语境下宪法与民法的关系》(复旦大学出版社 2010 年版)。2010 年,涉及民法与宪法交叉适用中的成果比较多。⑥ 另外,还有涉及民法与刑法交叉适用⑦、民法与行政法交叉适用中的成果。⑧

---

① 沈四宝等:《论国际条约在我国的适用》,载《甘肃社会科学》2010 年第 3 期;李双元主编:《国际条约在民商事审判中的适用》,载《国际法与比较法论丛》(第 19 辑),中国检察出版社 2010 年版。

② 赵建文:《国际条约在中国法律体系中的地位》,载《法学研究》2010 年第 6 期。

③ 肖冰:《WTO 争端案件中的规则应用差异分析》,载《法学》2010 年第 10 期;白峻:《国际产品责任法律适用中的衡平司法》,载《人民司法》2010 年第 23 期。

④ 韩燕煦:《〈联系国宪章〉解释对传统条约解释规则的影响和发展》,载《环球法律评论》2010 年第 3 期。

⑤ 毛杰等:《SCM 协议中"某些企业"的法律界定与解释》,载《法学》2010 年第 4 期;宋连斌:《涉外仲裁协议效力认定的裁判方法》,载《政治与法律》2010 年第 11 期;郭文利:《我国涉外民商事审判存在问题实证分析》,载《时代法学》2010 年第 5 期;罗国强:《一般法律原则的困境与出路》,载《法学评论》2010 年第 2 期。

⑥ 张红:《方法与目标:基本权利民法适用的两种考虑》,载《现代法学》2010 年第 2 期;刘志刚:《基本权利与私法权利的界限》,载《法学评论》2010 年第 1 期;张红:《论基本权利作为法律行为无效的判断标准》,载《法学家》2010 年第 1 期;张红:《事实陈述、意见表达与公益性言论保护》,载《法律科学》2010 年第 3 期;薛军:《"民法—宪法"关系的演变与民法的转型》,载《中国法学》2010 年第 1 期。

⑦ 周刚志:《论刑民冲突之宪法调遏》,载《西南政法大学学报》2010 年第 2 期;丁莹:《"民刑交叉"案件司法处理方式研究》,载最高人民法院应用法学研究所编著:《人民法院案例选》(总第 15 辑),中国法制出版社 2010 年版。

⑧ 章剑生:《医疗损害责任中的行政法解释》,载《浙江社会科学》2010 年第 2 期。

（七）法律要素在部门法学中的应用

规则、原则与概念作为法律的基本构成要素，在各部门法领域都有广泛的应用。对规则或规范问题的探讨实际上构成法律方法论的规范法学基础。① 2010 年，学界对强制性规范、禁止性规范的解释与适用做了一些研究。② 法律原则理论在当下西方法学上有诸多争论，国内学界对此也有一些研究。③ 原则裁判是法律方法论的一个重要研究领域。2010 年，在各部门法学有一些法律原则司法适用的研究成果。④ 法律规则（规范）跟司法裁判有密切联系。有人探讨了反垄断法规则模糊性的原因。⑤

学界对不确定概念问题做了不少研究。基于种种主、客体原因，不确定法律概念在行政法规范中大量存在。行政主体具体化不确定法律概念的过程，充斥着明显的裁量权运行痕迹。为防止具体化行为的专横与恣意，有必要对具体化过程课以普遍的说理义务。不确定法律概念具体化的说明理由，实质是一个法律论证的过程，其有着程序保障和实体建构的双重功能。⑥ 公共利益被普遍认为是一个具有不确定性的法律概念，有人提出以规范目的为标准有助于区分公共利益概念的法律意义和日常意义，在理论上拓宽公共利益的法学研究视角，在司法实践中保证公共利益解释的一致性和客观性。⑦ 合同法和物权法对公共利益的界定方式和着眼点是不同的。在合同法上，公共利益的类型化既不必要，也不可能。但在物权法上，公共利益

---

① 相关研究，如范立波：《法律规范性的概念与来源》，载《法律科学》2010 年第 4 期；范立波：《规范裂缝的判定与解决》，载《法学家》2010 年第 1 期。
② 钟瑞栋：《强制性规范的解释与适用》，载《比较法研究》2010 年第 5 期；许中缘：《禁止性规范对民事法律行为效力的影响》，载《法学》2010 年第 5 期。
③ 陈林林：《二元规范理论下的法律原则检讨》，载《现代法学》2010 年第 5 期；李文杰：《法律原则、自由裁量与良法价值理念的构建》，载《北方法学》2010 年第 6 期；庞正等：《法律原则核心问题论辩》，载《南京师大学报》2010 年第 1 期。
④ 如韩强：《情事变更原则的类型化研究》，载《法学研究》2010 年第 4 期；陈文煊：《信赖保护原则在商标确权行政案件中的适用》，载《人民司法》2010 年第 4 期；孙海龙：《等同原则与禁止反悔原则在专利侵权中的适用》，载《人民司法》2010 年第 6 期。
⑤ 李剑等：《论反垄断法规则模糊性的原因》，载《当代法学》2010 年第 5 期。
⑥ 尹建国：《不确定法律概念具体化的说明理由》，载《中外法学》2010 年第 2 期。其他相关成果可见尹建国：《不确定法律概念具体化的模式构建——从"唯一正确答案"标准到"商谈理性"诠释模式》，载《法学评论》2010 年第 5 期；尹建国：《行政法中不确定法律概念的价值补充》，载《法学杂志》2010 年第 11 期；伍劲松：《行政判断余地之理论、范围及其规制》，载《法学评论》2010 年第 3 期。
⑦ 倪斐：《公共利益的法律类型化研究》，载《法商研究》2010 年第 3 期。

的类型化既是可行的,也是必要的。①

结　语

　　我国法律方法论研究在 2010 年继续推进,并且研究成果特色显著。回顾 2010 年法律方法论研究,一个显著特色是,转型中国的法学逐渐在走向法律方法论的时代,以呼应中国法治时代的到来。当今中国社会面临诸多复杂问题,寻求社会公平正义已经成为当今中国法律与司法的最重要主题。近年来兴起的法律方法论研究不仅适应了国内法学发展的大潮流,而且也将在法治时代到来之际,担负起更重要的时代使命与社会担当。从 2010 年的法律方法论研究显示出,法律方法研究领域逐步扩展,贴近中国法律运作实际与时代要求的实证研究逐渐增多,这显示出我国法律方法论研究的趋向:我们逐步在从以翻译介绍性研究为主,转向立足本土,建构中国化的法律方法论知识体系。此方面的研究当然依然是任重道远。随着研究的推进,法律方法论在本科、研究生乃至法官培训中的重要性,法律界如今都有共识。在法律方法论教学、教材方面,还需进行更为深入的研究。

---

① 钟瑞栋:《论我国民法上的公共利益——以合同法为中心》,载《江苏行政学院学报》2010 年第 1 期。对此问题在反垄断法领域的探讨,参见蒋悟真《反垄断法中的公共利益及其实现》,载《中外法学》2010 年第 4 期。

第八章

中国法律方法论研究的理论反思

第八章 中国法律方法论研究的理论反思

第 1 节 中国法律方法论研究内容的变迁
——以三对概念的对比为线索

要点提示 立足国内法律方法论研究的已有成果,总结国内学界在该领域的研究发展状况,具有一定的理论反思价值。方法与方法论的界分从模糊到逐渐清晰,可以看到法律方法论研究中跨学科、跨区域借鉴理论成果的不足与成长;从较多关注理论研究的法学方法逐步转向较多关注司法实践的法律方法,折射了法学研究中对法的实践作用的更多关注;从早期单一关注法律解释学的研究到现今法律方法论体系的日益完善,可以看到国内法律方法论研究中学科独立意识的不断增强。

法学是以"法秩序为基础及界限,借以探求法律问题之答案的学问"[①],法学训练的目的,在于造就法律家,根据现有法律规定解决社会问题,所以,侧重研究司法实践的法律方法论在近些年甚为兴盛。大约自 20 世纪 90 年代始,以法的适用与操作为研究对象的法律方法论在国内逐渐兴起,法律解释、法律推理、法律论证、法律发现、漏洞补充、先例识别、利益衡量等关涉法律方法的诸多词汇开始流行。由此而致国内法学研究的方向悄然改变,逐渐由立法中心主义转向司法中心主义,从形而上的法律本质的研究转向形而下的法律方法的研究。时至今日,国内关于法律方法论的研究呈现蓬勃发展之态势,每年皆有较大数量的成果呈现,其中既有关于法律方法论基础理论层面的研究,又有关于各种具体法律方法的研究;既有学者专著对法律方法论的体系构成进行详尽的论述,也有大量的期刊文章研究法律方法论的具体结构。但诸多研究成果多是站在作者个人学术立场上对法律方法论体系的建构,少有在宏观立场上对该领域研究状况进行反思的成果。因此,立足于国内法律方法论研究的已有成果,借鉴国外相关研究成果,初步总结国内法律方法论领域近一二十年在研究内容上的发展、嬗变过程,具有一定的理性反思价值。

---

① 〔德〕卡尔·拉伦茨:《法学方法论》,陈爱娥译,商务印书馆 2003 年版,引论,第 19 页。

一、方法与方法论

国内法律方法论研究在十余年的时间中经历了起步、发展及繁荣,伴随这一过程的是人们长期对方法与方法论这两个概念界分的争吵,学者们不时地纠缠于方法是否等同于方法论这一问题,且时常混淆二者。

哲学中关于方法与方法论的界分其实已经很清楚。一般认为,方法一词源于古希腊文,由"遵循"和"道路"两部分构成,"在古希腊人的心目中,更加看重以外在的途径供遵循,方法就是要给人们指出前进的道路。"① 现如今,人们对于方法含义的认识有所拓展,1968年出版的《韦氏新世界美国英语词典》将方法描述为"做任何事的方式、模式、程序、过程……有规则的、有条理的、明确的程序或方式"。方法是为实现某一既定目的而使用的具体手段、工具、方式,如各类教科书中经常提到的阶级分析法、价值分析法、历史分析法、逻辑分析法等,都是在这一意义上使用"方法"一词的。而方法论,依《韦氏新世界美国英语词典》的定义,是"方法的科学或方法的有序安排;特别是对与科学探索的推理原理应用有关的逻辑分支……任何科学中的方法体系。"方法论是关于方法的方法,但也并非是各种方法的简单相加,而是对方法的一种有序安排,是研究主体站在一定的学术立场上,对各种方法进行选择、排序而形成的一种关于方法的理论体系。方法论涉及学术主体研究立场或角度的选择、研究目的的界定、研究对象的确定、研究途径或方式的筛选等问题。就此而言,作为用于完成某一目标之具体方式或手段的方法,具有价值上的中立性,并不能告诉人们什么应该做、应该先做什么,而只能是在这些问题已经明朗的基础上,解决怎样做的问题。至于应该做什么、应该先做什么这些涉及价值选择的问题,则是方法论需要解决的,方法论可以告诉人们选择什么样的方法、如何安排这些方法才能取得最佳效果。

法学领域中,梁慧星在1995年就已对方法与方法论作了类似区分。在他这里,方法的含义是"在给定的前提下,为达到一个目的而采取的行动、手段或方式"。② 显然,方法只是为达到一定目的而使用的一些手段、方式、或工具,解决的是怎样做的问题。而方法论与人的活动有关,它给人以某种行动的指示,说明人应该怎样树立自己的认识目的,应该使用哪些辅助手段,

---

① 韦诚:《方法学——科学发现的理论基础》,安徽大学出版社2008年版,第8页。
② 梁慧星:《民法解释学》,中国政法大学出版社1995年版,第80页。

第八章 中国法律方法论研究的理论反思

以便能够有效地获得科学认识。① 可见,方法论关系主体选择使用哪一种方法的问题,它涉及主体的学术立场以及方法的取舍,含有价值判断在内,这一点是方法所不具有的。

随着法学方法论研究的升温,不少学者在后来的研究中清晰地界分着方法与方法论。如胡玉鸿在讨论法学方法论的重要性时提出,从性质定位上讲,法学方法论是一种具有实践功能性的,体现学术立场、哲学假定的有关法学方法的研究程序与科学叙述;从内容体系上说,法学方法论包括基本理念、具体内容、法律解释方法等主要方面;并且,法学方法论构成法学理论的硬核,是法理学的必备内容之一。② 后来,他又专门对比了方法与方法论:方法意味着在给定的前提条件下,人们为达到一个目的而采用的行动、手段或方式,它提供了方法论的体系基础,而方法论侧重于说明方法在何种程度上具有恰当性,为人们思维提供相应的科学基础,"方法论是以方法为实践基础,通过理论抽象而获得的有关方法知识体系的说明。"③ 刘水林也持有类似的观点。方法论一词是指对给定领域中进行探索的一般途径的研究,它涉及研究主体思考问题的角度选择、研究对象范围的确定、研究途径的比较选择、研究手段的筛选和运用、研究目的的限定等,而方法一词则指用于完成一个既定目标的具体技术、工具。因此,方法的功能或目的是提高研究效率,但不能给予人以指导,方法论对研究者带有约束性甚至强制性的规定,它明确地告诉人们应该做什么、不应该做什么、先做什么、后做什么。④ 也有学者认为,从学科发展的视角来看,法学方法论是在法学研究进入到一定阶段之后,对法学学科自身发展情况、思考方式、所利用的认识手段的一种反省。这种反省表明了方法与方法论的不同:任何学术研究活动都离不开一定的方式和手段,学者们都在自觉或不自觉地运用某种具体的方法;方法论是学者们超越方法的技术性局限而进行的理论上的建构。⑤ 最近有学者在研究法学方法论体系的构成时,重申了上述关于方法与方法论的不同:方法并不能说明其自身的正当性,它无法确定在何种情形下应当使用哪种方法,也不能预示在具体研究中某种方法的采用是否适当;对方法之正当性的说明与解释,恰恰构成了方法论的内容;方法论是对方法的哲学研究,是

---

① 参见梁慧星:《民法解释学》,中国政法大学出版社1995年版,第81页。
② 参见胡玉鸿:《关于法学方法论的几个基本问题》,载《华东政法学院学报》2000年第5期。
③ 胡玉鸿:《法学方法论导论》,山东人民出版2002年版,第97页。
④ 刘水林:《法学方法论研究》,载《法学研究》2001年第3期。
⑤ 高秦伟:《行政法学方法论的回顾与反思》,载《浙江学刊》2005年第6期。

侧重揭示如何合理有效地使用各种具体认识的方法,是"方法的方法"。①

关于方法与方法论的这些认识表明,方法论不仅要描述方法的实际使用过程,同时要跳出这一使用过程本身,在另外一个较高层次上追问某种特定方法使用的价值及成效。就此而言,"每种学科的方法论都是这个学科对本身进行的情况、思考方式、所利用的认识手段之反省"②。那么,在法学领域,方法论的作用就在于发掘出运用在法学中的方法,并对其进行反省,探究这些方法的作用及局限。依拉伦茨的说法,这叫做"以诠释学的眼光对法学作自我反省"。③

但是,学者们在谈及法律方法论问题时,有时也会在方法与方法论的界分上持有不同的认识。如陈金钊在谈及法律方法论并不能保证法治的实现这一问题时,引用魏德士的相关认识:"法律方法不是一个安全的栅栏,作为实现预先规定的实质性价值标准的形式理论,他自己并不具有将形式上有效颁布的法律规定区分为'正义'(可适用)和'非正义'(不可适用)的标准",以及"与法哲学不同,法律方法论没有实质性的正义标准,因此,从其认识客体(法律适用方法论)来说,它就不适宜成为组织形式上有效的法律规定在行政和司法中得以实现的有效栅栏"④,从而得出自己的结论:"法律方法论具有价值中立性,它可以成为填充解释者所倾向价值的有效工具"⑤。结合上文对于方法与方法论的区分,笔者认为,在魏德士那里,"法律方法不是一个安全的栅栏"意指法律方法只是司法过程中使用的一种方法或手段,其本身不具有保证结论正确的能力;"法律方法论没有实质性的正义标准"意指法律方法论是主体对法律方法的理论认识和建构,它依附于主体的价值取向,是一个人言人殊的理论体系,因而也没有实质性的正义标准。陈金钊所作判断其实是误解了方法与方法论这对概念,价值上中立的不是方法论、而是方法。方法是为实现某一目的而使用的手段或工具,它本身不具有辨别正误的能力,其使用的好坏取决于主体的认知立场与使用能力;而方法论是主体在价值已定的基础上对方法的认识与研究。所以,方法论在价值

---

① 关鑫、周效宇:《法学方法论体系的构成——兼论对法学教育模式的影响》,载《东北师大学报》2010年第1期。
② 〔德〕卡尔·拉伦茨:《法学方法论》,陈爱娥译,商务印书馆2003年版,第119页。
③ 同上书,第121页。
④ 〔德〕魏德士:《法理学》,丁小春、吴越译,法律出版社2003年版,第420页。
⑤ 陈金钊:《法律方法论的意义》,载陈金钊等主编:《法律方法》(4),山东人民出版社2003年版,第9页。

第八章 中国法律方法论研究的理论反思

上无法中立,能够在价值上中立的是方法。只有当我们基于不同的价值立场选择不同的方法,可以形成体系化的内容时,才会产生不同的方法论。

虽然目前学界对于方法与方法论的不同已有大体一致的认识,但关于这一问题认知历程的曲折性,一定程度上反映了国内法律方法论研究过程中的局限性:准确理解、继受哲学中相关概念需要有一个渐进的过程。同时亦给我们这样的启示:准确理解某些学术概念在哲学中的真实含义有利于我们对相关研究成果的跨学科、跨区域借鉴。

二、法学方法与法律方法

对于法学方法与法律方法之间关系的认识,能够从另外一个角度反映国内法律方法论研究的发展历程。学者们从法学方法中剥离出法律方法的概念,并逐渐赋予其独立的内涵,这一过程大致折射出国内法律方法论研究从最初起步到逐渐成为一个独立学科的成长历程,并在一定程度上反映了国内法学研究从早期较多关注理论研究到现今较多关注实践研究的转变过程。

法学界早期关于法学方法的认识是在继受哲学中关于方法的定义——方法是认识世界和改造世界的手段或途径——的基础上,将"方法"概念直接移植到法学领域,认为法学方法就是人们认识法学知识的各种途径和手段,法学方法论也就成了"在哲学意义上对研究者所使用的研究方法的科学说明"。[①] 这个意义上的法学方法就是法学研究或研究法学的各种方法,如20世纪80年代,人们看到的完全是从前苏联借用过来的阶级分析法,具体又可以分为社会调查的方法、历史考察的方法、分析与比较的方法[②];90年代,苏力引进西方的法社会学分析、法经济学分析、法人类学分析等方法丰富了法学研究的方法,梁治平使用历史的、比较的及思辨的方法研究中国传统法律文化进一步扩张了法学研究的各种方法。[③] 即使是在近几年,仍有不少学者坚持"法学方法就是指法学研究的方法"这一学术立场。如刘水林认为,法学方法论指的就是在一定认识论(或世界观)指引下,探索法学发展的一般途径的研究,它是一个二元多层次的结构体系,最常使用的方法有实证

---

① 胡玉鸿:《方法、技术与法学方法论》,载《法学论坛》2003年第1期。
② 参见北京大学法律系法学理论教研室编:《法学基础理论》,北京大学出版社1986年版,第10页。
③ 参见季涛:《法学方法论的更新与中国法学的发展》,载《浙江社会科学》2000年第5期。

分析与规范分析、个体主义与整体主义。① 后来,刘水林在考察法学研究方法与哲学研究方法之密切关系的基础上,又梳理了法学方法论的主要哲学理论基础:实证主义、规范主义、实用主义、马克思主义及哲学解释学②,进一步强化了法学方法论即是哲学方法论在法学领域的应用这一立场。2005年,《东南学术》组织了一次"法学方法论的生态化"的笔谈,主张传统法学方法论的理论基石是主客二分理论,这一立场在人与自然共生共存的现代社会已然表现出极大的局限性,因此需要在法学研究中引入主客一体的生态整体观作为法学研究的主要范式。③ 且不管这种主客一体的研究范式是否受到其他学者的质疑④,单就其对于"法学方法论"这一概念的理解而言,同样是把它作为关于法学研究之各种方法的理论对待的。

由上可见,把法学方法看作是研究或认知法学知识的方法、法学方法论就是哲学意义上对这些方法的理论说明,这一立场仍有不小的学术市场。笔者以为,这一学术立场有其存在的必要性,因为法学发展离不开哲学理论在方法论意义上的指导,最为直接的表现就是借用哲学中的相关术语描述、规范法学现象。但这种直接将哲学概念移植到法学领域的做法毕竟是法学学科成长的初级形态,随着研究的深入,法学研究中关于方法论的认识逐渐摆脱了这种局限,法学方法论逐渐形成自己的独立内涵。

据胡玉鸿的考察,自我国台湾学者杨仁寿的《法学方法论》以及德国学者拉伦茨的《法学方法论》被引介到大陆以后,"方法论"一词在很大程度上开始指代法律适用中的诸种方法,诸如法律解释、利益衡量、漏洞补充等成为法学方法论的主干。⑤ 法学方法论所指内容的变迁与国内法学研究视角的转变不无关系。自 20 世纪 70 年代末开始恢复法学教育直至 90 年代中后期,中国一直处于重建、完善法律体系的过程,这一时期的法学理论关注的多是法律是什么、法律的价值是什么等有关法本体论的问题。当社会实践所需要的是制定完备的法律体系时,理论研究也就多倾向于站在立法者的视角研究法律,法学研究多是"关于法律"的研究,于是就有了借用哲学中

---

① 刘水林:《法学方法论研究》,载《法学研究》2001 年第 3 期。
② 刘水林:《法学方法论的哲学基础》,载《西南民族大学学报》2004 年第 4 期。
③ 参见笔谈:《法学方法论的生态化》,载《东南学术》2005 年第 5 期。
④ 汪再祥对"法学方法论的生态化"这一理论的三个主要方面——"主客一体化"、事实判断与价值判断的统一以及生态学基础——提出了许多需要进一步辨析、修正和巩固的地方。参见汪再祥:《"法学方法论生态化"之批判》,载《南京大学法律评论》2009 年春季卷,第 268—277 页。
⑤ 胡玉鸿:《方法、技术与法学方法论》,载《法学论坛》2003 年第 1 期。

第八章　中国法律方法论研究的理论反思

的各种研究方法站在法律之外研究法律现象的情况。90年代中后期,中国的法律体系逐渐趋于完备,但是处于转型时期的中国也面临着诸多社会不公问题,人们希望能够通过法律的适用缓解或解决这些矛盾,法律实施中的公正受到越来越多的关注,学者的研究也越来越多地着眼于司法过程,法学研究在整体上正慢慢践行着一种研究范式的转换。陈金钊大致勾勒了这一时期法学研究范式转换的宏观线条:研究立场从立法中心主义向司法中心主义的转向、研究内容从本体论向方法论的转向、研究的价值趋势从单一的阶级意志向价值多元的转向、研究方法从整体主义向个人主义的转向。① 受此影响,法学研究也逐渐从关注法律是什么等问题开始转向关注法律如何被正确适用、如何公正解决现实纠纷等问题,法律解释、法律论证、法律推理、价值衡量、漏洞补充等司法适用过程中的诸多方法逐渐成为法学方法论的主要内容。

将法律适用中的各种方法纳入法学方法论的研究范围,主要是受德国学术传统的影响。据考察,在德国,"法学"一词主要是指法教义学,以特定国家现行有效的法律为出发点和研究对象,旨在为具体案件的解决寻找法律上的正当答案。在此基础上,法学方法指的是,法律人将现行有效的法律规范适用于个案纠纷获得一个正当法律决定的过程中所使用或遵循的方法,它们构成了法学方法论的主要研究内容。与其他法学分支学科相比,法学方法论与法律实务联系最为密切。② 法学方法论在德国的特定含义恰与中国目前关注司法实践的学术研究趋势遥相呼应,这成为学者将法学方法论的研究对象和范围界定为法的渊源、案件事实的认定、法律解释、法律漏洞的填补、法的体系等内容的重要理由。③

但更多的学者倾向于另外一种学术立场,主张使用法律方法论涵盖法律适用中的各种方法。郑永流立足于德国法律文化背景对"法学方法论"进行语言学上的考证后主张,法学方法是研究和预设法律的方法,指向的核心是何谓正确的法律,有关法学方法的学说是法学方法论;法律方法是应用法律的方法,不仅着力于实现既有正确的法律,还效命于正确地发现新法律,有关法律方法的学说是法律方法论。④ 也有学者在考察日本学者的相关研

---

① 参见陈金钊:《法学的特点和研究的转向》,载《求是学刊》2003年第2期。
② 王夏昊:《法学方法论的概念及其地位》,载《清华法学》2008年第1期。
③ 王夏昊:《现代法学方法论的研究对象和范围》,载《现代法学》2006年第5期。
④ 郑永流:《法学方法抑或法律方法?》,载戚渊等著:《法律论证与法学方法》,山东人民出版社2005年版,第36页。

究之后,主张德国学术界的"法学方法论"可以转换为"法律方法论",其主要研究对象是法律推理和法律解释的方法和技术,尤其指的是法官在审判过程中进行法律推理和法律解释的方法。①

于是,学界便对使用"法学方法"还是"法律方法"来涵盖法律适用中的各种方法产生争议。主张法学方法的学者认为,之所以会产生这种争议,是因为人们对德国的"法学方法论"一词中"法学"的蕴涵不太清楚,德语"法学方法论"中的"法学"有特定的内涵和意义,并非是中国法学界目前所普遍理解的法学。② 尽管如此,也有学者指出,在国内究竟使用"法学方法"还是"法律方法"是值得斟酌的。我们在使用相关用语时,固然要顾及德语上的内涵,但更要看到汉语"法学方法论"一词始终无法划清它与"法学研究的方法"这一用语的界限,极易造成理解上的偏差。③ 有人直接指出,我国台湾、日本、英美及大陆法系国家学者所讲的法学方法基本上都是指法律方法,不是法学研究的方法而是法律解释、法律推理、法律论证等与法律适用密切相关的方法。④ 也有人从多重角度批评了以"法学方法"指涉法律适用中的方法的不足:从学科视角看,"法学方法"并不等同于法教义学的方法,也无法涵盖分析法学的方法、判例法的方法;从主体视角看,"法学方法"彰显了法学家的方法论,遮蔽了法官的方法论;从职业技艺视角看,"法学方法"难以揭示法律职业的特性和内容。因此,"法律方法"比"法学方法"能更贴切地反映了法学研究向具有实践理性品格的学问、向司法实践过程、向法律职业技艺的嬗变。⑤ 还有人认为,目前中国法学界有关法学方法抑或法律方法称谓的争论,实际上是一场有关捍卫司法领域法律自足性的争论。从捍卫法治的确定性和司法场域法律自足性的角度来看,采取"法律方法"称谓更能捍卫和彰显司法的最终权威性。⑥

现今,多数学者主张应当区分法学方法与法律方法,法学方法主要是指法学研究的方法,关注的核心是何谓正确之法等法本体论的问题,有关法学

---

① 林来梵、郑磊:《法律学方法论辩说》,载《法学》2004年第3期。
② 王夏昊:《缘何不是法律方法》,载《政法论坛》2007年第2期。
③ 焦宝乾、陈金钊:《法律方法论学科意识的觉醒——2007年度中国法律方法论研究学术报告》,载《山东大学学报》2008年第3期。
④ 张志铭:《方法自觉和中国法学品质之提升》,载http://www.yadian.cc/paper/22986(最后访问日期:2007-3-3)。
⑤ 姜福东:《为什么不是"法学方法"——与王夏昊先生商榷》,载《浙江社会科学》2008年第10期。
⑥ 王国龙:《"方法"称谓之争抑或法律观之争》,载《求是学刊》2008年第5期。

第八章　中国法律方法论研究的理论反思

方法的学说是法学方法论;而法律方法主要是指应用法律的方法,研究对象包括法律解释、法律论证、法律推理、价值衡量、漏洞补充等法运行论的问题,有关法律方法的学说便是法律方法论。如黄竹胜主张,法学的方法论体系大体上可以区分为法学方法和法律方法两个方面,法学方法旨在解释法律的意义世界,追求法学的真理,具有法学认识论的工具性作用,其实践面向能力较低,只能解释世界,而不能够直接转化为改造法律世界的手段;法律方法则是一种具有积极的实践指向的范畴,是法律人在法律运用过程中运用法律、处理法律问题的手段、技能、规则等的总和,它负荷着指导法律人适用法律、生成法律结论的理论使命,并为法律人的法律活动指引方向、开辟道路。[①] 谢晖认为,法学方法仅仅指法学这门学科的学术研究和探讨的方法,而法律方法却是和司法实践活动紧密相关的法律运用的实践方法[②];规范法学之根本,不在阐明法律本质,乃在揭示法律知识,创造法律方法,构建司法技巧。[③] 戚渊认为,法律方法是应用法律的方法,表现为创制、执行、适用、衡量、解释、修改等,法学方法是研究法律和法律应用的方法,表现为分析、批判、综合、诠释、建构等。[④]

之所以有越来越多的学者主张区分法学方法与法律方法,并且认为法学领域方法论研究的重心在法律方法、而非法学方法,盖因为我国法学正在经历从宏大叙事到微观论证的视角转换,以立法为中心的研究视角正在逐渐被以司法为中心的研究取向所超越。返回"法的形而下",体现了法理学的实践品格,成为我国法学研究的一种重要进路。学者们日益意识到,应该超越对法治价值及其必要性的呼唤,对法治的研究进入到如何操作的阶段。而法治与法律方法,实有至为密切之关联。法治理想之实现,端赖方法之完善。[⑤] 受这一研究趋势转变的影响,不少学者在界定"法律方法"这一概念时,极力突出法学及其方法论的实践性或实用性。如陈金钊认为,所谓法律方法是指站在维护法治的立场上,根据法律分析事实、解决纠纷的方法,或者说,它是由成文法向判决转换的方法,即把法律的内容用到裁判案件中的

[①] 黄竹胜:《法律方法与法学的实践回应能力》,载《法学论坛》2003年第1期。
[②] 谢晖:《判例阅读与法律方法论之展开》,载《法治论坛》第11辑,花城出版社2008年版,第294—297页。
[③] 谢晖:《法律方法:法律认知之根本》,载《法学论坛》2003年第1期。
[④] 戚渊:《法律方法与法学方法》,载《政法论坛》2009年第2期。
[⑤] 陈金钊、焦宝乾:《中国法律方法论研究学术报告》,载《山东大学学报》2005年第1期。

方法。① 法律方法论是实用性学科,有人呼吁法学学者应关注现实,把更多的研究志趣集中于具体问题,把法律方法论的工具性展现出来。② 甚至有学者提出以"法律技术"来代替"法律方法",使其更加明显地区别于法学方法,突出其实用性。③ 也有学者对此提出比较法上的支持。当前我国国内所讨论的"法律方法"问题的主要内容,在西方学界特别是社会法学界,是作为法律的技术问题来认识和对待的。④ 法律方法是一门经由司法过程实现正义的技术,它不同于法学方法论着眼于法律本体论研究。法律方法这门技术是法律职业者必须掌握的技巧,在欧美国家,首先是通过法学教育实现这一目的的,但法律方法技术化的高级形态最终可能是法律方法的部门化。⑤

当然,学界强调法律方法的实用性,也并没有刻意将法学方法驱逐出去,有不少学者尝试建构一个可以同时容纳法学方法和法律方法的理论体系。如胡玉鸿早先将法学方法论的内容体系分为四个层次:法学方法论的意蕴,研究法学方法论的内涵、特征、价值;法学方法论的具体内容,包括法学总体研究方法如阶级分析方法、价值分析方法、规范分析方法、社会实证方法等;法律解释方法,包括各种解释方法、利益衡量、漏洞填充、类推适用等;以及法学方法论与部门法研究的相互影响等内容。⑥ 后来,该体系被简化为两个层次:一是法学研究方法,主要是法学的理论研究所采用的技术性方法,如比较分析法、社会调查法、历史考察法、经济分析法等;二是法律生成与适用的方法,即一个具体的法律制度如何通过技术性的手段而得以成立,以及在实践中面对具体的个案如何适用。⑦ 周永坤将法学中的方法问题分成三层:法学方法论是哲学问题;法学方法是法学研究者的手段或进路,例如价值分析的方法、实证的方法、田野调查的方法等;以及法律方法(技术),如法律解释方法、法律论证方法、法律事实的认定、文书写作,并认为由于法学的高度应用性,最后一个层次的法律方法较为重要。⑧ 也有学者提

---

① 陈金钊:《司法过程中的法律方法论》,载《法制与社会发展》2002年第4期。
② 陈金钊:《法律方法论研究的高雅与媚俗》,载《法学论坛》2009年第3期。
③ 参见胡玉鸿:《方法、技术与法学方法论》,载《法学论坛》2003年第1期;胡玉鸿:《法律技术的内涵及其范围》,载《现代法学》2006年第5期。
④ 严存生:《作为技术的法律方法》,载《法学论坛》2003年第1期。
⑤ 姜世波:《法律方法的技术化:基于欧美法律方法著作的考察》,载陈金钊等主编:《法律方法》(7),山东人民出版社2008年版,第160—171页。
⑥ 胡玉鸿:《关于法学方法论的几个基本问题》,载《华东政法学院学报》2000年第5期。
⑦ 胡玉鸿:《方法、技术与法学方法论》,载《法学论坛》2003年第1期。
⑧ 周永坤:《法学方法论九言》,载《法制日报》2007年11月4日,第14版。

出,应该提炼出一个新的概念"法的方法"来统摄法律方法与法学方法,进而形成一个新的"法的方法"的逻辑体系。①

从法学方法到法律方法,概念的转换所体现出来的是学术研究对象的变化,这一变化展现出来的是法学中的方法论研究日益突出对实践的回应能力,这一点亦体现在近几年学者具体热点问题的关注上。如近两年对法官意识形态到底是能动还是克制的讨论,对泸州遗赠案、彭宇案、许霆案、肖志军拒签事件等的关注,逐渐开始彰显法学的实用品格。由此,笔者更乐意使用法律方法指代法律适用中的各种方法,关于这些方法的理论学说就是法律方法论;但某些情况下亦遵循传统用法,使用法学方法指代法律适用中的各种方法。

三、法律解释学与法律方法论

从历史发展的角度看,国内法律方法论研究是从法律解释学开始的。从最初简单关注法律解释,到现今的法律解释、法律论证、法律推理、价值衡量、漏洞补充等多种方法并举,法律方法论研究经历了从单一到复杂、从单学科研究到多学科研究的发展过程。

若脱离我国学术语境对法律方法论研究追根溯源,大致可以追溯至萨维尼时期。"近代法律方法学说,至少在德语区,发端于弗里德里希·卡尔·冯·萨维尼。"② 可以说,是萨维尼的法学方法论塑造了德国民法学和德国民法典的目前形态。萨维尼早期研究就已表现出明显的法律实证主义倾向,他以三种方式处理实定法:解释(重新建构出隐含在法律里的想法)、历史以及哲学(体系)的处理方式。解释的方法包含逻辑的、文法的以及历史的解释方法。法的"历史的处理方式"则意指,应视法体系为一种在历史中持续进展的体系来掌握。"体系的处理方式"则涉及"将所有法律制度、法律规则组成一个巨大整体之内在脉络关系"。这实际上已经建立了近代法学方法论的基础,今日法学方法论的讨论都必须追溯到此。③ 在萨维尼的后期,已经开始使用立法者意图、类推等手段填补法律漏洞,逐渐超越其最

---

① 赵玉增:《法律方法与法学方法概念辨析》,载《学习与探索》2007年第2期。
② 〔德〕考夫曼、哈斯默尔主编:《当代法哲学和法律理论导论》,郑永流译,法律出版社2002年版,第156页。
③ 陈爱娥:《萨维尼:历史法学派与近代法学方法论的创始者》,载《清华法学》(3),清华大学出版社2003年版,第67—68页。

初的制定法实证主义立场。① 时至今日,已然发展出如拉伦茨的《法学方法论》这样复杂的体系。

中国法律方法论研究从产生到目前的日趋成熟,大致也展现出类似于德国的发展历程。

若以是否冠名"法律方法"或"法学方法"而论,国内较早出现的法律方法文章大概是在 20 世纪 80 年代中期,1985 年于向阳的《试论用经济法律方法管理经济》、1986 年徐广林的《法律方法概念之我见》是国内较早使用"法律方法"这一概念的文章,但其意思并非是对法律适用中各种方法的研究,而是指运用法律手段,对国民经济领导机关的管理活动和经济组织的经济活动进行管理。② 在内容上可以划入现今的法律方法含义范围的文章,比较早的有刘升平的《谈谈法律解释》,描述了我国法律解释的分类:立法解释、司法解释、行政解释以及学理解释③;孙国华与郭华成的《法律解释新论》,主要谈了法律解释的概念、法律解释机制、法律解释技术等问题④;沈宗灵的《法律推理与法律适用》,提出法律推理在法律适用过程中就是一个从已查证属实的事实和已确定适用的法律规定出发推论出判决或裁定的过程。⑤ 这几篇文章就其内容而言,已初步具有了现今法律方法的意蕴。也有一些法理学教材在这一意义上使用法律解释这一概念。如 20 世纪 50 年代翻译过来的苏联《马克思列宁主义关于国家与法权理论教程》界定法律解释是"阐明法律或国家政权的其他文件的意义与内容"。⑥ 孙国华编写的《法学基础理论》同样将法律解释视为法律适用的一个前提条件:"法律的解释是科学地阐明法律规范的内容与涵义,确切地理解法律规范中所体现的统治阶级的意志,从而保证法律规范的准确适用"。⑦ 另一具有代表性的法理学教材亦认为"法律解释同法律的实施、执行和适用有着密切的联系"。⑧ 但由于整个社会仍处于法制建设与完善阶段,学者的注意力多在如何更好地

---

① 朱虎:《萨维尼的法学方法论述评》,载《环球法律评论》2010 年第 1 期。
② 参见于向阳:《试论用经济法律方法管理经济》,载《东岳论丛》1985 年第 5 期;徐广林:《法律方法概念之我见》,载《江西社会科学》1986 年第 5 期。
③ 刘升平:《谈谈法律解释》,载《法学杂志》1981 年第 5 期。
④ 参见孙国华、郭华成:《法律解释新论》,载《政治与法律》1988 年第 5 期。
⑤ 沈宗灵:《法律推理与法律适用》,载《法学》1988 年第 5 期。
⑥ 苏联科学院法学所编:《马克思列宁主义关于国家与法权理论教程》,中国人民大学出版社 1955 年版,第 505 页。
⑦ 孙国华主编:《法学基础理论》,法律出版社 1982 年版,第 296 页。
⑧ 北京大学法律系法学理论教研室编:《法学基础理论》,北京大学出版社 1984 年版,第 428 页。

第八章　中国法律方法论研究的理论反思

完善我国法律体系这一问题上，关于法律适用的问题并未引起较多关注。

梁慧星1995年出版的《民法解释学》一书，主要讨论了民法解释学的历史沿革、基本理论以及具体方法等问题，引致国内学界研究方向的逐渐改变。自此以后，每年都有不少关于法律解释的文章发表，其中较有影响力的主要有季卫东的《法律解释的真谛——探索实用法学的第三条道路》（上、下）、陈金钊的《法律解释学简论》、谢晖的《解释法律与法律解释》①，这些文章都在一定程度上促进了学界对法律解释问题的关注。1999年，陈金钊出版的《法律解释的哲理》一书，系统阐述了法律解释学的学科地位、法律解释的概念、原则以及法律解释与法律渊源、法律规则、法律事实之间的逻辑关系，初步在法理学层面建构了法律解释学的基本理论框架，进一步推动了国内法学研究从立法视角向司法视角的转变。依赵玉增的说法，在法律方法论研究的初始阶段，学界主要是围绕着对法律解释的研究而展开的，法律解释是20世纪国内法律方法论研究的主题。② 这一判断基本可以成立。

人们关于法律解释的认识也有一个逐步深入的演变过程。遵循理性主义思路的大陆法系传统认为，在制定法框架内，成文化的法律体系包含着解决各种纠纷的方案，但由于制定法文本的高度抽象性，当它面对具体的纠纷时，必须经由解释的环节，才能够使法律文本与案件事实相互接近。解释的本来含义就是将不清楚的说清楚、将不明白的说明白，法律适用者的任务是通过运用各种解释方法挖掘成文法律的客观意义并将其适用于具体案件，所以，"法律必须经由解释，始能适用"。③ 前述孙国华、沈宗灵等人在20世纪80年代基本是在这意义上谈论法律解释的，解释是将凝固在文字中的法律意蕴释放出来的一种手段。随着社会的发展与进步，各种疑难案件层出不穷，人们日益感受到把既有法律规范看作是一个封闭体系的局限性。尤其是对法官来讲，案件事实总是多种多样的，相对于案件事实的日益多样化，既有的法律体系已经不能为司法裁判提供非常明确的规范性依据，单纯依靠既有的解释手段也就很难从凝固的法律文本中找到所有的答案。

受哲学诠释学理论的影响，不但解释方法本身发展出了更多类型，而且

---

① 季卫东：《法律解释的真谛——探索实用法学的第三条道路》（上、下），载《中外法学》1998年第6期、1999年第1期；陈金钊：《法律解释学简论》，载《法学论坛》2000年第1期；谢晖：《解释法律与法律解释》，载《法学研究》2000年第5期。
② 参见赵玉增：《当代中国法律方法论研究发展及现状：一个简要的述评》，载陈金钊等主编：《法律方法》（9），山东人民出版社2009年版，第353页。
③ 王泽鉴：《民法实例研习·基础理论》，三民书局1993年版，第125页。

在解释方法之外又增添了许多新的法律方法,进一步丰富和完善了法律方法论的内容。解释方法本身的发展,有代表性的如郑玉波将法律解释分为两大类,文理解释和论理解释,论理解释又分为扩张解释、限缩解释、反对解释、类推解释①;杨仁寿将法律解释分为三类,文义解释、论理解释和社会学解释,论理解释又分为体系解释、法意解释、比较解释、目的解释、合宪解释。② 梁慧星则将法律解释分为四类,文义解释、论理解释、比较法解释以及社会学解释,并将论理解释细分为体系解释、法意解释、扩张解释、限缩解释、当然解释、目的解释、合宪性解释。③ 扩张、限缩、类推以及社会学解释,显然已经超出了传统意义上法律解释就是将成文法的客观含义阐释出来的任务范围,打破了法律体系的封闭性。正是由于法律方法论的发展起步于法律解释学、且法律解释构成法律方法论的主要内容,法律方法论有时又被一些学者称作法律解释学。如梁慧星认为:"德国学者将法解释学归结为一种方法论,认为法学方法论是对法律解释适用的方法论,与法解释学为同义语。"④ 后来他又在一本小册子中重申,在德国及我国台湾地区称为法学方法论的内容,在日本是在民法解释学名下进行讨论的。⑤ 我国台湾学者杨仁寿把以"法"为研究对象的学问"分为理论科学与应用科学二者",理论科学又分为法理学和法经验科学,应用科学则分为法学和社会政策学;由于法学的应用性质,法学实指法解释学,基本与"实证法学"同义。⑥ 因此,有学者认为,杨仁寿的法学方法论理所当然是指法解释学方法论。⑦ 陈金钊在其早期的研究成果中也提出,狭义的法学又称为法律解释学。⑧

尽管法律方法论与法律解释学有着千丝万缕的内在联系,但更多的学者并没有将法律方法论的研究范围局限于法律解释学领域,而是结合司法实践的需求,借鉴其他学科的知识成果,不断拓展着法律方法论体系。陈金钊认为,法律方法论体系属于实用法学中的基础理论问题。对其进行研究是建构法律方法论学科的逻辑基础。从司法的视角看,法律发现、法律解释、法律论证、价值衡量、法律推理以及支持这些方法的诸多法学原理构成

---

① 郑玉波:《民法总则》,三民书局1979年版,第20—21页。
② 杨仁寿:《法学方法论》,中国政法大学出版社1999年版,第101页。
③ 梁慧星:《民法解释学》,中国政法大学出版社1995年版,第214页。
④ 同上书,第190页。
⑤ 参见梁慧星:《裁判的方法》,法律出版社2003年版,第1—2页。
⑥ 参见杨仁寿:《法学方法论》,中国政法大学出版社1999年版,第91、17页。
⑦ 刘水林:《法学方法论研究》,载《法学研究》2001年第3期。
⑧ 参见陈金钊:《法律解释的哲理》,山东人民出版社1999年版,第14页。

了法律方法论体系。① 舒国滢主张,从狭义上讲,法学方法论主要是指研究正确地适用法律所应遵循的一套原则、手段、程序和技巧的理论。以事实的认定和法律规范的寻找为中心,法学方法论所讨论的主要问题包括:法条的理论、案件事实的形成及其法律判断、法律的解释、法官从事法的续造之方法、法学概念及其体系的形成。这其中又包括法律解释、法律推理、法律论证、体系建构等方法。②

法律方法论已经从最初的法律解释学扩展到如今的法律推理、法律论证、法律发现、价值衡量、漏洞补充等多种方式并存的复杂局面,以至于不同的学者对于法律方法论的体系构成有着不同的认识。据考察,目前关于法律方法论的体系性观点大体主要有三种:一是以法律发现为龙头的方法体系。主张法律发现、法律解释、价值衡量、漏洞补充、法律论证、法律推理等构成法律方法论体系。二是以法律解释为核心概念的方法体系,传统的各种解释方法,以及价值衡量、法律论证、乃至于漏洞补充,都是解释法律的形式。三是以法律推理为核心概念的方法论体系。这种体系以形式推理和实质推理划分为基础,强调了形式推理的严格性以及实质推理的正义性,并且在实质推理中溶进了法律论证、价值衡量等方法。③ 法律方法理论体系的复杂化,一方面昭示着法律方法论研究的成熟程度,另一方面表明了法律方法学科的日渐独立,因为学科是否成熟、独立,一定意义上与理论研究的复杂化程度成正比。

结 语

从方法到方法论的嬗变,主体价值判断在方法使用中的正当作用得到承认;从法学方法与法律方法的纠结,法学从形而上的圣坛走向了形而下的世俗生活;从法律解释学到法律方法论的发展,具有实践品格的法学日益具有更多的可操作性。国内法律方法论的研究,从最初单纯的解释方法到现今多种方法的并存,不但在法学领域展示着从单一到复杂的理论发展历程,而且已经从不同的角度超越了纯粹的法学研究范围,引进了哲学、语言学、逻辑学、伦理学、社会学、历史学、心理学、系统学等多个学科的知识内容,逐渐形成一个复杂的、学科交叉的研究领域。这一方面反映了法律方法论独

---

① 陈金钊:《法律方法论体系的"逻辑"问题》,载《政法论丛》2008年第4期。
② 参见舒国滢:《走向显学的法学方法论》,载《法制日报》2007年4月15日,第14版。
③ 参见陈金钊、焦宝乾:《中国法律方法论研究学术报告》,载《山东大学学报》2005年第1期。

立学科意识的逐渐增强,另一方面反映了法学研究的发展已越来越离不开其他学科的智识支持,这是知识发展、细化的必然结果。

第 2 节　法律是封闭的还是开放的？
——我国法律方法论研究理念上的反思

要点提示　我国法律方法论研究在理念上大体经历了从封闭性到开放性的转变过程,受此影响,"唯一正确答案"立场上的局限性显现,合理性思维逐渐被认可;开放法律观念下,法官具有了一定程度的造法权力,法律方法的证立功能也日益受到重视。

国内法律方法论研究始于 20 世纪 80 年代,至今已形成一派繁荣景象。国内法律方法论研究之所以有如此长足进步,在理念上与人们对法律的认识转变密切相关,从早期认为法律是一个封闭、自足的体系到现今将法律看作为是一个开放、有待完善的体系,这一认识的转变大大开拓了人们关于法律方法论体系范围的认识,直接影响着法律方法论研究从单一的解释方法研究到日益完善的法律方法论体系研究的转变、合理性思维对正确性思维的超越以及新近对法律方法之证立功能的日益重视。

一、封闭法律观下的法律方法与开放法律观下的法律方法

大体来讲,国内法律方法论研究始于法律解释学,20 世纪 80 年代就有学者开始研究法律解释问题。如刘升平的《谈谈法律解释》描述了我国法律解释的分类:立法解释、司法解释、行政解释以及学理解释[①];孙国华、郭华成的《法律解释新论》主要谈了法律解释的概念、机制以及解释技术等问题。[②] 就内容而言,这两篇文章认为法律解释是法律适用的前提,初步具有现今法律方法的意蕴。但由于当时的中国社会总体处于法制建设阶段,学者的注意力多在如何更好的完善我国法律体系上,法律适用中的解释问题并未引起较多注意。法律解释真正引起学界的关注,是从 1995 年梁慧星的《民法解释学》一书的出版开始,自彼时起,法律适用逐渐引起人们关注,法律解释

---

① 参见刘升平:《谈谈法律解释》,载《法学杂志》1981 年第 5 期。
② 参见孙国华、郭华成:《法律解释新论》,载《政治与法律》1988 年第 5 期。

第八章　中国法律方法论研究的理论反思

成为法律方法论研究的发端。法律方法论研究从最初单一的法律解释学研究,至今已经演化出各种复杂的法律方法论体系,法律方法在具体内容上也从单一的法律解释拓展出各种复杂的方法:"漏洞补充、利益(价值)衡量、解释学循环、前理解、法律续造、法律论证、论辩、与修辞等新的理论与方法被相继提出"。① 笔者认为,法律方法论在研究内容上的拓展,一定程度上与该领域在研究理念上从封闭法律观转向开放法律观密切关联。

近几年有不少学者提及现今法律方法论研究与传统法律方法论研究之间在理念上的不同。所谓传统意义上的法律方法论,大体是指直接奠基于萨维尼法律解释理论基础上的法律方法理论。依郑永流的看法,这一意义上的法律方法是一种狭义的认识论上的法律方法,它把法看成是一个预设的、封闭的、自主的知识体系,这个体系为一切案件准备好了答案,法律方法的功用是认识预设的法律。② 在这样的法律观念下,法官只是"宣告及说出法律的嘴巴",判决也只是"法律的精确复写"。当法官的任何行为都必须在现有法律规定的意义范围内进行时,法律方法只能表现为有限度地解释现有法律,具体的方法也仅限于萨维尼的语义、逻辑、历史(主观)和体系解释四准则。西方法学中坚持实证主义立场的概念法学可以说是这种法律观念的典型表现,德国的潘德克吞法学则是其极端情形。有学者认为,这样一种意义上的法律教义学观念,其实是被赋予了某种类似于自然科学方法论意义上的知识属性。③ 其原因在于工业大革命时期,自然科学知识的长足发展,为人类的进步与发展起到了极大的推动作用,甚至可以说自然科学的发展在某一段时期内决定了人类社会的发展方向,于是,作为主流的自然科学思维方式也在很大程度上影响着法学思维:司法裁决中,只要前提为真,通过三段论推理,得出的结论亦肯定为真。

我国学者虽不如欧洲学者那样对这一观念贯彻得如此彻底,但人们在20世纪80、90年代对法律解释的认识,在潜意识中也体现着这样的法律观:面对具体案件,抽象的法律规范须经解释才能转化为含义确定的裁判大前提,然后与已确定的事实一起经过演绎推理,得出正确结论。这一思维模式将法律规范视为客观、自足的逻辑体系,包含解决所有现实问题的终极答

---

① 陈金钊:《司法过程中的法律方法论》,载《法制与社会发展》2002年第4期。
② 参见郑永流:《法学方法抑或法律方法?》,载戚渊等著:《法律论证与法学方法》,山东人民出版社2005年版,第29页。
③ 参见焦宝乾:《法教义学的观念及其演变》,载《法商研究》2006年第4期。

案,法官只需通过解释以确定法律规范的确切含义,然后演绎推理得出的结论就是正确无疑的。所以,有学者认为:"在法律方法论上,无论是近代自然科学还是实证主义法学都不脱离司法三段论的思维模式"①,具体来讲,自然法和法实证主义"都致力于客观的认识概念,实体本体论的法律概念(制定法概念),概括的意识形态和封闭的体系的理念"。② 也有学者论证了这一立场的理论基础:"传统法律解释理论乃建立于二个基础上,即 a.'语词'具有客观存在的'本来思想(概念内涵)'。b. 而法律解释只须透过'形式逻辑'的三段论证图式即可获得一个具有科学意义的判决结论。"③

尽管自然科学思维方式在人类生活中曾盛极一时,但随着哲学诠释学理论的产生,这一思维方式在社会科学、尤其是法学领域的影响力逐渐减弱。自然科学思维方式的理论前提是传统认识论中的主客二分模式,事先假定主体与客体是对立的二元、客体具有唯一的客观确定面向,人类认知的目的是发现客体的客观确定性。在哲学诠释学理论中,这一理论模式被扬弃。其领军人物伽达默尔主张,人的任何理解和认知过程都无法摆脱他自己的当下立场,对文本的理解就是文本观点与诠释者观点的相互交融和影响,理解并非单纯是对作者意图的理解,而是读者与作者的对话。这样,理解的过程被视为一个主客之间的视域融合过程,主客二分模式下对客观真理的认知被转化为一种主观与客观相结合的意义创生。④ 显而易见,在诠释学理论视野下,理解的目的并非单纯挖掘客体的客观确定性,而是以读者为中心的读者与作者观点的相互交流,由此,经过理解、解释后的结果便会呈现多样化的特征。封闭的法律观念受此影响颇大,强调解释对象自足性的传统法律解释学逐渐演变为法律诠释学。一方面,法律诠释学扬弃了自然法学和实证主义的封闭法律观⑤,转向一种开放的法律观。法律诠释学扬弃

---

① 焦宝乾:《当代法律方法论的转型——从司法三段论到法律论证》,载《法制与社会发展》2004 年第 1 期。
② 郑永流:《出释入造——法律诠释学及其与法律解释学的关系》,载《法学研究》2002 年第 3 期。
③ 张钰光:《法律论证与法律解释方法——形式逻辑学批判》,http://www.civillaw.com.cn/article/default.asp? id = 28182(最后访问日期:2011-5-6)。
④ 参见〔德〕伽达默尔:《真理与方法》,洪汉鼎译,上海译文出版社 1999 年版,第 313 页。
⑤ 郑永流认为,自然法学与法律实证主义,两个看似并无一致的冤家对头,在方法论上却都持有相同的封闭法律观:自然法学说以为,实证的法律规范来自绝对的法伦理原则,从实证的法律规范中可推出具体的法律判决,(规范论的)法律实证主义以为,具体的法律判决同样可不考虑经验纯演绎地出自凭借立法者命令的法律得出。参见郑永流:《法学方法抑或法律方法?》,载戚渊等著:《法律论证与法学方法》,山东人民出版社 2005 年版,第 29 页。

第八章　中国法律方法论研究的理论反思

了传统解释学理论中解释过程中的主客二分模式,认为对法律文本的理解并非是纯粹对客体的感受过程,而是奠基于主体先行自我理解基础上的过程。这一立场明显地体现在司法过程中,法官理解法律的同时也是创造性地将法律文本的意思与理解者的知识前见相融合的过程,法官在这一过程中积极建构着法律与事实:参照事实,建构性地理解法律;参照法律,建构性地认识事实。在司法过程中,法律并非是一个封闭、静止的体系,而是一个"开放的体系",因事实的改变而不断完善、发展自身。另一方面,法律诠释学认为对法律文本的诠释始终是在一个具体的法律事件中进行的,理解、诠释与应用是三位一体的同一过程。法官对于法律文本的解释就是结合当前案件对文本的应用,某一法律规则的含义,绝不仅仅是各个语词含义的简单相加,而是在个案中的具体确定。裁判中的"三段论推理"也决不是单纯地从规则或事实开始的,而是法官对法律规则和案件事实的关系具有一定认识基础上的相互接近过程。所以,法官对法律意义的阐释并非是对自足法律体系的简单应用、而是不断打破法律体系之封闭性并持续修正、完善这一体系的过程。

学者们从不同角度解读了法律观念的这一转变过程。焦宝乾认为,这一转变主要来自于两个原因:一是法律规则自身的开放结构开始得到人们的正视;二是为维护和规制现行的社会、经济和政治秩序,立法者常有意无意地使用一些不精确的词句,以便法官在法律条文的范围内行使比较宽泛的裁判权。由此,法学研究发生了某种根本性的转变:一是坚持"在敞开的体系中论证"的法律论证理论的兴盛,二是法律方法论研究者更多地偏爱以个案研究的视角赋予法律方法论以动态性、开放性的理论特征。[1] 郑永流认为,由于法律自身的缺陷和法律功能的扩展,封闭法律观相继遭到来自诸如心理学、社会学、语言学、新修辞学、经济学、诠释学、后现代主义的批判而基本被放弃。多元视角下的法律被视为开放的、未终了的、有待具体化的规范总谱。相应地,法律方法的内容得到极大拓展,自由裁量、利益衡量、合目的性(结果考量、客观解释)、论题解释、论证、前理解、诠释循环、填补法律漏洞、法律者的是非感、合宪性解释、法官对制定法的正当违背等因素被相继提出。"应用法律不(仅)是一个将事实与规范对接的法律推论活动,毋宁说,它(还)是一个续造既有法律或发现新法律的过程,法律方法贯穿于应用

---

[1] 参见焦宝乾:《事实与规范的二分及法律论证》,载《法商研究》2005 年第 4 期。

法律的全过程,不仅是对已有法律进行解释的问题。"①

近几年,在法律方法领域,国内学界对论题学、修辞学研究的青睐,综合各学科知识的法律论证理论的兴盛以及新近一些学者提倡的生态法学方法论无不是开放法律思维影响下的一些具体表现。从社会学的角度看,这是现今社会价值观念多元化在法律领域的一个表现,开放的法律观念能够较好回应实践的需求与变化,体现法学研究、法律方法论研究的实践价值。当然,也有学者对此寄予更高的希望,认为开放法律观下法律方法体系的开放性,更能体现法律方法的艺术性。②

二、正确性立场上的法律方法与合理性立场上的法律方法

在法律观念从封闭向开放转变的影响下,人们对"法律问题有无唯一正确答案"的认识也逐渐发生变化。封闭法律观念下,基于法律体系的自足性与确定性,每一案件都可以通过方法的使用获得唯一正确答案;当法律体系的自足性神话破灭,个案中的规范前提与事实前提的不确定性逐渐显现,"唯一正确答案"观念受到冲击,坚持通过方法的使用就可以获得绝对确定结论的正确性思维,逐步让位于承认法律问题可以有多个不同答案的合理性思维。

法律问题到底有没有唯一正确答案?学界对此颇有争议。否定论认为法律及其推理都是不确定的,因而没有正确答案可言;肯定论认为作为整体的法律在实践中是统一的,也是确定的,最佳的法律判断就是唯一正确答案;折衷论则主张把法律及其推理的确定性立基于程序的保障和合理商谈的实现,从而协调法律的确定性和判决的正当性之间的关系。③ 不论在理性争辩上孰对孰错,单就人们对这一问题的关注程度也能说明,基于对法律确定性的心理依赖,多数人其实是希望通过法律方法的使用获得唯一正确答案的。人们早期对法律解释的认识在一定程度上就体现着这种心理倾向。如孙国华编写的《法学基础理论》将法律解释视为"准确适用"法律规范的一个前提:"法律的解释是科学地阐明法律规范的内容与涵义……从而保证法律规范的准确适用。"④张文显主编的《法理学》也认为"法律解释是准确

---

① 郑永流:《法学方法抑或法律方法?》,载戚渊等著:《法律论证与法学方法》,山东人民出版社2005年版,第30—31页。
② 参见陈金钊:《法律方法论体系的"逻辑"问题》,载《政法论丛》2008年第4期。
③ 参见解兴权:《法律问题有正确答案吗?》,载《外国法译评》1998年第3期。
④ 孙国华主编:《法学基础理论》,法律出版社1982年版,第296页。

第八章　中国法律方法论研究的理论反思

适用法律的需要"。① 以法律解释作为法律适用的前提,其目的是为保证法律规范的准确适用,潜意识中的观念就是,只要法律规范被"准确适用"了,得出的答案肯定就是正确的,因为在封闭法律观念下人们早已预设现有法律体系是确定的,能够为所有问题提供唯一正确答案。

从某个角度讲,现代意义上的司法权力是一种独断性权力,由此决定了法官思维的独断性,其突出表现就是坚守法律问题中存在唯一正确答案。② 根据分权理论,现代社会中的各种纠纷,只有法官有权力根据法律规定作出最终的裁断。在他们眼里,法官职业群体所掌握的大体一致的知识体系、基本相同的思维方式与司法技巧,都是法律确定性的表现,基于此,法官能够对待决案件作出唯一正确的裁判结论。独断、正确的观念代表着一元论的法律秩序,它意味着,针对每一法律争议只存在唯一的正确答案,在任何冲突中只有一方的行为才能够被正当化。然而,现代社会追求多元价值,人们赖以调整行为的法律秩序也逐渐趋于多元。所以,有学者认为,主张每个案件都有"唯一正确的答案"是一个常识性的错误。判决过程中有许多不确定性因素发挥作用,包括法律适用的、事实认定的、司法人员个性的以及其他社会因素的不确定性,因而判决往往是不确定的。③ 也有学者主张,判决过程中的法律规则与案件事实具有不确定性,法官的理性也是有限的,因此并非每个案件都存在唯一正确答案。④ 还有人认为,20世纪西方法理学经历了从法律确定性向法律不确定性的转向,以"唯一正确答案"为核心的法律确定性难以成立。⑤ 另有学者基于现今社会民主、多元的现状,指出了唯一正确答案的局限性:德沃金正确答案论题赖以存在的解释方法没有普适性,解释方法忽视了权威和共识在法律实践中的重要性,他的理论没有考虑到法律体系中公民的要求。在现今崇尚多元价值的社会,并非每一个法律问题都只有唯一正确答案。⑥

其实,即使在以制定法为主的大陆法系国家,法官也在司法实践中有意

---

① 张文显主编:《法理学》,法律出版社2007年版,第251页。
② 参见武飞:《法官思维:独断还是商谈?》,载陈金钊等主编:《法律方法》(9),山东人民出版社2009年版,第232—240页。
③ 参见丁冰升:《论司法判决的不确定性》,载《现代法学》1999年第5期。
④ 参见聂昭伟:《论法律运行中的不确定性及其约束》,载《重庆工商大学学报》2006年第6期。
⑤ 参见李桂林:《法律推理的客观性及其实现条件》,载《政法论丛》2008年第3期。
⑥ 参见邱昭继:《法律问题有唯一正确答案吗?》,载陈金钊等主编:《法律方法》(9),山东人民出版社2009年版,第105—122页。

或无意地"创造"法律,回应社会价值多元的需求。这种情形下,有可能争论双方的行为都是合理的,双方的行为都可能被正当化。① 此时,法官所作裁判结论其实是选择其中更为合理的结果,法官的裁判不应当仅仅是借助独断性思维得出的结果,而是经过论辩、商谈,使用若干合理的、好的理由支持、论证裁判结论的合理性,增强判决被公众接受的可能性。此一情形下的"'正确性'意味着合理的、由好的理由所支持的可接受性。要澄清这些条件是不是被满足,不可能通过直接诉诸经验证据和理想直觉中提供的事实,而只能以商谈的方式,确切地说通过以论辩的方式而实施的论证过程。"② 受这一研究理念转变的影响,国内法律方法论研究在近几年更多地集中于论题学思维、类型思维在司法过程中的作用,这在很大程度上体现着合理性思维在法律方法论研究中的重要价值。

论题是指针对一个提问至少有两个及以上答案的问题,是人类知识构成中需要论证的问题。这一概念在法学研究中有广阔的适用范围。有学者指出,自然科学领域,思维的起点经常是真理、或公理等确定为真的命题,经过数学式的逻辑推导所得结论亦是为真。而在法学领域,法律体系本身不可能如概念法学所想象那样是一个公理体系,法学知识是由法律共同体经过多年的法律实践积淀而形成的法律理论、法律信念、法律方法及规范标准等内容构成,实践性是法学的学问性格,法学是论题取向、而不是公理取向的,因而法律体系应被视为是一个开放的体系。③ 有学者借助论题学理论反思了传统的法学思维模式:论题学的个案意识,打破了传统的封闭体系观念,并对传统法律方法论中的三段论法以及逻辑演绎法提出质疑,法学思维不是简单地演绎推理,它毋宁更多的是从问题出发,讨论前提条件是否可靠、能否被人接受。因而,论题学对于反思国内长期盛行的将法学知识视为"科学知识"的误见有积极作用。④ 也有学者进一步探讨了论题学的方法论意义,认为由于司法过程中的诉讼各方都是从自己的立场出发阐述争执,形成多种不同、甚至冲突的观点,论题学的思考方式恰可以在这种情形下帮助我们从多种观点分析并解决问题,这亦要求法官必须具备"高度的精神自由

---

① 参见〔美〕乔治·P. 弗莱彻:《正确的与合理的》,周折译,载《北大法律评论》2007年第1辑,第165页。
② 〔德〕哈贝马斯:《在事实与规范之间》,童世骏译,三联书店2003年版,第278页。
③ 参见舒国滢:《寻访法学的问题立场——兼谈"论题学法学"的思考方式》,载《法学研究》2005年第3期。
④ 参见焦宝乾:《论题学及其思维探究》,载《法学论坛》2010年第3期。

第八章　中国法律方法论研究的理论反思

与形成确定意见的能力"。①

论题学理论审视了法学思维与科学思维的不同之处,强调法律推理中前提命题的或然性质,由此主张法律结论的可论辩性、非唯一性。人们对类型思维的关注,也在一定程度上体现了法学领域的这种反自然科学主义的倾向。

类型思维是人们对概念思维进行批判的基础上提出来的。"概念"在传统法学思维中具有重要地位。一般认为,立法者的任务是从众多繁杂的社会事实中抽取共同特征,形成抽象的法律概念,进而制定不同的法律规则及原则;而法官的任务就是在相反的方向上,将法律规则、原则以概念为中介应用于具体案件。这一认识奠定了概念法学的市场:只要立法者建构的法律体系足够完善、表述足够精确,法官断案时只需通过演绎推理,就能为所有案件提供唯一正确答案。这一过程中,法官只需考虑案件事实是否符合抽象概念所要求的条件即可作出裁断,而无需额外的主观评判。在概念法学理念下,司法裁判过程是一个价值无涉的过程,能够最大限度地保证法律的确定性与客观性。

显而易见,概念思维是以法律体系的自足与封闭为前提条件的,这一立场在开放法律观念下饱受批评,学者们开始更多地关注具有开放性特征的类型思维。所谓类型,是对一类相近个案的统称,某些多次出现且具有大致相同外部特征的复数个案,可以称为一种类型。类型不同于概念,类型是一种或多或少的归类思维,而概念更多关注同一概念指涉范围内个案的共同性。类型思维承认主体认知理性的有限性、信息获取的不完全性,所以,类型是一个不确定的、开放性的概念,其外延边界具有模糊性。因此,类型在被适用之前,必须考虑具体案件情形对其进行具体化,以使其界限明确,内涵清晰。"类型所具有的写实主义立场可以利用其开放结构随时捕捉人类对客观世界的认知信息,与时俱进地更新其内部特征。所以,类型在法律领域的应用,尽管将减低法的安定性,但却可以提高法律对事物之真正的适应性。"② 基于这些认识,有学者认为,传统的概念思维所具有的抽象性,在取舍事物特征的过程中易于导向"抽象化过度"的极端,难以照顾到法律上的

---

① 参见张静焕:《论题学法学的逻辑解读》,载陈金钊等主编:《法律方法》(9),山东人民出版社2009年版,第60—69页。
② 李可:《类型思维及其法学方法论意义》,载《金陵法律评论》2003年秋季卷,第105—118页。

个别正义,同时它又易使法律本身趋于僵化。而类型思维所具有的层级性、开放性、意义性、直观性、整体性等特点恰好可以克服上述弊端,在抽象与具体之间找到一种权衡。因此该学者主张,科学的做法是在使法律思维适当地向类型思维转换的同时,将上述类型思维与概念思维有机地结合起来。① 也有人认为,类型思维的特点决定了它可以适用于复杂多样的现实,使用这种思维的关键是把握规范与事实所体现的本性,使二者相互对应,因此,司法适用过程必不可少地涉及法官的主观价值判断,司法过程本质上是在类型思维指导下进行的。② 还有人认为,传统的抽象概念式思维倚重逻辑涵摄,排斥价值判断,无法保证法官的正当裁判。作为一种价值导向的思考方式,类型思维以其开放性、整体性等特征,契合了法学的论题学立场,克服了抽象的概念思维的封闭性和"非此即彼"式武断的弊端,有助于司法者做出适切评价。③

论题思维和类型思维是开放性法律观念下的产物,经常使用这两种思维方式的法官无法做到价值无涉,司法裁判过程不可避免地要掺入法官个人的内心道德、价值及经验,由此影响法律裁判很难获得唯一正确结论,只能得到相对合理的结论。法律方法的功能就是在承认"价值有涉"的前提下,为个人经验和价值判断的介入提供有章可循的方法通道,使法律者能凭借各种方法去约束和指导自己的判断行为,以实现法律应用的目标:"形成一个虽非唯一正确的、但要求是在充分论证基础的上具有说服力的正当性判断。"④

三、发现意义上的法律方法与证立意义上的法律方法

合理性观念承认法律问题存在多解,法官的任务并非是发现封闭法律体系中的唯一正确答案,而是论证那些可能答案中哪一个是更为合理、正当的。由此,法律方法的作用不再仅是帮助法官在现有法律体系内发现可兹适用的法律规范,更多的是让法官站在开放性立场上,证立那些被发现、甚至是被创造的法律规范的正当性。

---

① 参见李可:《类型思维及其法学方法论意义》,载《金陵法律评论》2003年秋季卷,第105—118页。
② 参见李秀群:《司法裁判中的类型思维》,载《法律适用》2006年第7期。
③ 参见梁迎修:《类型思维及其在法学中的应用》,载《学习与探索》2008年第1期。
④ 郑永流:《法学方法抑或法律方法?》,载戚渊等著:《法律论证与法学方法》,山东人民出版社2005年版,第33页。

第八章 中国法律方法论研究的理论反思

分权学说下,法官的任务是把立法者制定的法律规范适用于具体案件,面对具体案件,法官只需从已有法律中"发现"适用于当前案件的裁判规范即可。发现裁判规范的主要方式是对已有法律的解释,如 20 世纪 50 年代翻译的《马克思列宁主义关于国家与法权理论教程》认为法律规范适用于具体案件时需予以解释:"在将法律或其他文件适用到具体的、实际的、需要根据法权进行判决的案件上时,就应该对这一法律或其他文件进行解释"[①];梁慧星也认为法律必须经过解释才能适用:"法律解释乃是法适用之不可欠缺的前提,要得到妥当的法适用,必须有妥当的法律解释。"[②] 使用解释方法在已有法律中发现适用于具体案件的裁判规范,也可以称为"找法","就是从现行的法律规则当中找到可以用来裁判本案的那一个法律规则,即用来进行逻辑推论的那个大前提"[③]。在"找法"的思维方式下,法官将自己的裁判依据局限于立法者事先制定的法律范围内,他只要将裁判依据诉诸于现有法律规定,就完成了对裁判结论的证立。换句话说,只要是法官能够表明结论是根据某某法律某某条之规定所作出的,人们就会认为这一判决是正确的。之所以如此,因为在这种法律观念下,人们已经在理念上假定:立法者制定的封闭法律体系的自足性、正确性不容怀疑,由此推理得出的结论自然应当被接受。当司法裁判的法律前提无需讨论时,研究者的关注点只能是前提与结论之间的推论过程,司法三段论的作用与价值备受青睐,成为一段时期内的研究热点。

然而,随着社会的发展,现实生活中的具体案件愈来愈复杂、多样,人们关于立法者和法官各自任务的看法逐渐发生变化。当现实纠纷复杂到立法者无法事先预料到所有可能发生的情况时,就需要对某些情况作更为原则性的规定,法官在适用这些规定时就有了自由裁量的余地。于是,萨维尼的解释四准则之外又有了更多的解释方法,如郑玉波将法律解释分为文理解释和论理解释,论理解释又分为扩张解释、限缩解释、反对解释、类推解释[④];梁慧星将法律解释分为文义解释、论理解释、比较法解释以及社会学解释,并将论理解释细分为体系解释、法意解释、扩张解释、限缩解释、当然解释、

---

① 苏联科学院法学所编:《马克思列宁主义关于国家与法权理论教程》,中国人民大学出版社 1955 年版,第 505 页。
② 梁慧星:《民法解释学》,中国政法大学出版社 1995 年版,第 194 页。
③ 梁慧星:《裁判的方法》,法律出版社 2003 年版,第 36 页。
④ 参见郑玉波:《民法总则》,三民书局 1979 年版,第 20—21 页。

目的解释、合宪性解释。① 这些解释方法的出现,显然已经超出传统上在封闭法律体系内进行解释的立场,超出了传统理念中法官的权限范围,不再把法官完全局限于立法者事先制定的法律规范范围内,而具有一定程度的超越法律体系的造法权力。在新的思维方式下,立法者事先制定的法律体系的自足性受到质疑,法官持有开放型姿态,将裁判依据拓展到既有法律范围之外,事实上拥有了一定程度的造法权力,不仅采纳了新的解释方法,而且发展出更多的其他方法如价值衡量、漏洞补充、类比推理等。当法官将裁判依据诉诸于已有法律规范之外的理由时,由于该理由并不具备如立法者制定的法律规范那样的权威地位,为使所获结论能够被人接受,法官必须对裁判行为进行说明,一些法律方法的证立价值开始显现。②

20世纪90年代国内已有学者将法律解释置于证立或论证的框架下予以考虑。如刘星主张应当从证立的角度去理解法律解释:"笔者以为,解释的具体方案是次要的,重要的是对解释确证即正当性的基本理由的追寻和理解……"③ 张志铭也主张从证立的视角看待法律解释:"把法律解释的实际操作与司法裁判过程中的法律适用活动相结合,意味着本书将选择一种法律的正当性证明(或证成,legal justification)的角度把握和分析法律解释的操作技术。"④ 苏力亦持有类似的立场:"……法律解释的问题不在于发现对文本的正确理解,而在于为某种具体的司法做法提出有根据的且有说服力的法律理由。"⑤ 也有人从实证观察的角度阐释了解释方法的证立或正当化功能,"法官解释法律,并不是按照法律解释的'方法'进行的,这些'方法'仅仅是法官已有的法律解释结论正当化的理由而已。"⑥ 司法实践中,法官处理案件一般是先有自己的判断,然后再去寻找法律依据。如果找到明确的规定,则依法律规定判决;如果法律规定不明确或与法官自己的判断相矛盾,他就会根据上一层级的规则或原则,借助于各种解释方法来证立其判断的合理性。"这种先有结论后又'运用'解释方法的思维过程是一种"结

---

① 参见梁慧星:《民法解释学》,中国政法大学出版社1995年版,第214页。
② 参见焦宝乾:《法的发现与证立》,载《法学研究》2005年第5期。
③ 刘星:《法律解释中的大众话语与精英话语》,载梁治平编:《法律解释问题》,法律出版社1998年版,第141页。
④ 张志铭:《法律解释操作分析》,中国政法大学出版社1999年版,第77页。
⑤ 苏力:《解释的难题:对几种法律文本解释方法的追问》,载梁治平编:《法律解释问题》,法律出版社1998年版,第59页。
⑥ 喻敏:《法律解释:解释什么与怎样解释》,载 http://www.lawyee.com.cn/html/text/art/3355470/335547099.html(最后访问日期:2009-7-10)。

第八章 中国法律方法论研究的理论反思

论主导"型的思维模式"①,就像普通人并不是首先考虑语法规则然后再开口说话一样,语法或逻辑规则只是在检验所说话语是否正确时才会被考虑。法官使用各种方法解释法律也是一样的道理,它们只是证立已有结论的正当性的手段而已。在这个意义上,法官解释法律,主要不是运用解释方法发现某个可能的结果,而是把这些解释方法当作证立某个结果是否正当的手段。

司法实践经验显示,一个法律判断往往是"先有结论、再找理由",这些结论常常是依赖直觉形成的,但只要这个结论能够经过逻辑严谨的步骤加以证立,它当初是如何产生的并不重要。因此,西方在20世纪70年代发展起来、国内在21世纪初引进并迅速成为热点的法律论证理论强调判决理论的"重点在于是否充分而完整地进行对法学判断之证立,而不在于这个裁判事实上是透过何种过程发现的"②。当代著名的法律论证理论学者阿列克西在区分"发现的过程"与"证立的过程"基础上主张,法律论证理论主要关注的是证立的过程,而非发现的过程。他在强调证立的重要性的同时,明确地赋予了各种解释方法以证立的功能:"(解释)规准(解释方法——引者注)的一个最重要的任务在于对这个解释的证立。"③在法律论证框架下,各种解释方法的作用不在于发现法律规范面对具体个案时的不同含义,而是证立某种已有解释结果的正当性。解释方法给我们提供的是各种不同的解释形式或方式,以使解释者能够在这些逻辑有效的形式中重构他所持有的某种观点,如果观点能够被重构,它就是合逻辑的、正当的。

在这个愈来愈"缺乏根据的时代",提出主张之后的证立过程非常重要。21世纪以来法律论证理论在国内的兴盛,已然表明国内学者对证立思维的接纳,人们在研究法律方法的过程中愈来愈重视各种方法的证立功能。如陈金钊在谈及法律方法论的意义时,已在深层意识中注意到了法律方法的发现与证立两种功能。一方面,他认为"司法方法论重点要解决法律规则向判决的转换过程",这是站在发现立场上谈论这一问题的;另一方面,他认为法律方法对法官行为具有批判、反思功能,"方法论要求法官在判决前提与推论之间建立一种可检验的推导关系",正是这一要求的存在,使各种法律方法在陈金钊的理论体系中具有了"总结法律经验,解释司法过程和对法

---

① 刘治斌:《法律发现与法律判断》,载《兰州学刊》2003年第2期。
② 颜厥安:《法与实践理性》,中国政法大学出版社2003年版,第138页。
③ 〔德〕阿列克西:《法律论证理论》,舒国滢译,中国法制出版社2002年版,第290页。

律进行反思批判的功能"。① 通俗地讲,所谓法律方法的证立功能,只不过是要求通过法律方法的使用,检验被发现的结果是否符合逻辑要求,也就是反思司法行为的正当性。而法律方法论则要考虑具体案件的裁判中采取哪一种方法是正确的、哪一种方法是错误的,从这个意义上讲,法律方法论主要不是发现意义上的"解题技巧的指示",而是反思已有结论的真伪。

事实上,我们在日常的研究实践中经常有意无意地借助方法反思、检验结果正当与否。如随着学界对法律方法之实践功能的强调,有许多人运用各种方法分析当前的重、特、大案件,或者支持、或者反对法官所作判决,这一分析行为本身正是在证立意义上使用着各种方法:支持者说,这个法官判的好,因为他合理使用了各种方法;反对者说,这个法官判的不好,他的判决过程无法实现逻辑重构。于是,方法的证立功能显现双重作用:既能证立某一既有结果的正当性、也能掩盖它们的不合理性。因此,我们应当正视证立意义上的法律方法,既要合理地发挥它们的证立价值,又要时常警惕可能的异化。②

四、开放法律观念下法律方法论的研究方向

开放法律观念下,一个问题可能有多个答案,哪一个是更为合理的?负有裁判职责的法官必须做出选择,法律方法是说明其选择行为合理、正当的主要工具。但是,我们必须清醒地意识到,方法既能证立某一行为(结果)的正当性、也能掩盖它们的不合理性,这表明,法律方法或方法论与司法裁判结果的正确性没有必然的联系,方法正确并不必然保证结果正确。法律方法无法独自保证法治的实现,表面上的原因是法律秩序自身没有提供精确处理相关信息的规则,由此导致各种方法在具体个案使用中的无序性,也就无法找到唯一正确的答案、只有相对合理的答案;深层次的原因却在于使用方法的人,不管什么方法——无论是拘谨于形式主义的演绎推理、还是热衷

---

① 参见陈金钊:《法律方法论的意义》,载陈金钊等主编:《法律方法》(4),山东人民出版社2003年版,第2—4页。

② 有学者认为,司法过程中的法律方法是在司法实践基础上所作的理论总结,而不是单纯地依据法学理论进行的逻辑归纳,该学者对目前法学理论界持有的法律方法必然具有正当属性的观点表示质疑,提出在具体的司法实践中法律方法的异化问题,并剖析其异化的基本形态及成因。参见韩德强:《论法律方法的异化及其成因——兼析司法过程中司法资源的市场化配置》,载《河南省政法管理干部学院学报》2005年第2期。

第八章　中国法律方法论研究的理论反思

于实质正义的价值衡量,都无法避免法官个人的价值评判。所以,某一司法裁决过程是否合理、正当,主体素质的高低是关键。因此,在法律方法论研究领域,主体与方法的关系是值得关注的,这应当是该领域未来比较重要的一个研究方向。

第九章

《法律方法》十卷回顾与展望

第九章 《法律方法》十卷回顾与展望

《法律方法》是山东省人文社会科学重点研究基地"山东大学法律方法论研究中心"（陈金钊教授担任本研究基地主任）主办的一份专业性很强的以书代刊的杂志。本刊自2002年创办以来，到2010年已经连续推出了10卷。随着法律方法论在国内法学研究中日益受到重视，《法律方法》也产生了越来越大的影响。在法学研究领域，《法律方法》已经被很多学者认为是法律方法论研究的核心刊物之一。特别是在2007年，《法律方法》成功入选CSSCI来源集刊。入选CSSCI之后，《法律方法》已经有近十篇论文被人大复印资料全文转载。随着办刊质量不断提高，作者群也扩展到了法官、检察官和律师等法律实务人员。越来越多的司法实践工作者对法律方法的接受逐渐由被动转向主动，由自发转向自觉。通过编辑出版《法律方法》杂志，山东大学威海法律方法论研究基地的青年教师、博士生、硕士生受到了锻炼，科研的规范化和问题意识得到了加强，同时也团结了国内一批关于法律方法论研究的青年学者。在《法律方法》已经出版十卷的情况下，对其进行回顾和展望，不仅为这本刊物今后的发展提供更为明确的方向和动力，也能够为中国法律方法论的研究提供富有价值的借鉴。

一、《法律方法》各卷的研究主题

从创刊以来，《法律方法》一直坚持将自身主要定位于法律方法论的相关学术研究。当然，法律方法论自身也具有较为丰富的理论体系，每个分支研究方向也需要进行深入的挖掘和探索。从如下《法律方法》第1到第10卷的栏目设置及其变化中，就可以清楚地看到这一点。

第一卷：未设置栏目
第二卷：未设置栏目
第三卷：法律推理、法律论证、法律解释
第四卷：基本理论、法律解释、法律推理、东方法言、研究资料
第五卷：一般理论、法律解释、法律论证、利益衡量、研究综述
第六卷：基础理论、法律解释、法律论证、个案解读
第七卷：主题研讨（司法方法与和谐社会建设）、理论研究、域外视窗、判解研究、青年论坛、书评、资料整理
第八卷：推理与论证、部门法方法论、裁判方法论、方法史论、判例

研究、博士生论坛、东方法言

　　第九卷：理论争鸣、域外视窗、部门法方法论、裁判方法论、博士生论坛、方法史论、研究综述

　　第十卷：域外视窗、法律方法理论、部门法方法论、裁判方法论、司法意识形态研究、法学评论

　　从以上每卷的栏目设置中可以看到，在保持着法律方法论的宏观主题下，《法律方法》在各个分支研究领域中也展现着自身的特色，这些特色至少可以包括以下几个方面。

　　首先，《法律方法》的研究主题逐渐丰富多样。从初创时第一卷和第二卷没有设置具体栏目，再到第三卷出现三个栏目，再到后来几卷中研究主题的不断增加，例如"主题研讨"、"判解研究"等。这种数量和种类上的发展对于《法律方法》自身也是一种进步的标志。

　　其次，《法律方法》始终保持着较为准确和固定的研究主题。从主题设置中可以看到，"法律解释"、"法律论证"和"法律推理"是出现较为频繁的，这也是法律方法论体系中较为基础性的一些分支研究主题。同时，对于"利益衡量"等其他研究主题，《法律方法》也给予了一定的重视。这说明了，《法律方法》在注重基础性研究主题的同时，也对整个法律方法论体系有着整体性的关注。

　　再次，《法律方法》还有一些特色栏目。例如"判解研究"专门重视对特定的案例基于法律方法论的视角进行细致分析。再如"司法意识形态研究"，集中了几篇关于司法能动主义和司法保守主义的论文，对这一主题进行了争锋相对的分析。"方法史论"则侧重从历史的角度对法律方法的进程进行探讨。而"青年论坛"或"博士生论坛"则为法律方法论研究领域的青年学子提供了一个展示其学术能力的窗口，其中一些青年学者现在已经逐渐在国内法学研究中开始崭露头角。

　　最后，《法律方法》的栏目设置从一个侧面反映了中国法律方法论研究的进程。这一点应当是《法律方法》的栏目设置中最重要、也是最根本的特点。从最初没有多少固定的研究主题，到"法律解释"、"法律论证"和"法律推理"等较为固定的主题，再到"利益衡量"、"司法意识形态"等研究主题的丰富，这些栏目充分反映了中国法律方法论研究也逐渐丰富多样，并且发展迅速。而以"部门法方法论"为代表的栏目出现，反映了中国法律方法论的研究逐渐由单纯的法理学中的探讨，逐渐向部门法渗透和扩展，这与国内部

门法中的相关研究也是相当一致的。逐渐出现并日益受到重视的"判解研究"或者"判例研究"也标志着中国法律方法论的研究正在由单纯的理论分析逐步向中国司法实践靠近。《法律方法》的栏目设置,对于以上的研究趋势都有着相当准确的反映,一定意义上可以说是中国法律方法论研究的一个缩影。

二、《法律方法》各卷的作者构成

刊物的发展进步也与作者群体的进步有着同步性,虽然作者的学历和职称并不是判断刊物水平的唯一衡量标准。但是,一般而言,学历和职称上占优势的作者更有可能创作出较为出色的作品。所以,从这个角度来说,对作者的构成进行分析也有着相当重要的意义。《法律方法》的发展也不例外。需要说明的是,由于《法律方法》第一卷到第五卷并没有单独设立作者简介,这对作者构成进行统计造成了困难,所以,本文的相关统计结果是从第六卷开始的。

《法律方法》第六卷至第十卷作者构成统计表

	第六卷	第七卷	第八卷	第九卷	第十卷	平均
作者总数	26	33	43	38	37	35.4
硕士人数	11	2	7	4	6	6
硕士比例	42.3%	6.1%	16.3%	10.5%	16.2%	18.28%
博士人数	12	30	30	32	28	26.4
博士比例	46.1%	90.9%	69.8%	84.2%	75.7%	73.34%
讲师人数	7	14	11	7	11	10
讲师比例	26.9%	42.4%	25.6%	18.4%	29.7%	28.6%
副教授人数	4	11	9	11	7	8.4
副教授比例	15.4%	33.3%	20.9%	28.9%	18.9%	23.48%
教授人数	0	2	6	7	6	4.2
教授比例	0%	6.1%	14.0%	18.4%	16.2%	10.94%

说明:(1)各种人员构成仅仅是根据文中作者简介编辑而成,不排除作者简介中出现遗漏学历或者职称的可能。

(2)同一作者身份重叠者,采取双重计算方法。例如,同一作者为法学博士、讲师,则分别计入相应数据。

(3)表格中的"硕士"包括法学硕士、法律硕士和硕士研究生;"博士"包括博士研究生、法学博士和博士后。

从上述表格中可以到,《法律方法》从第六卷到第十卷在作者构成上主

要有以下几个特点:

首先,作者群体的构成层次十分全面。从在读的硕士研究生到博士、博士后,从讲师到教授、博士生导师,只要对法律方法论研究有着自身的真知灼见,都可以在《法律方法》上展现自身的学术能力与才华,《法律方法》绝不简单地以学历和职称作为唯一的评价标准。特别需要指出的是,虽然在表格的数据统计中没有单列,《法律方法》的作者构成中,司法实务人员的比例也在逐渐增加。截止到第十卷,已经有约十位法官或者律师成为《法律方法》各卷的作者。这些来自司法实践部门的作者带来了其特殊的研究视角和实践经验,对法律方法论研究的提升与扩展有着相当的裨益。

其次,作者群体在学历和职称上不断提升,集中体现在博士作者和副教授作者群体中。总体而言,从第六卷到第十卷,博士作者的比重在总体上是提升的:从近50%逐步发展到近80%。与之相对,副教授作者的比例从不到20%逐渐过渡到将近30%。与之相类似,教授作者的比重虽然有所变化,但是,总体也基本维持在10%—20%左右。作者群体的这种变化在一定程度上说明了法律方法论研究受到了学者更多的关注,其自身的分析和探讨也在不断深化。

再次,作者群体构成逐渐趋于稳定。在经历了最初几卷的尝试和磨合之后,《法律方法》的作者构成基本上可以确定为如下比例:硕士作者近20%,博士作者超过70%,讲师作者近30%,副教授作者超过20%,教授作者不到20%。可以预见,随着国内法律方法论研究的日益深入和稳定,《法律方法》的作者构成比例不会发生较大变化,将继续维持以上比例。

最后,从第七卷入选CSSCI来源集刊之后,发生了较为显著的变化。特别是第七卷,与第六卷对比变化非常明显。例如,硕士作者的人数从11位下降为2位,其比例也由42.3%降低为6.1%;与之相对应,博士作者人数从12位上升到30位,其比例也由46.1%上升到90.9%。副教授和教师作者的比例也有着类似的变化。这说明,《法律方法》入选为CSSCI来源集刊之后,进一步加强了对自身的要求,对来稿的数量和质量把握更为严格。这种做法也为继续保持和提升刊物水平奠定了基础。

特别需要说明的是,作为法律方法论基地的刊物,《法律方法》跟山东大学威海分校定期举办的"玛珈山法律方法论坛"也有着相当紧密的联系。在法律方法论坛上讨论过的主题,特别是主题所依赖的文本,经过与会者的讨论和批判,总能得到比较完善的修正,其中很多文章也被《法律方法》所刊用。近年来,随着山东省法律方法研究会的成立,《法律方法》办刊开始受到定期举办的山东省法律方法年会的影响。但整体而言,受到国内法律方法论研究现状的制约,本刊的稿源依然有限。不过,在近年来本刊过程中,我们一直注重吸纳国内各高校在此方面的研究成果,尤其是译作。

三、《法律方法》各卷的主要研究方法

由于以规范法学为主要的理论来源,法律方法论研究多是以规范分析为首要的研究方法,这一点在《法律方法》的文章中也有着比较明显的反映。可以说,《法律方法》的绝大多数文章都带有比较明显的规范分析的色彩。无论是合理性、合法性、正当性,还是规范与判决的效力,抑或是其他法的实体内容,都是《法律方法》所关注的对象。另外,从法律方法的角度重新审视法律制度也是《法律方法》着重分析的课题,例如《管理体制下的制定法解释》(森斯坦著,第一卷)、《从法律解释内涵析我国法律解释体制(赵玉增著,第二卷)》、《论刑法适用中法律解释的确定性》(王钧著,第三卷)、《法律空白与法官造法》(马得华著,第四卷)、《法律解释权研究》(胡敏敏著,第五卷)、《论法官的法律解释权》(李辉著,第六卷)、《人民法院的"审判权"是否蕴涵着宪法解释权》(范进学著,第七卷)、《刑法机械适用的理想设计与实践命运》(王瑞君著,第八卷)、《中国规范性刑法解释的实然与应然》(张文、牛克乾著,第九卷)和《法律解释的制度逻辑》(王彬著,第十卷)。这些聚焦法律制度的文章反映了法律方法论对实践的关注,也是《法律方法》立足的重要姿态。当然,除了规范分析方法之外,在《法律方法》第一卷到第十卷的编辑过程中,其他的很多研究方法也逐渐受到了重视和使用,这同样是《法律方法》以及中国法律方法论研究发展进步的表现。

(一)实证分析方法

与规范分析侧重于应然不同,实证分析方法推崇实然的状态。基于规范的立场,法律方法论的研究更侧重于应然的规范分析,但是,实证分析对法律方法论的研究也是相当必要的,因为法律方法面向着司法实践,不仅需要重视规范,也需要重视规范运行的实际效果,也即游走于规范与事实之间。《法律方法》所刊登的文章中,运用实证分析方法的也占有相当的比例。例如在《论裁判规范》(赵耀彤著,第六卷)一文中,作者基于自己的法官身

份对山东省聊城市东昌府区人民法院五年中各类案件结案以及报送审判委员会研究案件的情况进行了细致的数据统计,并且用很多具体案件论述了裁判规范形成的过程及其影响因素等理论问题。除了对具体案件的实证分析之外,《法律方法》的论文中还有不少对规范性文件进行的实证研究,例如,《"审判解释"考(1985—2007)》(杨建军著,第八卷),作者对审判解释年度的数量和类型、审判解释的发布主体(包括最高人民法院和最高人民检察院联合发布)、审判解释的名称(包括规定、决定、解释、解答、批复、通知、复函、补充规定、暂行规定等等)以及其他相关问题进行了比较详细的实证分析,并由此得出一些可以作为指导审判的一般性原理。

除了以上直接面向司法实践的实证分析之外,"知识考古学式"的学术实证研究也被《法律方法》所关注。例如,早在第一卷中就出现了《文本论:一种法律文本解释方法的学说考察——以美国法为中心》(焦宝乾著)一文,对文本解释方法进行了细致的学术梳理。这种理论中的实证研究对法律方法论中"论"的成分(理论成分)有着相当重要的意义,因为它可以提升法律方法论的理论深度,也是中国法律方法论研究发展的重要动力和表现。在其后各卷中,此类文章也经常出现,例如,《司法三段论的历史》(张玉萍著,第六卷)、《法律方法的技术化——基于欧美法律方法著作的考察》(姜世波著,第七卷)、《法官如何决策?——司法行为研究的文献综述》(田雷著,第八卷)、《美国宪法解释理论与实践中的原意主义——基于美国宪政发展历程的考察》(施嵩著,第九卷)等。

(二)历史分析方法

从中国法律方法论研究的 10 年回顾大致可以看到,我们对于西方相关理论资源的引进,首先接收的是"成品",即已经较为成熟和成型的结论。随着法律方法论与中国司法实践不断结合,我们需要扬弃这些现成的结论,而扬弃的标准之一就是这些现成结论产生的历史背景条件。也就是说,我们需要通过对相关理论研究的历史沿革来与中国当下的法治环境,特别是司法环境和条件进行比较,才能够大致确定哪些西方法律方法论的资源能够适用于中国。更重要的是,基于法律方法论的立场,我们还可以对中国自古以来的司法传统进行重新审视,挖掘其中能够为当下司法实践所吸取的内容。这也是在理论上实现法律方法论研究中国化的重要方向,《法律方法》在这个方面也一直进行着努力。例如,《法律解释与罗马法的复兴——从历史视角考察法律解释的基本功能》(马建红著,第四卷)一文,作者通过对罗马法复兴的历史考察,分析了法律解释在司法实践中的重要功能,并提出由法学家解释法律的观点。

特别需要指出的是,在第八卷和第九卷中,《法律方法》都单独设立了"方法史论"专栏,刊登了共七篇文章来关注基于法律方法论的立场从中国古代司法判决的实践传统中寻找可资借鉴之处。例如,江照信博士的《以史理论:案件与法学的认识问题——以大清律"杀死奸夫"之案例为例》(第八卷),强调了从案件当事人行为的角度去理解法律,对历史案件的系统分析,可以对既存的知识或者理论产生积极的影响。再如钱锦宇博士的《清代刑案谳的法律发现》就运用了法律发现方法的一些基本原理重新审视了《大清律例》等法律文本的规定,认为清代司法官往往通过法律识别、法律解释、比附类推、援引概括性禁律和成案等法律发现的独特技术来塑造三段论推理的大前提。同样的历史研究进路也体现在《试论清代司法实践中比附适用的类比方法——以〈刑案汇览三编〉为例》(管伟著,第九卷)一文中,作者认为清代法官从事着大量比附适用的司法活动,其中的方法一是通过对于律例的事实构成的分析与概括,需要找与案件事实的连接点,二是通过详译律意来寻找律例事实构成中的关键事实,使得律例描述的事实构成部分涵摄案件事实而完成比附,最后以不同利益衡量的方式,寻找相应的比附依据。

(三) 个案研究方法

基于司法中心主义的立场,法律方法论的研究一直对司法个案的研究情有独钟,从西方法律方法论研究的历程来看,对特定司法案件的探讨和分析是推动理论发展的终极动力。这一点对于中国的法律方法论研究更为适用。如果说理论上的结论和原理还带有比较强烈的移植色彩而可能发生水土不服的情况,那么,特定司法案件的出现则完全独立于这些外来的理论资源而带有中国本土的独特特征。对这些特征进行挖掘则可以为法律方法论研究的中国特色作出重要贡献。《法律方法》也对法律方法论的这种研究特色给予了充分重视,每卷文章中几乎都有特定的案件讨论,无论是基于特定理论的分析,还是专门针对个案的探讨。

例如,《论刑法适用中法律解释的确定性——由一起刑事案件引发的对法律解释的思考》(王钧著,第三卷)、《法律论证技巧在司法中的应用——以"二奶"受遗赠案为例》(东广明著,第五卷)等。

在《法律方法》第六卷、第七卷和第八卷中,这种个案研究的方法得到了更加充分的重视,这三卷为个案研究设立了专栏,分别是个案解读(2篇)、判解研究(3篇)和判例研究(6篇)。这些案件的类型比较多元,民法案件和刑法案件、国内案件和国外案件都有所涉及。特别需要指出的是,《法律方法》第九卷的"判例研究"专栏中,有四篇文章专门探讨了轰动一时的许霆案,这种基于法律方法论立场对现实案件给予充分关注也是《法律方法》着重追求的品格。

(四)反思与批判方法

作为一个法律方法论研究中的"发展中国家",我们从引介西方相关的理论成果开始自己的研究,这几乎是一个必然的选择。但是,法律方法论的研究,特别是西方法律方法论研究的成果,是否以及在多大程度上适合中国的法学研究与司法实践,在很大程度上是存在疑问的,而且这种质疑从我国法律方法论研究的一开始就存在着。十多年来的研究成果基本可以证明,法律方法论对于中国法治建设有着相当重要的意义,存在着成长发育的中国土壤。但是,对源于西方的相关理论保持警惕和批判的态度,应当是我们一直坚持的。从对西方法律方法理论的借鉴与批判中,发掘出中国法律方法论研究的特点与方向,是后者日益走向成熟的标志。从《法律方法》第一到第十卷的编辑过程中,这种反思与批判的研究方式也贯穿于始终。

《法律方法》在最初几卷中,对各种具体的法律方法多是一种总体性的评价与介绍,例如《论法律推理》(张传新著,第一卷)、《法律解释学的实用命运》(张立伟著,第一卷)、《法律方法论引论》(陈金钊著,第二卷)、《论法律解释的目标》(胡敏敏著,第二卷)、《司法过程中的利益衡量》(李秀群著,第二卷)、《法律论证引论》(夏贞鹏著,第三卷)、《论法律解释的客观性》(魏治勋著,第三卷)、《法律方法论的意义》(陈金钊著,第四卷)、《论法律解释的目标》(焦宝乾著,第四卷)、《论法律推理的概念——从法律方法论的视角》(赵玉增著,第四卷)、《论证、法律论证及相关名词辨析》(焦宝乾著,第五卷)、《法律论证的原则》(侯学勇著,第五卷)等等。仅仅从文章的标题中就可以看到,对于法律方法论体系中各种具体法律方法进行基本界定和意义表述,是当时研究阶段的主要内容。在这一阶段中,对西方的法律方法论观点,特别是其中的著名学者的观点进行分析和批判,也是相当重要的组成部分,《法律方法》中前几卷的典型的文章包括《在法的确定性与不确定性之间——〈法理学问题〉随想》(姜峰著,第一卷)、《重构还是超越:法律解释的客观性探询——以德沃金和波斯纳的法律解释论为主》(田成有著,第二卷)、《德沃金法律解释观微探》(薛媛著,第二卷)、《德沃金"唯一正确答案"——一种实用的策略》(柴玉丽、李怀德著,第二卷)、《可接受的法律论证理论——读阿列克西的〈法律论证理论〉》(赵玉增著,第三卷)、《佩雷尔曼修辞论证理论研究》(侯学勇著,第四卷)、《哈特的司法解释理论及其发展评述》(刘奇耀著,第五卷)等。

  基于以上对西方法律方法论的吸收和批判,中国的法律方法论研究也逐渐发展出一些自身的特点。法律方法论在理论上实践上的局限性进行反思,也是其自身发展和成熟的表现。从第四卷中的《论法律方法的异化及其危害——兼析司法过程中司法资源的市场化配置》(韩德强、郝红梅著)一文开始,《法律方法》中对法律方法论研究的反思和批判日益明显,在其后的几卷中,这种风格也逐渐明显。例如《超越主、客观对立的刑法解释》(李川著,第五卷)、《利益衡量论批判》(魏治勋、张雅维著,第五卷)、《法律方法:问题与语境》(王国龙著,第六卷)、《我国法律方法研究的一种方法论反思——基于法社会学的视角》(周赟著,第七卷)、《根据法律进行思维的方法与限度——以许霆案为例对法官思维的反思》(刘军著,第八卷)、《对扩张解释与限缩解释的反思》(姜福东著,第十卷)。特别是在《法律方法》第九卷中,"理论争鸣"的几篇文章集中展示了中国法律方法论研究中的批判与反思的特征,《也论判决的产生过程——与任强先生商榷》(喻中著)、《法治反对解释:一个不妥当的命题?——与陈金钊教授商榷》(邓红梅著)、《对"法治反对解释"命题的整体性阅读——兼与陈金钊教授、范进学教授商榷》(李见伟著)、《法律方法论在中国的幼稚程度及其根源——兼与医学、工程学的发达相比较》(胡桥著)。在经历了最初的引介之后,法律方法论的研究一直保持着内省和反思的精神,《法律方法》也会将这种精神贯穿于今后的编辑工作之中。

四、《法律方法》今后的发展展望

  通过以上对《法律方法》八年十卷的简要回顾,可以看出该刊物经历了一个不断发展、日益成熟的过程。特别是入选 CSSCI 来源集刊,可以说是对《法律方法》办刊质量和水平的一次重要肯定。面对着国内法学的蓬勃发展、层出不穷的法学刊物之间的激烈竞争,《法律方法》还需要百尺竿头更进一步。对此,《法律方法》编辑部还是有比较强的信心的,在此基础上,拟对《法律方法》刊物的持续发展展望如下:

首先,中国法律方法论研究的持续发展,是《法律方法》保持生命力的源泉。

从历年的《法律方法论研究报告》、相关文献产出以及各种会议可以看到,法律方法论的研究在中国法学界已经产生了重要影响,而且,由于其自身的实践定位,法律方法论的研究也将继续深入和扩展。这种研究的现状和趋势为《法律方法》的继续发展提供了良好的基础。只有建立在中国法律方法论研究持续发展的基础上,《法律方法》才能有着源源不断的活力。因此,《法律方法》也将继续维持自身的准确定位和特色,捕捉中国法律方法论研究的最新动向和趋势,为中国法律方法论研究作出自己的贡献。

其次,山东大学威海分校法律方法论研究基地是《法律方法》所依托的主要学术平台,研究基地的发展也必将带动《法律方法》的发展。

经过十年的发展,山东省人文社会科学重点研究基地"山东大学法律方法论研究中心"已经发展成为在全国有重要影响的一支学术力量。陈金钊教授带领的法律方法论研究团队,着眼于我国法理学研究中的一个蓬勃兴起的研究领域,不断进取,深入钻研,迄今实际上已经发展成为全国法律方法论研究的最重要基地之一,研究水平在全国居于领先,受到了全国法学界的普遍关注。研究基地对作为方法论的法律哲学、法律逻辑学、法律解释学和法律修辞学都做了较为深入和卓有成效的研究,缺陷是对法律语言学的研究还比较欠缺。作为应用的法律方法论体系主要包括法律发现、法律解释、法律论证、利益衡量(价值衡量)、漏洞补充和法律推理等方法。本基地的主要研究人员对各种法律方法从一般理论和部门法的角度都做了很多的研究,出版或发表了大量的学术论文,在国内外产生了重要的影响。现在所处的研究阶段是:如何把较为成熟的理论研究与司法实践有机而和谐地结合起来,以实现法律方法理论对实践的关怀和影响;同时,利用新修辞学、现代逻辑学与当代语言学的理论资源进行交叉研究,将法律方法论的研究进一步深化和拓展。近年来,法律方法论研究团队成员已经申请到教育部、司法部、国家社会科学基金和山东省社科规划项目等三十余项,获得横向项目资金一百多万元,威海分校也投入学科发展基金一百多万元,吸收社会资助二十余万元;近5年来,每年发表法律方法论方面的论文六十余篇,每年出版专著3—5部。如果说中国法律方法论研究的发展为《法律方法》提供了

第九章　《法律方法》十卷回顾与展望

学术支持和理论渊源,那么,山东大学法律方法论研究基地则为《法律方法》提供了直接的人力支持和物质保障。因此,《法律方法》也将继续利用该基地的发展壮大获得自身的持续发展。

再次,《法律方法》编辑部也将继续完善自身的人员构成和知识结构,不断完善审稿用稿流程,为刊物质量和水平的提升创造直接条件。

《法律方法》在国内法学研究中影响日益提升,编辑部收到的来稿在数量和质量上都大大提高。这种情况的出现一方面是的《法律方法》的肯定,另一方面也为编辑工作带来一定的困难。从目前的人员组成看,虽然法律方法论体系的各种分支都有专门的编辑,但是,随着中国法律方法论研究的不断深入和细化,编辑的审稿能力和水平也不能完全满足现有稿件的需要。编辑部需要继续完善自身的人员构成,也要扩大审稿专家的数量和质量。同时,《法律方法》编辑部将遵循更加严格的审稿制度,以保证每篇稿件的质量。这不仅是对《法律方法》自身负责,也是对作者负责,更是对学术的良心负责。

最后,《法律方法》将继续扩大自己的作者群体,争取更多优秀稿件。

从作者构成的分析来看,《法律方法》仍然需要进一步提升作者的层次。借助法律方法论研究基地各成员对外交流的契机,《法律方法》还需要不断拓展稿源,利用各种交流机会(例如国内外学术会议、论坛等活动),《法律方法》将尽可能争取更多的优质稿件。此外,鉴于法律方法论研究在我国的现状,译稿依然为当前非常必需。虽然各卷中已经出现了一些译稿,但是,出于提升刊物层次的考虑,《法律方法》也需要将扩大外国作者的比例纳入到规划日程,甚至可以直接刊登作者外文原稿。

结　语

回顾八年来共十卷的办刊历程,《法律方法》从无到有,从小到大,从弱到强,作者构成、刊物水平和学术影响力不断提升,这是以陈金钊教授为带头人的法律方法研究基地的成功,也是中国法律方法论研究发展的重要表现。虽然这一成功并不值得大书特书,但是却足以令人欣慰。在继承既往成功经验的基础上,《法律方法》将继续为广大作者和读者竭诚服务,继续提升自身的质量和水平,为中国法律方法论的研究以及中国法治进程尽绵薄之力。

第十章

"玛珈山法律方法论坛"百期回顾

第十章 "玛珈山法律方法论坛"百期回顾

"玛珈山法律方法论坛"是陈金钊教授倡议创办的、山东大学威海分校法学院的一个学术交流平台,也是山东大学法律方法论研究基地的一个重要学术品牌。这个平台的搭建,旨在拓宽法律方法研究者的理论视野,深入挖掘本领域潜在的学术资源,广泛吸引青年学子投身于法律方法的研究,努力增强法律方法研究回应法治实践的能力。为此,在陈金钊教授引领下,山东大学威海分校法学院的师生们以"玛珈山法律方法论坛"为统一品牌,以法律方法研究为核心主题,定期组织、开展、参与形式多样的学术研讨和交流活动。迄今为止,"玛珈山法律方法论坛"已经开展了超过一百期。回顾百期论坛,总结经验得失,展望未来,正可谓适逢其时。

一、论坛发展的三个阶段回顾

(一)创业初始期

山东大学威海分校法学院"玛珈山法律方法论坛"始创于2005年12月25日。本论坛的创办源自陈金钊教授的灵感与动议。论坛在创建初期似乎并未有意识地进行有关记录归档。陈老师学术、行政事务繁忙,当然无暇顾及太多的论坛活动细节。而创业之初论坛人手不够,也是一个影响论坛可持续发展的重要因素。创立之初的论坛虽有组织,但活动并不系统,更缺乏延续性。最初主要是围绕着学生读书会或学术组稿来举行论坛,既没有专门负责的组织者,也没有专门的资料归档者。我们在做百期论坛回顾的时候,感到最头疼的事情就是起初几期资料的缺失和搜寻。好在,后来终于找到了当年学生整理的部分材料,稍稍弥补了一个遗憾。万事开头难,但值得欣慰的是,我们最终坚持下来了,并一直走到了今天。

(二)坚持发展期

从2007年4月21日起,"玛珈山法律方法论坛"进入了一个极其重要的发展阶段。因为从这一天起,论坛切实做到了可持续发展,组织活动自此未曾中断过。这个时期最明显的一个变化就是,由两位博士生王国龙、姜福东先后专门负责一个学期的论坛组织、协调工作。这是陈老师在论坛发展史上作出的一个重要决断,也是论坛发展的一个承前启后的转折点。在陈老师指导下,王国龙等牵头起草了《玛珈山法律方法论坛章程》、《玛珈山判例研究会章程》等组织章程,制订了一些组织活动的量化标准,确立了本论坛的两大方向——前沿理论研究和案例研究,并确定了论坛组织的内容、形式、时间、地点、基本程序,对主报告人和评议人提出了明确要求。论坛通知发布、资料整理归档、摄影录音、通讯报道等工作逐步有序开展起来。论坛组织水平、学术讲座质量都有了明显提高。论坛由此变得有组织、有纪律、持续而稳定发展。

(三) 快速扩张期

2008年3月8日,标志着玛珈山法律方法论坛迈入了一个快速壮大的时期。从此时起,论坛由以杜少光同学为代表的一批硕士研究生具体负责组织工作。80后、90后青年学子的蓬勃朝气、无限的热情和精力、相对充裕的时间优势以及出色的组织发动、记录归档的才华,为论坛的健康茁壮成长注入了新鲜血液。这个时期的论坛,先后在不同地域成功主办了多场大型学术研讨会,如"司法方法与判例研究"理论研讨会(威海分校)、"审判与司法方法论坛——审判的智慧"研讨会(威海环翠区人民法院)、"司法改革暨司法判决方法"研讨会(济宁市中级人民法院)、"律师社会责任与法制建设"研讨会(淄博山东理工大学)等。同时,还出色举办了多次较具规模的专题学术研讨会——如"法律方法论:概念及其理论问题"专题研讨、"法律方法论回应实践的能力"专题研讨、国家社会科学基金课题"法律方法论研究"专题研讨、"中国法学三十年的反思"专题研讨、"以人为本的司法方法研究"专题研讨等。另外,以本论坛为依托,还组织了硕士、博士研究生的毕业论文开题报告会、预答辩报告会等。论坛在行动效率、组织规模、拓展空间、成果创新、联系实践等方面,均大大超越了之前的努力。可以说,论坛已经进入了一个迅速扩张的黄金时期。

二、百期论坛所取得的成绩

(一) 学科建设的新平台、科研产出的流水线

玛珈山法律方法论坛的持续发展壮大,对于将山大威海分校法学院的学科建设、专业发展、人才培养,发挥了积极的促进作用。经过百期论坛的熏陶、锤炼,越来越多的名篇佳作得以发表与出版,还获得不少高层

第十章 "玛珈山法律方法论坛"百期回顾

次的课题立项和学术奖励,学科高端人才陆续产出,青年才俊逐渐崭露头角。

比如,在这一百期法律方法论坛中曾经研讨的作品里,共计40篇发表在CSSCI期刊(集刊)上,10篇被人大复印资料、高校文科学报文摘等全文转载或转摘、索引。有些作品后来以专著、合著等形式出版,共计4部。百期论坛作品获得省部级以上奖励1次,获得省部级以上课题立项5项。百期论坛走出了4位晋升甚至破格晋升的教授(桑本谦、焦宝乾、王瑞君)、副教授(刘军)。在此期间,国内第一个法律方法论研究会——山东省法学会法律方法研究会正式成立;山东省省级人文社会科学"十一五"重点研究基地——山东大学法律方法论研究中心正式获批建设;陈金钊、谢晖主编的《法律方法》丛书入选法学类CSSCI集刊(2007—2009年)行列。另外,评议人的评议发言也有刊载在知名刊物。如,姜世波的评议《从一起拍卖案析拍卖人瑕疵担保免责条款的效力》、《判例法与成文法之比较——通过判例的解读》分别发表于CSSCI期刊《法学》2008年第6期、《东岳论丛》2009年第9期;姜福东的评议《法官在法律发现过程中的价值》发表于《法制日报》2010年3月31日第10版。[具体参见本文后附:玛珈山法律方法论坛百期回顾(科研成果一览)]

(二)培养人才的主阵地、教学相长的新途径

"玛珈山法律方法论坛"不仅是教师专业技术人才的生产车间,而且还是培养法学后备军——法科学生的又一主阵地。通过论坛这个学术平台,更多法律方法论研究方向的法学教师与博士生、硕士生参与专题研讨。论坛的开放模式使得大家的视野更加开阔,师生之间达到了一种教与学相互融合、相互促进的崭新境界。实践证明,论坛在培养法科人才方面,工作卓有成效,成绩斐然。真正实现了科研教学一体式发展,教学相长、教研双赢。

从这百期论坛中走出了山大威海分校法学院第一批法学博士毕业生(姜福东、孙光宁、王国龙、张晓萍、郑金虎),走出了山大总校法学院5位法学博士毕业生(武飞、张利春、姜世波、侯学勇、刘军)。另外,从这百期论坛还走出了山东大学威海分校法学院3批硕士毕业生。共有49篇博士生论文作品提交至这一百期论坛,共计25位作者被列入论坛做主题发言,包括一位韩国留学生(李钟晚博士生)。共有16篇硕士生论文作品,其作者被列入论坛做主题发言。截至目前,共计发表博士研究生、硕士研究生作品36

篇,其中25篇发表在CSSCI期刊(集刊)上,有3篇被人大复印资料、高校文科学报文摘等转载或摘转。百期论坛共计指导、研讨6篇博士毕业论文开题报告,5篇博士毕业论文预答辩,3篇硕士毕业论文开题报告,5篇硕士毕业论文预答辩。

在这些作品中,论坛重要组织者之一王国龙的《"方法"称谓之争抑或法律观之争——一场正在兴起的有关捍卫司法领域法律自足性的争论》和《中国法学研究中存在"知识遮蔽实践"吗?——反思新保守主义有关"中国理想法律图景"的承诺》两篇文章经论坛讨论修改后,分别发表于CSSCI期刊《山东社会科学》2009年第2期与CSSCI期刊《求是学刊》2008年第5期,并被人大复印资料、高校学报文摘等全文转载或转摘。李辉的《论司法能动与司法克制孰优孰劣》一文经论坛讨论修改后,发表于CSSCI集刊《法律方法》第8卷,并被人大复印资料全文转载。姜世波的博士毕业论文《习惯国际法的司法确定》经论坛讨论修改后形成专著,由中国政法大学出版社于2010年出版;该论文还作为课题申报,成功获得2008年度山东省社科规划项目立项。姜世波、张传新、张利春、王国龙、姜福东等五位博士生,各有三篇提交论坛研讨的论文,后来刊载于CSSCI期刊(集刊)上。此外,论坛的参与者——分校法学院硕士研究生谭丽丽、杨圣坤等,都曾经有论文被人大复印资料《法理学、法史学》全文转载过。这在一定程度上反映出,论坛的人才培养新模式是有成效的。

(三) 法律方法前沿理论研究的新进展

"玛珈山法律方法论坛"下设"玛珈山前沿理论研究会"分支,形成了以陈金钊、焦宝乾为代表的法律方法理论研究团队。法律方法前沿理论论坛所带给我们的,堪比一次次丰盛的学术大餐。论坛参与者所接触的,是国内前沿的法律方法论研究成果。通过法律方法这个中心论题,论坛的参加者也将法理学知识与刑法、民法、诉讼法、国际法等部门法学知识进行结合,对法学和法律有了更深刻的理解和认知。

比如,陈金钊老师的《为法治寻求理论基础——法律方法论学科群架构》一文,开拓出了法律方法论研究的学科群问题意识和研究新领域。在法律方法论体系架构的宏观视域中,论坛成员们对法律逻辑学、法律语言学、法律修辞学、法律解释学有了某种全新的认识理路。陈老师主持的国家社会科学基金课题——"法律方法论研究"在论坛上进行研讨,将多位该领域

第十章 "玛珈山法律方法论坛"百期回顾

研究的佼佼者的集体智慧汇集在了一起。后来,该国家社会科学基金课题顺利结项,并获得优秀等级,并已经由山东人民出版社出版。陈老师还通过论坛发起了几个重要的专题研讨,如"法律方法论回应实践的能力"专题研讨、"法律方法论:概念及其理论问题"专题研讨、"中国法学三十年的反思"专题研讨等,为广大师生提供了难得的学习和创作机会,大量学术精品得以涌现。

焦宝乾的《实践回应能力的彰显——2008年度法律方法论坛研究报告》一文,系统总结了国内法律方法论研究的最新进展,为论坛成员们提供了翔实而权威的资料库。焦老师还适时为大家引介"当今西方法律方法研究经典文献概览"、"法律方法研究中的外文前沿文献的运用"等,给论坛参加者提供了国外法律方法论研究的窗口和工具。桑本谦老师在论坛所做的主题报告——《法律论证:一个关于司法过程的理论神话——以王斌余案检验阿列克西法律论证理论》,后来刊载于《中国法学》2007年第3期,该文荣获山东省第23次社会科学优秀成果奖一等奖。桑老师在论坛所做的另一主题报告——《疑案判决的经济学原则分析》,后来刊载于《中国社会科学》2008年第4期。这是百期论坛的扛鼎之作。此外,中国社科院法学研究所的刘作翔教授在本论坛所作的《习惯在中国现代司法中的作用》,香港中文大学的於兴中教授在本论坛所作的《普通法中的法律推理》,为我们带来了海内外专家学者的研究心得。

(四) 案例(判例)研究的新尝试

"玛珈山法律方法论坛"下设"玛珈山判例研究会"分支,形成以张利春、王瑞君、姜世波、刘军等为代表、以部分研究生为主体的研究兴趣小组。姜老师较为精通英美判例法的运行模式;王老师与刘老师比较擅长刑法案例分析;而张利春博士则带回在日本京都大学留学时所获得的日本战后判例化发展的第一手资料,对论坛开展案例研讨应注意的问题,发挥了积极作用。针对近年来一些引起社会大众瞩目的轰动案件——如王斌余案、彭宇案、许霆案、梁丽案、李庄案,以及威海地方法院受理的部分真实案例——如农村房屋买卖案件、土地拍卖纠纷案件等,本论坛都举办过研讨会,以法律方法为切入点、聚焦点进行深入探究,研讨案件的妥当解决方案。

在这百期论坛当中,我们邀请了威海市环翠区人民法院民事审判第一庭庭长宋维深法官,以"判案经验漫谈"为议题,与广大师生进行座谈。我们还邀请了威海市中级人民法院的李秀霞法官,专门就当地一起土地拍卖纠纷案进行热烈讨论,并取得了很好的效果。中国社会科学院法学研究所的刘海波教授受邀为论坛带来了《判例法与中国的法制建设研究报告》。上海交通大学凯原法学院的范进学教授给我们带来了《美国司法审查制度演进与经典判例分析》的精彩讲座。几个大型的实践面向的研讨会如"司法方法与判例研究"、"审判与司法方法论坛——审判的智慧"等,更是将玛珈山判例研究不断引向深入。

三、百期论坛所积淀的经验

(一)必须学术带头人高度重视,学术团队精神不可缺

百期论坛积累了丰富的经验。其中首先值得一提的是,论坛的创建、坚持、发展、壮大,都离不开学术带头人的高度重视和悉心呵护。陈金钊教授作为"玛珈山法律方法论坛"的"头雁",作用是举足轻重的。百期论坛,身兼行政领导职务的陈金钊老师亲自参加了其中至少 80 期,这一点是很可贵的。可以说,没有陈老师,就没有论坛的今天。当然,法律方法论坛的可持续发展需要诸多志同道合者的密切配合,并付出耐心而细致的工作。例如,焦宝乾教授作为本论坛的重要组织者与参与者,为论坛的健康、稳定、可持续发展,也倾注了大量心血。王瑞君、姜世波、刘军、吴丙新、厉尽国、张传新、武飞、张其山、孙光宁等多位老师也积极参与,热烈研讨,为百期论坛做出了重要智识上的贡献。百期玛珈山法律方法论坛不仅是法学院教师的一个学术研讨平台,而且近年来也吸纳了包括山东大学威海分校新闻传播学院、马列部等院系教师的积极参与。法律方法论坛成员的团队精神和智识努力,极大促进了法律方法论研究的深入开展。同时,也逐渐形成了在国内高校中比较罕见的一支有着共同研究旨趣、精诚团结、成果显著的法律方法论研究与教学团队。这本身成为近年来我国法学发展的一种重要模式,恐怕也是我国法学流派化的某种端倪。

(二)需要有效组织协调,专人分工负责

组织较大规模、持续性很强的学术沙龙,讲究合理分工,各负其责是相

当关键的一环。就像行军打仗,光有司令员不行,光有战士不行,但有司令员、有战士却没有作战指挥部也不行。当然,从整体而言,论坛的各位成员为论坛的举办都付出了辛勤的汗水,共同的学术关怀和神圣的使命感浇灌着论坛这棵小树不断茁壮成长。在论坛策划、会议记录、资料整理、通讯报道乃至卫生打扫等各方面,很多师生都作出了无私的奉献,论坛取得的成绩是可喜的。但这种局面的形成,要得益于一个分工合作、富有效率的论坛组织与行动小组的贡献。本论坛发展初期,没有很好地保持可持续发展。到后来,论坛的运作就逐渐在摸索中不断成熟,变得更有活力。这充分证明:必要的组织纪律性,合理的职责划分,对学术论坛的发展壮大是绝对有价值的。当然,论坛要办得更好,还必须进一步制度化、规范化。

(三)学术批判出成果,学术交流促进步

百期论坛的一条宝贵的经验:学术贵在批判,贵在交流。对于广大师生而言,要想更快在学术上取得进步,要想切实有所成就,就不能"闭门造车"关起门来搞学问,也不能充当"和事老",探讨问题不疼不痒。论坛的运作步骤一般是:每次举行研讨,预先确定报告人及其主题演讲,百期论坛当中,大部分往往还要同时预先确定两位评议人。论坛实际进行中,首先报告人做半个小时左右的主题发言,之后是评议人有针对性地进行评议,接着是大家自由发言、共同讨论,最后一般是由主报告人做出回应。整个研讨过程,拒绝一切与学术无关的吹捧之辞,努力践行严肃而真诚的学术批判精神。在本论坛成员中,陈老师的法律方法论与法律解释学,焦宝乾老师的法律论证理论,桑本谦老师的法律经济分析,王瑞君与刘军老师的刑法方法论研究,姜世波老师的习惯国际法的司法确定研究,张传新老师的法律逻辑分析,张利春博士的利益衡量论以及汪全胜老师的立法方法论等,都是各具特色、独树一帜。这些不同面向的法学思维相互交融,相互碰撞,极大地开阔了论坛参与者的视野,启发了大家的心智。在潜移默化中,广大师生的学术水平都不同程度地获得了提升。学术交流与批判,现在已经成为"玛珈山法律方法论坛"的一大品格与特色。

四、百期论坛存在的不足及展望

（一）宣传力度尚不够，资料储存手段需强化

论坛在法律博客网上设立的网络公共平台——"玛珈山法律方法论坛"缺乏积极有效的维护，点击率较低。今后应学习先进学术网络平台的经验，应派专人负责日常维护，及时上传本论坛的有关组织活动的情况，通过网络平台这一最快捷的传播方式，宣传法律方法论坛的新动态。同时，也应及时把握国内外学界在法律方法论研究的新动向，大力引介该领域经典的作品与代表性法学家，宣传青年才俊，使得论坛博客成为公共宣传的重要窗口。

论坛在资料备案方面手段比较原始，仅凭几个学生做笔记，虽有摄影环节但没有派专人负责，也没有及时配备专门的录音笔、录像机等音像、声像设备，使得论坛最精彩的部分——自由发言缺乏完备的记录和有意识的保护。尤其是论坛发展初期这种情况更明显，导致一些重要的论坛活动资料缺失或根本没有备案。今后应加强这方面的投入，形成现代化、立体化的论坛资料库，以便于信息贮存、查找和对外宣传。

（二）理论研究尚需开拓国际空间，参与实践环节比较薄弱

论坛在引介学界，尤其是过外法律方法论前沿知识方面，做得还远远不够。例如，我们迄今没有切实推进那个曾经策划过的"法律方法译丛"的工作；我们对于英语以外的外语的掌握和运用，尚有很多不足；我们至今还没有邀请过一位法律方法论领域的外国知名专家、学者来论坛讲座，跟海外的学术交流还极为有限，跟港台同仁的交流也仅仅迈出了一小步。

而在国内层面上，我们在参与国家法治实践方面，还有待加强。学界的声音如何更好地到达实务界，如何更有效地影响中国的法治实践进程，需要论坛成员们集思广益。在这个方面，本论坛需要学习、借鉴兄弟院校的先进经验。建议论坛应适时与国内相关学术沙龙开展交流合作，取长补短，才能在新形势下更好地发展壮大。

第十章 "玛珈山法律方法论坛"百期回顾

附:玛珈山法律方法论坛百期简表

玛珈山法律方法论坛相关报道等信息,亦可参见:
山东大学法律方法论研究中心网址:http://www.legalmethod.org/index.asp
玛珈山法律方法论坛法律博客网址:http://method.fyfz.cn/

期次	日期	讲座题目	报告人	报告人情况[①]
1	2005年12月25日	《二次证明:法律推理大前提之确证——读尼尔·麦考密克的〈法律推理与法律理论〉》	陈光	山东大学威海分校法学院硕士生
2	2006年5月4日	《法治、法律方法与法律智慧》	陈金钊	山东大学威海分校副校长、教授、博导
		《中国古代衡平司法技术》	张志超	山东大学威海分校法学院讲师
		《法律智慧及其特殊性》	赵岩	山东大学法学院硕士生
3	2006年6月4日	"法治理念下的法律智慧"主题研讨 《法律研究与学习的智慧之窗》	陈金钊	山东大学威海分校副校长、教授、博导
		《"服从"与"创造"的司法智慧》	武飞	山东大学威海分校法学院讲师
		《法官的任务和法官的智慧》	姜福东	山东大学威海分校法学院博士生
		《从社会听众的视角看简约判决文书的力量》	孙光宁	山东大学威海分校法学院硕士生
		《法律智慧运用古今谈》	郑宏雁	山东大学威海分校法学院硕士生
4	2007年4月21日	《法治反对过度解释:论法律解释的限度》	王国龙	山东大学威海分校法学院博士生
5	2007年5月12日	《法律论证:一个关于司法过程的理论神话——以王斌余案检验阿列克西法律论证理论》	桑本谦	山东大学威海分校法学院副教授
6	2007年5月26日	《法律解释者的主体性如何安置》	姜福东	山东大学威海分校法学院博士生
7	2007年6月2日	《德沃金的法律解释理论与国际习惯法规范的解释》	姜世波	山东大学威海分校法学院副教授
8	2007年6月9日	《法律论证及其在法律方法体系中的地位》	焦宝乾	山东大学威海分校法学院副教授
9	2007年6月16日	《法律解释:在服从中创造》	武飞	山东大学威海分校法学院讲师
10	2007年6月23日	《忧伤的中国与自卑的法学》	陈金钊等	山东大学威海分校副校长、教授、博导

[①] 因为有的报告人职称后来有所变化,这里以报告人做主题报告时的职称情况为准。

（续表）

期次	日期	讲座题目	报告人	报告人情况
11	2007年6月30日	《实用论还是融贯论——卡多佐司法哲学观简析》	侯学勇	山东大学威海分校法学院博士生
12	2007年9月15日	《美国的刑法解释及其启示》	王瑞君	山东大学威海分校法学院副教授
13	2007年9月19日	《日本的民法解释学》	张利春	山东大学威海分校法学院讲师
14	2007年9月29日	《疑案判决的经济学——海瑞定理的补充和延伸》	桑本谦	山东大学威海分校法学院副教授
15	2007年10月13日	《法律论证的论题学思维探讨》	焦宝乾	山东大学威海分校法学院教授
16	2007年10月20日	《国际习惯的确定：从理论到方法》	姜世波	山东大学威海分校法学院副教授
17	2007年10月27日	《事实、常识与虚构——从彭宇案说起》	张利春	山东大学威海分校法学院讲师
18	2007年11月3日	《论保险合同疑义利益解释原则的适用条件和适用范围》	李秀芬	山东大学威海分校法学院教授
19	2007年11月3日	《拍卖公司的瑕疵声明是否可以一律免责？——对一拍卖纠纷案件的评析》	李秀霞	威海市中级人民法院法官
20	2007年11月17日	《多元法律逻辑比较研究》	张传新	山东大学威海分校法学院副教授
21	2007年11月24日	《当今西方法律方法研究经典文献概览》《外文文献的搜集、信息检索与识别的方法》	焦宝乾崔明	山东大学威海分校法学院教授山东大学威海分校图书馆员
22	2007年12月8日	《事实作为法律解释的对象——也从彭宇案谈起》	杜少光	山东大学威海分校法学院硕士生
23	2007年12月15日	《法律论证何以为法律辩护》	厉尽国	山东大学威海分校法学院讲师
24	2007年12月29日	《裁判规则的创立原则》	张其山	山东大学威海分校法学院讲师
25	2008年1月5日	《论法律推理中的价值判断及其分类》	王国龙	山东大学威海分校法学院博士生

第十章 "玛珈山法律方法论坛"百期回顾

(续表)

期次	日期	讲座题目	报告人	报告人情况
26	2008年3月8日	"中国法学三十年的反思"专题研讨 《对"法治"命题的反思》	陈金钊	山东大学威海分校副校长、教授、博导
		《大国情结与国际法的学术研究心态——从中国对国际司法的消极心态切入》	姜世波	山东大学威海分校法学院副教授
		《中国法学研究中存在"知识遮蔽实践"吗？——反思新保守主义有关"中国理想法律图景"的承诺》	王国龙	山东大学威海分校法学院博士生
		《利益衡量论研究的回顾与反思》	张利春	山东大学威海分校法学院讲师
		《三十年法治实践与法学研究的使命》	姜福东	山东大学威海分校法学院博士生
		《法律逻辑研究三十年》	张传新	山东大学威海分校法学院副教授
27	2008年3月15日	"法律方法论——概念及其理论问题"专题研讨 《法律方法的概念及其意义》	陈金钊	山东大学威海分校副校长、教授、博导
		《"方法"称谓之争抑或法律观之争——一场正在兴起的有关捍卫司法领域法律自足性的争论》	王国龙	山东大学威海分校法学院博士生
		《法律方法的普遍智力品格及其限度——从法律方法与法学方法称谓争论谈起》	张传新	山东大学威海分校法学院副教授
		《为什么不是"法学方法"——与王夏昊先生商榷》	姜福东	山东大学威海分校法学院博士生
28	2008年3月22日	《根据法律进行思维的方法与限度——以许霆案为例对法官思维的反思》	刘军	山东大学威海分校法学院讲师
29	2008年3月29日	《休谟问题的经济学描述及其联想》	桑本谦	山东大学威海分校法学院副教授
30	2008年4月5日	《法律语言学的产生与发展——英美法律与语言研究述介》	程朝阳	烟台大学法学院讲师
31	2008年4月19日	《欢愉还是悲哀——评法学家对许霆案的评论》	张利春	山东大学威海分校法学院讲师
32	2008年4月27日	《法律推理与佩雷尔曼新修辞学》	王国龙	山东大学威海分校法学院博士生
33	2008年5月10日	《法律解释结果的多样性及其选择》	孙光宁	山东大学威海分校法学院博士生

(续表)

期次	日期	讲座题目	报告人	报告人情况
34	2008年5月17日	《法官判案经验漫谈》	宋维深	威海市环翠区法院民事审判第一庭庭长
35	2008年5月24日	《韩国行政法的现状以及发展方向》	李钟晚	韩国首尔市政府行政审判管理官
36	2008年6月7日	《麦考密克法律论辩理论的经济学解读》	张伟强	山东大学威海分校法学院讲师
37	2008年6月14日	《法律方法论》教材讨论	陈金钊	山东大学威海分校副校长、教授、博导
38	2008年6月21日	《在开放体系中论证——当代法律方法论的一种走向》	焦宝乾	山东大学威海分校法学院教授
39	2008年9月15日	"法律方法论回应实践的能力"专题研讨		
		《法律方法论的高雅与媚俗——关于研究志趣的叩问》	陈金钊	山东大学威海分校副校长、教授、博导
		《国际司法方法论：非中央化法律体系下的法律方法》	姜世波	山东大学威海分校法学院副教授
		《中国之问题与世界之眼光》	刘军	山东大学威海分校法学院副教授
		《法律解释学如何回应司法实践》	姜福东	山东大学威海分校法学院博士生
		《法律方法论能做什么》	张伟强	山东大学威海分校法学院博士生
		《法律论证实践回应能力及其在我国语境下的条件分析》	焦宝乾	山东大学威海分校法学院教授
40	2008年10月5日	《有组织犯罪的经济解释》	张伟强	山东大学威海分校法学院讲师
41	2008年10月11日	《中国古代衡平司法与英国衡平法之比较》	张志超	山东大学威海分校法学院讲师
42	2008年10月18日	《司法能动主义与司法克制主义的比较分析》	李辉	山东大学法学院博士生
43	2008年10月25日	《国际法院的司法能动主义与司法克制主义政策之嬗变》	姜世波	山东大学威海分校法学院副教授
44	2008年11月8日	《水与水权浅析》	张景明	山东大学威海分校法学院副教授
45	2008年11月14日	《农村房屋买卖法律问题研究——以司法审判中合同效力之认定为中心》	厉尽国	山东大学威海分校法学院讲师
46	2008年11月21日	《结构调整，妙趣横生——关于所有权的划分问题》	马莉萍	山东大学威海分校法学院副教授
47	2008年11月28日	"法律方法与司法考试及法科学生实践能力培养"专题研讨	姜世波主持	山东大学威海分校法学院副教授

第十章 "玛珈山法律方法论坛"百期回顾

(续表)

期次	日期	讲座题目	报告人	报告人情况
48	2008年11月30日	《判例法与中国的法制建设研究报告》	刘海波	中国社会科学院法学研究所教授
49	2008年12月12日	《行政解释及其过程性研究》	张弘	辽宁大学法学院教授
50	2008年12月13日	"司法方法与判例研究"理论研讨会《司法过程的性质》《实践回应能力的彰显——2008年度法律方法论坛研究报告》《法律回溯与司法裁决》《构建符合中国特色法制建设的判例制度》《法律方法在宪法学研究中的意义》《论刑法渊源》《德沃金法律理论中的融贯论》《刑法解释中的理论问题》	徐昕 焦宝乾 金承光 尹洪阳 王秀哲 王瑞君 侯学勇 温登平	西南政法大学教授、博导 山东大学威海分校法学院教授 西南政法大学教授 潍坊市中院研究室副主任 山东工商学院教授 山东大学威海分校法学院教授 山东政法学院法律方法论研究所所长 济南大学法学院讲师
51	2008年12月19日	《论刑法渊源》	王瑞君	山东大学威海分校法学院教授
52	2009年3月7日	《法理学主题的经济学重述》	桑本谦	山东大学威海分校法学院教授
53	2009年3月21日	《论法律解释学中的"解释"》	崔雪丽	山东大学威海分校法学院博士生
54	2009年3月28日	"法律方法研究中的外文前沿文献的运用"主题研讨	焦宝乾	山东大学威海分校法学院教授
55	2009年4月6日	《混乱的法律解释与法治的成本》	孙日华	山东大学法学院博士生
56	2009年4月6日	《习惯在中国现代司法中的作用》	刘作翔	中国社会科学院法学研究所教授、博导
57	2009年4月18日	《论法律方法的法治立场》	李鑫	山东大学法学院博士生
58	2009年5月7日	《警察法律解释归类研究》	唐峰	山东大学法学院博士生
59	2009年5月16日	"微观法治的实现方式"主题研讨	焦宝乾	山东大学威海分校法学院教授
60	2009年5月23日	"中国法学研究发展动态"主题研讨	苗延波	《法学杂志》副主编
61	2009年5月31日	《美国宪法中的原旨主义》	崔雪丽	山东大学威海分校法学院博士生

(续表)

期次	日期	讲座题目	报告人	报告人情况
62	2009年6月7日	《法律修辞学》	焦宝乾	山东大学威海分校法学院教授
		《法律方法论体系的拓展与延伸——来自语言学的关照与启迪》	孙光宁	山东大学威海分校法学院博士生
		《作为法律方法论的法律逻辑》	张传新	山东大学威海分校法学院副教授
		《法认识论视角下的法律方法论体系》	李鑫	山东大学法学院博士生
63	2009年6月18日	"审判与司法方法论坛第一期——审判的智慧"		
		《法官的史学智慧——法律史方法在司法实践中的运用》	邵宗日	威海环翠区法院副院长
		《经验法则在审判实践中的应用》	宋维深	威海环翠区法院刑庭法官
		《庭审中的审判艺术》	毕洪丽	环翠区人民法院刑庭法官
64	2009年6月29日	《中国修辞学的几个理论问题》	高万云	山东大学威海分校新闻传播学院教授
65	2009年7月8日	《传统刑法学理论的尴尬——面对梁丽案》	桑本谦	山东大学威海分校法学院教授
66	2009年7月11日	"司法改革暨司法判决方法研讨会"		
		《我国法官职业化困境及其分析》	李进步	济宁中院教育培训处处长
		《论当前"一府两院"体制下如何实现法官司法独立》	陈庆文	济宁中院行政庭副庭长
		《诉讼费负担模式之重构》	刘善书	济宁中院研究室副主任
		《裁判方法还是判决意见方法》	孙新强	北京航空航天大学法学院教授
		《刑事被害人补偿研究论纲》	王瑞君	山东大学威海分校法学院教授
		《民法解释的特征及其运作》	孙光宁	山东大学威海分校法学院博士生
67	2009年7月14日	《普通法中的法律推理》	於兴中	香港中文大学教授
68	2009年9月9日	《法律方法论研究》国家社会科学基金课题研讨	陈金钊	山东大学威海分校副校长、教授、博导
69	2009年9月20日	《为法治寻求理论基础——法律方法论学科群架构》	陈金钊	山东大学威海分校副校长、教授、博导
70	2009年9月27日	《法律方法论研究》国家社会科学基金课题研讨	陈金钊	山东大学威海分校副校长、教授、博导
71	2009年10月7日	"以人为本的司法方法研究"主题研讨		
		《以人为本与司法公正的实现》	陈金钊	山东大学威海分校副校长、教授、博导
		《制度变革与观念创新:以人为本的中国司法改革的理论与实践》	张其山	山东大学威海分校法学院讲师
		《以人为本与公正司法的实现》	武飞	山东大学威海分校法学院讲师

第十章 "玛珈山法律方法论坛"百期回顾

(续表)

期次	日期	讲座题目	报告人	报告人情况
72	2009年10月11日	《可接受性:法律方法的一个观察视角》	孙光宁	山东大学威海分校法学院博士生
73	2009年10月20日	《反规避法律方法研究》	周守玉	山东大学威海分校法学院硕士生
		《司法裁判论证的实际运作调研——以山东省为实证分析》	祝婷	山东大学威海分校法学院硕士生
74	2009年10月27日	《立法意图解释及其方法——以我国近年来宪法解释为视角》	马娜	山东大学威海分校法学院硕士生
		《最高人民法院司法解释的法源地位研究》	李雪华	山东大学威海分校法学院硕士生
75	2009年11月1日	《纠纷和解研究》	唐峰	山东大学法学院博士生
		《法律原则的适用模式研究》	李鑫	山东大学法学院博士生
76	2009年11月11日	《论司法裁判领域的客观性》	孙日华	山东大学法学院博士生
77	2009年11月15日	《美国宪法解释研究》	崔雪丽	山东大学威海分校法学院博士生
78	2009年11月25日	《区域立法协调机制研究》	陈光	山东大学威海分校法学院博士生
79	2009年11月29日	《美国司法审查制度演进与经典判例分析》	范进学	上海交通大学法学院教授、博导
80	2009年12月2日	《我国公司现物出资法律制度研究》	金玄武	山东大学威海分校法学院副教授
81	2009年12月9日	《法律方法"论"内涵的提升》	焦宝乾	山东大学威海分校法学院教授
82	2009年12月13日	《法律原则司法适用中的法律方法研究》	李传先	山东大学威海分校法学院硕士生
		《法律事实形成的背后》	杜少光	同上
		《名人代言虚假广告的经济分析及对策》	吴真超	同上
		《论裁判规范的形成与证成——以我国司法裁判为视角》	郭楠楠	同上
		《公序良俗原则的司法适用》	李柏明	同上
		《行政裁量基准的法理研究》	徐海燕	同上
83	2009年12月21日	《司法过程中的利益衡量研究》	郑金虎	山东大学法学院博士生
84	2009年12月22日	《司法视域下的民间法研究》	张晓萍	山东大学法学院博士生
85	2009年12月24日	《法律解释的有效性问题研究》	王国龙	山东大学威海分校法学院博士生
86	2009年12月25日	《清代的乡土惯例与民间秩序》	张斌	山东大学法学院博士生

(续表)

期次	日期	讲座题目	报告人	报告人情况
87	2009年12月26日	《可接受性:法律方法的一个分析视角》(预答辩)	孙光宁	山东大学威海分校法学院博士生
88	2010年3月6日	《论法律修辞运用的场景》	武飞	山东大学威海分校法学院讲师
89	2010年3月13日	《听众的意义》	彭中礼	山东大学法学院博士生
90	2010年3月20日	《论法律修辞与逻辑》	张传新	山东大学威海分校法学院副教授
91	2010年3月27日	《法律方法研究中的争论及其哲学探讨》	郝书翠	山东大学威海分校马列部讲师
92	2010年4月3日	《试论佩雷尔曼新修辞学与判例法的相通性》	戴津伟	山东大学法学院博士生
93	2010年4月10日	《论法官的修辞》	张云秀	山东大学法学院博士生
94	2010年4月17日	《论法律发现方法》	董书萍	山东工商学院副教授
95	2010年4月24日	"律师社会责任与法制建设"研讨会《作为法律现象的"李庄案"》	桑本谦 马志忠 厉尽国 徐伟 史敬良	山东大学法学院教授 山东理工大学法律事务室主任 山东大学威海分校法学院副教授 山东理工大学法学院教授 山东大学威海分校法学院硕士生
96	2010年4月29日	《我国刑事附带民事诉讼的生与死——以法国法为视角》	于改之	山东大学法学院教授
97	2010年4月30日	《以人为本与解释理念的探究》	陈金钊	山东大学威海分校副校长、教授、博导
98	2010年5月4日	《过失责任与严格责任的整合解释》	张伟强	山东大学威海分校法学院讲师
99	2010年5月6日	《法律与政治共生的理论阐释》	姚建宗	吉林大学法学院教授、博导
100	2010年5月9日	"中国法律方法论研究的回顾与展望"研讨会 《中国法律方法论研究的宏观反思》 《中国法律方法论研究的十年回顾》 《百期玛珈山法律方法论坛总结与汇报》 《〈法律方法〉第一到十卷回顾》 《法律方法论全国论坛总体回顾》 《法律方法论团队的学术人生》	焦宝乾 侯学勇 武飞 孙光宁 戴津伟 陈金钊	山东大学威海分校法学院教授 山东政法学院副教授、法学博士 山东大学威海分校法学院讲师 山东大学威海分校法学院博士生 山东大学法学院博士生 山东大学威海分校法学院教授、博导

第十章 "玛珈山法律方法论坛"百期回顾

玛珈山法律方法论坛百期回顾（科研成果一览）

期次	讲座题目	报告人	发表/出版（发表时的论文名称可能跟讲座题目有出入）	收录/转载/获奖/立项
2	《法治、法律方法与法律智慧》《中国古代衡平司法技术》《法律智慧及其特殊性》	陈金钊 张志超 赵岩	3篇论文发表于《山东警察学院学报》2006年第5期	
3	"法治理念下的法律智慧"主题研讨 《法律研究与学习的智慧之窗》《"服从"与"创造"的司法智慧》《法官的任务和法官的智慧》《从社会听众的视角看简约判决文书的力量》《法律智慧运用古今谈》	陈金钊 武飞 姜福东 孙光宁 郑宏雁	5篇论文发表于《政法论丛》2006年第5期	
4	《法治反对过度解释：论法律解释的限度》	王国龙	《论法律解释的限度》，载《学习与探索》2008年第6期	CSSCI
5	《法律论证：一个关于司法过程的理论神话——以王斌余案检验阿列克西法律论证理论》	桑本谦	《中国法学》2007年第3期	CSSCI／山东省第23次社会科学优秀成果奖一等奖
6	《法律解释者的主体性如何安置》	姜福东	《法制与社会发展》2007年第5期	CSSCI
8	《法律论证及其在法律方法中的地位》	焦宝乾	《法制与社会发展》2008年第3期	CSSCI
9	《法律解释：在服从中创造》	武飞	专著《法律解释：服从抑或创造》，北京大学出版社2010年版	
10	《忧伤的中国与自卑的法学》	陈金钊等	以集体笔谈形式发表于《河南省政法管理干部学院学报》2007年第6期	
11	《实用论还是融贯论——卡多佐司法哲学观简析》	侯学勇	《河北法学》2007年第12期	CSSCI
12	《美国的刑法解释及其启示》	王瑞君	《甘肃政法学院学报》2008年第4期	CSSCI
13	《日本的民法解释学》（《日本民法中的利益衡量论》）	张利春	《法律方法》第7卷	CSSCI集刊
14	《疑案判决的经济学原则分析》	桑本谦	《中国社会科学》2008年第4期	CSSCI
15	《法律论证的论题学思维探讨》	焦宝乾	《南京大学法律评论》2009年春季卷	CSSCI
16	《习惯国际法的司法确定》	姜世波	《习惯国际法的司法确定》，中国政法大学出版社2010年版	山东省社科规划项目

(续表)

期次	讲座题目	报告人	发表/出版（发表时的论文名称可能跟讲座题目有出入）	收录/转载/获奖/立项
17	《事实、常识与虚构——从彭宇案说起》	张利春	《判解研究》2007年第3期	CSSCI集刊
18	《论保险合同疑义利益解释原则的适用条件和适用范围》	李秀芬	《论保险合同疑义利益解释原则》，载《法学论坛》2008年第1期	CSSCI
19	《拍卖公司的瑕疵声明是否可以一律免责？——对一拍卖纠纷案件的评析》	李秀霞	姜世波的评议《从一起拍卖案析拍卖人瑕疵担保免责条款的效力》发表于《法学》2008年第6期	CSSCI
20	《多元法律逻辑比较研究》	张传新	《法律方法》第7卷	CSSCI集刊/山东省社科规划项目
23	《法律论证何以为法律辩护》	厉尽国	《内蒙古社会科学》2007年第4期	CSSCI
24	《裁判规则的创立原则》	张其山	《政治与法律》2009年第10期。姜世波的评议《判例法与成文法之比较》发表于《东岳论丛》2009年第9期	CSSCI / CSSCI
25	《论法律推理中的价值判断及其分类》	王国龙	《广西政法管理干部学院学报》2008年第3期	
26	"中国法学三十年的反思"专题研讨			
	《对"法治"命题的反思》	陈金钊	《山东社会科学》2008年第11期	CSSCI
	《大国情结与国际法的学术研究心态》	姜世波	《山东社会科学》2009年第2期	CSSCI
	《中国法学研究中存在"知识遮蔽实践"吗？》	王国龙	《山东社会科学》2009年第2期	CSSCI /《高等学校文科学报文摘》2009年第4期转载5千字
	《利益衡量论研究的回顾与反思》	张利春	《山东社会科学》2010年第1期	CSSCI
	《三十年法治实践与法学研究的使命》	姜福东	《山东社会科学》2010年第1期	CSSCI
	《法律逻辑研究三十年》	张传新	《山东社会科学》2010年第1期	CSSCI /山东省社科规划项目

第十章 "玛珈山法律方法论坛"百期回顾

(续表)

期次	讲座题目	报告人	发表/出版(发表时的论文名称可能跟讲座题目有出入)	收录/转载/获奖/立项
27	"法律方法论——概念及其理论问题"专题研讨			
	《法律方法的概念及其意义》	陈金钊	《求是学刊》2008年第5期	CSSCI
	《"方法"称谓之争抑或法律观之争》	王国龙	《求是学刊》2008年第5期	CSSCI／人大复印资料《法理学、法史学》2008年第12期全文转载
	《法律方法的普遍智力品格及其限度》	张传新	《求是学刊》2008年第5期	CSSCI
	《为什么不是"法学方法"——与王夏昊先生商榷》	姜福东	《浙江社会科学》2008年第10期	CSSCI
28	《根据法律进行思维的方法与限度——以许霆案为例对法官思维的反思》	刘军	《法律方法》第8卷	CSSCI集刊
29	《休谟问题的经济学描述及其联想》	桑本谦	《博览群书》2008年第6期	
31	《欢愉还是悲哀——评法学家对许霆案的评论》	张利春	《云南大学学报》(法学版)2009年第5期	
32	《法律推理与佩雷尔曼新修辞学》	王国龙	《法律方法与法律思维》第5卷	
33	《法律解释结果的多样性及其选择》	孙光宁	《甘肃政法学院学报》2009年第4期	CSSCI／司法部社科规划项目
39	"法律方法论回应实践的能力"专题研讨			
	《法律方法论的高雅与媚俗——关于研究志趣的叩问》	陈金钊	《法学论坛》2009年第3期	CSSCI／人大复印资料(法理学、法史学)2009年第3期全文转载
	《法律解释学如何回应司法实践》	姜福东	《公民与法》2010年第2期	
42	《司法能动主义与司法克制主义的比较分析》	李辉	《法律方法》第8卷	CSSCI集刊／人大复印资料(法理学、法史学)2009年第7期全文转载
43	《国际法院的司法能动主义与克制主义政策之嬗变》	姜世波	《法律方法》第9卷	CSSCI集刊
49	《行政解释及其过程性研究》	张弘	《东方法学》2009年第5期	

(续表)

期次	讲座题目	报告人	发表/出版（发表时的论文名称可能跟讲座题目有出入）	收录/转载/获奖/立项
50	"司法方法与判例研究"理论研讨会 《司法过程的性质》	徐昕	《清华法学》2010年第2期	CSSCI／人大复印资料《法理学、法史学》2009年第6期全文转载
	《实践回应能力的彰显——2008年度法律方法论坛研究报告》	焦宝乾	《山东大学学报》（社会科学版）2009年第2期	
51	《论刑法渊源》	王瑞君	《影响法官解释刑法的资料》，载《法律方法》第9卷	CSSCI集刊
53	《论法律解释学中的"解释"》	崔雪丽	《山东警察学院学报》2009年第5期	
55	《混乱的法律解释与法治的成本》	孙日华	《法律解释的成本》，载《河北法学》2010年第3期	CSSCI拓展版
56	《习惯在中国现代司法中的作用》	刘作翔	《南京大学法律评论》2009年第2期	CSSCI集刊
58	《警察法律解释归类研究》	唐峰	《法律方法》第9卷	CSSCI集刊
65	《传统刑法学理论的尴尬——面对梁丽案》	桑本谦	《广东商学院学报》2009年第5期	中文核心
66	"司法改革暨司法判决方法研讨会" 《民法解释的特征及其运作》	孙光宁	《湖北社会科学》2008年第10期	CSSCI
70	《法律方法论研究》国家社会科学基金课题研讨（二）	陈金钊	合著，山东人民出版社2010年版	国家社会科学基金课题结项优秀等级
71	"以人为本的司法方法研究"主题研讨		国家社会科学基金重大项目子课题	
	《以人为本与司法公正的实现》 《制度变革与观念创新：以人为本的中国司法改革的理论与实践》	陈金钊 张其山		
	《以人为本与公正司法的实现》	武飞		
76	《论司法裁判领域的客观性》	孙日华	《辽宁大学学报》	CSSCI
81	《法律方法"论"内涵的提升2009年度国内法律方法论研究报告》	焦宝乾	《山东大学学报》2010年第2期	CSSCI

附录 中国法律方法论研究：人物与作品等信息

说明：这里将大陆及台湾地区法律方法论研究专著、译著，按照时间先后顺序进行汇总、罗列，希望以此展示我国法律方法论研究的轨迹与进程。需要说明的是，在整理汇总之际，对有些作品亦是颇费踌躇：放在这里是否合适，可能会有不同看法；而且，疏漏之处，亦在所难免，请读者谅解。

20 世纪 80 年代

〔日〕高柳贤三：《英美法源理论》，杨磊、黎晓译，西南政法学院法制教研室、科研处编译室 1983 年

〔美〕梅里曼：《大陆法系》，顾培东、禄正平译，西南政法学院印行 1983 年；知识出版社 1984 年版；法律出版社 2004 年版

〔英〕丹宁勋爵：《法律的训诫》，杨百揆等译，龚祥瑞校，群众出版社 1985 年版；法律出版社 1999 年版

〔法〕勒内·达维德：《当代主要法律体系》，漆竹生译，上海译文出版社 1986 年版

〔英〕鲁伯特·克罗斯：《法律解释》，孔小红等译，西南政法学院印行 1986 年

〔美〕E.博登海默：《法理学——法哲学及其方法》，邓正来、姬敬武译，华夏出版社 1987 年版；张智仁译，上海人民出版社 1992 年版；《法理学——法律哲学与法律方法》，邓正来译，中国政法大学出版社 1999 年版

〔波兰〕齐姆宾斯基：《法律应用逻辑》，刘圣恩等译，群众出版社 1988 年版

吴家麟主编：《法律逻辑学》，群众出版社 1988 年版

20 世纪 90 年代

〔德〕茨威格特、克茨：《比较法总论》，潘汉典等译，贵州人民出版社 1992 年版；法律出版社 2003 年版

〔美〕格伦顿等著：《比较法律传统》，米健等译，中国政法大学出版社 1993 年版

〔日〕川岛武宜：《现代化与法》，王志安等译，中国政法大学出版社 1994 年版

〔日〕棚濑孝雄：《纠纷的解决与审判制度》，王亚新译，中国政法大学出版社 1994 年版

〔美〕理查德·波斯纳:《法理学问题》,苏力译,中国政法大学出版社1994年版,2002年修订译版

〔英〕麦考密克、〔奥〕魏因贝格尔:《制度法论》,周叶谦译,中国政法大学出版社1994年版

〔美〕高道蕴、高鸿钧、贺卫方编:《美国学者论中国法律传统》,中国政法大学出版社1994年版

〔英〕哈特:《法律的概念》,张文显等译,中国大百科全书出版社1996年版

〔美〕罗纳德·德沃金:《法律帝国》,李常青译,中国大百科全书出版社1996年版

〔美〕Austin J. Freeley:《辩论与论辩》,李建强、李书春、何美兰、郭爱竹译,河北大学出版社1996年版

〔美〕德沃金:《认真对待权利》,信春鹰、吴玉章译,中国大百科全书出版社1998年版

〔美〕本杰明·卡多佐:《司法过程的性质》,苏力译,商务印书馆1998年版

〔美〕史蒂文·J.伯顿:《法律和法律推理导论》,张志铭、解兴权译,中国政法大学出版社1999年版

〔美〕詹姆斯·安修:《美国宪法判例与解释》,黎健飞译,中国政法大学出版社1999年版

徐国栋《民法基本原则解释——成文法局限性之克服》,中国政法大学出版社1992年版

郭谷新、陈立明:《法庭论辩艺术》,中国检察出版社1992年版

梁慧星:《民法学说判例与立法研究》,中国政法大学出版社1993年版

郭华成《法律解释比较研究》,中国人民大学出版社1993年版

陈金钊《法制及其意义——法律解释问题研究》,西北大学出版社1994年版

梁慧星:《民法解释学》,中国政法大学出版社1995年版,法律出版社2010年版

李希慧:《刑法解释论》,中国人民大学1993年博士论文,中国人民公安大学出版社1995年版

汪世荣:《中国古代判例研究》,中国政法大学出版社1997年版

汪世荣:《中国古代判词研究》,中国政法大学出版社1997年版

梁治平编:《法律解释问题》,法律出版社1998年版

贺卫方:《司法的理念与制度》,中国政法大学出版社1998年版

季卫东:《法治秩序的建构》,中国政法大学出版社1999年版

董皞:《司法解释论》,中国政法大学出版社1999年版;(修订版),中国政法大学出版社2007年版

陈金钊:《法律解释的哲理》,山东人民出版社1999年版

张志铭:《法律解释操作分析》,中国政法大学出版社1999年版

珠海市律师事务所编:《判例在中国》,法律出版社1999年版

袁仁辉主编:《现行法律漏洞的不当利用与防范全书》,九州图书出版社 1999 年版

梁慧星:《民法学说判例与立法研究》,国家行政学院出版社 1999 年版

2000 年

解兴权:《通向正义之路——法律推理的方法论研究》,中国政法大学出版社 2000 年版

张保生:《法律推理的理论与方法》,中国政法大学出版社 2000 年版

本书编写组:《增强刑事裁判文书说理性实用手册》,中国方正出版社 2000 年版

唐文:《法官判案如何讲理——裁判文书说理研究与应用》,人民法院出版社 2000 年版

刘春杰:《论证逻辑研究》,青海人民出版社 2000 年版

张步洪:《行政诉讼法律解释与判例述评》,中国法制出版社 2000 年版

2001 年

〔美〕理查德·波斯纳:《超越法律》,苏力译,中国政法大学出版社 2001 年版

李国如:《罪刑法定原则视野中的刑法解释》,中国方正出版社 2001 年版

何慧新:《刑法判例论》,中国方正出版社 2001 年版

井涛:《法律适用的和谐与归一》,中国方正出版社 2001 年版

曹建明:《WTO 与中国的司法审判》,法律出版社 2001 年版

刘星:《语境中的法学与法律》,法律出版社 2001 年版

毕玉谦:《民事证据法判例实务研究》(修订版),法律出版社 2001 年版

2002 年

〔美〕列维:《法律推理引论》,庄重译,中国政法大学出版社 2002 年版

〔美〕卡尔·N.卢埃林:《普通法传统》,陈绪刚、史大晓、仝宗锦译,中国政法大学出版社 2002 年版

〔德〕阿图尔·考夫曼、温弗里德·哈斯默尔主编:《当代法哲学和法律理论导论》,郑永流译,法律出版社 2002 年版

〔德〕H.科殷:《法哲学》,林荣远译,华夏出版社 2002 年版

〔德〕罗伯特·阿列克西:《法律论证理论——作为法律证立理论的理性论辩理论》,舒国滢译,中国法制出版社 2002 年版

〔美〕H.W.埃尔曼:《比较法律文化》,贺卫方、高鸿钧译,清华大学出版社 2002 年版

郑成良:《法律之内的正义》,法律出版社 2002 年版

胡玉鸿:《法学方法论导论》,山东人民出版社 2002 年版

谢晖、陈金钊:《法律:诠释与应用》,上海译文出版社 2002 年版

左卫民:《在权利话语与权力技术之间——中国司法的新思考》,法律出版社 2002

年版

顾永忠主编:《法律论辩》,中国政法大学出版社 2002 年版
王俊民主编:《案件分析方法原理与技巧》,中国政法大学出版社 2002 年版
雍琦:《法律适用中的逻辑》,中国政法大学出版社 2002 年版
王洪:《司法判决与法律推理》,时事出版社 2002 年版
蔡彰主编:《典型案例评述暨法律漏洞补充》,人民法院出版社 2002 年版

2003 年

〔美〕托马斯·A.马沃特:《审判技巧》,中信出版社 2003 年版
〔美〕Richard K. Neumann:《法律推理与法律文书写作:结构·策略·风格》,中信出版社 2003 年版
〔德〕伯恩·魏德士:《法理学》,丁小春、吴越译,法律出版社 2003 年版
〔德〕哈贝马斯:《在事实与规范之间》,童世骏译,三联书店 2003 年版
〔德〕卡尔·拉伦茨:《德国民法通论》,王晓晔等译,法律出版社 2003 年版
朱江主编:《法官的逻辑:海淀法院典型案例判解》,法律出版社 2003 年版
廖美珍:《法庭问答及其互动研究》,法律出版社 2003 年版
李可、罗洪洋:《法学方法论》,贵州人民出版社 2003 年版
梁慧星:《民法学说判例与立法研究》,法律出版社 2003 年版
梁慧星:《裁判的方法》,法律出版社 2003 年版
谢晖:《法律的意义追问——诠释学视野中的法哲学》,商务印书馆 2003 年版
王志强:《法律多元视角下的清代国家法》,北京大学出版社 2003 年版
张骐:《法律推理与法律制度》,山东人民出版社 2003 年版

2004 年

〔德〕恩吉施:《法律思维导论》,郑永流译,法律出版社 2004 年版
〔美〕凯斯·R.孙斯坦:《法律推理与政治冲突》,金朝武、胡爱平、高建勋译,法律出版社 2004 年版
〔美〕迈尔文·艾隆·艾森伯格:《普通法的本质》,张曙光等译,法律出版社 2004 年版
陈金钊:《法治与法律方法》,山东人民出版社 2004 年版
范进学:《宪法解释的理论建构》,山东人民出版社 2004 年版
张明楷:《刑法分则的解释原理》,中国人民大学出版社 2004 年版
刘青峰:《审判解释引论》,法律出版社 2004 年版
朱庆育:《意思表示解释理论——精神科学视域中的私法推理理论》,中国政法大学出版社 2004 年版
马太广编译:《判例所表现的商法法理——日本最高裁判所商法判例要旨(1962—

2004)》,法律出版社 2004 年版

王文杰主编:《月旦民商法研究·法学方法论》,清华大学出版社 2004 年版

孔祥俊:《法律解释方法与判解研究》,人民法院出版社 2004 年版

孔祥俊:《法律规范冲突的选择适用与漏洞填补》,人民法院出版社 2004 年版

武树臣主编:《判例制度研究》(上、下),人民法院出版社 2004 年版

黄明耀:《民法适用基本问题研究》,中国法制出版社 2004 年版

张素莲:《论法官的自由裁量权》,中国人民公安大学出版社 2004 年版

吴庆宝:《裁判的理念与方法》,人民法院出版社 2004 年版

刘树德:《阅读公报——刑事准判例学理链接》,人民法院出版社 2004 年版

2005 年

〔英〕尼尔·麦考密克:《法律推理与法律理论》,姜峰译,法律出版社 2005 年版

〔英〕P.S. 阿蒂亚、〔美〕R.S. 萨默斯:《英美法中的形式与实质——法律推理、法律理论和法律制度的比较研究》,金敏、陈林林、王笑红译,中国政法大学出版社 2005 年版

〔美〕罗纳德·德沃金:《原则问题》,张国清译,江苏人民出版社 2005 年版

〔德〕N. 霍恩:《法律科学与法哲学导论》,罗莉译,法律出版社 2005 年版

〔美〕史蒂文·J. 伯顿主编:《法律的道路及其影响:小奥利弗·温德尔·霍姆斯的遗产》,张芝梅、陈绪刚译,北京大学出版社 2005 年版

〔荷〕伊芙琳·T. 菲特丽丝:《法律论证原理——司法裁决之证立理论概览》,张其山、焦宝乾、夏贞鹏译,商务印书馆 2005 年版

郭卫华主编:《"找法"与"造法"——法官适用法律的方法》(法官审判技能培训丛书),法律出版社 2005 年版

廖美珍:《法庭语言技巧》,法律出版社 2005 年版;2006 年第 2 版;2009 年第 3 版

梁庆寅主编:《法律逻辑研究》(第 1 辑),法律出版社 2005 年版

冯文生:《推理与诠释——民事司法技术范式研究》,法律出版社 2005 年版

崔林林:《严格规则与自由裁量之间——英美司法风格差异及其成因的比较研究》,北京大学出版社 2005 年版

王千华:《论欧洲法院的司法能动性》,北京大学出版社 2005 年版

梁迎修:《法官自由裁量权》,中国法制出版社 2005 年版

谢晖:《中国古典法律解释的哲学向度》,中国政法大学出版社 2005 年版

韩大元主编:《中国宪法事例研究》(一),法律出版社 2005 年版

胡锦光主编:《中国十大行政法案例评析》,法律出版社 2005 年版

王禹编著:《中国宪法司法化:案例评析》,北京大学出版社 2005 年版

赵秉志:《刑事法判解研究》2005 年第 1 辑,人民法院出版社 2005 年版

曾粤兴:《刑法学方法的一般理论》,人民出版社 2005 年版

杜宇:《重拾一种被放逐的知识传统——刑法视域中"习惯法"的初步考察》,北京大

学出版社 2005 年版

孔祥俊:《行政诉讼证据规则与法律适用》,人民法院出版社 2005 年版

四川省成都市中级人民法院编:《司法裁判——从技术到规则》(成都法院当代法官系列文丛:2005 年卷),人民法院出版社 2006 年版

段匡:《日本的民法解释学》,复旦大学出版社 2005 年版

戚渊等著:《法律论证与法学方法》,山东人民出版社 2005 年版

邵建东:《德国民法总则编典型判例 17 则评析》,南京大学出版社 2005 年版

任成印:《民法方法论》,中国检察出版社 2005 年版

李卫东:《民初民法中的民事习惯与习惯法》,中国社会科学出版社 2005 年版

张东平:《WTO 司法解释论》,厦门大学出版社 2005 年版

孔祥俊:《司法理念与裁判方法》(国家法官学院高级法官培训用书),法律出版社 2005 年版

杨凯:《裁判的艺术——法官职业的境界与追求》(法官审判技能培训丛书),法律出版社 2005 年版

王纳新:《法官的思维》(法官审判技能培训丛书),法律出版社 2005 年版

武宏志、刘春杰主编:《批判性思维:以论证逻辑为工具》,陕西人民出版社 2005 年版

朱新力:《司法审查的基准——探索行政诉讼的裁判技术》,法律出版社 2005 年版

2006 年

〔美〕安德雷·马默主编:《法律与解释》,张卓明、徐宗立等译,法律出版社 2006 年版

〔美〕基思·E.惠廷顿著:《宪法解释:文本含义,原初意图与司法审查》,杜强强、刘国、柳建龙译,中国人民大学出版社 2006 年版

〔荷兰〕弗兰斯·凡·爱默伦、弗兰斯卡·斯·汉克曼斯:《论辩巧智——有理说得清的技术》,熊明辉、赵艺译,新世界出版社 2006 年版

〔英〕安迪·布恩:《法律论辩之道》,姜翼凤、于丽英译,法律出版社 2006 年版

陈金钊等著:《法律解释学》,中国政法大学出版社 2006 年版

孔祥俊:《法律方法论》(三卷本),人民法院出版社 2006 年版

焦宝乾:《法律论证导论》,山东人民出版社 2006 年版

陈锐:《法律推理论》,山东人民出版社 2006 年版

尹洪阳:《法律解释疏论——基于司法实践的视域》,人民法院出版社 2006 年版

吕忠梅:《法眼观庭——穿行于教授和法官之间》,北京大学出版社 2006 年版

吴家友主编:《法官论司法能力》(湖北法官论丛),法律出版社 2006 年版

刘树德等著:《规则如何提炼——中国刑事案例指导制度的实践》,法律出版社 2006 年版

胡之芳：《刑事裁判根据研究》，中国法制出版社 2006 年版
叶惟：《法律适用中的解释问题研究》，中国社会科学出版社 2006 年版
罗筱琦：《民事判决研究：根据与对策》，人民法院出版社 2006 年版
韩大元等著：《现代宪法解释基本理论》，中国民主法制出版社 2006 年版
梁根林主编：《刑法方法论》，北京大学出版社 2006 年版
陈兴良主编：《刑法方法论研究》，清华大学出版社 2006 年版
陈志军：《刑法司法解释研究》，中国人民公安大学出版社 2006 年版
王瑞君：《罪刑法定：理念、规范与方法》，山东大学出版社 2006 年版
徐振东：《宪法解释的哲学》，法律出版社 2006 年版
康宝奇主编：《裁判方法论》，人民法院出版社 2006 年版
张旭勇著：《行政判决的分析与重构》，北京大学出版社 2006 年版
邢建东：《合同法（总则）——学说与判例注释》，法律出版社 2006 年版
怀效锋主编：《法院与法官》，法律出版社 2006 年版
徐景和编著：《中国判例制度研究》，中国检察出版社 2006 年版
汪世荣：《判例与法律发展：中国司法改革研究》，法律出版社 2006 年版
徐忠明：《案例、故事与明清时期的司法文化》，法律出版社 2006 年版
顾元：《衡平司法与中国传统法律秩序——兼与英国衡平法相比较》，中国政法大学出版社 2006 年版
林维：《刑法解释的权力分析》，中国人民公安大学出版社 2006 年版
丁巧仁：《民商事案件裁判方法》，人民法院出版社 2006 年版
程红星：《WTO 司法哲学的能动主义之维》，北京大学出版社 2006 年版
刘连泰：《〈国际人权宪章〉与我国宪法的比较研究》，法律出版社 2006 年版
王在魁：《法官裁量权研究》，法律出版社 2006 年版

2007 年

〔美〕杰罗姆·弗兰克：《初审法院——美国司法中的神话与现实》，赵承寿译，中国政法大学出版社 2007 年版

〔美〕罗伯托·曼戈贝拉·昂格尔：《法律分析应当为何？》，李诚予译，中国政法大学出版社 2007 年版

〔美〕霍姆斯：《法律的生命在于经验——霍姆斯法学文集》，明辉译，清华大学出版社 2007 年版

〔奥〕尤根·埃利希：《法律社会学基本原理》，叶名怡、袁震译，九州出版社 2007 年版；《法社会学原理》，舒国滢译，中国大百科全书出版社 2009 年版

〔美〕布赖恩·比克斯：《法律、语言与法律的确定性》（法律语言学译丛），邱昭继译，法律出版社 2007 年版

〔美〕约翰·吉本斯：《法律语言学导论》（法律语言学译丛），程朝阳等译，法律出版

社 2007 年版

〔美〕劳伦斯·M. 索兰:《法官语言》(法律语言学译丛),张清、王芳译,法律出版社 2007 年版

〔美〕约翰·M. 康利,威廉·M. 欧巴尔:《法律、语言与权力》(第 2 版),程朝阳译,法律出版社 2007 年版

〔英〕彼得·古德里奇:《法律话语》(法律语言学译丛),赵洪芳等译,法律出版社 2007 年版

陈金钊主编:《法律方法论》,中国政法大学出版社 2007 年版

舒国滢主编:《法学方法论问题研究》(法学方法论丛书),中国政法大学出版社 2007 年版

陈林林:《裁判的进路与方法——司法论证理论导论》,中国政法大学出版社 2007 年版

刘治斌:《法律方法论》,山东人民出版社 2007 年版

纪诚:《最高人民法院司法解释:一个初步的考察》(法学方法论丛书),中国政法大学出版社 2007 年版

陈增宝、李安:《裁判的形成——法官断案的心理机制》(法官审判技能培训丛书),法律出版社 2007 年版

宁致远:《法律文书与法律语言探微》,中国政法大学出版社 2007 年版

周伟:《宪法解释方法与案例研究——法律询问答复的视角》,法律出版社 2007 年版

范进学:《认真对待宪法解释》,山东人民出版社 2007 年版

马岭:《宪法原理解读》,山东人民出版社 2007 年版

赵秉志主编:《刑法解释研究》,北京大学出版社 2007 年版

李荣:《刑法适用中的法官解释》,知识产权出版社 2007 年版

梁凤云:《行政诉讼判决之选择适用》,人民法院出版社 2007 年版

董皞主编:《司法前沿的逻辑与实证》,人民法院出版社 2007 年版

欧爱民:《宪法实践的技术路径研究——以违宪审查为中心》,法律出版社 2007 年版

吴丙新:《修正的刑法解释理论》,山东人民出版社 2007 年版

周少华:《刑法理性与规范技术——刑法功能的发生机理》,中国法制出版社 2007 年版

黄宗智:《法典、习俗与司法实践——清代与民国的比较》,上海书店 2007 年版

杨建军:《法律事实的解释》,山东人民出版社 2007 年版

孙健波:《税法解释研究——以利益平衡为中心》,法律出版社 2007 年版

李安:《刑事裁判思维模式研究》,中国法制出版社 2007 年版

张弘、张刚:《行政解释论:作为行政法之适用方法意义探究》,中国法制出版社 2007

年版

吴鹏:《行政诉讼的法律适用》(中国应用法学文丛),人民法院出版社 2007 年版

杨艳霞:《刑法解释的理论与方法——以哈贝马斯的沟通行动理论为视角》,法律出版社 2007 年版

许中缘:《体系化的民法与法学方法》,法律出版社 2007 年版

康宝奇主编:《疑难案件审判实务研究》(西安市中级人民法院审判实务与理论研究丛书之五),人民法院出版社 2007 年版

侯猛:《中国最高人民法院研究——以司法的影响力切入》,法律出版社 2007 年版

刘风景:《裁判的法理》,人民出版社 2007 年版

马军:《法官的思维与技能》,法律出版社 2007 年版;2010 年修订版

陈新宇:《从比较援引到罪刑法定——以此规则的分析与案例的论证为中心》,北京大学出版社 2007 年版

汪庆祺编、李启成点校:《各省审判厅判牍》(近代司法判决丛编),北京大学出版社 2007 年版

谢森等编:《民刑事裁判大全》(近代司法判决丛编),北京大学出版社 2007 年版

许文濬:《塔景亭案牍》(近代司法判决丛编),北京大学出版社 2007 年版

徐忠明:《众声喧哗:明清法律文化的复调叙事》,清华大学出版社 2007 年版

王勇:《条约在中国适用之基本理论问题研究》,北京大学出版社 2007 年版

陈瑞华:《法律人的思考方式》,法律出版社 2007 年版

胡玉鸿主编:《法律原理与技术》(第 2 版),中国政法大学出版社 2007 年版

黄竹胜:《行政法解释的理论建构》,山东人民出版社 2007 年版

邓修明:《刑事判例机制研究》,法律出版社 2007 年版

2008 年

〔美〕欧文·费斯:《如法所能》,师帅译,中国政法大学出版社 2008 年版

〔德〕萨维尼、格林:《萨维尼法学方法论与格林笔记》,杨代雄译,法律出版社 2008 年版

〔比〕马克·范·胡克:《法律的沟通之维》,孙国东译,法律出版社 2008 年版

〔日〕圆谷峻:《判例形成的日本新侵权行为法》,赵莉译,法律出版社 2008 年版

郑永流:《法律方法阶梯》,北京大学出版社 2008 年版

刘作翔等著:《法治的路径——项目研究报告(2001—2006)》,山东人民出版社 2008 年版

疏义红:《法律解释学实验教程——裁判解释原理与实验操作》,北京大学出版社 2008 年版

刘国:《宪法解释方法的变革——宪法解释的法理分析》,中国政法大学出版社 2008 年版

余凌云:《行政法案例分析和研究方法》,中国人民大学出版社 2008 年版

高秦伟:《行政法规范解释论》,中国人民大学出版社 2008 年版
张明楷:《刑法的基本立场》,中国法制出版社 2008 年版
王政勋:《刑法的正当性》,北京大学出版社 2008 年版
陈兴良主编:《刑事司法研究》(第 3 版),中国人民大学出版社 2008 年版
赵秉志主编:《中国疑难刑事名案法理研究》,北京大学出版社 2008 年版
陈航:《刑法论证方法研究》,中国人民公安大学出版社 2008 年版
吴宏耀:《诉讼认识论纲——以司法裁判中的事实认定为中心》,北京大学出版社 2008 年版
韩大元主编:《比较宪法——宪法文本与宪法解释》,中国人民大学出版社 2008 年版
蒋剑鸣等著:《转型社会的司法:方法、制度与技术》,中国人民公安大学出版社 2008 年版
吴学斌:《刑法适用方法的基本准则》,中国人民公安大学出版社 2008 年版
韩哲:《刑事判决合理性研究》,中国人民公安大学出版社 2008 年版
杨立新:《民事裁判方法》,法律出版社 2008 年版
陈枝辉编著:《民商诉讼疑难案件裁判要点与依据》,人民法院出版社 2008 年版
宋杰:《国际法院司法实践中的解释问题研究》,武汉大学出版社 2008 年版
苗鸣宇:《民事习惯与民法典的互动》,中国人民公安大学出版社 2008 年版
肖晖:《中国判决理由的传统与现代转型》,法律出版社 2008 年版
钱卫清:《法官决策论:影响司法过程的力量》,北京大学出版社 2008 年版
赵静:《修辞学视阈下的古代判词研究》,巴蜀书社 2008 年版
魏胜强:《法律解释导论》,郑州大学出版社 2008 年版
沈琪:《刑法推理方法研究》,浙江大学出版社 2008 年版
张翔:《基本权利的规范建构》,高等教育出版社 2008 年版
汤建国、高其才主编:《习惯在民事审判中的运用——江苏省姜堰市人民法院的实践》,人民法院出版社 2008 年版
冯军:《刑事判决的合法性研究》,中国法制出版社 2008 年版
吴英姿:《法官角色与司法行为》,中国大百科全书出版社 2008 年版
杨海坤、章志远主编:《行政判例研究》,中国民主法制出版社 2008 年版
韩大元主编:《中国宪法事例研究》(2),法律出版社 2008 年版
胡锦光主编:《2007 年中国典型宪法事例评析》,中国人民大学出版社 2008 年版
刘善春:《行政审判实用理论与制度建构》,中国法制出版社 2008 年版
劳东燕:《刑法基础的理论展开》,北京大学出版社 2008 年版
曲新久:《刑法的逻辑与经验》,北京大学出版社 2008 年版
董玉庭等著:《刑事自由裁量权导论》,法律出版社 2008 年版
李富成:《刑事推定研究》,中国人民公安大学出版社 2008 年版

高其才:《中国习惯法论》(修订版),中国法制出版社 2008 年版
王凯石:《刑法适用解释》,中国检察出版社 2008 年版
张淑芳:《行政法援用研究》,中国政法大学出版社 2008 年版
杨登峰:《新旧法的适用原理与规则》,法律出版社 2008 年版
雷继平:《论合同解释的外部资源》,中国法制出版社 2008 年版
张心向:《在规范与事实之间:社会学视域下的刑法运作实践研究》,法律出版社 2008 年版
王洪:《逻辑的训诫——立法与司法的准则》,北京大学出版社 2008 年版
李华文:《案件事实的搜集与还原描述》,四川大学出版社 2008 年版
王昭振:《犯罪构成视野下规范的构成要件要素基础理论研究》,中国检察出版社 2008 年版
于同志:《刑法热点裁判与规则适用》,人民法院出版社 2008 年版
罗仕国:《科学与价值——作为实践理性的法律推理导论》,中国社会科学出版社 2008 年版
顾祝轩:《合同本体解释论——认知科学视野下的私法类型思维》,法律出版社 2008 年版
董炳和:《商标法体系化判解研究》,武汉大学出版社 2008 年版
齐爱民:《著作权法体系化判解研究》,武汉大学出版社 2008 年版
许光耀:《欧共体竞争法经典判例研究》,武汉大学出版社 2008 年版

2009 年

〔美〕沃德·法恩斯沃思:《高手:解决法律难题的 31 种思维技巧》,丁芝华译,法律出版社 2009 年版
〔德〕鲁道夫·冯·耶林:《法学的概念天国》,柯伟才等译,中国法制出版社 2009 年版
〔美〕理查德·波斯纳:《法官如何思考》,苏力译,北京大学出版社 2009 年版
〔日〕山口厚:《从新判例看刑法》(第 2 版),付立庆等译,中国人民大学出版社 2009 年版
〔瑞典〕亚历山大·佩岑尼克:《法律科学:作为法律知识和法律渊源的法律学说》,桂晓伟译,武汉大学出版社 2009 年版
〔日〕中村宗雄、中村英郎:《诉讼法学方法论》,陈刚、段文波译,中国法制出版社 2009 年版
〔美〕亨利·J.亚伯拉罕:《司法的过程:美国、英国和法国法院评介》第 7 版,泮伟江等译,北京大学出版社 2009 年版
陈金钊主编:《司法方法与和谐社会的建构》,北京大学出版社 2009 年版
陈金钊等著:《法律解释学——立场、原则与方法》,湖南人民出版社 2009 年版

魏胜强:《法律解释权研究》,法律出版社 2009 年版
武宏志、周建武、唐坚:《非形式逻辑导论》,人民出版社 2009 年版
陈金全、汪世荣:《中国司法传统和传统司法》,陕西师范大学出版社 2009 年版
贾敬华:《确定性的法向客观性的法的变迁》,人民出版社 2009 年版
武建敏、卢拥军:《审判的艺术》,人民出版社 2009 年版
康宝奇主编:《专业化合议庭建设及类型化案件审判研究》(第一辑),人民法院出版社 2009 年版
王夏昊:《法律规则与法律原则的抵触之解决——以阿列克西的理论为线索》,中国政法大学出版社 2009 年版
马宏俊主编:《法律文书价值研究》,中国检察出版社 2009 年版
刘汉民:《日常论辩与司法论辩技巧》(办案艺术与技巧丛书.法官培训参考用书),民主法制出版社 2009 年版
张晓秦、刘玉民主编:《庭审要点与技巧》(办案艺术与技巧丛书.法官培训参考用书),民主法制出版社 2009 年版
张晓秦、刘玉民主编:《证据运用要点与技巧》(办案艺术与技巧丛书.法官培训参考用书),民主法制出版社 2009 年版
董暤主编:《司法一线报告》,人民法院出版社 2009 年版
高其才、左炬、黄宇宁:《政治司法》,法律出版社 2009 年版
高其才、周伟平、姜振业:《乡土司法》,法律出版社 2009 年版
高其才:《多元司法》,法律出版社 2009 年版
高其才、黄宇宁、赵彩凤:《基层司法》,法律出版社 2009 年版
罗昶:《伦理司法》,法律出版社 2009 年版
鲁千晓、何媛:《司法方法学》,法律出版社 2009 年版
郑贤君:《宪法方法论》,中国民主法制出版社 2009 年版
林来梵主编:《宪法审查的原理与技术》,法律出版社 2009 年版
韩大元主编:《中国宪法事例研究》(3),法律出版社 2009 年版
何海波:《实质法治:寻求行政判决的合法性》,法律出版社 2009 年版
张明楷编:《刑事疑案演习》(一),中国人民大学出版社 2009 年版
雷小政:《刑事诉讼法学方法论·导论》,北京大学出版社 2009 年版
于志刚:《刑法总则的扩张解释》,中国法制出版社 2009 年版
刘艳红:《走向实质的刑法解释》,北京大学出版社 2009 年版
刘艳红:《实质刑法观》,中国人民大学出版社 2009 年版
邓子滨:《中国实质刑法观批判》,法律出版社 2009 年版
侯学勇:《法律论证的融贯论研究》,山东人民出版社 2009 年版
翁子明:《司法判决的生产方式——当代中国法官的制度激励与行为逻辑》,北京大学出版社 2009 年版

吴庆宝主编:《法律判断与裁判方法》,中国民主与法制出版社 2009 年版

郭华:《案件事实认定方法》,中国人民公安大学出版社 2009 年版

蔡琳:《裁判合理性理论研究》,法律出版社 2009 年版

翟国强:《宪法判断的方法》(宪法审查的原理与技术丛书),法律出版社 2009 年版

胡锦光主编:《中国十大宪政事例研究》,中国人民大学出版社 2009 年版

孔祥俊:《商标与不正当竞争法:原理和判例》,法律出版社 2009 年版

俞宏雷主编:《金融危机下民商事案件裁判要点与裁判依据》,人民法院出版社 2009 年版

肖仕卫:《刑事判决是如何形成的》,中国检察出版社 2009 年版

董皞主编:《中国判例解释构建之路》,中国政法大学出版社 2009 年版

刘风景:《判例的法理》,法律出版社 2009 年版

刘德权主编:《最高人民法院司法观点集成》(全三卷),人民法院出版社 2009 年版

刘瑛:《〈联合国国际货物销售合同公约〉解释问题研究》,法律出版社 2009 年版

许可:《民事审判方法:要件事实引论》,法律出版社 2009 年版

王轶:《民法原理与民法学方法》,法律出版社 2009 年版

王利明:《法律解释学导论:以民法为视角》,法律出版社 2009 年版

徐忠明:《情感、循吏与明清时期司法实践》,上海三联书店 2009 年版

刘愫贞:《判词语体论》,巴蜀书社 2009 年版

葛洪义:《法律方法讲义》(21 世纪法学研究生参考书系列),中国人民大学出版社 2009 年版

李立、赵洪芳:《法律语言实证研究》,群众出版社 2009 年版

刘树德、喻海松:《中国刑事指导案例与规则:提炼·运用·说理》,法律出版社 2009 年版

吴庆宝主编:《最高人民法院专家法官阐释民商裁判疑难问题》(2009—2010 年卷),中国法制出版社 2009 年版

沈德咏主编:《中国特色案例指导制度研究》,人民法院出版社 2009 年版

周瑞春:《判重南山:法官思维札记》,法律出版社 2009 年版

管伟:《中国古代法律解释的学理诠释》,山东大学出版社 2009 年版

2010 年

〔加拿大〕道格拉斯·沃尔顿:《法律论证与证据》,梁庆寅、熊明辉等译,中国政法大学出版社 2010 年版

〔美〕罗伯特·S. 萨默斯:《美国实用工具主义法学》,柯华庆译,中国法制出版社 2010 年版

〔德〕齐佩利乌斯:《法学方法论》,金振豹译,法律出版社 2010 年版

〔德〕萨维尼:《当代罗马法体系 I》,朱虎译,中国法制出版社 2010 年版

〔加拿大〕罗杰·赛勒:《法律制度与法律渊源》,项焱译,武汉大学出版社 2010 年版

〔美〕蒂莫西·A. O. 恩迪科特:《法律中的模糊性》,程朝阳译,北京大学出版社 2010 年版

〔美〕马克·图什内特编著:《反对有理:美国最高法院历史上的著名异议》,胡晓进译,山东人民出版社 2010 年版

〔美〕H. W. 佩里:《择案而审:美国最高法院案件受理议程表的形成》,中国政法大学出版社 2010 年版

〔德〕Hubert Rottleuthner、Matthias Mahlmann:《法律的基础》,武汉大学出版社 2010 年版

〔美〕沙龙·汉森:《法律方法与法律推理》(第 2 版),李桂林译,武汉大学出版社 2010 年版

〔英〕鲁伯特·克罗斯:《英国法中的先例》,北京大学出版社 2010 年版

陈金钊等著:《法律方法论研究》,山东人民出版社 2010 年版

胡建淼主编:《法律适用学》,浙江大学出版社 2010 年版

焦宝乾:《法律论证:思维与方法》,北京大学出版社 2010 年版

熊明辉:《诉讼论证——诉讼博弈的逻辑分析》,中国政法大学出版社 2010 年版

刘树德:《刑事指导案例汇览:最高人民法院公报案例全文·裁判要旨·学理展开》,中国法制出版社 2010 年版

赵朝琴:《司法裁判的现实表达》,法律出版社 2010 年版

孔祥俊:《司法哲学与裁判方法》,人民法院出版社 2010 年版

武飞:《法律解释:服从抑或创造》,北京大学出版社 2010 年版

王瑞君:《罪刑法定的实现:法律方法论角度的研究》,北京大学出版社 2010 年版

姜保忠:《刑事司法中的法律适用错误研究》,中国检察出版社 2010 年版

吴庆宝主编:《权威点评最高法院合同法指导案例》,中国法制出版社 2010 年版

奚晓明主编:《最高人民法院商事审判裁判规范与案例指导》(2010 年卷),法律出版社 2010 年版

韩大元等主编:《中国宪法学基本范畴与方法(2004—2009)》,法律出版社 2010 年版

沈志先主编:《裁判文书制作》,法律出版社 2010 年版

陈欣:《WTO 争端解决中的法律解释——司法克制主义 vs. 司法能动主义》,北京大学出版社 2010 年版

张榕:《事实认定中的法官自由裁量权:以民事诉讼为中心》,法律出版社 2010 年版

苏晓宏等著:《法律运行中的自由裁量》,法律出版社 2010 年版

谢晓尧:《在经验与制度之间:不正当竞争司法案例类型化研究》,法律出版社 2010 年版

张友连:《最高人民法院公共政策创制功能研究》,法律出版社 2010 年版

王旭:《行政法解释学研究:基本原理、实践技术与中国问题》,中国法制出版社 2010 年版

徐岱:《刑法解释学基础理论建构》,法律出版社 2010 年版

张明楷:《罪刑法定与刑法解释》,北京大学出版社 2009 年版

张明楷:《刑事疑案演习》(二)(21 世纪高等院校法学系列精品教材),中国人民大学出版社 2010 年版

齐文远、周详编著:《刑法司法解释立法化问题研究》,中国人民公安大学出版社 2010 年版

于志刚主编:《案例刑法学(总论)》,中国法制出版社 2010 年版

宋健强:《司法说理的国际境界:兼及"国际犯罪论体系"新证》,法律出版社 2010 年版

陈运生:《宪法判断的效力》(宪法审查的原理与技术丛书),法律出版社 2010 年版

刘建勋:《新保险法经典、疑难案例判解》,法律出版社 2010 年版

沈德咏主编:《全国审判业务专家谈办案方法》,人民法院出版社 2010 年版

沈志先主编:《法律适用精要》(法官智库丛书),法律出版社 2010 年版

王利明:《民法疑难案例研究》(最新修订版),中国法制出版社 2010 年版

崔建远:《民法原理与案例分析》,法律出版社 2010 年版

王伟国:《最高人民法院民商事类司法解释研究》,中国人民大学出版社 2010 年版

张红:《基本权利与私法》,法律出版社 2010 年版

刘志刚:《立宪主义语境下宪法与民法的关系》,复旦大学出版社 2010 年版

何波:《民商事疑难案件裁判方法》,法律出版社 2010 年版

刘德权主编:《中国典型案例裁判规则精选.民商事卷》,人民法院出版社 2010 年版

北京大学法学院编:《北大评案 法律思维》,北京大学出版社 2010 年版

朱虎:《法律关系与私法体系:以萨维尼为中心的研究》,中国法制出版社 2010 年版

周恺:《如何写好判决书 判决书的写作与实例评改》,中国政法大学出版社 2010 年版

牛克乾:《刑事审判视野中的刑法解释与适用》,法律出版社 2010 年版

伍劲松:《行政解释研究》,人民出版社 2010 年版

胡兴东:《中国古代判例法运作机制研究》,北京大学出版社 2010 年版

郑永流:《法是一种实践智慧》,法律出版社 2010 年版

武宏志、周建武:《批判性思维——论证逻辑视角》(修订版),中国人民大学出版社 2010 年版

张晓光主编:《法律逻辑的理论与实践》,学林出版社 2010 年版

郑成良等著:《司法推理与法官思维》,法律出版社 2010 年版

杨力:《司法多边主义:以中国社会阶层化发展趋势为主线》,法律出版社 2010 年版

袁林:《以人为本与刑法解释范式的创新研究》,法律出版社 2010 年版

舒国滢:《法哲学:立场与方法》,北京大学出版社 2010 年版

余净植:《宪法审查的方法:以法益衡量为核心》(宪法审查的原理与技术丛书),法律出版社 2010 年版

李方民:《司法理念与方法》,法律出版社 2010 年版

范进学:《美国宪法解释方法论》,法律出版社 2010 年版

马军:《法官的思维与技能》(修订版),法律出版社 2010 年版

赵玉增等:《法律方法:基础理论研究》,山东人民出版社 2010 年版

杜金榜:《法律语言研究新进展》,对外经贸大学出版社 2010 年版

魏治勋:《民间法思维》,中国政法大学出版社 2010 年版

王新生:《习惯性规范研究》,中国政法大学出版社 2010 年版

张洪涛:《使法治运转起来:大历史视野中习惯的制度命运研究》,法律出版社 2010 年版

贾焕银:《民间规范的司法运用》,中国政法大学出版社 2010 年版

厉尽国:《法治视野中的习惯法》,中国政法大学出版社 2009 年版

杨剑波:《刑法明确性原则研究》,中国人民公安大学出版社 2010 年版

杨建军:《裁判的经验与方法:〈最高人民法院公报〉民事案例研究》,山东人民出版社 2010 年版

朱伟:《审判方法论——哲学视野下的审判学引论》,上海社会科学院出版社 2010 年版

吴永科、郭慧峰编著:《民事案例分析方法及其运用》,中国人民公安大学出版社 2010 年版

2011 年

〔德〕赫尔曼·康特洛维茨:《为法学而斗争法的定义》,雷磊译,中国法制出版社 2011 年版

万鄂湘主编:《审判权运行与行政法适用问题研究:全国法院第 22 届学术讨论会论文集》(上下),人民法院出版社 2011 年版

王利明:《法律解释学》(21 世纪高等院校法学系列精品教材),中国人民大学出版社 2011 年版

沈志先主编:《公报案例精析》(法官智库丛书),法律出版社 2011 年版

沈志先主编:《法官自由裁量精义》(法官智库丛书),法律出版社 2011 年版

法律方法论研究,国内近些年来出现一些有代表性的集刊。主要有陈金钊、谢晖主编《法律方法》(由山东人民出版社出版,到 2010 年已经推出 10 卷)、郑永流主编《法哲学与法社会学论丛》(先后由中国政法大学出版社、北京大学出版社出版,到 2010 年已经推出 15 卷)、葛洪义主编《法律方法与法律思维》(先后由中国政法大学出版社、法律出版社出版,到 2010 年已经推出 6 卷)。此外,还有其他一些集刊,如《中国法律评论》

(第2卷,法律出版社2008年版;第1卷,法律出版社2007年版)、李昕主编《燕京法学:法律适用与法律解释》(第4辑,中国民主法制出版社2010年版),也推出不少法律方法论作品。

国内大陆的法律方法论研究,一开始受到台湾学者作品的诸多影响,在此将台湾法学家的相关代表性作品汇总如下:

台湾专著

王泽鉴:《民法学说与判例研究》(第一、二、三、四册),三民书局1979、1980、1982、1983年版;中国政法大学出版社1998年版;该书后来在2003年中国政法大学出版社《王泽鉴法学全集》出版;中国政法大学出版社2005年又推出修订版;后来又在北京大学出版社2009年"民法研究系列"再版

林纪东:《大法官会议宪法解释析论》,五南图书出版公司1983年版

吕荣海:《从批判的可能性看法律的客观性》,蔚理法律出版社1987年版

杨仁寿:《阐释法律之方法论》,瑞元印刷有限公司1987年版

黄建辉:《法律漏洞 类推适用》,蔚理法律出版社1988年版

黄茂荣:《法学方法与现代民法》,台大法学丛书编委会,增订3版,1993年;中国政法大学出版社2001年版;(第5版),法律出版社2007年版

廖义铭:《佩雷尔曼之新修辞学》,唐山出版社1998年版

杨仁寿:《法学方法论》,三民书局1998年版;中国政法大学出版社1999年版

颜厥安:《法与实践理性》,允晨文化实业股份有限公司1998年版;中国政法大学出版社2003年版

叶俊荣:《行政法案例分析与研究方法》,三民书局1999年版

刘孔中、李建良主编:《宪法解释之理论与实务》,"中央研究院"中山人文社会科学研究所1999年版

林立:《法学方法论与德沃金》,学林文化事业有限公司2000年版;中国政法大学出版社2002年版

黄建辉:《法律阐释论》,学林文化事业有限公司2000年版

王泽鉴:《法律思维与民法实例:请求权基础理论体系》,中国政法大学出版社2001年版;《民法思维:请求权基础理论体系》(民法研究系列),北京大学出版社2009年版

刘文仕:《刑法类推与司法造法》,学林文化事业有限公司2001年版

詹森林:《民事法理与判决研究》,中国政法大学出版社2002年版

刘孔中、陈新民、主编:《宪法解释之理论与实务》(第三辑上册),"中央研究院"中山人文社会科学研究所2002年版

刘孔中、陈新民、主编:《宪法解释之理论与实务》(第三辑下册),"中央研究院"中山人文社会科学研究所2002年版

高金桂:《利益衡量与刑法之犯罪判断》,元照出版有限公司2003年版

刘铁铮:《大法官会议不同意见书之理论与实际》,三民书局股份有限公司2003年版

"司法院"大法官书记处编辑:《司法院大法官解释索引:释字第1号至第550号解释》(上册),(台湾)"司法院",2003

"司法院"大法官书记处编辑:《司法院大法官解释索引:释字第1号至第550号解释》(下册),(台湾)"司法院",2003

颜厥安:《规范、论证与行动:法认识论论文集》,元照出版有限公司2004年版

汤德宗主编:《宪法解释之理论与实务》(第四辑),"中央研究院"法律学研究所筹备处2005年版

汤德宗、廖福特主编:《宪法解释之理论与实务》(第五辑),"中央研究院"法律学研究所筹备处2005年版

吴庚:《政法理论与法学方法》(台湾法学研究精要丛书),中国人民大学出版社2007年版

吴庚:《宪法的解释与适用》,三民书局2004年版

林诚二:《民法问题与实例解析》,法律出版社2008年版

詹森林:《民事法理与判决研究》(第五册),中国政法大学出版社2009年版

詹森林:《民事法理与判决研究》(第四册),中国政法大学出版社2009年版

吴元耀:《Robert Alexy之论证理论观点与我国刑事法学之发展》,元照出版公司2009年版

吴元耀:《法律适用方法论:一个批判观点的考察》,元照出版公司2010年版

台湾译作

〔德〕拉伦茨:《法学方法论》,陈爱娥译,五南图书出版有限公司1997年版,商务印书馆2003年版

〔德〕亚图·考夫曼:《类推与"事物本质"——兼论类型理论》,吴从周译,学林文化事业有限公司1999年版

〔德〕亚图·考夫曼:《法律哲学》,刘幸义等译,五南图书出版公司2000年版;法律出版社2004年版

〔美〕罗纳德·德沃金:《法律帝国》,李冠宜译,台湾时英出版社2002年版

〔德〕弗朗茨·维亚克尔:《近代私法史——以德意志的发展为观察重点》,陈爱娥、黄建辉译,五南图书出版股份有限公司2004年版;上海三联书店2006年版

〔美〕鲁格罗·亚狄瑟:《法律的逻辑——由法官写给法律人的逻辑导引》,唐欣伟译,商周出版社2005年版;法律出版社2007年版

后　　记

　　近些年来,我国法律方法论研究备受学界关注。从2005年开始,我们有意识对国内法律方法论研究成果进行整理与总结,形成年度报告。实际上,国内法律方法论年度研究报告已经成为山东省人文社会科学重点研究基地——"山东大学法律方法论研究中心"的一项重要研究主题,并一直坚持至今。本书即是在这些年我们撰写的国内法律方法论研究报告基础上形成。法学研究应当突出其特色性、专业性,更应保持其连续性。因此,我们始终着眼于法律方法论这一当今中国法学研究主题,持续开展研究。由此,逐渐在此领域形成了一定的学术积累。

　　这些年度报告发表于近些年来《山东大学学报》(哲社版),也有部分发表于《法律方法》集刊。这些年度报告产生了越来越大的影响。迄今发表共七次的年度报告,已经有两次被人大复印资料全文转载,两次被《高等学校文科学术文摘》转载。为了更好地彰显近年来学界对法律方法论的探索成果,展现我国法律方法论研究的轨迹,我们将近年来发表的七次法律方法论年度报告予以汇总。同时,跟法律方法论年度报告一同成长的是,山东大学法律方法论研究中心主办的"一份刊物"——《法律方法》出了十卷;"一个论坛"——"玛珈山法律方法论坛"也刚好走过了一百期。本书对于整个学界的法律方法论研究,以及山东大学威海分校法律方法论研究团队这些年来的研究活动予以回顾与汇总,是很有意义的。

　　回顾这些年法律方法论研究报告的形成过程,往往是跟我们这里的法律方法论研究基地、玛珈山法律方法论坛,跟山东大学威海分校法律方法论研究团队紧密联系在一起的。法律方法论年度研究报告,近年来已经成为我们法律方法论研究基地的一项重要学术研究内容。最近几年的年度研究报告,会提交到玛珈山法律方法论坛,接受法律方法论研究团队同道的交流与批评。法律方法论研究报告的撰写还会继续。当然,既有的写法还有很多改进的空间。希望本书将这些研究报告汇总出版后,学界予以更多的关注和批评。

附:法律方法论研究团队简介

凭借自身的学术研究功底和影响力,陈金钊教授致力于法学学术团队建设。其带领的法律方法论研究团队,迄今已经发展成为全国法律方法论研究的最重要基地之一,受到了全国法学界的极大关注。这支法律方法论研究团队的特点可以用"五个一"来概括。

(一)"一个基地"

2001年,陈金钊教授在国内率先成立了法律方法论研究所,2006年经山东省教育厅批准,该研究所成为山东省人文社会科学重点研究基地:"山东大学法律方法论研究中心"。以法律方法论研究中心为平台,充分利用研究基地在各方面的优势,广泛团结包括法学院、新闻传播学院、马列部的广大教师、博士生等参与到法律方法论相关问题的研究之中。法律方法论研究团队就是在这一平台上逐渐确立和发展起来的。

在陈金钊教授的带动下,借助专门的研究基地,法律方法论研究团队中的一批年轻学者近年来迅速崛起,成长为我国法学研究与教学的一支重要力量。在该团队中,15名骨干成员均已获得法学博士学位,有的已经成为学科带头人,如桑本谦、焦宝乾均在近年破格晋升副教授后,又破格晋升为教授,吴丙新、刘军破格晋升为副教授。桑本谦曾在《中国社会科学》、《中国法学》等权威刊物发表论文;焦宝乾在2009年成功入选中国法学"新秀100"计划。法律方法论团队还广泛吸收优秀硕士研究生和博士研究生参与研究,为团队建设增加了新生力量和勃勃生机。

近年来,法律方法论研究团队在本学科的建设上也取得较大进展,形成了以陈金钊教授为学科带头人的法律解释学、焦宝乾教授为带头人的法律修辞学(法律论证)、汪全胜教授为学术带头人的立法方法论研究、王瑞君教授为带头人的部门法方法论研究、张传新副教授为带头人的法律逻辑学研究、桑本谦教授为带头人的经济分析方法论研究等较为完整的法律方法论研究梯队,这支团队将会在法律方法论体系建构和重大理论问题上取得突破性研究。近年来,法律方法论研究团队成员已经申请到教育部、司法部、国家社会科学基金和山东省社科规划项目等二十余项,每年发表法律方法论方面的论文八十余篇,每年出版专著3—5部,已成为我国法学界受到广泛关注的一支学术力量。

(二) "一份杂志"

法律方法论研究基地的前身是 2001 年成立的法律方法论研究所,成立后在 2002 年创办了《法律方法》集刊,至今已经连续推出了 10 卷。这是一本专业性较强的以书代刊的杂志。伴随着法律方法论在国内法学研究中日益受到重视,《法律方法》也产生了较大的影响。在法学研究领域,《法律方法》已经被公认为是研究法律方法论的核心刊物之一。作为《法律方法》集刊的主办方,法律方法论研究团队本着对读者、作者和学术高度负责的态度,认真对待每一份来稿。从最初的接收稿件,到匿名专家评审,再到定期编委会讨论,力争保证每一篇刊发论文的质量。在 2007 年,《法律方法》成功入选 CSSCI 来源集刊就是对该团队努力和付出的肯定。入选 CSSCI 之后,《法律方法》已经有 4 篇论文被人大复印资料全文转载。随着办刊质量不断提高,作者群也扩展到了法官、检察官和律师等法律事务人员。越来越多的司法实践工作者对法律方法的接受逐渐由被动转向主动,由自发转向自觉。法律解释、法律论证和利益衡量等法律方法论中的专业理论术语也逐渐被法官所知晓和运用。这种理论的力量对于中国法治的进程具有相当重要的推动作用。"润物细无声"的演进更能杜绝转型时期的喧嚣与浮躁,这也是法律方法论研究团队能够对治国兴邦所做出的重要贡献。

(三) "一个学会"

2009 年 4 月,"山东省法学会法律方法研究会"在威海成立,陈金钊教授任会长。该研究会是中国目前唯一一个法律方法研究的专业性学会,是联络山东省司法实务界与方法论理论研究的纽带。该研究会每年召开一次年会,就理论与实践问题展开深入的讨论。而法律方法论研究团队就是该研究会的主力成员,对其运作和研究的展开有着重要的影响。法律方法论来源于司法实践,并且要服务于司法实践。为了将法律方法论的理论研究成果应用于中国法治进程中的司法实践,陈金钊教授带领法律方法论研究团队的成员走出校门,到威海市环翠区法院、乳山市法院、济宁市中级人民法院成功举办了与法官的直接交流和讨论活动。由陈金钊教授参与创办,并在每年定期举办的"全国法律方法论论坛",为理论与实务界的交流合作提供了重要契机,成为法学方法论研究者与司法实务工作者双向互动、共同研究的重要阵地。法律方法论研究团队的成员也多次参加这个全国性法律方法论对话合作平台,并在该全国论坛上进行主题发言,提升了该团队的整体影响力。

(四)"一个论坛"

为了提升法律方法论研究团队的整体素质,营造浓厚的科研文化氛围,陈金钊教授在2006年发起创立了"玛珈山法律方法论坛"。参加人员主要是研究基地的骨干教师成员、硕士生、博士生,活动形式主要是论坛成员宣讲自己的研究成果,并有2个人员进行专门评议,还有其他参加人员进行讨论。该论坛定期举行一次,迄今已经成功举办八十余次学术活动。论坛的主讲人也从本校的教师、研究生,扩展到国内外学者、司法部门学者型法官等。这些学术活动的举行,增进了团队成员之间的交流,扩大了大家的视野,也提升了法律方法论研究团队的整体素质和水平。以法律方法论研究团队定期举办的"玛珈山法律方法论坛"已经受到国内法学界的极大重视,每期论坛学术活动的报道都引起海内外众多学者的关注。例如,应邀参加论坛的香港中文大学法学院副院长於兴中教授、美国加图基金会等。

该学术论坛的另一项重要作用在于发掘和培养研究团队的新生力量,同时为研究生培养模式探索了一条新路。"玛珈山法律方法论坛"寓教学科研于一体,其每期学术活动的举办,锻炼了广大研究生的学术潜力,激发了研究生的创造力,对于提升硕士、博士研究生的科研能力,营造法学院良好的科研学术氛围发挥了重要作用。这种新型模式培养出来的优秀硕士研究生和博士研究生已经取得了令人瞩目的成绩:两人三次获得山东大学研究生校长奖学金、两人两次获得山东大学研究生浦东发展银行奖学金,另有多人次获得山东大学研究生创新活动奖学金、社会实践奖学金、光华奖学金和科研成果奖学金等等。经过该学术论坛的锻炼,很多博士研究生已经在国内法学研究领域逐渐崭露头角,显示出扎实的学术功底和积淀,在法学类核心期刊上发表了多篇重要论文,并出版了一些个人专著,成为学界关注的学术新秀。这种新型模式已经在校内其他专业研究生培养中产生了榜样示范引领作用。不仅如此,以提升师生的学术能力、建设学术型团队为目标,通过"玛珈山法律方法论坛"的研究实践活动,注重吸收和鼓励一些年轻教师参加法律方法论研究团队的活动中,为他们展开深层次的研究提供良好的条件和平台,邀请资深教授举办讲座,征求意见和建议,形成了从研究生到年轻教师再到资深教师这样一个实力雄厚的法律方法论研究团队。

(五)"一门课程"

法律方法论研究团队不仅注重法学研究,同时重视将研究成果应用于研究生、本科生多层次的教学。陈金钊教授十年来一直担负着研究生的法律方法论课程。近年来,团队成员也充分发挥各自研究特长,广泛参与到研究生的此类教学之中。焦宝乾教授还承担了法律方法论方面的一个研究生教育创新项目,积极探索研究生的法律方法论教学及毕业论文写作。

此外,法律方法论研究团队积极适应近年来我国法律方法论本科教学实际需要,在法律方法论课程建设、教材编写方面也做了一定探讨,并准备利用本团队雄厚的研究实力,跟出版社合作,以后推出法律方法论教材。这对完善我国法学教育,尤其是本科层次的教育具有十分重要的意义。

总之,研究基地、学术刊物、专业学会和特色论坛,是陈金钊教授所带领的法律方法论研究团队的主要特点。该团队的研究成果也已经成为山东大学法学研究的重要品牌。从目前情况来看,该团队在职称、学历、年龄等方面层次完整、结构合理、富有较强的活力和创造力。相信在已有的丰硕成果的厚实基础上,法律方法论研究团队还将会对中国的法学研究以及法治建设做出新的更大的贡献。